JN276132

金銭債権の国際化と民事執行

金銭債権の国際化と民事執行

——フランス法，EU法における債務名義の価値回復——

小梁 吉章著

信山社

　　　　　　　　　はしがき

　本書は，私が銀行の法務部に勤めていたときに直面した2つの困難な問題を契機として書き始めたものである。困難な問題とは，1つには債権者としての立場からのものである。たとえば，貸金債権の返済期限が到来し，債務者に請求しても，債務者の資金がいつのまにか外国の銀行に送金されていたり，外国の第三者に対する金銭債権や外国にある不動産に姿を変えていたりすることがある。裁判所に貸金返還請求訴訟を提起し，勝訴判決を得ても，そのままでは債務者の資産のある外国で執行ができるわけではなく，債務名義を手にしたまま手をこまねくことになる。もう1つの困難な問題は，第三債務者としての立場でのものである。銀行の在外支店の預金に対する裁判所の差押命令が銀行の本店に届いた場合に，銀行としてはいったいどのように対応すればよいのだろうか。本店は支店に差押命令に従うように指示すべきか，あるいは本店が代わって支払うべきなのだろうか。

　最近でこそ，グローバリゼーションというコンテクストで法律や法制度が論じられるようになってきたが，民事執行についていままでこの観点からはあまり論じられてきていないようである。経済のグローバル化に伴い，私人間の債権関係の国際化は相当に進んできたが，それに対して法律や法制度の対応のスピードは緩慢である。法律や法制度は，経済や社会の後を追うが，何周も遅れた後追いにならざるを得ない。裁判所の判決によって権利を認められても，債権者にはその権利を実効的に実現することができない。

　筑波大学大学院ビジネス科学研究科企業科学専攻（博士課程）の入学試験の面接の場で，受験者として私は上記のような問題意識から，国際的な金銭債権執行に伴う問題を扱いたいと申し上げた。それから3年後，筑波大学大学院に学位論文を提出することができた。本書の形にするにあたって，標題を「国際金銭債権に対する執行──フランス新民事執行法と欧州債務名義構想における第三債務者の地位と債務名義の価値回復」から「金銭債権の国際化と民事執行──フランス法，EU法における債務名義の価値回復」に変更した以外，本書の内容は提出した論文のままである。

はしがき

　論文の作成，さらに公刊のはこびとなったのは，ひとえに筑波大学大学院に入学以来，公私ともに常にご支援いただき，本論文の主査を担当していただいた春日偉知郎先生のおかげである。春日先生には感謝しても言い尽くせないほどの学恩を賜った。また，本論文の副査を担当いただいた井原宏先生，弥永真生先生，池田雅則先生，元永和彦先生，村上正子先生にも厚く御礼申し上げる。さらに，フランス民事執行法改正に関する大量の資料を送っていただいたクリフォード・チャンス・パリ事務所ヴェルコフスコイ弁護士，一面識もない者からの書面の質問に丁寧に回答を送っていただいたリエージュ大学ド・ルヴァル教授，フランス倒産法についてご教示いただいたブレスト大学ルノー博士のご支援がなければ論文を完成することはできなかった。法学の世界に遅れて入ってきた私を暖かく迎えていただいた諸先生のご指導，ご支援は論文執筆の心強い羅針盤であった。春日先生をはじめとする諸先生方から賜ったご厚情・ご学恩には，私が在籍する法科大学院の院生および学部の学生諸君に対する教育という形で，少しずつでもお返しすることによって報いることといたしたい。

　また，本書の出版を快くお引受いただいた信山社の袖山貴氏，今井守氏，編集工房INABAの稲葉文子氏には厚く御礼申し上げる。同社の出版事業のいっそうのご発展を祈念したい。

　最後になったが，本論文の執筆にあたっては，わが国執行制度をドイツ法とフランス法の「混淆」であるとした三ケ月教授のご指摘をもう一つの道しるべとした。三ケ月教授は「これまでフランス強制執行法の研究の不足から誤解があり，それがわが国の法律制度に影響を与えている点があるのではないか」と問題提起され，「元に遡って整理していくことを怠って，小手先だけで辻褄を合わせようとするとどうしても無理が出」ると述べられている。一方では，たしかに法律や法制度は時代の要求に応えることを求められており，グローバリゼーションの進んだ現代では，そのために外国の制度を導入することも解決方法としては妥当な場合が多いといえよう。しかし，他方では，モンテスキューが書いたとおり，法律は事物の本性に由来する必然的な関係でもあるから，法律や法制度は，その国の経済，社会，文化に深く根ざしていることもたしかである。本書で扱った執行制度などはその一つの例である。テクニックとして外国の法制度を導入するにあたっては，その制度を経済，社会，文化のコンテクストでとらえなおす必要があるように思う。本書では，この観点からフランス執行法の歴史についても述べる

はしがき

こととした。とはいっても，わずかに歴史の一部を垣間見たという程度にすぎず，およそ行き届いていないことは十分に承知しているが，至らないまでも，研究にあたって今後とも「元に遡って整理」することに努めたいと思う。

　2004 年春

小　梁　吉　章

目　次

はしがき

第1編　序　論 …………………………………………………… *1*

第1章　資産の多様化と金銭債権の流動化 ……………………… *1*
第2章　資産の多様化と民事執行法制の改正 …………………… *7*
第1節　わが国民事執行法改正 ……………………………… *7*
第2節　フランス民事執行法改正 …………………………… *12*
　　一　民事執行法改正の動機（*12*）
　　二　金銭債権執行制度の改正（*17*）
第3節　欧州連合の「欧州債務名義」構想 ………………… *19*
　　一　外国判決承認・執行制度の整備（*19*）
　　二　「争訟の転換」（*27*）
第3章　国際金銭債権に対する執行と保全の実効性の前提 … *31*
第1節　債務者の財産情報へのアクセス ……………………… *31*
　　一　債務者の財産情報の必要性（*31*）
　　二　第三債務者の地位（*35*）
第2節　債務名義の価値回復 …………………………………… *41*
　　一　強制執行のイニシアティブ（*41*）
　　二　国際裁判管轄の隙間（*47*）
　　　1　シスキナ判決・メルツェデス判決の意味（*47*）
　　　2　国際裁判管轄の拡張的アプローチ（*56*）
第4章　小　括 ……………………………………………………… *57*

目　次

第2編　金銭債権執行における第三債務者の地位 …………61

第1章　問題の所在 …………………………………………………61
第2章　比較法の対象としてのフランス法選択の理由 …67
第1節　フランス債権執行制度の継受 ……………………67
　　一　三ケ月教授の指摘 (67)
　　二　フランス債権執行制度のマイナスの影響 (68)
　　三　ボアソナード「日本訴訟法財産差押法案」と「旧民法典」(82)
第2節　フランス法の不完全な継受 ………………………89
　　一　フランス強制執行制度の一般的な特徴 (89)
　　二　金銭債権執行手続 (93)
　　　　1　旧強制執行法のセジ・アレ (93)
　　　　2　新民事執行法のセジ・アトリビュシオン (101)
　　三　「財産」という概念 (106)
　　　　1　金銭債権差押えの目的物 (106)
　　　　2　フランス法の「財産」概念 (109)
　　　　3　ボアソナード民法典の「財産」と現行民法の「財産」(113)
　　　　4　債権の流動化と「財産」概念 (123)
　　四　「差押え」の法的機能 (126)
　　　　1　フランス法の「差押え」の機能 (126)
　　　　2　担保権の実行と強制執行の併存 (136)
　　　　3　「差押え」の機能の不十分な継受 (140)

第3章　金銭債権の特殊性 ……………………………………153
第1節　雉本博士・松岡博士の指摘 ……………………153
第2節　「金銭債権」概念について ………………………156
第3節　「金銭債権の保有」概念について ……………162

第4章　金銭債権執行における第三債務者の義務と責任 …167
第1節　フランス強制執行制度における第三被差押人 ………167

第2節　わが国の第三債務者との比較 …………………………………… *170*

　第5章　小　括 ………………………………………………………………… *179*

第3編　判決執行における当事者主義 ……………………………… *183*

　第1章　「欧州債務名義」構想 ……………………………………………… *183*
　　第1節　2001年プログラムの欧州債務名義 ……………………… *183*
　　第2節　欧州債務名義に対する評価 ……………………………………… *185*
　第2章　国際金銭債権執行における債務名義の価値回復 … *191*
　　第1節　判決と執行・保全の関係 ………………………………………… *191*
　　第2節　債務者に対する防御の機会の保障 …………………………… *193*
　　第3節　当事者主義的執行論 ……………………………………………… *200*
　第3章　国際金銭債権執行における国際裁判管轄 …………… *205*
　　第1節　国際金銭債権に対する執行の問題 …………………………… *205*
　　第2節　わが国における国際管轄論 ……………………………………… *206*
　　　一　国際本案管轄（*206*）
　　　二　国際保全管轄・執行管轄（*209*）
　　　　1　保全・執行管轄と本案管轄（*209*）
　　　　2　外国判決の承認可能性（*215*）
　　第3節　フランスにおける国際管轄論 …………………………………… *216*
　　　一　国際本案管轄（*216*）
　　　二　国際保全・執行管轄（*222*）
　　第4節　ブラッセル条約とブラッセルⅠ ………………………………… *229*
　　　一　国際本案管轄（*229*）
　　　二　国際保全・執行管轄（*230*）
　第4章　小　括 ………………………………………………………………… *233*

目　次

第4編　わが国で可能なアプローチ …………………235

第1章　実効性の低いアプローチ …………………235
第2章　実効性の期待できるアプローチ …………241
第1節　管轄の拡張と4種類のアプローチ …………241
第2節　「執行判決アプローチ」による解決と問題点 ………244
　　一　わが国の外国判決承認・執行制度と裁判例（244）
　　二　フランスの外国判決承認・執行制度（250）
　　三　「執行判決アプローチ」の問題点（254）
第3節　「命令執行判決アプローチ」による解決と問題点…256
　　一　わが国の裁判例と問題点（256）
　　二　フランスにおける外国裁判所の命令の執行（260）
第4節　「差押えアプローチ」による解決と問題点 …………261
　　一　わが国の裁判例と無益執行論（261）
　　二　「差押えアプローチ」の問題点（270）
　　　　1　第三債務者の二重払いの危険（270）
　　　　2　差押命令の送達の効果（270）
　　三　フランスにおける「差押えアプローチ」（276）
　　　　1　無益執行の懸念（276）
　　　　2　「差押えアプローチ」の例（277）
第5節　「フォーラム・アレスティ・アプローチ」による解決と問題点 …………280
　　一　わが国の裁判例（280）
　　二　財産所在地の管轄の当否（284）
　　三　フォーラム・アレスティの是非（286）
　　四　フランスとドイツの裁判例（294）
　　五　ブラッセル条約とブラッセルⅠ（300）
第3章　各アプローチの妥当性評価 …………………307

第4章　銀行預金と本支店の管轄の問題 ………………………… *315*
　　　第1節　わが国の裁判例と扱い ………………………………… *315*
　　　第2節　フランスの裁判例と扱い ……………………………… *317*
　　　第3節　銀行の外国支店の問題 ………………………………… *320*
　　　第4節　ブラッセル条約とブラッセルⅠ ……………………… *322*
　　第5章　小　括 ………………………………………………………… *327*

第5編　総　括 ……………………………………………………………… *329*

　　第1章　経済のグローバル化と司法制度の統合 ………………… *329*
　　第2章　国際金銭債権執行の実効性 ……………………………… *337*
　　　　1　債務者財産情報と第三債務者（*337*）
　　　　2　債務名義の価値回復（*338*）

参考文献 …………………………………………………………………… *341*
事項索引（巻末）………………………………………………………… *357*

金銭債権の国際化と民事執行

第1編 序　論

第1章　資産の多様化と金銭債権の流動化

　わが国の債権執行制度では，債権者は裁判所に対して差押命令を申し立てるに当たっては，申立書に債権者，債務者，債務名義などのほか，第三債務者を表示しなければならず（民事執行規則133条1項），差押えの目的債権の種類・額など債権を特定するに足りる事項を記載しなければならない（同2項）。民事執行は債権者が債務者の財産を特定して申し立てる手続であり，担保権を設定済みの特定の財産権を目的とする場合を除いて，債務者のいずれの財産に対して執行の申立てをするかは，債権者の判断に委ねられているが，執行の目的を達するためには債権者みずから債務者の財産を発見することを要し，債権者はこのために多大の労力を費やすことになる。債権者が債務者財産に関して十分な情報を得ることができない場合には，勝訴判決を得ているにもかかわらず，その強制的な実現を図ることができないという問題がある[1]。

　現代では，債権者が債務者財産についての情報を入手することはますます困難になりつつある。その原因として2つある。第一に金銭債権の流動化である。現在，債権売買取引の対象は企業の有する売掛金債権が中心となっているが，わが国では1993年にリース会社，クレジット会社の特定事業者についてはリース債権やクレジット債権の証券化が認められており[2]，また1996年に金融機関については一般ローン債権の流動化も認められ[3]，金銭債権の流動化の対象が拡大して

---

[1]　法務省民事局参事官室「担保・執行法制の見直しに関する要綱中間試案補足説明」NBL735号（2002）39頁。

[2]　1993年6月，「特定債権等に係る事業の規制に関する法律」が施行された。1996年4月には，国内資産担保証券と資産担保コマーシャル・ペーパーの発行が解禁された。

[3]　1990年3月，金融機関の一般貸付債権の流動化（指名債権譲渡）が解禁され，1991年11月には債務者の承諾を要しないサイレント方式が認められ，金融機関以外の機関投資家も投資が認められた。さらに1995年6月にはユーロ市場でよく行われているローン・パーティシペーション方式が認められた。

1

いる。金銭債権を売却する者にとってこの売却は資金調達の手段であり，さらに金融機関が金銭債権を売却する場合にはバランスシートの圧縮という効果もある。一方，金銭債権を購入する者にとって金銭債権は資金の運用手段であり，金銭債権自体は金融商品，投資対象である。購入者は投資対象の金銭債権の債務者の個別・具体的な事情に関心はなく，利回りと格付け会社のレーティングが関心の的となっている。金銭債権の流動化によって金銭債権は個別性を喪失し，伝統的な債権としての性格を失うことになる。伝統的に債権は債権者と債務者との間の法鎖であると構成されてきた。たしかに，金銭債権が流動化されず，債権者と債務者が継続的な取引関係を維持している状態が続くのであればそのとおりであろう。債権者はその債務者に対する債権を取得する一方で，当該債務者に対して債務を負担することもあり，債権者と債務者との人的な関係が存在するということも妥当である。債権者と債務者は相互に債権と債務を持ち合うことによって債権の保全を図り，万一の際には回収することも可能であった。しかし，金銭債権が売買譲渡されると人的な関係は希薄になり，金銭債権の購入者にとって金銭債権は証券投資，不動産投資と同様の投資商品と化すことになる。これを「金銭債権の金融投資商品化」または「金銭債権の動産化」と呼ぶことができる[4]。19世紀に金銭債権は有価証券に化体されることによって譲渡が促進され，資金調達の手段となったが，現代ではさらに有価証券という物理的な存在が廃止されるというデマテリアリゼーション[5]が進められている。金銭債権はコンピューター・データに表章されるようになり，「コンピューター・ボックスに本当の財産が隠される」[6]時代に入っているのである。

　金銭債権に対する執行を困難にしている第二の原因は，金銭債権の国際化であ

---

[4] 2002年日本私法学会は，「財産法理論の展開」をテーマとしてシンポジウムを行い，債権譲渡の増加を背景に，物権と債権の峻別の問題が取り上げられている（シンポジウム資料はジュリ1229号（2002）65頁以下）。本書のわが国における債権概念に対する問題意識と共通する。

[5] デマテリアリゼーション（*dématerialisation*）とは，有価証券が証券によって表象されず，発行体または代行者の保管簿に記帳されるとによって表章されることをいう。フランス1982年度財政法（Loi de finance pour 1982 No. 81-1160 du 30 décembre 1981）94条I項3文は，1982年10月1日以降，従来発行された株式の保有者は株券を発行会社に呈示し，記名式に変更することを要すとし，II項で有価証券はすべて記帳によって表示されるとした。

[6] Perrot, Rapport de synthèse, *La réforme des procédures civiles d'exécution*, Sirey, 1993, p.170.

る。現代は，またグローバル経済の時代でもある。グローバリゼーション[7]は企業の生産，販売，資金調達，組織構造の各場面に及んでいる[8]。わが国企業の資金調達・運用におけるグローバリゼーションは，平成9年（1997年）5月に従来の「外国為替及び外国貿易管理法」が改正され，「外国為替及び外国貿易法」に改められたことにより加速され，拡大が始まったということができる。平成7年11月に始まった外国為替審議会においては，その下に「国際金融取引における諸問題に関する専門部会」が設けられ，近年の国際金融取引におけるエレクトロニクス化，グローバル化を踏まえつつ，外国為替管理制度のあり方が審議された。平成8年6月に審議会は「国際金融取引の現代的展開と取引環境の整備——外国為替管理制度の抜本的な見直しについて」とする報告書が取りまとめられ，ここで一般の取引当事者が行う資本取引は，一部の直接投資を除き，事後報告のみを要することとして許可・届出を廃止する旨が記載されていた[9]。この報告書の内容を踏まえて「外国為替及び外国貿易法」が成立し，同法は平成10年（1998年）4月に施行された。この改正により外国との資金取引は原則自由化されるところとなった[10]。たとえば，わが国の会社が外国金融機関に設けた預金口座に輸出取引代金を入金すること，海外の子会社との取引の代金の決済をグロス金額ではなくネット金額で決済すること，海外のグループ子会社間で資金のキャッシュ・マネージメントによりグループ企業のアイドル・マネーを極小化すること，実需に基づかない為替取引を行うことなどが可能となったのである。改正前

---

7) トワイニングは，グローバリゼーションを「一体化した世界経済，単一の生態系，地球全体をカバーする複雑なコミュニケーション・ネットワークを創造し，統合するプロセス」と定義しており，本書でもグローバリゼーションをこの意味で使う（Twining, *Globalisation and Legal Theory*, Butterworths Tolley, 2000, p.4）。

8) 企業の組織面からのグローバリゼーション対応の例としては，コーポレート・ガバナンス機能の強化，コンプライアンス体制の整備をあげることができる。

9) 外国為替貿易研究グループ編『逐条解説改正外為法』（通商産業調査会，1998）52頁。

10) 改正前は，居住者が外国にある金融機関に外貨預金をする場合，信託勘定残高を含め合計で2億円相当額を超えるときは，大蔵大臣の事前許可を必要とした。円建ての預金口座を開設することは金額にかかわらず許可を要した。決済資金などを，外国為替公認銀行を経由しないで海外預金口座に預け入れる場合，大蔵大臣の許可を要し，預金残高が5000万円相当額を超える場合，四半期毎に「海外預金等に関する報告書」を日本銀行経由大蔵大臣に提出することを要した。改正により自由化され，1998年4月1日以降，すべての企業や個人は海外の金融機関に外貨建てや円建ての預金口座を自由に開設することが可能となった。なお，海外預金の月末残高が1億円相当額超の場合は，「海外預金の残高等に関する報告書」を翌月の20日までに日本銀行経由大蔵大臣に提出しなければならない。

の「外国為替および外国貿易管理法」の下では，原則として対外直接投資には事前届出を要し，外国にある金融機関への外貨預金の設定，居住者間の外貨決済には大蔵大臣の事前許可を要した。また，居住者間の外貨決済は1996年2月の規制緩和策によって緩和されるまで原則として許可されていなかった。為替管理の自由化は企業の資金調達・運用および決済の可能性・手法を飛躍的に拡大し，また通貨の種類を多様化させたのである。為替管理の自由化は，また金銭債権の売買を国際的に拡大する結果を招いている。金融機関が保有するローン債権を売却する場合，その相手方は国内の機関投資家だけでなく，外国の金融機関・機関投資家にも広がっている。また売却対象であるローン債権の債務者もわが国の居住者ばかりでなく，外国に居住する債務者も含まれており，ローン債権の流動化はきわめて国際化している。このように企業，金融機関いずれもその保有する資産は多様化しており，資産構成には大きな変化が見られるのである。

　金銭債権の流動化に関わる法的な根拠は上記の通り整備されているが，強制執行においてもこのような金銭債権の流動化に対する整備が伴わなければならない。強制執行はその時点での経済的価値の主体である財産を中心として設計されるべき制度であるからである。歴史的には長い間，不動産が財産の中心であったから，強制執行は不動産執行を中心に設計され，その後有体動産執行について整備されてきた。そして現代のように企業の資産構成において金銭債権が相応の比重を占め，かつ流動化，国際化が進展してくると，強制執行の実効性を確保するためには，流動化，国際化した金銭債権に対する手当てが必要となってくる。金銭債権の流動化とは債権者にとって債務者の資産内容，財産の所在について情報を得る機会を失うことを意味するので，これに対する対応が必要ということである。債務者の財産情報は流動化された債権に付帯して移転するとは限らないからである。また金銭債権が国際的なレベルで流動化されるようになると，債務者の財産情報を入手することは一層困難になる上に，国内での金銭債権執行にはなかった国際管轄の問題が生じるが，このような事態に対する対応が必要である。

　従前の外国為替管理の下では，債権者が債務者の在外財産から債権回収する事例は多くはなかった。わが国の企業が外国に財産を所有する例は少なく，わが国の債権者が債権回収を図る場合に，債務者の在外財産に対して執行することまで考慮する必要がなかった。この事情は包括執行である破産手続においても同様であった。2001年4月に「外国倒産処理手続の承認援助に関する法律」と破産手続，会社更生手続等に関する国際倒産関係規定を盛り込んだ「民事再生法等の一

部を改正する法律」が施行されたが，それまでは幸いにして債権者が国際的に広がった倒産事件は少なく，破産属地主義に大きな支障はなかったようである。また，わが国の破産手続は一般債権者に対する平等の配当を予定しているから，債権者が債務者の財産を探し出すことができ，その所在地の手続にしたがって強制執行を行うことができれば，この債権者は優先的に配当を得ることができ，強制執行手続の方が破産手続よりも有利になる事態もあったが，この例は少なかった[11]。このため，外国に所在する債務者の個別の財産に対して強制執行を行うということは，現実には関心を引いてこなかった。しかし，現代では金銭債権の流動化と国際化に伴って債権回収に当たって，債権者が債権回収を図るに当たって，債務者の在外財産を考慮に入れざるを得なくなっている[12]。

　債務者の財産のなかでも不動産については公示制度がある。したがって，債権者は債務者の不動産については登記を探索することによってその所在を調べることができる。また債務者の有体動産については実査することも可能である。ただし，債務者が所有する不動産にはすでに他の債権者が抵当権を取得していて，強制執行を行うことができない場合が多い。有体動産については債権回収の手段としての実効性が低い[13]。このため債権者としては債務者の金銭債権，とくに銀行預金から債権回収することに大きな期待を寄せざるを得ない。外国に所在する

---

11) 谷口教授は「わが国の債権者が在外財産に対する外国における強制執行（および会社更生においては担保権実行）によって早い者勝ちに，あるいは外国における執行手続に訴えうるだけの資力のある者だけが独占的に満足を得ることができるというのは，いかにしても正当化の難しい問題である」とする（谷口安平「倒産手続と在外財産の差押え——属地主義再考のための一試論」吉川博士追悼論集『手続法の理論と実践［下巻］』（法律文化社，1981）581頁）。

12) 村上助教授は，この状況について「私人の国境を越えた取引や身分関係の国際化が進む現代社会においては，もはや一国の法秩序の中で，権利を有する者に司法的救済を与えること＝権利の保護を完結させることは困難となっている」とし，裁判を受ける権利を国境を超えて国際的に保障する制度として外国判決の承認・執行制度を位置づけ，「原告が外国の裁判所に訴えを提起した場合に，当該外国でのその請求権を認める判決を得ているのに，再度日本で訴えを提起することを求めることが，裁判を受ける権利の保障に含まれる，適時の救済を受ける権利（ないしは実効的な救済を受ける権利）の趣旨に反する場合がある」とする（村上正子「外国判決の執行についての一考察」竹下先生古稀祝賀『権利実現過程の基本構造』（有斐閣，2002）264頁）。外国判決承認・執行制度は本案の訴訟を二度提起する手間を排し，迅速な執行を保証するための制度であるが，迅速性が必ずしも達せられないことが問題である。

13) 中野教授は，かつて強制執行の原点であった動産執行が「昔日の面影を留めない」と評している（中野貞一郎『民事執行法［新訂4版］』（青林書院，2000）533頁）。

金銭債権から回収するためには，当該国での外国送金に関する為替管理手続をとらなければならないという手間はあるが，不動産や有体動産からの回収に比べれば相当に簡易であり，かつ迅速に行うこともでき，債権者にとっては有利な手段である。すでに国内における強制執行の目的物として金銭債権は主要な地位を占めているが[14]，国際的な債権回収に当たって金銭債権はもっとも執行に適した財産であるということができよう。

　ただし，金銭債権には2つの問題点がある。第一に，金銭債権には公示方法もなく，タンジブルな財産でもないから，その明細，内容，第三債務者名を外部の第三者が覚知する手段はなく，民事執行規則133条1項の要求を充足することが困難な場合があることである。第二に，債権者にとって回収が簡易かつ迅速であるということは，債務者にとっても執行を逃れるために資金を移動することが簡易・迅速であることである。債務者が第三債務者と謀って，債権者の執行逃れを図ることはしばしば見受けられるところである。国際的な金銭債権執行については，債権者が債務者の金銭債権に関する情報を入手することができること，執行が迅速に行われること，この2点が必須である。

---

[14]　平成14年(2002年)の強制執行既済事件総数は，173,472件であり，うち不動産等は10,034件，債権等は163,438件となっている。

第2章　資産の多様化と民事執行法制の改正

第1節　わが国民事執行法改正

　債権執行の実効性を確保するために，債務者の財産情報を取得する手段が必要であることは認識されていたところである[15]。平成13年(2001年)6月18日，法制審議会は「権利実現の実効性をより一層高めるという観点から，民事執行制度の見直しを行う必要があると思われる」とする「民事執行制度の見直しに関する諮問」(諮問第53号)を発し，平成14年(2002年)3月19日発表の「担保・執行法制の見直しに関する要綱中間試案」では，「強制執行の実効性確保」の手段として「債務者の財産を把握するための方策」を設けることとし，債務者本人による「財産開示制度」と「第三者照会制度」の2つの手段の導入が検討された。従来から債権執行では，第三債務者の申告義務や執行参加通告は必要・不可欠であるとする意見はあったが[16]，適切な第三者を想定することができないことを理由に[17]，諸外国の立法例を参考にして債務者本人による財産開示制度のみが採用

---

[15]　債務者の財産情報へのアクセスを必要とする意見として，たとえば福永有利「民事執行の実効性を高めるための方策」銀行法務21第601号(2002)81頁，山本和彦「強制執行手続における権利者の保護と債務者の保護」竹下先生古稀祝賀『権利実現過程の基本構造』(有斐閣，2002)279頁などを参照。

[16]　宮脇教授は，旧強制執行法が取立命令について少なくとも他の競合債権者の存在についての確認方法を整備すべきであったとした後，「もっとも，債務者の財産開示の制度など債務者に対する規制を放置したまま第三債務者の協力義務のみ強化する方向をたどるとすれば，かような立法の方向には疑問もありえようが，フランス法における第三債務者の被差押債権申告義務及び執行参加通告義務のように，債務者自身の態度とは無関係に第三債務者の強力な協力義務を定めた立法例もあるくらいであって，およそ債権執行にとっては，第三債務者のかような協力は必要・不可欠」であるとする(宮脇幸彦「強制執行における平等主義規定の生成」小山＝中島編『裁判法の諸問題——下』(有斐閣，1970)243頁)。内山教授は金銭執行の成果を上げるために執行債権者が執行債務者の財産状態を十分に認識していることが必要であるが，現実には債務者は執行に当たって協力することは考えられず，債権者は権限もないままに調査しなければならない実情を取り上げている(内山衛次「強制執行における債務者の財産開示(1)」阪学25巻1号(1998)86頁)。

[17]　松下淳一「要綱の概要—主として執行法制に関する事項」金法1667号(2003)19頁。

され，第三者照会制度は見送られることとなった。民事執行法の改正によって追加された第4章 財産開示手続では，執行力のある債務名義を有する債権者について，原則として強制執行の不奏功を条件として[18]，財産開示手続の申立権を認めることとしている。債務者には出頭義務，宣誓義務および陳述義務が課され，不出頭，宣誓拒絶などには罰則が予定されている。

　民事執行法の改正で導入された財産開示制度は，ドイツ民事訴訟法の制度[19]にならったものであるが，この制度の採用の是非は過去にも民事執行法の制定に先立って議論があった[20]。債権者の負担を軽減する上で，何らかの債務者の財

---

[18] 民事執行法196条1項1号は強制執行等において債権者が金銭債権の完全な弁済を得ることができなかったことを条件として規定する。

[19] ドイツでは，1970年施行の新司法補助官法（*Rechtspflegergesetz*）によって手続に関する権限が裁判官（*Richter*）から司法補助官（*Rechtspfleger*）に移管されるに際して，開示宣誓が廃止され，その代わりに宣誓に代わる保証（*Eidesstattliche Versicherung*）が設けられ，1999年1月1日に施行された強制執行法の改正のための第2法律によって大幅に改正された。

　金銭債権に基づく不動産以外の財産権に対する強制執行に際し，債権者が完全な満足を受けられない場合（民事訴訟法807条），動産の引渡しを目的とする強制執行が奏効しない場合（同883条2項），債権者の申立てにより，債務者に財産または目的物の不存在を執行裁判所において宣誓に代えて保証させる手続であり（同899条以下），すべての積極財産を開示の対象とし，債権については回収の可能性，第三債務者名・住所，債権額等，債権者が債権差押えを行うのに必要な事項を可能な限り正確に，記載しなければならない。債務者が住所・居所を有する地を管轄する裁判所が管轄し，債権者はこの裁判所の執行官に開示保証の申立てを行い，執行官は申立てを受けると，職権により民事訴訟法807条1項の要件の存在，強制執行の適法性を調査し，期日を指定する。

　債務者の財産目録は区裁判所で申立て債権者以外のものも閲覧が可能であり，執行裁判所は開示保証を行った者および拘禁を命じられた者の目録（債務者目録）を作成し，この目録は *Shufa* という民間の個人信用情報調査機関を通じて金融機関が活用している。

　期日に出頭しない，または正当な理由なく開示保証を拒絶する債務者に対しては，拘禁令状 *Haftbefehl* を発令しなければならない（民事訴訟法901条1文）とされ，開示保証の履行の担保となっている。

　故意により虚偽の内容を有する財産目録について開示保証を行った債務者は，虚偽保証罪（刑法156条）に問われ，3年以下の自由刑又は財産刑を受け，過失により虚偽の内容を有する財産目録について開示保証を行った債務者は，過失虚偽保証罪（刑法163条）に問われ，1年以下の自由刑又は財産刑を受ける。

　また，民事訴訟法806a条は執行官による質問の制度を設けている。

　ドイツの財産開示制度については，内山衛次「強制執行における債務者の財産開示」阪学25巻1号（1998）85頁，2号（1999）33頁，またドイツ法，フランス法の開示制度については，山本和彦「強制執行手続における権利者の保護と債務者の保護」竹下先生古稀祝賀『権利実現過程の基本構造』（有斐閣，2002）280頁以下を参照。

産情報へのアクセスを保障する制度が必要であることは言うを俟たない。

　債務者の財産情報へのアクセスを保障することは，債権者が安易に債務者の破産手続の開始を申し立てることを抑える上でも重要である。すなわち債権者にとって債権回収の手段は強制執行に限られるものではなく，倒産手続も可能である。強制執行では債権者自ら債務者の資産内容や所在地を探査しなければならないが，たとえば破産手続が開始されれば，破産管財人が債権者に代わってこの調査を行う。債権者が債務者の資産状況を把握することができない場合，民事執行規則の求める金銭債権の特定ができず，強制執行を申し立てることができないので，債権者は破産手続を選択することになりかねない。債権者に対しては支払いを履行しないが，当該債務者が必ずしも支払不能，支払停止の状態にない場合にも，やみくもに破産宣告を申し立てることは存続可能な債務者を破綻させる結果になるが，これは社会・経済的に，また雇用の維持の観点からも妥当とはいえない。

　債務者からの財産開示制度については今後の運用の実績を見守ることとしたいが，この制度は執行の実効性を向上させる手段として評価することができよう。しかし本来債務を任意に履行しないから債務者に対する強制執行を行うのであり，債務者は執行を回避するために財産を分散することもあるので，債務者が自

20）　田中判事は民事執行を個別執行であるとし，「債権者が特定して申し立てをした財産ごとに行われる執行手続」であり，「特定の財産権を目的とする担保権の実行の場合を除き，どのような財産に対して執行の申立てをするかは，債権者の判断に委ねられている反面，債権者が執行の目的を達するべく債務者の財産を発見するために，多大の労力を費やさねばならない事態も生じてくる」ので，「このような事態を避けるため，ドイツ民訴法883条，887条が採るような財産開示制度を導入すべきかどうかも，立法論として問題となるところであるが，我が国では，そのような制度は，明治23年以来採用されたことがな」く，「包括執行においては，債務者に説明義務が課されており，個別執行が困難であるときは，包括執行を利用するほかない」とした（香川監修『注釈民事執行法(1)』（金融財政事情研究会，1983）15頁［田中康久］）。

　沖野判事は，わが国では宣誓の心理的強制が強くないこと，開示宣誓の前提である監置（債務者拘禁），債務者名簿（開示宣誓する債務者のリスト）に期待を持てない，また監置制度自体がわが国では異例な制度になることを挙げ，開示宣誓は判決手続やその他の強制執行手続に比べて職権探知主義の面が強いとした（沖野威「ドイツ民事訴訟法上の開示宣誓 Offenbarungseid 監置 Haft 及び債務者名簿について」鈴木編『会社と訴訟（下）復刊版』（有斐閣，1968）1101頁）。

　石川教授は，債権者が債務者の責任財産の探索に苦労する現状から見て，財産開示制度の導入は歓迎すべきであるとしていた（石川明「執行における財産開示制度の導入について」『ドイツ強制執行法研究』（成文堂，1977）1頁）。

ら財産の内容を十分に開示するとは考えにくい。この場合に拘禁という制裁手段も考えられるが，わが国は採用していない。一方，第三債務者は本来債権者と債務者の紛争に中立的である。したがって，第三債務者から客観的な債務者の財産情報の提供を期待することは非合理的ではない。債務者の財産情報を入手することができれば，金銭債権執行をより実効性の高いものにすることができる[21]。債務者の財産情報の開示を債務者本人に限定することは問題がある。

　債務者の財産の中でも債務者の有する金銭債権に関する情報をもっともよく承知しているのは第三債務者である。また第三債務者は本来債権者・債務者間の争いには中立的な存在である。第三債務者が債務者の財産情報を債権者に提供しても，債務者（第三債務者にとっての債権者）を損なうことはない。したがって第三債務者からの債務者財産情報の入手を制度化することが金銭債権執行の実効性のためには有効な手立てとなりうる。しかし第三者照会制度は採用されなかった。フランスでは1806年民事訴訟法の第5編である強制執行法，1991年制定の新民事執行法のいずれにおいても，第三債務者に債務者の財産情報を提供する義務を規定しており，これが執行の実効性を確保するための重要な手段となっているのである。

　次に，今回の民事執行法の改正では，とくに金銭債権執行の迅速化・簡素化という面からの対応は見られない。わが国で金銭債権執行を行うには，原則として債権者は判決手続において裁判所による給付判決という債務名義を得て，その上で裁判所に差押命令を申し立て，裁判所による差押命令を得る必要がある。この手続では，裁判所が当事者間の紛争に関する本案の裁判手続と差押命令の取得という執行手続の2つの局面で関与する。これを「手続の二層構造」と呼ぶことにする。強制執行について裁判所が二度関与する結果，制度は重く，このために強制執行の迅速性が失われかねない。また，手続の二層構造は必ずしも普遍的な制度ではない。たとえば，フランス新民事執行法では金銭債権執行において，裁判所の関与は原則として給付判決の言渡しの1回に限られている。これを「手続の

---

21) 山本教授は，強制執行手続における債権者と債務者の利害のバランスを調整する必要があるが，現在は執行手続の現場が債務者対執行機関という構図になるために，強制執行法制および運用においては債務者の利益保護に傾いているとする。しかし，利害の対立は債権者と債務者という私人間にあるから，債権者の利益を考量すべきであり，とくに確定判決であれば既判力という形で債権者の権利の存在は公証されており，これを前提としてよいとする（山本和彦「強制執行手続における権利者の保護と債務者の保護」竹下先生古稀祝賀『権利実現過程の基本構造』（有斐閣，2002）275頁）。

一層構造」と呼ぶことにする。フランス新民事執行法の制定に当たっては，後述するとおり「債務名義の価値回復」が指導理念の1つであった。

さらに，欧州連合では，「判決の自由な流通」(libre circulation des décisions de justice) に向けた制度の整備として「欧州債務名義」構想を進めているが，ここでも他の加盟国において金銭債権執行を行うのに，自国の裁判所の関与を限定するという手続の一層構造を採用する方向にある。国際金銭債権執行は本来，国際裁判管轄が抵触する事態であり，現時点では，欧州連合においても他の国の裁判所が行った給付判決に基づき自国で強制執行を行うためには，自国の裁判所の執行判決を必要としている。すなわち，現在は判決手続と執行手続の2つの手続において裁判所が関与する手続の二層構造となっているが，欧州連合はこれを一層化することによって執行の迅速化を図ろうとしているのである。フランス新民事執行法の金銭債権執行制度は国内における執行であり，欧州連合の欧州債務名義は国際的な執行であるが，いずれも執行制度を軽いものにしようとしている。欧州連合の「欧州債務名義」構想にはフランス法系の学者のイニシアティブがうかがわれ[22]，ドイツのヘスも「欧州銀行預金差押え」(Grenzüberschreitende Kontenpfändungen) の起源をフランス法系著作に求めている[23]。フランス新民事執行法に見られた「債務名義の価値回復」のスローガンの下に欧州連合の執行制度が設計されようとしているようである。

次に，フランス旧強制執行法，新民事執行法の規定の詳細とともに，これらの規定のバックボーンともいうべき執行制度に対する基本的な考え方および欧州連合における執行の迅速化・簡素化の動きを見ることにする。

---

22) マルミスは学位論文「欧州における判決の自由な流通」において，欧州債務名義構想の発展をたどり，その起源を1992年のフランス公証人大会に求め，さらに1993年の「欧州法域における法曹」と題したパリにおける討論会において「欧州債務名義」構想が提案されたとしている (Marmisse, *La libre circulation des décisions de justice en Europe*, Pulim, 2000, p. 349)。1997年3月にヘルシンキでは「欧州債務名義」をテーマとするセミナーが開催され，判決の執行の実効性と差押禁止財産の保護，過度の不当な執行からの債務者と第三者の保護の必要性が認識され，1997年5月20，21日には欧州理事会の求めにより，欧州債務名義グループが検討を開始している。欧州債務名義構想の推進者が，ド・ルヴァル，ペロォらであることを考慮すると，これがフランス法系（ド・ルヴァルはベルギー・リエージュ大学）の発想であることがうかがわれる。

23) Heß, Aktuelle Perspektiven der europischen Prozessrechtsangleichung, JZ 11/2001, 579.

第1編　序　論

第2節　フランス民事執行法改正

一　民事執行法改正の動機

　ヨーロッパでは，1990年以降，複数の国で民事執行法が改正されている。時代によって私人の権利の態様や資産構成は変化するので，私権の強制的な実現である強制執行もこの変化に対応して改革する必要があるからである[24]。
　たとえば，イタリアでは1990年に民事執行法が改正され (1993年1月1日施行)[25]，民事訴訟法669条に *bis* から *quaterdecis* まで13条が追加され，新たに予防措置 (*I procedimenti cautelari*) が設けられた。ドイツではすでに1970年の新司法補助官法によって，債務者の財産情報の入手手段である債務者の開示保証について，手続権限を執行裁判所から司法補助官に移管し，開示保証の要件を拡大し，従来よりも手続利用の場面が拡大され，その実効性が高まっていた。さらに，1988年に各州司法大臣の協議会で強制執行法の改正作業グループの設置が決議され，翌年から作業が開始された。強制執行法の抜本的な改正ではなく，債権者・債務者の利益を調整しつつ，執行の実効性を上げるための必要最小限の改正にとどまり，1990年4月に第1次中間報告，翌1991年9月に第2次中間報告が発表され，両報告書は合体されて「強制執行法規定改正に関する第二法律案」として1994年から1995年初に上下両院に提出された[26]。1997年に公布された第2強制執行法改正法[27] (1999年1月1日施行) は，強制執行手続の促進・簡易化を目的に，従来ドイツ民事訴訟法794条1項5号の執行証書の執行力を原則として「和解による規律が許される請求権」に拡大して，裁判所の負担を軽減し，再検査の権利へのアクセスを簡素化したものと評価されている[28]。
　そしてフランスでは，1991年に新民事執行法が制定され[29]，翌年民事執行規

---

[24]　19世紀末にすでにテュローは有価証券の重要性が増し，動産・不動産の重要性が低下していると指摘している（Thureau, *De la saisie-arrêt en droit international privé*, Marchal & Billard, 1897, p.11）。

[25]　Cuniberti, *Les mesures conservatoires portant sur des biens situés à l'étrangers*, L.G.D.J., 2000, p.150.

[26]　石川明『ドイツ強制執行法の改正』（信山社，1998）4頁。

[27]　Zweites Gesetz zur Änderung zwangvollstreckungsrechtlicher Vorschriften.

[28]　石川明「執行証書の執行力の拡大」判タ1034号(2000)52頁。

則[30])が設けられた。従来の1806年民事訴訟法第1部第5編判決執行[31])の第6章553条，554条，第7章，第8章，第9章，第10章，第11章，同第2部第1編[32])第2章，第3章（以上全体を総合的に旧強制執行法と呼ぶ）はこれに伴って廃止された。旧強制執行法が立法された19世紀初頭当時，経済的に価値のある財産と言えば不動産であり，金銭債権の流通決済を担うべき銀行制度が構築されたばかりで，債券・株式などの有価証券，住宅の区分所有権はほとんど発達しておらず，経済活動における債権の比重は小さかった。旧強制執行法の立法者は，国家の基盤には安定した不動産所有制度が必須であるとして，不動産の流動化を促すような不動産執行や不動産上の担保設定を抑えるために，手続を複雑なものとし[33])，このために手間と時間がかかるわりに不動産執行は債権者を満足させるだけの機能を果たすことができず，単に債務者を破綻させるだけでの手続となっていた。このため旧強制執行法は有体動産執行を中心に構成され[34])，旧強制執行法の下で強制執行と言えば，執行士が債務者の住居に侵入し，債務者の財産を調べ上げ，有体物に票を貼り，売却することを意味したのである。

1806年旧強制執行法については1907年に債権執行であるセジ・アレに関する改正，1930年に給与債権に対する差押え，1938年6月17日の不動産差押え，1955年には仮差押えに関して一部の改正が行われたが，旧法はともかく基本的

---

29) Loi no. 91-650 du 9 juillet 1991, portant réforme des procédures civiles d'exécution. フランス民事執行法の改正については，山本和彦「フランス新民事執行手続法について－日本法との比較を中心として」ジュリ1040号（1994）69頁，1041号61頁，Perrot et al., La réforme des procédures civiles d'exécution, Revue trimestrielle de drot civil, hors série, Sirey, 1993 を参照した。

30) Décret no. 92-755 du 31 juillet 1992, instituant de nouvelles règles relatives aux procédures civiles d'exécution pour l'application de la loi no. 91-650 du 9 juillet 1991, portant réforme des procédures civiles d'exécution.

31) Code de procédure civile, Première Partie, Livre cinquième de l'exécution des jugements. 同第7章は債権執行，第8章は有体動産執行，第9章は第一次産品仮差押え，第10章は年金差押え，第11章は配当を定める。第12章は不動産執行を定め，第12章は新民事執行法の制定に当たっても改正されていない。

32) Code de procédure civile, Seconde Partie, Procédures diverses, Livre premier. 第2章は保全措置であるセジ・ガジュリー，セジ・フォレーヌを定め，第3章はセジ・ルヴァンディカシオンを定める。

33) Cuche, Précis des voies d'exécution et des procédures de distribution, 4e éd., Dalloz, 1938, p.163.

34) Perrot, Rapport de synthèse, La réforme des procédures civiles d'exécution, Sirey, 1993, p.169.

に200年近くにわたって維持されてきた。強制執行制度における金銭債権執行の比重はまだ小さかったので，問題が意識されず，その一方で有体動産執行についてもとくに問題は意識されてこなかったのである[35]。

さすがに旧強制執行法の制定から170余年を経た1983年に入ると旧強制執行法が時代に適合しないことが意識されてきた。1983年当時の法務大臣ロベール・バダンテールは「古びて役に立たなくなった」（*obsolète et inefficace*）旧強制執行法の改正を勧告したのである。これによりパリ大学のペロォを委員長として学者・裁判官・実務家から構成される新民事執行法制定委員会が設けられた。ペロォ委員長は「執行手段を不動産執行，有体動産執行と金銭債権執行に限定していることは今日の経済状況に適合しない。資産の多様化には執行方法の多様化で応えなければならない」[36]と述べている。また，1990年5月16日に開かれた上院の審議でアルパイヤンジュ法務大臣（当時）も「旧強制執行法は部分的に修正を加えられてきたが，抜本的な改正が加えられたことはなく，今日の社会に対して実効性がなく，適応していない」[37]と説明している。すなわち，今回の旧強制執行法の改正，新民事執行法制定は社会経済的な資産構成の変化に対応したものであり[38]，金銭債権執行が改正の中心を占めている。不動産執行制度については今後の作業に委ねられ，1991年の改正の対象になっていない[39]。旧強制執行法の改正議論が始まった当初は，不動産執行も改正すべきとの意見があったが，改正は不動産業務に関わる権益の問題を浮かび上がらせることから，議論の紛糾を

---

[35] Théry, La place des procédures civiles d'exécution, *La réforme des procédures civiles d'exécution*, Sirey, 1993, p.2.

[36] Perrot et Théry, *Procédures civiles d'exécution*, Dalloz, 2000, p.21.

[37] 1990年4月3日の国民議会（下院）の審議で法案報告委員カタラ議員は，毎年150万件の判決が言い渡され，そのほとんどは任意に履行されているが，履行されていないものがあるとし，18世紀末の農村的でモビリティが低かった社会を反映した従来の民事執行法は，1806年以来断片的な改正にとどまり，実効性を欠き，複雑で，統一がなく，現代の経済社会の発展に適応できていないことが明らかであると説明している（Compte rendu integral du séance du 3 avril 1990 de l'Assemblée nationale, p.22）。

[38] すでに1842年5月24日の年金に対する差押えの改正（旧強制執行法636条以下）の際に，有価証券に対する手続の改正の必要性が認識されていたが，特段の改正は行われなかった（Théry, La place des procédures civiles d'exécution, *La réforme des procédures civiles d'exécution*, Sirey, 1993, p.2）。

[39] Perrot et Théry, *Procédures civiles d'exécution*, Dalloz, 2000, p.13. 民事執行法改正委員会は不動産執行法改正作業を続け，1993年10月には法務大臣に報告しているが，改正は進捗していない。

懸念して先送りされたものである。また強制執行における不動産執行の重要性の低下が改正の緊急性を低くしていることも否めない。不動産執行手続は民法典および旧強制執行法に規定されているが，民事執行法の制定後も不動産執行手続は従前と同じである。

バダンテール法相の改正勧告から7年後の1990年4月3日，4日に国民議会における審議が開始され，翌月15日からは上院における審議が開始された。一部議員から差押不動産からの債務者の強制退去規定 (*mesures d'expulsion*) について修正が要求されたが，結局1991年7月9日法律番号91-650として新民事執行法が制定され，その後1992年7月31日省令番号92-755として新民事執行規則が制定され，新民事執行法は1993年1月1日に施行された。改正までにあしかけ10年を要したことになる。

旧強制執行法は「古びて役に立たなかった」が，これはとくに債権者にとっては手続に時間がかかり複雑であったことが問題とされ，一方債務者にとっても制度が非人間的であったことが問題とされた。このため改正に当たっては，債権者には当然の権利として債権を回収させ，一方で不運かつ善良な債務者を保護するという二重の要請を調整するとともに，同時に責任追及の実効性を強化することを目指したとされている。また最近は財産と言えば，金融機関預金や有価証券が中核を占めている。さらに，自動車が生活の必需品となってきた。自動車には中古市場という換価の場所があり，換価処分が容易な新しいタイプの財産である。このような新しい態様の財産について，旧態依然たる旧強制執行法では十分に対応できなくなっていた[40]。このために金銭債権執行手続を改正して，セジ・アトリビュシオン手続 (*saisie-attribution*) を設け，また自動車に対する差押手続 (*saisie des véhicules terrestres à moteur*) を新設したのである。また，旧強制執行法の重層的な執行方法を整理・統合し[41]，従来目的物によって分散していた保全

---

40) 後述するように，新民事執行法の改正の中心の1つであるセジ・アトリビュシオンは金銭債権執行であるが，1990年5月15日の上院の審議でアルパイヤンジュ法務大臣は，セジ・アトリビュシオンの対象を銀行預金と郵便貯金であると説明している (Compte rendu integral du séance du 15 mai 1990 du Sénat, p. 814)。

41) セジ・コンセルヴァトワール・アン・マチエール・コメルシアル (*saisie conservatoire en matière commerciale*) は，旧民事訴訟法の「迅速を要する場合，商事裁判所は即座に動産の仮差押えを命ずることができる」(旧民事訴訟法417条1項) に基づく商取引に関わる債権に関わる保全措置である。セジ・ガジュリー (*saisie-gagerie*) は，地代や賃貸料債権を有する債権者が賃借人の有体動産に対して有する優先権である (旧強制執行

第1編　序　論

措置を統合し，有体動産の引渡しまたは取戻しのための差押手続を改正し，また一部の差押手続については，基本的には手続内容を変えずに時代に合わせて改称した[42]。フランスの旧強制執行法には保全措置（仮差押え）に関する一般規定が

法819条）。セジ・フォレーヌ (*saisie foraine*) は，シャンパーニュやリヨンの定期市 (*foire*) に由来する制度であり，「旅店の宿泊」債権を担保する宿泊人所有の動産を留置して，債務者の弁済を強制する制度であり（同822条），江藤教授は「余所者差押」と訳している（江藤价泰「フランスにおける仮差押え制度の一端について」中村古稀記念論文集刊行会編『民事訴訟の法理』（敬文堂，1965）513頁を参照）。これらの保全目的の手続は，新民事執行法ではセジ・コンセルヴァトワール (*saisie conservatoire*) に統合された（新民事執行法74条）。セジ・コンセルヴァトワールを行った場合は，債権者は申立て後1ヵ月以内に債務名義を取るための本案の訴えを提起しなければならないが（新民事執行規則70条），これは従前の執行裁判所による有効判決の手続と同様ということができる。

[42] セジ・ブランドン (*saisie brandon*) は，農産物などの第一次産品を定期的に収穫している者に対して債権を有する者が債権回収のために当該産品に対して行う差押えで，債務者に対する支払強制手段であった。しかし，名称が古いとして，セジ・デ・レコルト・シュール・ピエ (*saisie des récoltes sur pied*)（新民事執行規則134条以下）に改称された。旧強制執行法の下での有体動産執行手続であったセジ・エギュゼクシオン (*saisie exécution*) のエギュゼクシオンは，単に「執行」を意味するのみで，新民事執行法ではすべて債務名義に基づく執行なので，セジ・エギュゼクシオンでは執行方法の名称として適当ではなかったようで，従来の制度をおおむね継承しながら，直訳的にセジ・ヴァント (*saisie-vente*)（新民事執行法50条以下，新民事執行規則81条以下）と改称した。これは「差押えと換価」を意味する。セジ・ヴァントでは，債務名義を有する債権者はまず債務者に支払督促と支払が行われない場合には差押えを行う旨をコマンドマンによって通告し，その後支払いが行われない場合には，差押え・換価・満足の過程を経る（同50条1項）。また，債務名義を有する他の債権者はオポジシオンによって手続に加わることができる（同50条2項）。無体動産のセジ・ヴァントは債務名義を有する債権者が差押えと換価による執行を行う手続で，オポジシオンを行った債務名義を有する他の債権者のみが参加することができる点は従来のセジ・エギュゼクシオンと異なる（同59条，60条）。

セジ・ルヴァンディカシオン (*saisie- revendication*) は，フランス民法典2279条1項の「動産は占有が権限に価する」および同2項の「ただし，喪失または盗難にあった者は喪失または盗難から3年の間，その物を有する者から取り戻すことができる」に基づく有体動産に対する追及権であって（同826条），わが国民法188条に相当する権利であるが，セジ・アプレエンシオン (*saisie-apprehension*) に改称された（新民事執行規則140条以下）。これは，アルザス・ロレーヌ法を起源とする手続であり，債務名義を必要とせず，引渡しの義務，有体動産の返却の義務の履行を保証する。フランス法上の概念である「する債務」を債務者が履行しない場合には，伝統的に民法1142条に基づく損害賠償による救済しか存在しなかったが，割賦販売など所有権留保取引や譲渡担保が広く利用されるに伴い，債権者の保護の手段としてこのような動産の引渡し，取戻しによる保護の必要性が認識されていた（Perrot et Théry, *Procédures civiles d'exécution*, Dalloz, 2000, p. 599）。

16

なく，1955年11月22日法によって旧民事訴訟法48条[43]として保全措置の一般規定が設けられたが，新民事執行法は新たに保全措置の一般規定を設けた（同74条以下，新民事執行規則210条以下）。

二 金銭債権執行制度の改正

1991年新民事執行法の金銭債権執行手続の詳細は後述のとおりであり，旧強制執行法の債権差押手続では，裁判所が何度も関与し，手続が複雑かつ迂遠であったことが改正の基本的な理由である。旧強制執行法の下での金銭債権執行手続であったセジ・アレ，新民事執行法の下でのセジ・アトリビュシオンの手続の詳細，その性格および手続の比較については後述するが，今回の金銭債権執行制度の改正については下記の2点が重要である[44]。

(1) 裁判所の関与の排除

新民事執行法はセジ・アトリビュシオン手続を導入し，金銭債権差押手続を簡素化したので，裁判所の給付判決があれば債権者はあらためて裁判所に申し立て

　セジ・アプレエンシオンは債務名義を要することから，保全措置ではない。なお，旧強制執行法下の保全制度については江藤价泰「フランスにおける仮差押え制度の一端について」中村古稀記念論文集刊行会編『民事訴訟の法理』（敬文堂，1965）513頁を参照。

43) 1955年11月12日法律番号55-1475によって改正された旧民事訴訟法48条1項は，「緊急かつ債権の回収が危機に瀕すると見られる場合，債務者の住所・居所または差し押さえるべき財産の所在地の大審裁判所裁判長または小審裁判所裁判官は，その債権が存在することを証する債権者に対して，債務者に属する動産を保全的に差し押さえることを許可することができる」と定めていた。同条は，新民事執行法の制定に伴い廃止された。

44) 山本教授は，旧強制執行法の債権執行と新民事執行の債権執行を比較し，「従来，フランスにおける債権執行は，保全処分と執行処分を合体させた停止差押え（*saisie-arrêt*）の形態をとっていた。差押えの段階では債権者は執行名義を必ずしも要せず，裁判官の許可のみで手続を開始できるが，その後に債務者との間で差押え債権の存否を含めて差し押さえ手続の有効性を確認する訴訟（確認訴訟）が行われ，その確定後に初めて第三債務者から給付を受けられるという構造となっていた。

　この手続は，債務名義を既に有する債権者にも常に確認訴訟を要求するなど実務上煩瑣に堪えず，また差押債権者は結局配当を余儀なくされ，実効性にも乏しかった。そこで新法は保全段階を切り離し，差押え開始には常に執行名義を要求する代わりに，一旦差押えがなされたときは，それにより差押え債権が債権者に帰属する（すなわち，第三債務者が債権者の直接の債務者となる）こととした。この結果，手続は一気に簡易化される一方，差押債権者に極めて有力な優先権が付与されるに至った。この帰属差押え（*saisie-attribution*）の創設が新法の最大の改正点と評価される所以である」としている（山本和彦「フランス新民事執行手続法について（下）―日本法との比較を中心として」ジュリ1041号（1994）61頁）。

るまでもなく，債務者の金銭債権に対して執行することが可能となった。
(2) 金銭債権執行の平等主義の払拭
　新民事執行法のセジ・アトリビュシオンは差押債権者に執行債務者の差押財産を即時に移付する手続である。従前の金銭債権執行における債権者の平等配当を払拭し，差押債権者の独占を認めることになった。

　今回の改正によって金銭債権執行における裁判所の関与は原則的に給付判決の1回に限られることとなった。旧強制執行法のセジ・アレと異なり，新民事執行法のセジ・アトリビュシオンを行うことができる債権者は債務名義を有する者に限られるが，いったん債務名義を得れば，債権者はあらためて裁判所の関与を求めることなく金銭債権執行を行うことができ，手続は大幅に簡素化されたのである。国民議会における討議において，セジ・アトリビュシオンの導入を「債務名義の価値回復」(*revaloriser le titre exécutoire*)[45]と呼ぶのはこのためである。ただし，旧強制執行法のセジ・アレの場合にも，執行手続は債権者のイニシアティブで行うものと理解されていたが，手続の途中で裁判所において有効判決を取得する手続が債権者にとって負担となっていた。つまり，フランスでは少なくとも金銭債権執行に着手すること自体は基本的に当事者のイニシアティブなのであり，執行は裁判外の行為と理解されているからである。たとえばガルソネは「動産執行は裁判外の行為である，なぜならこれを行う債権者は債務者ないし第三者がなんらかの異議を申し立てるか，セジ・アレを行った後に有効判決の訴えないし陳述の催告を行う場合以外には，裁判所に申し立てることはないからである」[46]としていた。クシュも「差押えは裁判上の行為ではない」[47]としていた。ガルソネの説明のとおり，有効判決の訴えは本来債権者の債務者に対する債権の存在を確定するものであるから，旧強制執行法のセジ・アレを執行の側面に限ってみれば，執行については裁判所の命令を必要とせず，もっぱら債権者のイニシアティブの下で行われたのである。新民事執行法のセジ・アトリビュシオンではさら

---

45) 1990年4月3日国民議会における法案報告者カタラ議員の法案趣旨説明（Compte rendu integral du séance du 3 avril 1990 de l'Assemblée nationale, p. 20），1990年5月15日上院におけるアルパイヤンジュ法務大臣の趣旨説明（Compte rendu integral du séance du 15 mai 1990 du Sénat, p.814）を参照。

46) Garsonnet, *Traité élémentaire des voies d'exécution*, 2e, Larose, 1894, p.13.

47) Cuche, *Précis des voies d'exécution et des procédures de distribution*, 4e éd., Dalloz, 1938, p.11.

に，有効判決の手続自体が廃止され，執行に当たって裁判所が関与しないことが一層明らかになったのである[48]。債務名義を得る手続以外にさらに裁判所の許可を求める必要がなく，執行が簡素化，迅速化されることになった。フランスの民事執行法の改正が「非裁判化」（*déjudiciarisation*）[49]とも呼ばれるのはこのためである。フランス銀行協会の作成した銀行業務参考用の新民事執行法に関するブックレットも今回の新民事執行法を同様に評価している[50]。金銭債権執行に当たって裁判所の関与が限定されていることの例として，たとえば，新民事執行法の施行後の破毀院2001年10月4日判決[51]を挙げることができる。民法典1244条の1および3は，一般に裁判所に対して債務者の支払猶予を認める権限を認めているのであるが，この事件では執行債務者が民法典の規定に基づいて，裁判所に対して支払猶予を求めたが，破毀院は民法典の規定にかかわらず，「差押金銭債権は差押債権者に即時に移付された」のであるから，「執行裁判所に支払猶予を認める権限はない」と判示しているのである。このような手続の一層構造は執行の迅速化の有効な手段と考えられる。

第3節　欧州連合の「欧州債務名義」構想

一　外国判決承認・執行制度の整備

次に，欧州連合における執行手続の簡素化・迅速化の努力として「欧州債務名義」構想を検討することにしよう。これは欧州経済共同体（EEC）の時代から続けられてきた司法の実効性を高める努力の一環ということができる[52]。ここで

---

48) Delebecque, Les nouvelles procédures civiles d'exécution, *La réforme des procédures civiles d'exécution*, Sirey, 1993, p.16.

49) Perrot et Théry, *Procédures civiles d'exécution*, Dalloz, 2000, p.24, Nicod, *La réforme des procédures civiles d'exécution, un an d'application*, Dalloz, 1994, p.14, 24.

50) *La banque et les nouvelles procédures de saisie*, AFB diffusion, 1993, p.7.

51) Cass, 2e Ch. civ., 4 octobre 2001, Mme Tlili c/ Sté Finaref, D 2002, Jur. p.1658, note Soustelle. フィナレフ社はトリリ夫人を債務者として同夫人の取引銀行を第三被差押人とするセジ・アトリビュシオンを行い，債務者のトリリ夫人は執行裁判所から民法11244条の1に基づく24ヶ月の支払猶予の許可を得たが，フィナレフ社はトリリ夫人の銀行口座から差押債権額を取得したので，トリリ夫人は同社に対する返還請求の訴えを提起した。破毀院は「セジ・アトリビュシオンは差押金銭を債権者に即時に譲渡させるものであるから，執行裁判所は支払いを猶予することはできない」として上告を棄却した。

欧州債務名義構想に至るまでのEEC，欧州連合（EU）における動きを簡単にたどってみよう。

欧州経済共同体の創設を定める1957年ローマ条約220条は，共同体の目的として「判決の相互承認と執行にかかる手続の簡素化」を挙げている。この規定に基づき，1960年2月18日判決の相互承認と執行条約の策定作業を担う専門委員会の設置が決定された。設置後早々に相互承認執行条約をダブル条約とする方針がとられた[53]。1967年に欧州経済共同体は，欧州石炭鉄鋼共同体（ECSC），欧州原子力共同体（EURATOM）とともに欧州共同体（EC）に統合された。欧州共同体の域内における判決・決定の自由な流通を目指し[54]，翌年1968年9月27日に「民事および商事に関する裁判管轄ならびに判決の執行に関する1968年9月27日ブラッセル条約」[55]（以下，「ブラッセル条約」という）が調印され，1973年2月1日に創設6カ国を締約国として発効した。同条約はダブル条約である[56]。それまで，欧州共同体の各国は国際裁判管轄と外国判決承認・執行について個々に相対の条約を結んでいたが，同条約はこれらの個別の条約を代替するものである（同条約

---

52) モラーは，超国家的な執行機関，警察・検察機構を持たない欧州連合を法的共同体（*legal community*）であるとする（Mollers, The Role of Law in European Integration, 48 Am. J. Comp. L. 679, 681 (2000)）。フォン・ボグダンディは欧州連合を法の共同体（*Community of Law*）としている（von Bogdandy, The European Union as a Supranational Federation: A Conceptual Attempt in the Light of the Amsterdam Treaty, 6 Colum. J. Eur. L. 27, 45 (2000)）。欧州連合における「欧州法域」と「欧州債務名義」構想はこのような法的な共同体であることに基礎を置いている。

53) Gaudemet-Tallon, *Les conventions de Bruxelles et de Lugano*, 2e éd., L.G.D.J., 1996, p. 5.

54) Ibid., p. 229.

55) Convention de Bruxelles du 27 septembre 1968, concernant la compétence judiciaire et l'exécution des décisions en matiére civile et commerciale. 「ヨーロッパ判決執行条約」，「ＥＣ管轄執行条約」とも呼ばれるが，本書では「ブラッセル条約」と略称する。ブラッセル条約は欧州連合に加盟しただけでは適用されず，適用のためには個別の決定を要するという特性を有し，このため加盟国（*Etats membres*）ではなく，締約国（*Etats contractants*）という表現が使われる。また条約であって法律ではないので，条約の解釈は欧州司法裁判所に委ねられている（Gaudemet-Tallon, *Les conventions de Bruxelles et de Lugano*, 2e éd., L.G.D.J., 1996, p. 6）。

56) ここでダブル条約とは，外国判決の承認および執行に関する規定と完全な裁判所の裁判管轄を規定する条約のタイプをいい，外国判決の承認および執行に関するルールだけを規定し，裁判所の裁判管轄はそれを承認執行の要件として調整する形式のシングル条約，外国判決の承認執行だけではなく，裁判管轄についても一部だけではあるが直接規定する形式のミックス条約に対比される。

55 条)。同条約は，締約国において言い渡された判決は，他の締約国において，いかなる特別の手続を必要とすることなく承認されるという条約締約国間の判決・決定[57]の自動承認を定め（同条約 26 条 1 項），他の締約国の判決・決定は実質再審査（*révision au fond*）の対象とせず（同 29 条），さらに締約国で言い渡され，執行可能とされた判決は，他の締約国において，当事者の申立てによって，執行が宣言された場合に執行される（同 31 条 1 項）として，他の締約国における執行に当たっては，当事者の申立てによる執行判決を得ることを要件とした。同条約は，外国判決の承認にあたって実質再審理を行うことなく自動承認することを定めているが，依然として国家単位の裁判制度を維持し，外国判決の執行にあたって自国の裁判所の執行名義を必要としていたのである。

　一方，欧州共同体に対抗する自由貿易地域として，1959 年 11 月 20 日のストックホルム条約によってイギリス，デンマーク，ノルウェー，スウェーデン，オーストリア，スイス，ポルトガルの 7 カ国によって欧州自由貿易連合（EFTA）が結成された[58]。欧州共同体の機能が着実に成果を示すにつれて，欧州自由貿易連合から脱退し，欧州共同体に加わる国が続出した[59]。1971 年には欧州共同体の

---

57)　同条約 26 条 1 項は，「締約国の一つで行われた *décisions* は，なんらの手続を経ることなく，他の締約国で承認される」と規定するが，ここで *décisions* について，同 25 条は「上級裁判所の判決，下級裁判所の判決，命令，執行命令，いずれにせよ名称にかかわらず」と定義している。ゴドゥメ・タロンは「本条約は，承認・執行のシステムを既判力（*force de chose jugée*）を得ていない判決・決定にもそれを得たものと同様に広げる」としている（Gaudemet-Tallon, *Les conventions de Bruxelles et de Lugano*, 2e éd., L.G.D.J., 1996, p. 232）。したがって，外国裁判所の決定も承認対象となる。なお，ブラッセル条約に関するジュナール報告書も「条約においては『既判力』という文言を明示的に排除」したとしている（関西国際民事訴訟法研究会「民事及び商事に関する裁判管轄並びに判決の執行に関するブラッセル条約公式報告書(6)」際商 27 巻（1999）12 号 1440 頁）。

58)　1940 年の対独降伏による自信喪失の後遺症が残ったフランスは，第二次大戦後欧州志向を強めていくが，イギリスは第二次大戦の戦勝国であり，欧州よりも世界戦略を重視し，仏独枢軸の欧州統合に消極的で，このために欧州共同体に反発したと解される。

59)　1972 年 12 月 31 日，イギリス，デンマークが欧州自由貿易連合を脱退し，1973 年 1 月に両国およびアイルランドは欧州共同体に加盟した。1981 年 1 月にギリシャが欧州共同体に加わり，1982 年 10 月 25 日ルクセンブルグ条約にギリシャが追加された。1985 年にポルトガルは欧州自由貿易連合を脱退し，スペインとともに 1986 年 1 月に欧州共同体に加盟し，1989 年 5 月 26 日両国との間でサン・セバスティアン条約が調印された。1988 年には欧州自由貿易連合の加盟国はアイスランド，リヒテンシュタイン，ノルウェー，スイス，オーストリア，フィンランド，スウェーデンの 7 カ国に減少し，1988 年 9 月 16 日ルガーノ条約が締結された。1994 年 12 月 31 日オーストリア，フィンランド，スウェーデンの 3 カ国は欧州自由貿易連合を脱退し，翌年初欧州共同体に加盟している。欧州自由貿易連

第1編 序　論

　創立メンバー国など9カ国によって「ブラッセル条約の解釈に関する欧州裁判所への諮問に関する1971年6月3日ルクセンブルグ議定書」(1975年9月1日発効、以下、「ルクセンブルグ議定書」という)[60]が結ばれた。これはブラッセル条約の統一的な解釈を保証する枠組みであり、同条約の解釈に関して欧州司法裁判所への諮問に関する合意である。

　欧州共同体への参加国は，1978年10月9日ルクセンブルグ条約[61]，1989年5月26日サン・セバスティアン条約[62]を結ぶことによってブラッセル条約を適用されることになり、さらに1988年9月16日には欧州自由貿易連合に残った加盟国[63]との間でブラッセル条約を準用するため「民事及び商事に関する裁判管轄並びに判決の執行に関するルガーノ条約」[64](以下、「ルガーノ条約」という。以下、ブラッセル条約とルガーノ条約を総合的に「ブラッセル・ルガーノ条約」という)が締結された。ブラッセル・ルガーノ条約は、各国の固有の執行判決ルールに則った外国判決承認・執行のネットワークということができる。

　さらに最近になって外国判決の自動流通の動きと並行し、政治的なマニフェストが次々に行われている[65]。この点でターニング・ポイントを画したのは、

　　の加盟国の1つであるリヒテンシュタインはルガーノ条約に署名していない。

60)　Protocole de Luxembourg du 3 juin 1971, concernant l'interprétation par la Cour de justice de la Convention du 27 septembre 1968 concernant la compétence judiciaire et l'exécution des décisions en matière civile et commerciale. ブラッセル条約は法律ではないために、条約の文言の解釈は欧州司法裁判所に委ねられている (Gaudemet-Tallon, Les conventions de Bruxelles et de Lugano, 2e éd., L.G.D.J., 1996, p.6)。

61)　Convention de Luxembourg du 9 octobre 1978, relative à l'adhésion du Royaume de Danemark, de l'Irlande et du Royaume-Uni de Grande-Bretagne et d'Irlande du nord à la Convention concernant la compétence judiciaire et l'exécution des décisions en matière civile et commerciale ainsi qu'au protocole concernant son interpréetation par la Cour de justice.

62)　Convention de Saint-Sébastien du 26 mai 1989, relative à l'adhésion du Royaume d'Espagne et de la République portugaise à la Convention concernant la compétence judiciaire et l'exécution des décisions en matière civile et commerciale ainsi qu'au protocole concernant son interprétation par la Cour de justice avec les adaptations y apportées par la convention relative à l'adhésion du Royaume de Danemark, de l'Irlande et du Royaume-Uni de Grande-Bretagne et d'Irlande du nord et les adaptatioms y apportées pas la convention relative à l'adhésion de la République hellénique.

63)　スイス、スウェーデン、ノルウェー、アイスランド、フィンランド、オーストリアの6カ国。

64)　Convention de Lugano du 16 septembre 1988, concernant la compétence judiciaire et l'exécution des décisions en matière civile et commerciale.

65)　その1つは、1985年6月14日調印のシェンゲン合意である。ここで、司法および刑事

1997年10月2日調印のアムステルダム条約（1999年5月1日発効）である[66]。同条約では欧州に「自由，安全，司法の空間という進歩的な場所を具体化する」ことが合意され[67]，欧州法の管轄権限を認め，理事会，欧州議会，欧州裁判所の役割が明確化された。それまで政府間協議の対象とされていた亡命，移民，民事司法の協力が欧州連合機関に管轄を移管した。民事については基本的に国家の民商事事件に関する主権が放棄され，欧州連合に管轄を移管することを予定し，5年間で民事手続における欧州連合中心の協力体制を構築することが決められた。また1997年12月22日には欧州連合委員会から理事会にブラッセル条約の改定案として，民事および商事に関する判決の欧州連合加盟国における管轄，承認・執行に関する条約草案が提出されている[68]。1998年1月31日，欧州連合委員会内のタスクフォースは理事会と欧州議会へ「欧州連合域内における判決の取得と執行の実効性に向けて」[69]と題する報告（以下，判決取得実効的執行報告という）を提出し

の分野での加盟国相互の協力が明記されている。次に，1986年2月調印の欧州単一議定書（1987年7月発効）の前文は，経済的統合，政治的協調の分野で成果を挙げることが不可欠の手段であるとし，また，共通の利益と独立をさらに効果的に守るために，統合し連帯した行動をとること，共通の政策を遂行し，あらたな目的を追及することによって経済社会状況を改善することが必要であるとし，漸進的な経済通貨同盟の具体化を目指し，「商品，サービス，資本，人材の自由な移動のための警察と司法の協力」を求めている。ここでは司法，警察の協力と個人の安全の強化がうたわれ，これは1990年6月19日の条約で成文化された。この時点から欧州の建設は新たな次元に達したといえよう。さらに，1992年2月7日調印のマーストリヒト条約（1993年11月1日発効）は，欧州通貨統合のスケジュールを設定したが，同条約によって欧州共同体は，欧州連合（EU）に組織的発展を遂げることとなった。同条約は，域内の司法面での加盟国間の協力関係を定めている。

66) フォン・ボグダンディは，アムステルダム条約は欧州連合に階層的秩序をもたらす憲章であり（*Verfassungsverbund*），一種の超国家連邦に発展させるものと評価する（von Bogdandy, The European Union as a Supranational Federation: A Conceptual Attempt in the Light of the Amsterdam Treaty, 6 Colum. J. Eur. L. 27（2000））。欧州連合の現状はそのような超国家的な意思の形成にはいたってはいない。

67) このような司法領域の統一には，たとえばナポレオン法典がベルギー，ルクセンブルグ，ドイツなど広く影響を及ぼし，共通の法文化（*droit commun*）を形成していることが背景となっているようである。19世紀におけるベルギーの例について，Daguin, *De l'autorité et de l'exécution des jugements étrangers en matière civile et commerciale en France et dans les divers pays*, F. Pichon, 1887, p.261.

68) Proposition d'acte du Conseil établissant la convention relative à la compétence judiciaire, la reconnaissance et l'exécution dans les Etats membres de l'Union eurpéenne, des décisions en matière civile et commerciale, JOCE C 33 du 31 janvier 1998, p.20.

69) Communication de la Commission au Conseil et au Parlement européen, Vers une effi-

ている。これは，ブラッセル条約が調印以来30年間，新規の締約国に対する調整を行うだけでほとんど手が加えられず，いくつかの規定の実施に困難が出ていること，各国の執行判決手続が追加的な判決執行の遅延を生じていること，域内での私人関係が緊密になってきていることを理由に，ブラッセル・ルガーノ条約を改定し，さらに承認・執行手続を簡素化するために執行判決を廃止することを提案しているものである。この報告はさらに債務者の財産情報について，財産の透明性と当局間の情報の連絡という二つの問題を提起している。すなわち，債務者の財産は債権者の一般担保を構成しているのであるが，以前は債務者の主要な財産は外見から覚知可能な不動産が中心であったところ，現在では銀行口座，株式，有価証券に変化し，財産の透明性が失われていることを述べて，債務者に対する債権者または執行当局への財産情報の開示の義務化を対応として挙げている。財産情報の開示については，欧州連合の加盟国でも国によって区々で，規定の不一致が債務者に規制のない国への財産の移動を促す結果になりかねず，欧州連合内の債権者が平等でなくなるおそれもあるとも指摘している。

　さらに1999年10月15，16日，フィンランドのタンペレ閣僚理事会では「裁判所の判決・決定の相互承認を強化し，法律を近接化することは司法当局間の協力と人権の法的保護を促進」することであるとし，「判決・決定の承認・執行のための手続の簡素化措置」をとるための具体的な工程を示した。ブラッセル・ルガーノ条約の下で毎年，数千件の判決が他の締約国において承認の対象となっていたが，この手続は必ずしも迅速とはいえず，とくに中小企業にとって他の締約国の債務者から債権を回収することには大きな障害となっていた。欧州市場は統合されたものの，司法については問題が残っていたのである[70]。このため，欧州連合の加盟国を1つの「欧州法域」(espace judiciaire européen)[71]とする「自由・安全・司法の空間」を設けることとした。これは従来の国家単位で共通法 (ius commun) を承認するという形式とは次元を異にし，伝統的な国際的な条約の形式から超国家的 (supraétatique) な法域に止揚することである。2000年12月22日には，ブラッセル条約に代わる規則として，欧州理事会規則44-2001号「民

---

cacité accrue dans l'obtention et l'exécution des décisions au sein de l'Union européenne, JOCE C33 du 31 janvier 1998, p.3.

70)　Rance et de Baynast, *L'Europe judiciaire, enjeux et perspectives*, Dalloz, 2001, p.42.
71)　欧州法域の概念は，1977年12月5日のブラッセルでの欧州閣僚理事会におけるジスカール・デスタン大統領の提言に起源があるとされている（Dubos, *Les juridictions nationales, juge communautaire*, Dalloz, 2001, p.354）。

事および商事に関する裁判管轄ならびに判決の承認と執行に関する規則」(一般に「ブラッセルⅠ」と呼ばれており，本書でもこの呼称を使用する) 72)が成立した。この管轄・承認執行規則は，2002年3月1日に発効した。

　さらに2001年1月15日に採択された理事会プログラム (民事および商事に関する判決の承認原則実施の具体プログラム) 73)(以下，「2001年プログラム」という) は，欧州法域内の「判決・決定の自由な流通」のための具体的なステップを提示した。

　2001年プログラムは外国判決の承認・執行に当たって現在各国が採用している執行判決手続を廃止することを目指しており，これがいわゆる「欧州債務名義」(*titre exécutoire européen*) 構想74)であり，各方面から判決の執行，債権の回収の迅速化・簡素化が求められていたところである。欧州債務名義構想は，1998年3月25日「商取引の支払い遅延に関わる指令案」75)に原案があるとされている。この指令案はとくに中小企業にとって債権の回収の遅延が自らの支払不能を引き起こし，雇用の喪失につながっていることを憂慮し，加盟各国は債務者が異議を申し立てない債権の回収を迅速に行う手続 (同5条) や小額の債権回収簡易手続 (同6条) を整備することを求めるものであったが，2001年プログラムはこの指令案を発展・実現するものと理解されている76)。欧州債務名義の詳細とその評価については後段で検討し，ここでは簡単な紹介にとどめるが，今後の工程を3段階に分け，第1段階として「争訟の転換」(*inversion du contentieux*) 77)を導

72) Réglement (CE) No. 44/2001 du 22 décembre 2000, concernant la compétence judiciaire, la reconnaissance et l'exécution des décisions en matière civile et commerciale, JOCE L 12 du 16 janvier 2001, p. 1. なお，デンマークは加わっていない (1条3項)。
73) Projet de programme des mesures sur la mise en oeuvre du principe de reconnaissance des décisions en matière civile et commerciale, JOCE C12 du 15 janvier 2001, p.1.
74) "Titre exécutoire européen" を「欧州債務名義」と訳した。2001年プログラム第Ⅲ項の「提案」のA，ブラッセルⅠの対象分野における第1段階として "Titre exécutoire européen pour les créances incontestée" (異議を申立てられない債権のための欧州債務名義) とある。
75) Proposition de directive du Parlement européen et du Conseil concernant la lutte contre le retard de paiement dans les transactions commerciales du 25 mars 1998, JOCE C 168 du 3 juin 1998, p. 13.
76) Correa Delcasso, Le titre exécutoire européen et l'inversion du contentieux, Rev. in.t de droit comparé, 2001, p. 62.
77) 三井教授は，"contentieux" を「争訟」と訳して，「当事者が公の判事の判断に委ねることを承諾した紛争であり，判示がそれに平和的解決を与えるためのもの」であり「「(1)それが平和への脅威であるが故に規制せらるべき『紛争』，(2)紛争を平和的に規制するための訴訟手続が当事者によって『受諾』されたこと，(3)その面前で訴訟手続が展開され，紛

第1編　序　論

入することを定めている。2001年プログラムは債務者の財産情報を得て、その中身をアイデンティファイするために各国が協調する体制を整備することを提案している。さらに、欧州連合では「欧州法域」を具体化するものとして、証拠収集規則などさまざまな動きが展開されている[78]。

「争訟の転換」の対象以外の外国判決の執行については、外国判決には第三債務者による執行債務者への支払いを差し止める効果しかないとされ[79]、債権者はあらためて債務者の住所を管轄する欧州連合加盟の他国の裁判所に本案の訴えを提起しなければならないことになっている。このため「争訟の転換」手続が迅速・簡易な執行を達成するための主要手段と考えられている。

2000年12月7日ニースにおける閣僚理事会、欧州委員会および欧州議会の会議において欧州基本権憲章[80]が宣言され、同47条は偏りのない裁判所への提訴の権利を確認している。また、フィンランドのタンペレでの閣僚理事会の議論を踏まえて、2001年5月15日に欧州連合理事会が発表した「民事に関する欧州法域の創設のための欧州連合の活動一般枠を構築するための理事会規則案」[81]が制定された。

2002年8月27日には、欧州債務名義における「争訟の転換」の具体化として「異議を申し立てない債権に関わる欧州債務名義創設規則案」[82]が発表された。

争と平和的に解決すべき使命を有する『公の判事』の三要素を有する」とするHauriouの意見 (Hauriou, Les élements du contentieux) を紹介している（三井哲夫『裁判私法の構造』（信山社、1999）144頁）。一般には、"*contentieux*" は "*gracieux*"（非訟）に対立する。

78) 証拠収集の分野では、Réglement CE No. 1206-2001 du 28 mai 2001, relatif à la coopération entre juridictions des Etats membres dans le domaine de l'obtention des preuves en matière civile ou commerciale, JOCE L 174 du 27 juin 2001, P. 1 がある。多田望「国際民事証拠共助法の最近の展開」阪法52巻（2002）3・4号1088頁参照。また、2001年5月28日決定番号2001-470 (Décision No. 2001-470 du 28 mai 2001, relatif à la création d'un réseau judiciaire en matière civile ou commerciale, JOCE L 174 du 27 juin 2001, P. 25) は「自由・安全・司法の空間」の維持発展のために、加盟国間の民商事分野における司法協力の必要性、とくにネットワークの確立、情報交換を取り上げている（ただし、デンマークは加わっていない）。

79) Perrot, Les garanties des droits de la défense, *L'efficacité de la justice en Europe*, Larcier, 2000, p. 433.

80) Charte des droit fondamentaux de l'Union eruopéenne.

81) Proposition de Réglement du Conseil établissant un cadre général d'activité communautaire destiné à faciliter la mise en oeuvre d'un espace judiciaire européen en matière civile, JOCE C213E du 31 juillet 2001, p. 271.

ブラッセル条約,ブラッセルIの下では,外国判決の執行に当たっては依然として自国での執行判決を要するが,債務者が異議を申し立てないにもかかわらず,執行判決を要求することはいたずらに執行を遅らせるものであるとの認識から,パイロット・プロジェクトとして限定的に執行判決手続を廃止するものであり,また同時に欧州連合加盟国に共通の支払督促手続[83]を設けることを提案している。同規則案はアムステルダム条約にいう民事における司法協力の具体化として設けられており,「異議を申し立てない債権」(créances incontestées) として2種類を設けている。1つは債務者が判決手続において債権の存在を積極的に認めた場合(判決手続における債務承認)であり,もう1つは債務者が支払いの督促を受けたが債務がないという異議を申し立てなかった場合である(同案3条)。債務者が期限の延長,分割支払いを求めることは異議とはみなされないこととされている。

二 「争訟の転換」

1998年3月25日の「商取引の支払い遅延に関わる指令案」は,当事者間で争いのない金銭債権の支払いを促進させるための手続を導入すること,同手続は加盟国に住所を有する者すべてにアクセス可能とすること,債権者の申立てを受けてから支払命令を発するまで60暦日を越えないことを加盟国に求めている。さらに2001年プログラムは最終的に各国固有の外国判決の執行判決手続を廃止することを目指しており,「争訟の転換」は欧州債務名義構想の最初のステップであるということができる。

「争訟の転換」手続は欧州連合加盟国内で執行可能な給付判決を得た債権者は,他の欧州連合加盟国に住所を有する債務者の財産に対して仮差押えを行うことができ,債務者には仮差押えの事実が通知され,一定期間内に債務者がその住所地を管轄する裁判所に債務名義に記載された債権が存在しないとの異議を申し立てなければ,自動的に差押命令に移行するという手続であり,限定的ではあるが,他の加盟国での執行判決手続を不要とする制度である。ブラッセル条約の下で

---

82) Proposition de réglement du Conseil portant création d'un titre exécutoire européen pour les créances incontestées, JOCE C203E du 27 août 2002, p. 86.

83) マルミスは,支払督促手続が存在する国として,ベルギー,ドイツ,フィンランド,フランス,ギリシャ,イタリア,ルクセンブルグ,オーストリア,スウェーデンを挙げる (Marmisse, *La libre circulation des décision de justice en Europe*, Pulim, 2001, p. 351)。

は，締約国各国は従来の外国判決の執行判決制度を維持することとし，この執行判決制度が判決の執行を遅延させていたのであり，2001年プログラムはこのような中間的手続（mesures intermédiaires）の廃止を目指している。

ところで，「争訟の転換」手続はわが国の請求異議の訴え（民事執行法35条）に類似しているようであるが，同一の国家公権力に属さない外国の判決の執行に当たって，執行判決手続という債務者に対する防御の機会を保障していない点において，まさに手続の「転換」であり，債務名義を有する債権者のイニシアティブによる執行ということができる。金銭債権執行におけるこの構成は欧州債務名義構想を通じて，欧州連合域内の共通の手続になりつつあるが，ここにフランス新民事執行法に見られる「債務名義の価値回復」または執行の「非裁判化」と共通する基本的な考え方，すなわち執行における裁判所の関与の限定，手続の一層構造という考え方がうかがわれるところである。1997年のドイツ民事訴訟法第二強制執行法改正においても，裁判所の負担軽減，執行証書の執行力の拡大が目指されているが，その方向には共通性が見られ，執行における当事者のイニシアティブを尊重する考え方はフランスに固有のものではない[84]。

わが国においては判決の執行妨害が横行している現状が考慮され，執行手続における裁判所の関与を限定するのではなく，反対に裁判所の一層の関与が求められている。強制執行は債務者に大きな打撃を与える手続であり，たとえばわが国では差押命令は差し押さえるべき債権の全部について発することができるから（民事執行法146条1項），判決の執行を債権者のイニシアティブに委ねると，その

---

[84] 強制執行において当事者のイニシアティブを認めることは，「和解的執行」を認めることを意味する。たとえばテリは，フランス新民事執行法草案1条が「債務の履行は任意でなければならない。不履行の場合には，法律で債権者に債務者に履行を強制する手段を与える」と規定していた点をとらえて，「強制執行は任意の履行の補完に過ぎない」とし，新民事執行法が有体動産の換価に当たって債務者の任意売却を認めている（同52条，新民事執行規則174条，187条）点を挙げて，債務者に金銭上の問題を解決する責任を自覚させることができ，競売手続のコストと時間がかからない分，債権者にもメリットがあるとして，和解的執行の有効性を評価している（Théry, La place des procédures civiles d'exécution, La réforme des procédures civiles d'exécution, Sirey, 1993, p. 7）。わが国では和解的執行の是非について議論が少ないが，強制執行における当事者のイニシアティブの許容が前提となるためであろう。佐藤教授は，裁判過程を判決手続と強制執行手続に二分し，執行過程も柔軟化することが必要ではないかと問題提起し，執行過程には「裁判所による事実的威嚇を背景にした交渉を容認するという側面に執行過程の交渉の特質がある」ことを指摘している（佐藤彰一「民事執行の実効性－緒論」判タ1043号（2000）7頁）。

独走を招きかねないという懸念がある。差押債権者が執行債権額を超えて差押えを行った場合には，差額を執行債務者に返還することを確実にする必要があり，裁判所の事前の関与を限定する場合には，事後の裁判所の監督権限を明確にする必要がある。この点については，フランス新民事執行法は，執行裁判所（juge de l'exécution）の権限を明確化するという対応をとっている[85]。従来，執行に関する管轄は民事裁判所（tribunal civil，現在の大審裁判所）にあり，その後金額によって大審裁判所と小審裁判所に分けられ，さらに旧強制執行法の改正によって執行管轄が分散し，債務者が異議を呈する場合の手続は必ずしも明らかではなかった。新民事執行法は債務者の住所地を管轄する大審裁判所または執行・保全の目的物の所在地を管轄する大審裁判所を執行裁判所とし，具体的には保全措置の許可，執行・保全に対する債務者の異議の受理および第三者からの異議の受理を集中することとした。執行制度，執行に対する意識，法文化が異なり，執行のインフラストラクチャーともいうべき裁判所制度，弁護士制度，執行士制度が異なるわが国において執行を債権者のイニシアティブに委ねる体制はそのまま妥当することはないが，執行の迅速化を図る上で執行の基本は債権者のイニシアティブであるとの認識は重要であろう。

---

[85] 新民事執行法5条に基づき，裁判所法（Code de l'organisation judiciaire）の livre III, chapitre 1, section III, sous-section 2 の L. 311-12 条に「大審裁判所の裁判長が機能を担う執行裁判所」を設けることとし，L. 312-12-1条1項は「執行裁判所は，司法制度上の管轄がある限り，実体に関するものであっても，債務名義と強制執行における異議に関する問題を扱う」旨を定め，2項で「執行裁判所は保全措置を許可し，その実行に関する異議を扱う」旨を定めている。執行裁判所が実体に関する裁判管轄を有することについて，ペロォらは有体動産執行で，第三者が目的物の所有権を主張した場合，金銭債権執行で債権者は第三被差押人が金銭債権を保有していると主張し，当該第三者が保有していないと主張する場合，このような争いは実体問題であるが，異議を呈された執行の正当性，有効性を判断する上で必要であれば，執行裁判所に管轄があるとする（Perrot et Théry, Procédures civiles d'exécution, Dalloz, 2000, p. 249）。ペロォらの挙げる例は，わが国民事執行法では第三者異議の訴えが提起される事由に当たるが，わが国においても第三者異議の訴えは執行裁判所が管轄する。

第 3 章　国際金銭債権に対する執行と保全の実効性の前提

第 1 節　債務者の財産情報へのアクセス

一　債務者の財産情報の必要性

　わが国では金銭債権執行の申立てに当たって目的物である債権を特定しなければならないが，第三債務者の氏名・住所を特定することは容易ではない。国内の金銭債権の特定ですら困難なのであるから，いわんや国際金銭債権となれば第三債務者の氏名や住所，債権額を知ることは不可能に近いと言わざるを得ない。債務者が強制執行を逃れるために，資金を国内の銀行から外国の銀行に設けた預金口座に移し替えることはよく見られることである。債権者には債務者が外国に資金を送金したことを知るすべはないし，たまたまなんらかのつてによって外国に送金したことを知り，送金を行った仕向銀行に詳細を照会しても，銀行は顧客との取引に関する守秘義務上，情報を提供することができない。債権者が債務者の財産情報を入手することはほぼ不可能に近い。
　ここでまず差押命令に関わる債権の特定に関するわが国の裁判例を見ておきたい。

【1】　最高裁昭和 46 年 11 月 30 日第三小法廷判決[86]
　小松製作所は訴外の槇下氏に対して有する 60 万円の違約金債権について債務名義のある執行力ある正本に基づいて，同氏が荏原建設に対して有する請負契約上の報酬債権を目的とする債権差押命令・取立命令を得て，同命令は第三債務者である荏原建設に送達された。
　債権差押命令・取立命令は被差押債権を「債務者が第三債務者に対して有する昭和 41 年 12 月 30 日に支払いを受くべき，(1)滋賀県長浜市の上水道工事，(2)兵庫県明石市の上水道工事の下請負代金の合計金 150 万円の内金 60 万円」と表示して

---

86)　最高裁昭和 46 年 11 月 30 日第三小法廷判決（判時 653 号（1972）90 頁）。

いた。

　原審（大阪高裁昭和45年4月20日判決）が差押並びに取立命令の表示は特定性を欠き無効のものと判示したことを不服として、小松製作所が上告した。

　最高裁は「右(1)、(2)の両請負工事は一個の契約に基づくものとは認められず、それぞれ別個の契約であって、報酬を一括して約束したものでもないというのである」から、「右の差押、取立命令は、差押、取立にかかる債権の範囲が特定されていないゆえをもって無効のものというべきである」とした。

　銀行預金に対する差押えの場合、預金が複数口座あってもこれらを1口の預金債権とみることができれば、第三債務者の銀行名を特定するのみで、単に「預金債権」と記載すればよいことになるが、債権の個数は実体法上決定され、発生原因が基準となるので、「預金債権」という記載だけでは特定としては問題がある[87]。また、債務者が1つの銀行の複数の支店に口座を有する場合にも、差押えの対象の債権の特定が問題となる。次の2件の裁判例はその事例である。

　【2】　東京高裁平成5年4月16日決定[88]

　債権者甲（抗告人）は、売掛代金請求事件の執行力のある判決正本に基づいて、債務者乙が銀行丙に有する預金債権について差押命令を申し立てた。抗告人は一旦行った差押債権の表示を、上申書により変更して「金77万0723円。但し、債務者の第三債務者に対して有する定期預金、通知預金、普通預金、当座預金、別段預金のうち、右記載の順序により、同種の預金債権については口座番号の若いものから順次充当し、第三債務者方の複数の支店に債務者の預金が存するとき

---

[87]　石川明「債権執行における被差押債権の特定」『強制執行法研究』（酒井書店、1977）207頁。

[88]　東京高裁平成5年4月16日決定（判時1462号（1993）102頁）。住吉教授は、金融機関におけるコンピュータ・システムの開発発達が預金管理を容易ならしめていることを考慮すべきであり、さらに「執行債権者がその債権執行により回収を図ろうとしている執行債権は、もともとは本旨弁済されねばならないはずのもの」であり、東京高裁決定が「執行債権者は自ら強制執行を申し立てて権利の実現を図ろうとする以上多少の困難が伴っても申立てに先立って取扱店舗を調査する程度の負担を負わせられてもやむを得ない」とする点について賛成できないとし、「要するに、金融機関が特定されていさえすれば、それ以上に店舗まで特定することは省いた預金債権差押命令申立てであっても、店舗不特定のゆえに不適法却下されるべきでない」と批判している（住吉博「判批」判評420号〔判時1476号（1994）〕218頁）。原審の東京地裁平成5年3月3日決定は、判時1456号（1993）116頁。

は，第三債務者における支店番号の若い方から順次充当し，当初金額に満つるまで」と記載した。

　東京地裁は「預金債権の差押命令を求めるためには，『債権を特定するに足りる事項』（民事執行規則133条2項）のひとつとして，取扱店舗を特定する必要がある。ところが本件の申立は取引店舗を特定せず，『第三債務者方の複数の支店に債務者の預金が存するときは，第三債務者における支店番号の若い方から順次充当し』とするのみである。これでは，差押債権が特定されているとはいえない」とした。

　東京高裁は民事執行規則21条3号，同規則133条2項の規定の趣旨を「関係人間に強力な法律関係が発生する強制執行の性質にかんがみ，その対象を客観的に他の債権と区別できるように明確にしておく必要があり，また，差押債権であるか否か，差押許容限度を超過していないかなどの諸点についての執行裁判所の審査に資するため」であるとし，当該債権の発生原因および日付，第三債務者の取り扱い本支店等の事項まで詳細に掲記することが望ましいが，「当該法律関係の当事者でない執行債権者には覚知できない事項もあるから，これを過度に要求すると，実質上強制執行が不可能ということにもなりかねない」ので，「強制執行は，関係人間の権利・利益に配慮しながら，適正かつ迅速に行うべきものであるから，関係人にどの程度の負担をかけるのが相当かという観点も無視できない」としながらも，「第三債務者において格別の負担を伴わずに調査することによって当該債権を他の債権と誤認混同することなく認識し得る程度に明確に表示されることを要する」として，「金融機関は，法人格としては単一であるとしても，実際の取引は本支店ごとにある程度独立して行っている」ので，「取扱店舗が表示されない差押命令の送達を受けた金融機関においては該当預金を探索するのに相当の時間と手間が掛かるに対し，執行債権者は自ら強制執行を申し立てて権利の実現を図ろうとする以上多少の困難が伴っても申立てに先立って取扱店舗を調査する程度の負担を負わせられてもやむを得ない」ので「預金債権の取扱店舗を具体的に表示することを要求しても不当ではない」とした。

　【3】　東京高裁平成8年9月25日決定[89]
　原告（抗告人）は，執行力ある債務名義の正本に基づいて，債務者が銀行2行

89）　東京高裁平成8年9月25日決定（判時1585号（1997）32頁）。

の各支店3店舗に有する預金債権について，順番を付して差押えを申し立てた。

原審（東京地裁平成7年11月29日決定）は，「第三債務者たる銀行としては，挙げられた各支店の間で直ちに緊密な連絡を取って差押の効力の及んでいる預金債権の範囲を確定する必要があり，しかも，銀行預金取引の迅速性・大量性に鑑みれば，瞬時にこうした判断を行うことが要請され，第三債務者たる銀行に不当に多大な負担を掛けることになる」ので差押債権の特定を欠くとして却下した。原告はこの決定を不服として，「債権執行における第三債務者の地位は他人間の紛争に巻き込まれた第三者であるからできるだけ負担をかけないよう執行手続が運用されなければならない」が，「我が国において執行債権者は目的債権の詳細を調査することが不可能であること，法律的根拠のない執行不能財産を作出すべきでな」く，現在の銀行の顧客管理システムでは「預金者の属性情報により瞬時に預金の取扱店舗を検索し，支払停止措置をとることができ」，「取扱店舗が複数にわたるときは優先順位の指定さえあれば目的債権は特定され」るとして抗告した。

東京高裁は「第三債務者である銀行としては，原判決（筆者注：原文のまま）別紙差押債権目録の表示にしたがって，当該各支店の預金を調査し，他の債権と差押債権を区別して特定することは可能であるから，仮に，複数の支店にまたがって差押債権を表示したとしても，抽象的，論理的にはそれのみでは債権の特定を欠くとはいえない」とした。

金銭債権に対する執行・保全を債権者にとって実効的なものにするためには，差押えの目的物の特定の程度を緩和するか，執行債務者または第三債務者に債務者の財産の状況についての情報提供を強制できるようにすることが必要である。この2つはコインの裏表をなすものであり，債務者の財産の情報が債務者本人または第三債務者から提供されるのであれば，差押えの目的物についてある程度まで詳細な特定を求めることが可能である。ただし，わが国では債権執行における第三債務者は不運な立場にあると理解され，第三債務者の負担を軽減する方向での解釈と運用が求められている[90]。

---

[90] 中野教授は「執行債権者・執行債務者・第三債務者の三者間での利害調整が問題」となり，「近時，債権執行において第三債務者に課せられる手続上の負担の軽減の必要が解釈・運用上も強調される」としている（中野貞一郎『民事執行法［新訂4版］』（青林書院，2000）564頁。富越判事は，新民事執行法の運用についての説明の中で，「第三債務者が本来の債務以上の義務を負う理由はないとすれば，第三債務者に課せられる手続協力義務を現行法（注：旧強制執行法）以上に拡大することは慎重でなければならない」とし

たしかに債権執行において第三債務者は不運な立場に置かれていることは否めない。本来，債務者の任意の弁済があれば第三債務者に差押命令，仮差押命令が送達されることはなく，債務者の不払いという外的な原因によって第三債務者は不愉快な立場に立たされている。その上に，差押債権者または執行裁判所に対して一定の行為を義務づけられることに第三債務者が不満を覚えることは十分に理解できるところではある。しかし，このような第三債務者の立場を保護する意見に対しては，以下の反論が可能であろう。

　まず，第三債務者の立場に立つ債務者も立場が変われば差押債権者となる可能性があることである。銀行が第三債務者の場合にはこのことはひときわ当てはまる。第三債務者一般に対して執行債務者の財産情報の提供を求めることは必ずしも過大とまではいえないのではなかろうか。次に，現在のように債権の流動化が進行し，債権者・債務者間の人的関係が希薄化している中では，債務者の財産状況の開示はあらためて必要となっていることも強調すべきである。ただ，このような「お互い様」ということだけでは第三債務者の情報提供義務の理論的根拠としては貧弱であることは否めない。

　そこで第三債務者の債務者財産情報の提供義務の正当化の論理として，第三債務者は執行債権者の財産の保管者であるという構成を提案することとしたい。すなわち，金銭債権執行とは，債権者が債務者の責任財産のうちから，特定の金銭債権を選び，金銭債権を差し押さえることによって特定する行為であり，この結果，特定された金銭債権の債務者（第三債務者）は差押債権者が特定した金銭債権を差押債権者のために保管する行為であるとするのである。この理論構成のモデルはフランス法にある。フランス旧強制執行法，新民事執行法はいずれも第三債務者には債務者の情報提供義務を課しているが，これは執行債務者は債権者が特定して差し押さえた金銭債権に対しては管理・処分権限を失い，差押債権者が当該金銭債権に対する物的請求権を獲得し，金銭債権の第三債務者はその保管を行うという理論構成に基づくものである。以下この理論構成を検討する。

二　第三債務者の地位

　まず，第三債務者の法的な地位について検討する。一口に国際金銭債権執行・保全といっても国によって制度は区々であり，制度に普遍的なモデルがあるわけ

ている（富越和厚「新民事執行法における債権執行の実務（上）」NBL198号（1979）9頁）。

ではない。たとえば，国際法協会[91]から金銭債権執行・保全のアプローチについて調査を委託されたフランスの国際法学者ケスジアンは，これをイギリス型，ドイツ型，フランス型の3種類に分類しているので，これを見ることにしよう。まず，国際的な金銭債権執行・保全におけるイギリス型とは，債務者本人に対する *in personam* 手続として構成するアプローチである。次に，ドイツ型とは金銭債権執行・保全を債務者に対する手段として構成し，第三者に対して効力を生じるためには差押えを要するとするものである。最後に，フランス型とは債権者が差押えの目的の財産を特定し，第三者に対してその毀損を禁じるというものである[92]。このケスジアンの報告を受けて，同協会67回大会「国際民商事紛争分科会」は，これら3類型にスイス型とアメリカ型を加えて5つの類型を挙げている[93]。フランス型の債権執行・保全制度はベルギー，ルクセンブルグでも採用されているが，債務者または債務者の財産を保有する第三債務者に向けて執行・保全を行う手続であって，債権者・債務者間の紛争が解決されるまで第三債務者に保有中の債務者の財産の処分を禁じる手続として構成されている。わが国の金銭債権執行はドイツ型であり，フランス型はわが国の債権執行制度の知るところではない。

　前述のとおり，フランス新民事執行法の金銭債権差押手続であるセジ・アトリビュシオン手続では，債務名義[94]を有する債権者は裁判所の関与なしに，債務

---

91) 国際法協会（The International Law Association）は，1873年にベルギーのブラッセルで設立され，手形法の統一化案を作成し，海損法の統一のためのヨーク・アントワープ規則，CIF 契約に関する統一規則としてワルソー・オックスフォード規則等を制定している（谷川久「企業の国際的活動と法」『岩波講座現代法9』（岩波書店，1966）317頁を参照）。

92) Kessedjian, *Mesures provisoires et conservatoires - A propos d'une résolution adoptée par l'Association de droit international*, J.D.I., i, 1997, p.110.

93) 第67回大会国際民商事紛争分科会報告は，上述のイギリス型，ドイツ型，フランス型のほか，スイス型として第三者の保有する被告の財産について被告に対して行われ，第三者は財産を処理できないというアプローチ，アメリカ型として特定の財産を保全する仮差押え（*attachment*）と被告に対人的に行われるエキタブル・レメディの2種類のあるアプローチを挙げている（*Report of the Sixty-seventh conference held at Helsinki*, The International Law Association, 1996, p.186)。なお，イギリス型は被告に対人的に向けられ，第三者は間接的な効果を受け，ドイツ型は債権者に対する金銭請求を保護するため財産を保全し，*Arrest* の後，特定の財産を目的とする差押命令が出るまでは第三者に対する効果は生じない。

94) "*titres exécutoires*" を「債務名義」と訳した。フランス新民事執行法3条は，債務名義として，①執行力を有する司法または行政上の権限のある機関の判決または命令，②執行

者の財産に対して差押えを行うことが認められている。債務名義を有する債権者が差押令状の作成を執行士に委嘱し，令状に記載すべき債務者名と住所，債務名義，差押金額と付帯費用および利息を執行士に伝えると，執行士が差押令状を作成し，これを第三債務者に送達する（新民事執行法42条）。差押令状は裁判所が発するのではなく，債権者から委嘱を受けた執行士が作成するのであり，差押令状を発することは裁判所の行為ではないのである。しかも差押令状の宛先は第三債務者であって，執行債務者に宛てて作成されるのではない。ケスジアンが分類したとおり，フランス型の金銭債権執行・保全において金銭債権差押えは第三債務者に対して行われるのである。この構成は新民事執行法の発明した産物ではなく，旧強制執行法においても同様であった。わが国金銭債権執行手続では，執行債務者にとっての債務者はあくまでも「第三債務者」に過ぎないが，フランスの金銭債権差押えにおいては正しくは執行債務者の債務者は単なる「第三債務者」（*débiteur tiers*）ではなく，「第三被差押人」（*tiers-saisi*）であり，「差押えを受けた第三者」なのである[95]。この構成をとると，金銭債権差押えにおいて第三債務者（第三被差押人）は差押債権者と執行債務者の争いの巻き添えを食った「不運な第三者」というべき存在ではなく，金銭債権差押手続における中心的な当事者と位置づけられる。

　ただし，フランスの新民事執行法の下でも債権者が腕を拱いていてもよいというのではない。原則として差押債権者は少なくとも第三債務者を探査しなければならない。ただ，わが国では差押えの目的物たる金銭債権を特定することは債権者の責任であるが，フランスの金銭債権執行では債権者は第三債務者名を挙げるだけで足り，差押えの対象となる金銭債権を特定する必要はない。したがって，フランス型では前掲の【1】，【2】，【3】の裁判例のような事態が生じることはない。差押えの対象である金銭債権の内容を開示するのは，差押令状を送達された第三被差押人の側であり（債務者財産情報の提供義務），この義務を果たさなかった場合，第三被差押人は差押債権者の直接の債務者とされる。この第三被差押人の義務が債務者財産情報の開示の制度上の担保となっている。フランスの金銭債

を停止させる手段がなく，執行判決を得た外国判決または仲裁判断，③裁判官と当事者が署名した和解調書，④執行文を付与された公正証書，⑤小切手の不払いの場合の執行士による名義，⑥法律により授権された公法人による名義または決定を挙げている。

95）本書では，差押命令が発せられた場合第三債務者を「第三被差押人」と称し，差押命令が発せられるまでは「第三債務者」と呼び，区別することとする。

第1編　序　論

権執行制度では第三債務者（第三被差押人）の負担，責任は重く，一方，差押債権者の負担は軽減されており，この結果金銭債権執行の実効性が確保されている。情報開示を行わなかった第三被差押人の責任は，下記の裁判例が示すとおりである。

【4】 Cass. 2e Ch. civ., 5 juillet 2001, Banque de Baecque Beau c/ Schlouch (Mme)[96]

シュルーシュ夫人が訴外ランハールのベック・ボー銀行に有する預金に対して債権差押え（セジ・アトリビュシオン）を行ったところ，第三債務者たる銀行は差押令状を送達した執行士に対して，民事執行法44条が規定する債務者の財産情報の提供を48時間以内に行う旨を答えたが，これを怠った。シュルーシュ夫人はベック・ボー銀行を相手に原因債権の支払い（paiement des causes de la saisie）を求める訴えを提起した。

パリ控訴院はシュルーシュ夫人の請求を認容し，ベック・ボー銀行に原因債権の支払いを命じた。ベック・ボー銀行が上告したが，破棄院は上告を棄却した。

この裁判例は新民事執行規則60条の「差押債権者の申立てにより，執行裁判所は差押債権者が権利を有する金銭額の支払いを命ずる。ただし第三被差押人の執行債務者に対する請求を妨げない」[97]を根拠としている。問題は被告・上告人であるベック・ボー銀行が支払いを命じられた債権は，差押債権者であるシュルーシュ夫人が執行債務者であるランハール氏に対して有していた原因債権であって，ランハール氏がベック・ボー銀行に対して有していた預金債権ではないという点である。この裁判例では原因債権，差押債権の金額は明らかでないが，仮にランハール氏の預金金額が原因債権の金額以下であったとしても，ベック・ボー銀行は原因債権全額を支払わなければならない。ペロォらがいうとおり，第

---

96) Cass. 2e Ch. civ, 5 juillet 2001, D 2002, Jur. p.1304, note Daverat. 判例批評でダヴェラは「第三被差押人は債務者の債務の保証人である」とするが，このような第三債務者の責任をわが国民事執行法に求めることは不可能である。また，「セジ・アレ手続の非裁判化と差押債権の即時の移付は，過去の手続（有効判決手続，第三被差押人の異議，陳述の催告など）を断絶し，プラグマティックになっている」と評価している。

97) 新民事執行法60条1項は，「正当な理由なく規定された陳述を行わない第三被差押人は，債権者の申立てにより債権者が受けるべき金銭額の支払を命じられる。ただし，債務者に対する請求を妨げない」と規定している。

三被差押人に十分な支払能力があれば、セジ・アトリビュシオンは「金の卵を産む雌鳥」に値するのである[98]。ただし、同行はランハール氏に対して債権者に代位して原因債権の支払いを請求することができる。この裁判例に示されたように、フランスの金銭債権執行制度は、第三債務者の責任の面で前掲のわが国の金銭債権執行の事例ときわめて大きな較差がある。このようなフランス型の金銭債権差押えにおける第三債務者（第三被差押人）の責任の根拠は、前述したように第三債務者が執行債務者の金銭債権を保管する者であるとする構成にあるのである。

「第三債務者が執行債務者の金銭債権を保管する」とは、旧強制執行法、新民事執行法の条文にあるとおり、債務名義を有する債権者は「第三者の手中において」(entre les main d'un tiers)、金銭債権差押えを行うことを意味する（旧強制執行法557条、新民事執行法42条）[99]。とくにフランス新民事執行法は金銭債権を対象にする場合に限らず、一般に「差押えは、第三者の手中にあっても、債務者に属する財産の上に行うことができる」[100]（同13条）と定めている。すなわち、フランス型債権差押えはこの「第三者の手中において」行うという点および差押令状が直接に債務者の財産を保管する第三債務者（第三被差押人）を拘束する点に大きな特徴がある。

第三債務者（第三被差押人）は法的には債務者の金銭債権という「無体動産」をその「手中に」保管している者と構成されるが、その前提として、金銭債権は保管の対象としての「物」であるとされている。ここできわめて特徴的なことは、フランス型では金銭債権は債権者と債務者の法鎖という人的な関係ではなく、第三者が保管することのできる「物」、「無体動産」なのであって、第三債務者（第

---

98) Perrot et Théry, Saisie-attribution: la situation du tiers saisi（les arrêts du 5 juillet 2000）、*D* 2001, Chron., p.714.

99) 1955年11月12日一部改正後のフランス旧強制執行法557条は「債権者はだれでも、公正証書または私署証書に基づき、その性質上不動産でなく、債務者に属し、第三者の手中にある金銭または証券を差押え（セジ・アレ）、または引渡しに異議を呈する（オポジシオン）ことができる」と規定していた。新民事執行法42条は「金銭評価が可能で期日が到来した債権を証する債務名義を有するすべての債権者は支払いを得るために債務者の金銭債権を第三者の手中において差し押さえることができる。給与差押えは労働法典に規定された特則による」と定めており、改正前の「債務者に属し、第三者の手中にある金銭または証券を差押え」ることは新民事執行法の規定と同じである。

100) フランス新民事執行法13条1項は、"Les saisie peuvent porter sur tous les biens appartenant au débiteur alors meme qu'ils seraient détenus par des tiers" と定める。

第1編　序　論

三被差押人）はその債権者（執行債務者）の債権を占有する者であるという構成をとる点にある。

　ここまで述べたフランスの金銭債権差押えの特徴をまとめると次の3点である。

・金銭債権差押えは，第三債務者に対して行われる。
・第三債務者は執行債務者の金銭債権[101]の保管者である。
・金銭債権は保有の対象となる「無体動産」である。

　前述のとおり，債権は活発な売買の対象となっており，債権の物権化の現象が見られるところであるが，債権を「物」または「無体動産」として構成するフランス型の債権執行制度は，現代という金銭債権が投資金融商品として「物」，「無体動産」のように売買されている時代に適合するものではないだろうか。わが国民事執行法の金銭債権執行はあくまでも債権を人的関係ととらえているが，たとえば執行債務者以外の第三者が占有する有体動産を目的物として執行する場合には，執行官が第三者から差押えの目的物の提出を受けてこれを占有して行うこととされている（民事執行法124条）。フランスの金銭債権執行制度はわが国における「第三者が占有する有体動産執行」に類似する制度ということができる。金銭債権を「物」，「無体動産」と構成すると，金銭債権執行においても，第三債務者を動産執行における債務者の財産を占有する第三者と同様に，債務者の債権を「引き渡す」とする構成が可能である。債権が流動化した現代には，とくに第三債務者からの債務者情報の入手を合理化する上ではこの構成の方がより適切であると考えられる。債権が流動化すると，債権者としては債権の安全性については第三債務者に依存せざるを得ず，第三債務者には債務者の財産を情報することが求められる。この観点からは，フランス型の債権執行制度は，とくに第三債務者の陳述義務の強化を根拠づけている点で注目に値するものといえよう。金銭債権執行における第三債務者の地位の問題については第2編で詳しく検討する。

---

[101] ここでは単純化のために「金銭債権」としたが，旧強制執行法557条は差押えの対象を "les sommes"（金銭額），新民事執行法42条は "les créances portant sur une somme d'argent"（金銭額表示の債権）としている。金銭額または金銭額表示の債権と金銭債権との関係については，第2編第3章第2節の「金銭債権」概念についてを参照。

第2節　債務名義の価値回復

一　強制執行のイニシアティブ

　前述のとおり，フランスの民事執行制度では執行は債権者のイニシアティブの下に置かれている。金銭債権執行を含む強制執行についてイニシアティブをだれがとるべきか，という点について検討してみたい。

　わが国では，強制執行は国家主権の命令の効果であり，国家の管理する制度と理解され[102]，自力救済または自力執行は許されない。強制執行制度に対するこの理解は必ずしも普遍的であるとはいえない。わが国の強制執行制度論を見ることにしよう。

　兼子博士は「強制執行制度は狭義の民事訴訟制度と共に，国家がその権力によって私人間の生活関係上の利益紛争の解決を図るために設置し運営するもの」であり，民事訴訟制度が「国家の公権的法律判断としての裁判所の判決により，私法上の権利関係を確定することによって，当事者間の紛争の観念的解決を図るものである」のに対し，強制執行は「国家の執行権力により，私法上の請求権をその義務者に対して強制的に実現することによって，利害の衝突を現実的に調整するもの」であって，「私人相互間では対等な立場で，何れも自己の主張を相手方に押つける権威を持たないから」，「他人の利益を害して実力でこの満足を図ることを許す」と「社会の秩序が保てないので，いわゆる自力救済又は自力執行を禁止し，権利者の満足も国家の手で実現することにする必要がある」[103]とし，また，「私法が社会生活の規範たるの使命を完うするが為には，個々の生活関係を規律する法律関係，権利義務の存在が明確ならしめられることと共に，個人が之に随って行動することの強制せられ得ることが必要であ」り，「此の強制は個人の腕力に優勝する社会の権力を手段としなければなら」ず，「實體法と訴訟法と

---

102)　わが国の民事執行法では，差押えにより執行機関が債務者から奪った差押債権の処分権のうち第三債務者からの取立権能の行使を差押債権者に許す（授権する）であり，取立権能の相対的移転であるとされている（香川監修『注釈民事執行法(6)』（金融財政事情研究会，1995) 448頁［富越和厚］）。取立権は，差押債権の弁済を請求する権能及び弁済する権能であるとされている（同453頁）。取立権にしたがって，差押債権者は第三債務者に対して，差押債権の弁済を催告することができる。

103)　兼子一「強制執行請求権」『民事訴訟法講座4巻』（有斐閣，1955) 979頁。

は訴訟に於て一は形成される法として，他は形成する法として作用」し，「民事訴訟の二大部門である判決手續に於ても強制執行手續に於ても等しく謂われ得る」のであり，「執行手續に於ては（具體的な法律關係の）形成は事實的であり，一定の認識の存在を前提として之が内容（請求權）に對應する狀態を實現する」[104]にあるとしている。さらに，「私法は訴訟に於て其の妥當の究極的な保障が與へられて居る」のであり，「訴訟法は実体私法が其の個々の姿に於て現実界に実現し，社会生活に於て具体化する終局の架橋」であるが，「判決手続に於ては其の形成が観念的（ideell）であり，具体的な法律関係の存否に関する認識の構成であるのに反し，執行手続に於ては其の形成は事実的（reell）であり，一定の認識の存在を前提として之が内容（請求権）に対応する状態を実現するにある」[105]とし，「当事者より見たる執行手続の目的が，履行期到来せる私法上の請求権の存在するに拘らず，義務者が任意的に履行せざる場合に国家権力によって強制し，其の給付内容に相当する状態を実現するに存する」のであり，「故に国家の執行権力を発動せしめ得ることは請求権の内容そのものであり，其の実現力であり，換言すれば私法上の請求権は原則として」，「執行によって自らを実現する力を内蔵するもので，所謂債務と責任とは此の意味で一致する」として，債務名義はある程度形成された請求権の訴訟上の存在を表明するもので執行権は請求権の強制力の現れであるとし，執行権と請求権が債務名義によって結び付けられていると説明されたところである[106]。債務名義は国家権力が交付するものであるが，執行は必ずしもそうではない。裁判所は当事者に債務名義を与えた後は，基本的に当事者に執行を委ね，国家の関与を限定する。

　中田博士は「社会の秩序の維持」のために公権力である裁判所の関与が必要とされるとし，強制執行という行為は「債権者及び債務者にも手続主体としての地位が与えられ，これらの者の申立・陳述・立会・受領（執行に関する送達・通知などの）などの行為が執行機関の執行行為と相まって一の手続をかたちづくるのではあるが，かかる当事者行為が執行手続においてもつ意味と比重は，もとより判決手続におけるそれと同日に談ずることができない」が，それは強制執行が「既に

---

104)　兼子一「請求権と債務名義」『民事法研究Ⅰ』（酒井書店，1950）159頁，160頁（初出は1931年）。国家の執行権力を発動せしめ得ることは請求権の内容そのものであり，その実現力（*Erzwingbarkeit, Durchsetzbarkeit*）であり，私法上の請求権は原則として，執行によって自らを実現する力を内蔵しているとする（同181頁）。
105)　兼子一・同上159頁。
106)　兼子一・同上181頁。

その存在の予定せられた権利を事実上実現することを目的とし，債権者及び債務者の行為は，主としてこのいわゆる事実的形成を開始せしめ又はこれを阻止する意味しかもたず，形成過程自体は執行機関が主力となってこれを推進する」[107]ものであると説明する。

また，浦野教授は「判決手続と執行手続とは，国家機関による私法法規の観念的形成と事実的形成とを担当し，相互に関連した目的を有」し，「観念的に形成された実体上の権利を迅速，的確に強制的に実現するため，両者を同一機関に担当させず，特に民事執行法においては執行機関の独立性を図っている」[108]として，兼子博士の観念的・事実的形成論と同様の意見である。

田中判事は「事実関係について争いがあり，権利・義務の範囲自体が未確定のために履行しない場合」に，「私人に自己の判断に基づいて自己の権利行使を認めると」「法秩序が維持されないので」，「権利・義務の確定のため裁判手続が設けられ」，「裁判上確定した義務が履行されないまま放置され，その強制ができないこととなると，社会秩序が破られることになる」ので，「債務者の意思に反しても，強制的に債務の履行をさせる必要」があり，このための手続が民事執行であると説明している[109]。

鈴木教授は，強制執行は自力執行を禁止したことに伴う国家機関のサービスであり，強制執行とは国家が債権者のために，債務者から現金その他の財産を取り上げ，その財産を他に売却して現金にかえ，この現金を債権者に渡してその債権を満足させる手続であり，債権者の自力救済を禁ずる代替として構築されているものであると説明する[110]。国家権力の強大化にともない，執行権力は国家に集中され，国家は私人に自力救済を禁じた代償として，判決（権利義務の強制力のある認定）と強制執行（認定された義務の内容を実現する手続）を引き受け，この二つの段階において裁判所が関与する形をとるのである。

これに対し，フランスの強制執行では金銭債権執行に限らず「すべての債権者は法の定めるところにより，債務不履行の債務者が債務を履行するように強制することができ」（新民事執行法1条1項），「すべての債権者はその権利を守るために

---

107) 中田淳一「執行行為の瑕疵」『民事訴訟法講座4巻』（有斐閣，1955）1019頁。
108) 浦野雄幸「民事執行法序論」浦野編『基本法コンメンタール』（日本評論社，1991）14頁。
109) 香川監修『注釈民事執行法(1)』（金融財政事情研究会，1983）23頁［田中康久］。
110) 鈴木正裕「私権の強制的実現」『岩波基本講座基本法学8―紛争』（岩波書店，1983）225頁。

保全手段をとることができ」（同2項），「弁済期にある債権を証する執行名義を有する債権者は，債務者の財産に対して，各執行手段に固有の条件にしたがい，追及することができる」（同2条）としている。フランス法では当事者間の民商事の争いに対して，国家が当事者の主張の当否を判断し，判決を言い渡すことによって，既判力を与え，当事者にその遵守を命ずるものという構成をとり，強制執行は基本的には当事者のイニシアティブに委ねられている。わが国のような強制執行に当たって裁判所の関与を求める考え方を「強制執行国家管理論」，フランス型の強制執行を「当事者主義的執行論」と呼ぶことにすると，「当事者主義的執行論」を「債務名義の価値回復」と言い換えることができる。フランスの金銭債権執行手続は，債務名義を有する債権者が執行士を通じて債権差押令状を第三債務者に送達することによって行われ，差押えの時点で執行裁判所が関与することがない。裁判所は債務者が異議を申し立てた場合にのみ差押手続に関与するのである。当事者主義的執行論の基礎には，裁判所は債権者と債務者という私人間の争いに対して一旦債務名義を付与したならば，その後については債権者のイニシアティブに委ね，裁判所の関与を限定するという考え方がある[111]。ただし，当事者主義的執行論には二つの問題がある。

(1) 債権者の専横的執行への手当て

強制執行において債権者のイニシアティブを認めると，債権者の専横的な執行が懸念される。これに対する手当てとしてフランス旧強制執行法下の判例では，債権者の詐害的な執行は不法行為を構成するとされ[112]，新民事執行法は「債権者は債権の執行または保全を確保するために適当な手段を選択することができる。この手段の実行は債務の支払いを得るために必要とされる限度を超えてはならない」（同22条1項）とし，さらに「執行裁判所は差押えの濫用の場合には，無益または濫用的な手段の解除を命じ，債権者の損害賠償を命ずることができる」（同2項）と定めている。債権者の差押えの濫用を防ぐための手当てを施し，債権者と債務者の利害の均衡を図っているのである。

さて，執行に当たっての裁判所の関与の濃淡の差は，単にわが国の「執行官」とフランスの「執行士」の性格の違いに起因するのではないかとの反論があろ

---

111) Perrot et Théry, *Procédures civiles d'exécution*, Dalloz, 2000, p. 24.
112) ペロォらは，判例が債権者の権利を損なわないように債権者側の故意を要件とし，たとえば債務者を破綻させる目的，債権者の敵意，差押えによる妨害などを求めてきたことを挙げている（Ibid., p. 140）。

う。すなわち，フランス型でも差押令状を作成し，第三債務者に送達する役割を担う者は裁判所に付属する執行士であるから，いずれにせよ裁判所が関与するのであって，金銭債権執行が債権者のイニシアティブによるというのは単なる執行士の公務員性の程度の違いではないかという反論である。これに対しては，まず，わが国の執行官は各地方裁判所に置かれ，裁判の執行，裁判所の発する文書の送達その他の事務を行う公務員であり，手数料を受けることになっているが (裁判所法62条)，執行官の行動は国家の執行権力の行使であるのに対して，フランスの執行士は，裁判所付属吏 (*officier ministriel*)[113]の一種であり，任命，職務遂行に国家の監督があるとはいえ，公務員ではない点に基本的な違いがある。次に，公務員ではないとしてもフランスの執行士は裁判関係文書，裁判外文書の送達，強制執行および裁判所内の事務を行うこととされており[114]，職務内容はわが国の執行官と差がないので，債権者のイニシアティブによる債権執行であるとはいえ，単に，公務員であるか否かの違いに過ぎないという反論もありえよう。また，わが国でも債権執行においては執行機関たる裁判所で処分制限のための差押命令を発するが，その命令に基づく取立ては差押債権者が行うこととされており，この取立てがあると，執行手続は事後なんらの手続を経ることなく終了するものとされており[115]，わが国の債権執行も当事者のイニシアティブに基づいているという反論もあり得る。

　この反論に対しては，フランスの執行士も国家主権を後ろ盾に手続をとるとは

---

113) 裁判所付属吏には，控訴院代訴士 (*avoué près les cours d'appel*)，商事裁判所書記 (*greffier des tribunaux de commerce*)，破毀院弁護士 (*avocats à la Cour de cassation*)，競売士 (*commissaires-priseurs*) および公証人 (*notaires*) が含まれる。アンシアン・レジームの下では国王が裁判所付属吏の株 (*charges*) を売り (売官制)，この株は不動産の性格を有し，相続されてきたが，革命期に売官制は廃止されたが，基本的には旧制度が維持された (Vincent et al., *La justice et ses institutions*, 4e éd., Dalloz, 1996, p.631)。

114) 1945年11月2日命令番号45-2592 (Ordonnance no. 45-2592 du 2 novembre 1945, relative au statut des huissiers de justice)，1956年2月29日省令番号56-222 (Décret no. 56-222 du 29 février 1956, portant règlement d'administration publique pour l'application de l'ordonnance du 2 novembre 1945 relative au statut des huissiers de justice)。

115) これは差押債権を取り立ててみなければ財産価値があるかどうか分からない，第三債務者が任意に弁済しない場合には当該第三債務者を相手として取立訴訟を提起し，勝訴判決を得た上で第三債務者に対する強制執行をしなければならない債権執行の特殊性に起因するものとされている (香川監修『注釈民事執行法(1)』(金融財政事情研究会，1983) 7頁 [田中康久])。

いえ[116])，あくまでも依頼者のために行為するものである点でわが国の執行官とは性格が基本的に異なっていること，フランスの金銭債権執行では，債務名義を有する債権者はあらたに裁判所から差押命令を取得するまでもなく，裁判所付属吏である執行士を通じて差押令状を第三債務者に発することができるのであり，わが国における債権執行が債務名義取得手続と差押命令取得手続の手続の二層構造を前提とすることと基本的に異なることを再反論としたい。フランスの債権執行は債務名義取得手続のみであり，執行債務者が異議を申立てた場合に，あらためて裁判所が関与するという構成をとっているのである。この点は彼我の手続における基本的な相違ということができる。

(2) 国家権力の協力

次に，執行に当たって債権者のイニシアティブに委ねるからといって，フランスにおいても国家権力がまったく無関心であることはない。債権者の執行に債務者が異議を呈する場合は，わが国民事執行法における請求異議の訴えと同様に債務者はその住所地の裁判所に異議の訴えを提起することができる（新民事執行法45条，46条）。さらに強制執行における国家権力の関与については，債権者の債務者情報へのアクセスという点でフランス新民事執行法は強力な手段を導入している。すなわち，公益の代表者である共和国検察官（*procureur de la République*）による執行債務者情報の探査である（同39条）。この制度はわが国の担保・執行法制の見直しに関する要綱中間試案の第三者照会制度においても参考にされたが，第三者照会制度をわが国は採用しなかった。

一方，フランスでは国家権力が私人間の紛争に関わる判決の執行に協力する義務を負うことは，1923年のコンセイユ・デタ判決[117])で確認されているところで

---

116) ペロォは「執行に当たる者が国によってきわめて異なっている。執行代理人が自由業で，国家主権がその名において執行権（*imperium*）を行使するという重大な任務を与え，作業の真の中心になっている国としてベルギーとフランスがある」とし，一方，「執行代理人が公務員の性格を有する裁判所職員である国として，ドイツ，スイス，スペイン，イタリア，スウェーデンがある」としている（Perrot, Les garanties des droits de la défense, *L'efficacité de la justice civile en europe*, Larcier, 2000, p.429）。

117) CE 30 novembre 1923, Rec. p. 789; S.1923.3.57, note Hauriou, concl. Rivet, *Rev. dr. publ.* 1924.75 et 208, note Jèze, concl. Rivet. 1908年に当時フランス領であったチュニジア・タビア・フビラ地区の土地3万8,000ヘクタールの所有権確認判決を得たクイテアス氏が同地を不法占拠する者の退去処分を求めたが，フランス政府は軍隊の出動を拒絶し，このためにクイテアス氏は損害を被ったとして，外務省に損害賠償を請求したが，外務省はこれを拒絶する決定を行ったため，クイテアス氏はコンセイユ・デタに申し立てた。コ

ある。新民事執行法が規定する検察官の債務者財産情報の探査は「債権の回収の実効性の条件」[118)]であるとされ、1923年コンセイユ・デタ判決が形成した原則に沿うものであって、仮に検察官が債権者から委嘱を受けた執行士の申立てにかかわらず理由なく情報探査を行わなかった場合、理論的には債権者は損害賠償請求が可能であると理解される。

フランス新民事執行法および欧州連合の債務名義構想にいう「争訟の転換」は、基本的に当事者主義的執行論に立っているが、ここまで述べたことをまとめると以下のとおりである。

・裁判所は判決手続によって私人間の争いに解決を与えるにとどまり、執行は当事者に委ねられている。
・債務者が債権者の執行に異議を呈する場合に裁判所が関与する。
・債務者の情報へのアクセスを国家権力が保障する。

強制執行における当事者主義を支えるフランスにおける差押えの法的機能の問題については、第2編第2章第4節で、また当事者主義に基づく欧州債務名義構想と債務名義の価値回復の問題については第3編で詳しく検討する。

二 国際裁判管轄の隙間

1 シスキナ判決・メルツェデス判決の意味

経済のグローバル化に伴って、企業の資産内容は国際化・多様化しており、順調に債権回収が行われない場合には、国際的な金銭債権執行も考慮せざるを得ない事態が増えている。このため判決手続と執行手続という手続の二層構造を維持した場合には、それぞれの手続において複雑な国際裁判管轄の問題を生じることになる。しかも金銭債権執行は差押債権者、執行債務者、第三債務者という三者構造（以下、「当事者の三者構造」という）をとるので、三者の住所地によって多様な

 ンセイユ・デタは外務省の決定を取消し、外務省に賠償金の支払いを命ずる判決を行った。
118) 1990年4月3日の国民議会（下院）の審議での法案報告委員カタラ議員の趣旨説明（Compte rendu integral du séance du 3 avril 1990 de l'Assemblée nationale, p. 53）。審議では個人の秘密に対する侵害であるという趣旨の反対意見があった。

国際裁判管轄の問題が生じる。国際裁判管轄の問題が生じることを可能な限り回避するためには、手続を一層化して簡素化することが望ましい。この観点からは，欧州連合の欧州債務名義構想における「争訟の転換」は，執行手続における国際裁判管轄の抵触の回避策の第1段階ということもできる。また，近い将来には可能性は低いが，仮に遠い将来に各国の執行判決制度が全廃されることになれば，執行手続の局面では国際裁判管轄の問題を生じさせることなく，国際裁判管轄の問題は判決手続の段階に限定されることになる。

わが国は欧州債務名義構想についてはもとより，欧州連合のブラッセル条約，ブラッセルIのような国際的な外国判決承認・執行のネットワークを構築していない。ハーグ国際私法会議（またはヘーグ国際私法会議）[119]においても現状，外国判決承認執行に関する国際条約が成立する予定はない[120]。また，先進的な欧州連合加盟国においても欧州債務名義構想が具体化されるまでは，ブラッセル条約とブラッセルIが外国判決の執行に当たって執行判決を必要としているように，引き続き執行判決が求められることは現在と変らないであろう。欧州債務名義構想が具体化しても，欧州連合の加盟国と非加盟国の間では，依然として執行判決制度が残るであろう。そうであるとすると，国際金銭債権執行における手続の二層構造は存続することになり，国際裁判管轄の問題は判決手続の段階，執行手続の段階のそれぞれで生じることになる。

手続の二層構造が国際裁判管轄に深刻な問題を引き起こし，判決執行の実効性を損なった例として，1979年のイギリス貴族院のシスキナ判決がある[121]。この事件は，債権者がサウディ・アラビアにあり，債務者がギリシャに本拠を有し，

---

119) ハーグ国際私法会議（Hague Conference on Private International Law）は「国際私法に関する規則の漸進的統一に努める」（会議規定1条）ことを目的とする常設機関である（三井哲夫『国際民事訴訟法の基礎理論』（信山社，1995）293頁）。1893年オランダ政府の国際私法統一法典作成のための会議開催の招請に応じたヨーロッパ諸国の代表会議に始まる。谷川久「企業の国際的活動と法」『岩波講座現代法9』（岩波書店，1966）331頁を参照。

120) 道垣内正人「ハーグ国際私法会議の『裁判所の選択合意に関する条約作業部会草案』（上）」NBL772号（2003）8頁。

121) 同判決を取り上げる例として，手もとで見た限りでは，Collins, *Essays in International Litigation and the Conflict of Laws*, Clarendon Paperbacks, 1994, p.4, Cuniberti, *Les mesures conservatoires portant sur des biens situés à l'étrangers*, L.G.D.J., 2000, p. 65, Michell, The Mareva Injunction in Aid of Foreign Proceedings, Osgoode Hall Law Journal Vol. 34, No. 4,(1997), p. 751, Bermann, Provisional Relief in Transnational Litigation, 35 Colum. J. Transnat'l L 553, 590（1997）がある。

第三債務者である保険会社がイギリスのロイズであったという典型的な国際金銭債権に対する執行の事件であり，1975年判決[122]が認めたマリーバ・インジャンクションが初めて貴族院で争点となった事件でもある。この事件では判決手続とは別に執行に当たって裁判所が関与することがもたらす管轄の隙間の問題が明らかになった。

【5】 Siskina（owners of cargo lately laden on board）and other respondents v Distos Compania Naviera S.A. appelants ［House of Lords］[123]

パナマの便宜地籍船会社で，実質的にはギリシャのピレウスに本拠があるディストス社はその所有の船舶シスキナ号を訴外のイタリアの会社インテルメディテラニア・ジェノヴァ社（ジェノヴァ社）に傭船した。ジェノヴァ社はイタリアのカララ港でサウディ・アラビアのジェッダ向けの貨物を積み込み，船荷証券を発行した。船荷証券はイタリア・ジェノアを専属管轄とし，フレイト前払い条件であった。傭船契約では傭船料は船荷証券の日付またはスエズ運河への到着までに支払うこととされていたが，当該船舶がスエズ運河に到着した時点でもジェノヴァ社は傭船料を支払わなかった。ディストス社はシスキナ号にスエズ運河の通

---

122) Mareva Compania Naviera S.A. v. International Bulkcarriers S.A. ［1975］2 Lloyd's Rep 509. マリーバ社は所有する船舶マリーバ社をインターナショナル社に定期傭船に出し，インターナショナル社はさらにサブ・チャーターした。同船は，フランス・ボルドーからインド向けに肥料を積み出し，再傭船者はインターナショナル社との契約どおり支払った。インターナショナル社は最初の2回の傭船料をマリーバ社に支払ったが，3回目以降支払わなかった。マリーバ社は，インターナショナル社を相手に支払を求める訴えを提起し，ロンドンの送達代理人に送達された。マリーバ社は，直前の判決（Nippon Yusen Kaisha v. Karageorgis and another ［1975］2 Lloyd's Rep 137）に基づいて，銀行口座の残高を管轄外に移動，処分することを禁じる差止命令（*injunction*）を申し立てた。第1審の裁判所は Lister v. Stubbs ［1890］45 Ch. D. 1 に基づき，差止命令を発する権限がないとした。抗告審は，「債務が支払うべき状態にあり，債務者が判決前にその財産を処分する危険がある場合，裁判所は審訊方式の差止を命ずる管轄を有しており，これはその場合に当たる」とした。当初判例で認められたマリーバ・インジャンクションは，後に The Supreme Court Act 1981 の 37 条 3 項に "The power of the High Court under sub. (1) to grant an interlocutary in junction restraining a party to any proceedings from moving from the jurisdiction of the High Court, or otherwise dealing with, assets located within that jurisdiction shall be exercisable in case where that party is, as well as in case where he is not, domiciled, resident or present within that jurisdiction." と規定された。
123) Siskina（owners of cargo lately laden on board）and other respondents and Distos Compania Naviera S.A. ［House of Lords］［1979］AC210.

過を禁じた。その後，ジェノヴァ社は傭船料の一部を支払ったが，契約金額には不足していた。ディストス社はそこで未払い傭船料相当分について貨物上にリーアン (lien) を有するとして，シスキナ号に船の針路を変え，キプロスのリマソルへ向かうように指示した。その後，ジェノヴァ社は一部追加支払いしたが，依然不足額が残った。ディストス社はキプロス裁判所に傭船料に対するリーアンの実行として貨物に対する仮差押え (arrest) と換価を申し立て，小額の担保を見合いに認められた。この手続は対審ではなく，荷受人等にこの裁判は通知されなかった。貨物の一部は野積みにされたが，一部は倉庫に保管され，倉敷料が多額に達した。荷受人は多数で協調した対応をとるのに手間取っていたため，荷受人による船舶自体の仮差押えは行われず，この時点では特段の措置をとらなかったようである。また，荷受人の一部は，イタリアの傭船会社に代わって支払い，貨物を回収し，支払いに応じない荷受人はキプロスの裁判所に貨物の仮差押えの解除を申し立てた。その後，シスキナ号はキプロス・リマソル港を出港したところ，ギリシャ領海内で遭難し沈没した。シスキナ号にはロンドンのロイズによる保険が付されていたため，ディストス社はその支払を求めた。ディストス社にはシスキナ号以外に財産がなく，損害保険金がディストス社の唯一の資産であったので，貨物を無断で処分された荷受人らはディストス社を相手に契約不履行を理由とする損害賠償，被告の財産の処分の禁止を求める訴えを提起し，同日ギリシャ・ピレウスのディストス社に対する訴状の送達とディストス社の唯一の財産である保険金をイギリス外へ移動することを禁じるマリーバ・インジャンクションを申し立てた。ディストス社に対する送達は，裁判所規則 (*Rules of the Supreme Court*) 11 章 1 条(1)[124]に基づいて管轄外送達の方法 (*service out of the jurisdiction*)[125]で行われることとなったが，その後，インジャンクションは本案

---

[124] 裁判所規則 (Rules of the Supreme Court) 11 章 1 条(1)は，訴訟が開始され，管轄内での被告の作為不作為の差止命令の申立てがなされた場合に管轄外の訴状の送達 (service of a writ out of the jurisdiction) を認めている。

[125] イギリス法上，対人管轄事件 (*action in personam* または *inter partes*) の概念は，純粋に訴訟法上の概念とされ，被告に対する訴状の送達を要するとされており，紛争がイギリスと牽連性がなくても，単なる訴状の送達によってイギリスの裁判所は管轄を得ることができるが，被告がイギリスの裁判所の管轄の及ぶ範囲に存在しない場合には，管轄は認められない。このため，管轄外への送達の制度が設けられている (North and Fawcett, *Chesire and North's Private International Law*, 12th Ed., Butterworth, 1992, p.182)。なお，このような管轄内の所在することのみをもってイギリスの裁判所に管轄が生じると過剰管轄の問題があり，このような場合で，裁判をイギリスで行うことが適当でないときに

の救済の一部であり，原告の荷受人は船舶の喪失に伴う損害保険金になんら法的な権利を持つものではないとして，訴状の送達は取り消された。

　控訴審では，訴えが提起された場合には差止命令を求めることができると判断したが，貴族院は，裁判所規則でいう訴えには差止命令を求める訴えは含まれないとし，インジャンクションはイギリスの裁判所の管轄に服する事件の判決によって執行されうる権利を保全するためにのみ与えられるとした。

　さらに，前述した国際法協会第67回ヘルシンキ大会「国際民商事紛争分科会」は，1995年のイギリス枢密院のメルツェデス判決を取り上げている[126]。これは債権者がドイツに所在し，モナコに居住する債務者には在香港会社に対する出資金以外にめぼしい財産を有しなかったという事件である。本事件を担当したニコルス卿は，反対意見の中で被告債務者の「財産は香港にあるから，モナコは手を出すことができず，債務者はモナコにいるから，香港は手を出せないというのは正しいことではなく，今日では受け入れられるべきでない。国際的に活動している者がかくも簡単に司法手続を無効にすることがあってはならない」と批判している。

【6】　Mercedes-Benz AG v Leiduck[127]

　ドイツの自動車会社メルツェデス・ベンツ（メルツェデス社）はロシアに自動車1万台を輸出することを計画し，ドイツ人のレイダックと同人が経営するモナコの会社であるインターコンチネンタル・リソーシズSAM社（IRSAM社）と契約を結んだ。本件取引の費用として，メルツェデス社は前渡金としてIRSAM社に2000万ドルを支払い，1993年末までに輸出代金が支払われない場合は，この前渡金を返済することを合意し，IRSAM社はメルツェデス社に前渡金相当額の約

　　フォーラム・ノン・コンヴェニエンスの法理によって，裁判管轄を否定し，訴えを却下・棄却している。池原教授は対人訴訟について，訴訟手続規則の適用の反映として定まってきたもので，対人訴訟は訴訟開始令状が英国内において被告に直接送達される場合，被告自ら英国の裁判管轄に服する場合，制定法によって管轄外送達が許される場合に拡張されているとしている（池原季雄「国際的裁判管轄権」鈴木＝三ケ月編『新・実務民事訴訟講座(7)』（日本評論社，1982）8頁）。

126) *Report of the Sixty-seventh conference held at Helsinki*, The International Law Association, 1996, p.187.
127) Mercedes-Benz AG v Leiduck [1996] a AC 284, [1995] e All ER 929, [1995] 2 Lloyd's Rep 417, [1995] 3 WLR 718.

束手形を差入れ，レイダックは手形に個人保証を行った。

しかし，レイダックと IRSAM 社は，前渡金を香港の別会社であるインターコンチネンタル・リソーシズ・カンパニー・リミティッド社（ICR）の設立資金に流用し，本件取引の費用には当てなかったので，計画した輸出は行われないまま，前渡金も返済されず，約束手形は決済されなかった。このため，モナコにおいてレイダックは勾留され，刑事捜査が開始される一方，メルツェデス社はモナコの裁判所にレイダックに対する訴えを提起した。モナコの裁判所はレイダックがモナコの領土内に有する財産に対する仮差押えを命じたが，レイダックが香港に有する財産に対してはモナコの裁判所の管轄権は及ばないとした。

1994 年 4 月，将来のモナコの裁判所の判決の執行を保全し，レイダックの財産の隠匿を防ぐために，メルツェデス社は香港の裁判所にレイダックと ICR 社を相手とするワールドワイド・マリーバ・インジャンクション[128]を申し立て，レイダックは香港に住所がないので，裁判所規則（Rules of the Supreme Court）11 章 1 条(1)に基づく管轄外の送達を求めた。その後，ICR 社については本案事件の当事者ではなく，ICR 社に対する申立ては却下された。

香港の裁判所はメルツェデス社の訴えを認め，1900 万ドルを限度に差止めを命じ，レイダックに対する保証債務の履行，不法行為による損害賠償を求める訴状について，モナコのレイダックに対する送達の手続が取られた。レイダックが欠席したまま，メルツェデス社は香港の裁判所からレイダックに 17 億 7600 万ドルの支払いを命ずる判決と ICR 社の株式に対する質権を認める判決を得た。ここで，レイダックは判決を不服としてその無効を申し立てたところ，香港の裁判所は管轄外へ送達された訴状中の請求は，裁判所規則の定める場合に該当せず，レイダックに対する送達は認められるべきではなかったとした。

枢密院は「裁判所は固有の域外管轄を有するものではなく，訴状またはその他

---

128) ワールドワイド・マリーバ・インジャンクションは，Babanaft Co. SA v Bassatne [1990] Ch 13,22, Republic of Haiti v Duvalier [1990] QB 202,206, Derby & Co. Ltd. v Weldon [1990] Ch. 48 の 3 件の判決で認められた差止命令で，Derby 判決では，イギリスの裁判所の管轄外のフランス，イタリア，ドイツ，ルクセンブルグなどにある被告の資産の移動を禁ずるワールドワイド・インジャンクションが発せられた。差止命令であるからその非遵守は "contempt of court" によって制裁されるが，ワールドワイド・マリーバ・インジャンクションの場合，外国の第三者が差止命令に反する場合があり，このため Babanaft Co SA v Bassatne 判決に因んだいわゆるババナフト条件（Babanaft proviso）（当該差止命令が宛てられた者に対して当該国で執行が宣言される場合にのみ，当該差止命令は管轄外の効力を有するとする）を付けることで解決が図られている。

第 3 章　国際金銭債権に対する執行と保全の実効性の前提

の手続において求められている唯一の救済が外国裁判所での裁判の結果が出るまでの間，管轄内の財産を凍結させるマリーバ・インジャンクションである場合には，裁判所規則 11 章 1 条(1)においてとくに認められた域外管轄は，管轄外の外国人への送達を認めることを含むものではない」とした。

　ところで，マリーバ・インジャンクションが判例で認められるまで，イギリスには国際的な債権の保全手段がなく[129]，マリーバ・インジャンクションが認められて，ようやく債権者保護のための有効な手段ができあがったが[130]，これはケスジアンが分類したように衡平法に基づく対人管轄 (*action in personam*) の差止命令であり[131]，債務者の財産が所在することはインジャンクションの裁判の管轄原因とはならないので，上に見たように債務者の財産に対する保全・執行手続として十分に機能することができないのである。仮に差押えの目的物が船舶であれば対物管轄事件 (*action in rem*) となり，船舶の所在地において *attachment* を実行することができるが[132]，シスキナ事件で原告が目指した債務者の財産は

---

[129] Kessedjian, *Note on Provisional and Protective Measures in Private International Law and Comparative Law*, Hague Conference on Private International Law, Prel. Doc. No. 10 October 1998, p.9. 国際法協会 67 回大会では，保全手続は各国に存在するが，イギリスにはマリーバ・インジャンクションによってようやく導入されたと報告されている (*Report of the Sixty-seventh conference held at Helsinki*, The International Law Association, 1996, p.186)。

[130] ヨハンソンは，マリーバ・インジャンクションによってイギリスの裁判所は広範な自由な権限を得たとしている (Johansson, The Mareva Injunction: A Remedy in the Pursuit of the Errant Defendant, 31 U.C. Davis L. Rev. 1091, 1096（1998))。

[131] コリンズは，権利の中間的な保護には，紛争に対する最終決定が下されるまでの間，現状を維持する手段と債務者の財産処分を禁ずる手段の二種類があるとし，前者の例としてイギリスの *interlocutory injunction*，アメリカの *temporary restraining order*，フランスの *ordonnance de référé*，ドイツの *Einstweilige Verfügung*，イタリアの *provvedimenti d'urgenza* を挙げ，後者の例としてイギリスの *Mareva Injunction*，フランスの *saisie*，ドイツの *Arrest*，イタリアの *sequestro* を挙げている (Collins, *Essays in International Litigation and the Conflict of Laws*, Clarendon Press, 1994, p.71)。わが国の仮処分と仮差押えもこの中に加えることができよう。

[132] 更生手続開始の申立てをしたわが国の海運会社が所有する船舶がカナダの港に入った際に，わが国の債権者が当該船舶に対して差押えを行った例として，Orient Leasing Co. Ltd. v. The Ship "Kosei Maru", Federal Court Trial Division,［1978］3 A.C.W.S. 371; 94 D.L.R. (3d) 658, November 10, 1978, Decided がある。この事件は対物管轄事件で，対人管轄事件ではなく，債務者に対する送達の問題は生じなかったので，外国債務者の財産である船舶に対する差押えが認められた。

第1編　序　論

保険金請求権であったために，対物管轄事件として構成することができなかったものである。また「管轄外への送達」は本案の事件が提起される中で保全措置が求められる場合にのみ認められるので，シスキナ事件・メルツェデス事件では結果として債権者を保護することができなかった。この2つの事件は，国際的な民商事の紛争では，関係国の国際裁判管轄にずれが生じ，執行の実効性以前の問題として，債務者の財産を保全することもできない事態があることを明らかにした。

たしかに，シスキナ事件では複数の裁判所に管轄を認めることが可能である。ディストス社とイタリアの会社の傭船契約には，紛争をロンドンにおける仲裁で解決する旨の条項があった。船荷証券には，貨物運送にかかわる争いをジェノアの専属管轄とする旨の規定が見られ，現にジェノアで荷受人は提訴もしたようである。さらに，シスキナ号の貨物はキプロスで仮に差し押さえられているので，キプロスの裁判所に保全命令を行う管轄が認められる。また，ディストス社はギリシャ・ピレウスを実質的な本拠としているから，サウディ・アラビアの荷受人が損害賠償請求訴訟を被告の普通裁判籍のあるピレウスで提起する可能性もあった。そして，被告ディストス社の唯一の財産はロンドンの保険会社が支払う損害保険金であり，ロンドンは執行可能な財産の所在地であった。しかし，本件はディストス社とイタリアの会社の傭船を巡る争いではないから，傭船契約の仲裁

　　　事件の概要は以下のとおりである。わが国の海運会社一成汽船は，わが国の会社オリエント・リースから船舶の高成丸を割賦売買契約で購入し，残割賦債権についてオリエント・リースは同船舶に抵当権を設定し，これを神戸法務局に登記していた。債務者である一成汽船は1978年1月に会社更生法の適用を申請し，翌日弁済禁止の仮処分を受け，債務の弁済を停止した。同年6月，当該船舶がカナダ・オンタリオ州ハミルトンの港に入港した際に，オリエント・リースはカナダ連邦地裁に抵当権の実行による競売の申立てと本船舶の差押えを申し立て，同連邦地裁は同日差押命令を発した。一成汽船の更生管財人は，連邦地裁に差押えの取り消しと競売申立ての棄却を申し立て，同地裁は「競売の申立ての根拠たる売買契約，抵当権設定契約は日本法に準拠しており，カナダの債権者は存在しない」ので，日本の手続を優先すべきであり，「競売の申立ては手続の濫用」であるとして，前に発した差押命令を取り消し，競売の申立てを棄却する判決を言い渡した。

　　　オリエント・リースはこれを不服として，連邦控訴裁判所に控訴した。連邦控訴裁判所は，本事件は対物管轄事件（*action in rem*）であり，カナダの裁判所に対する救済の申立てが実体法に根拠がある限り（*it is a remedy that must be used only for enforcing a valid substantive right*），カナダの裁判所に裁判管轄があるとし，日本における会社更生手続はカナダにおける競売手続を妨げないとした。

　　　谷口安平「国際倒産の現状と問題（下）」NBL385号（1987）51頁，同「国際倒産の回顧と展望」金法1188号（1988）8頁および「トピックス」NBL167号（1978）4頁を参照。

条項は妥当しない。ディストス社はパナマ船籍の1船1社の便宜地籍会社であり，ギリシャには財産がなく，ギリシャ・ピレウスで訴訟を起こしても，その判決の執行には実効性を期待できない。したがって，債権者たちはロンドンでの訴訟に踏み切ったのであるが，貴族院は外国に所在する債務者に対する管轄外への送達を認めなかったのである。

　メルツェデス事件では，前渡金の返済の保証債務を履行しないレイダックは，香港に財産を有してはいたが，香港には住所はなかった。この場合には，債権者であるメルツェデスは，レイダックに対する保証債務の履行または不法行為による損害賠償を求める本案の訴えを香港の裁判所に提起することも考えられる。しかし，被告レイダックは，香港の会社であるICR社の株主ではあるが，レイダックとICR社は法人格が異なるし，レイダックは香港に営業所・事務所を有しているわけではないから，香港の裁判所にICR社を相手とする保証債務の履行または不法行為による損害賠償を求める本案の訴えを提起しても，ICR社は本案訴訟については当事者適格を欠く。したがって，メルツェデスはレイダック，ICR社のいずれに対しても本案の訴えを香港の裁判所に提起することができず，被告レイダックの住所地であるモナコの裁判所に提起せざるを得なかったのである。レイダックは香港に財産を有しているが，この財産は保証債務の履行または不法行為による損害賠償を求める本案の訴えとは直接関係がないので，結局，香港の裁判所から外国に住所を有するレイダックへの管轄外の送達を行うことは認められず，本案の訴えを提起したモナコには，被告のレイダックは財産を持っていない。レイダックの財産と言えば，香港のICR社への出資金だけである。モナコの裁判所は香港に所在する財産に対する保全を命ずることはできない。本案管轄と保全・執行事件の管轄が分裂したために，債権者は拱手傍観を余儀なくされる結果となったのである。カナダの弁護士であるミッチェルは，研究者は一般にこの判決に批判的であるとし，枢密院が外国の裁判を支援するために仮の救済を与えるアプローチを取らなかったこと，またメルツェデス事件に類似した事件が近い将来に生じることは期待できないので，判例変更も期待できないことが残念であるとしている[133]。

---

133) Michell, The Mareva Injunction in Aid of Foreign Proceedings, Osgoode Hall Law Journal Vol. 34, No. 4,（1997）p.779.

2 国際裁判管轄の拡張的アプローチ

シスキナ，メルツェデスの両事件は，判決手続が対人管轄事件であり，執行の対象は判決手続の裁判地には存在せず，手続の二層構造が原因となって裁判管轄が分裂した事件である。わが国民事執行法，民事保全法の差押え・仮差押えは債務者の財産を目的とする手続であり，対人管轄事件であるインジャンクションとは性格が異なるから，この両事件のように判決手続と執行手続の国際裁判管轄が分裂するという深刻な事態が生じる可能性は低いが，有体動産と異なり，金銭債権の場合，当事者の三者構造をとるので金銭債権執行の国際裁判管轄の基準を債務者に置くか，第三債務者に置くかによって，国際裁判管轄の隙間が生じることがある。また，債務名義の取得と執行命令の取得という手続の二層構造は依然として迅速な執行を妨げることになる。

欧州債務名義構想における「争訟の転換」は，債務名義の取得によって執行を認めるという構成で，管轄の分裂を回避するものであるが，現在わが国にはこのような考え方はない。国際裁判管轄の分裂という問題を解決するためには，国際金銭債権執行を差押え・仮差押えの目的物の所在を理由として管轄を認めるアプローチ，すなわちフォーラム・アレスティ・アプローチを再評価すべきではないだろうか。フォーラム・アレスティは判決と執行の手続の二層構造を前提とするが，国際裁判管轄の問題を1回に限定するアプローチということができる。ただし，このアプローチを認めると，理論上は外国の債権者にわが国となんら関係のない紛争についてわが国の裁判所を利用することを認めることになりかねないから，わが国と関係のない紛争について裁判所という公的な機関の利用を認めることの是非が問題となる[134]。この点について言えば，差押え・仮差押えの目的物である財産と本案の裁判との牽連性・緊密性を要求することによって，わが国の裁判所の「ただ働き」を回避する必要があろう。フォーラム・アレスティにおける牽連性・近接性については後述する。

---

134) わが国の場合には，訴状，答弁書，証拠などの翻訳の問題が生じるので可能性は低いが，逆にわが国の債権者が外国裁判所を利用するケースが増加する可能性がある。

第4章 小　括

　強制執行における金銭債権の重要性は高まっているが，その一方で金銭債権は金融商品化している。このような状況において金銭債権に対する執行と保全を実効的に行うための前提として，2つの点が重要である。まず，債権者に債務者の財産情報へのアクセスを保障することである。ここで債権者・債務者の争いには本来中立的な第三債務者に負担を求めることが妥当である。

　第2編では，まず金銭債権執行の実効性の確保にとって，債務者の財産情報の入手が重要であるとの観点から，第三者の陳述義務を正当化するための理論構成を検討する。その際にモデルとしてフランスの旧強制執行法，新民事執行法における金銭債権執行制度を取り上げる。フランス法を参考とするのは単に旧強制執行法，新民事執行法に規定された第三債務者の責任がわが国のそれに比して重いという事実だけによるものではなく，わが国民事法体系にフランス法の影響が見られることを考慮し，さらに，必ずしもフランス法の金銭債権執行構造が同国法固有の特異なものではないとの判断に基づくものである。第三債務者の責任の軽重の差異は，金銭債権を人的関係と構成するか，金銭債権を無体動産と構成するかによって異なることを検証する。

　次に今後増加が予想される国際的な金銭債権執行について実効性を確保するために，執行の迅速性が必要である。この観点からは金銭債権執行における手続の二層構造が問題となる。第3編では，判決手続と執行手続の手続の二層構造の観点から，フランス新民事執行法における「債務名義の価値回復」，欧州債務名義構想の「争訟の転換」をモデルとしてその基本的な考え方を検討する。これらに見られる当事者主義的な執行または執行における当事者イニシアティブの重視の考え方を検討し，当事者主義的執行の考え方の基礎に「差押え」の法的機能の理解があることを説明する。

　第4編では，わが国において理論的に可能な国際金銭債権からの回収のアプローチを検討する。判決手続と執行手続の手続の二層構造が判決執行の上で障害となり，さらに国際的な金銭債権執行においては，国際裁判管轄の問題が生じることから，迅速な執行のためには手続の二層構造を簡素化することが必要であるとの判断からフォーラム・アレスティ・アプローチを評価する。

第1編　序　　論

　第5編では「金銭債権執行における第三債務者の地位」「債務名義の価値回復」の2点について総括する。

　なお，本書の対象は金銭債権のうち有価証券で表象されない指名金銭債権に対する債権執行・保全である。また，ここで用語の定義をすると，債務者の債務者の財産の全体を「責任財産」[135)]または「財団」[136)]，債務者の責任財産を構成する個々の要素を「財産」と呼ぶことにする。金銭の支払を目的とする債権に基づいて行う執行を「金銭執行」，金額をもって表示された金銭の給付を目的とする債権を「金銭債権」[137)]と呼ぶことにする。また「国際的」とは債権者と債務者または第三債務者の所在国が異なる場合および債権者と債務者・第三債務者両者の所在国が異なる場合をいい，「国際金銭債権」とは金銭債権の第三債務者の所在国が債権者と異なる金銭債権をいう。また債務者が第三債務者に対して有する金銭債権を執行の目的物として強制執行を行うことを「金銭債権執行」または「金銭債権差押え」，同じく仮差押えを行うことを「金銭債権保全」または「金銭債権仮差押え」，さらにわが国の債務名義に基づいて国際金銭債権を目的物として差押えを行うことを「国際的な金銭債権に対する差押え」または「国際金銭債権差押え」，同じく当該国際金銭債権に対する仮差押えを「国際金銭債権仮差押え」[138)]と呼ぶことにする。

---

135)　兼子博士は「金銭債権については，債務者の財産が目当てであり，物の給付を目的とする請求では債務者の支配下にある物」であり「執行によってある請求の実現のように供することのできる目的物を，その請求に対する責任財産と呼ぶ」としている（兼子一『新版強制執行法・破産法』（弘文堂，1964）23頁）。責任財産の概念はフランス民法典の2093条に由来する。

136)　19世紀にオーブリーらは財産法上の概念として債務者の積極財産と消極財産の全体を総合した金銭的な価値を有する財産の総体を意味する「財団」（*patrimoine*）の概念を提唱した。この概念は現在のマロゥリィらの体系書でも踏襲されている（Malaurie et Aynès, *Droit civil- les biens, la publicité foncière*, 4e éd., Cujas 1998, p. 16）。オーブリーらは「人の財産の全体は財団を構成する。したがって，財団の要素は，財産としての性質を考慮された，民法の対象」であり，「人の民事上の権利の全体を財産ということができ」るとする（Aubry et Rau, *Cours de Droit civil français d'après la méthode de Zacha-rie*, tome II, 6e éd., Marchal & Billard, 1935, p.8）。

137)　特定の貨幣のみの給付を目的とする特定金銭債権または特定の種類の貨幣のみの給付を目的とする絶対的金種債権を含まない。

138)　仮差押えの制度は各国で区々である。1992年3月26日欧州司法裁判所判決はブラッセル条約24条にいう "*mesures provisoires et conservatoires*"（仮のまたは保全の措置）を，「本条約の適用範囲に関する問題においては，その承認が本案の裁判所に求められるところの権利を守るために事実のまたは権利の状況を維持する目的の手段」であるとして

第4章 小　括

　フランスの1991年民事執行法を「新民事執行法」，1992年民事執行規則を「新民事執行規則」，これらの法令によって廃止された民事訴訟法の規定を「旧強制執行法」[139]，1971年の改正前のフランス民事訴訟法（1806年制定）を旧民事訴訟法，改正後を新民事訴訟法と呼ぶことにする。わが国の裁判例，学説の引用に当たって一部現代表記に改めた。

　　いる。前述の国際法協会第67回大会の国際民商事紛争分科会は，"*provisional and protective measures*" を「(a)そこから最終的な判決が満足されるべき財産を保全する仮の手段を提供する，または(b)審理中の紛争の決定の間現状を維持する」と定義しているので，保全措置には「仮の執行の措置」と「保全のための措置」の2つがあることになるが，「仮の執行の措置」は場合によってわが国の仮執行宣言のように本案判決が確定する前に債権者に臨時に満足を与える措置を意味することがあるので，本書でいう「仮差押え」または「保全措置」はこのような仮執行を意味することはなく，本案判決の確定までの間，債務者の財産を保全することを目的とする措置の意味である。

139)　一般に，旧強制執行法の手続は "*les voies de l'exécution*"（執行手続）と呼ばれたが，改正に伴い「民事執行」に相当する "*procédure civile*" の語を当てた。

第2編　金銭債権執行における第三債務者の地位

第1章　問題の所在

　債権者に債務者の財産情報へのアクセスを保障することは，債権者の権利保護を図る上で必要である。しかしわが国民事執行法は債務者財産に関する情報を得るための制度が設けていない。一方，フランスでは前述のとおり国家権力には判決執行に協力すべき義務を認めている。さらに，新民事執行法は「第三者は債権執行または債権保全のために取られた手続を害してはならない。第三者は協力をしなければならない」とし（同24条1項），「正当な理由なく，その義務を行わない者はその遵守を強制される。ただし，債務者に対する損害賠償請求の権利を妨げない」（同2項），「この場合にその手中に差押えが行われた第三者は，差押えの原因債権の支払を命じられる。ただし，債務者に対する請求権を妨げない」（同3項）として，第三者一般に対して執行への協力義務を定めている。この改正に当たって同24条に関わる国民議会の審議で，一部議員から「執行が明らかに不正であって，こころならずも失業，不安定な状況，疾病，配偶者の死去などのさまざまな理由で経済的危機が家族を襲ったような場合に，隣人や賃借人が連帯意識から執行に平和的に反対することもしばしば見られることである。このような事情を考えると道徳心から執行に反対する賃借人組合や一般市民の責任を問うことは不正義である」との反対意見が呈されたが，法案報告者のカタラ議員は「場合によって悲惨な事情があるからといって，判決の執行を妨げることになるような抵抗を促してはならない」と反論し，アルパイヤンジュ法務大臣はよりモデレートに，「この条項は平和的な反対を妨げるものではない」としている[140]。同24条の「第三者」の執行協力義務は，金銭債権執行における第三被差押人に限

---

140)　1990年4月3日の国民議会（下院）における法案審議（Compte rendu integral du séance du 3 avril 1990 de l'Assemblée nationale, p.48）。

らず，第三者一般を広く指すものである。さらに，金銭債権執行における第三被差押人に対しては陳述義務（*déclaration*）が定められ（同44条），その過怠に対しては第三被差押人に重大な責任が追及される。これは新民事執行法24条にいう第三者一般の執行協力義務をとくに第三被差押人について定めた特則と理解されているが[141]，フランス法上，判決の執行には当事者以外の協力が広く求められているのである。

　本書は債権執行における第三者照会の制度設計を行うものではなく，金銭債権執行における第三債務者の地位を法的に検討することを目的としているが，この検討を行う理由は次のとおりである。わが国で第三者照会制度に消極的なのは，第一に情報照会先として適当な第三者が存在しないこと，第二に差押命令の申立て前に差押えを行おうとする債権者が各金融機関に債務者の預金の有無を照会する方法も考えられないではないが，現に預金債権差押えの実務では預金債権の存否について立証は必要とされず，預金の種類が特定されていなくても裁判所は債権差押命令を発して，金融機関の陳述を催告している，という2点が挙げられている。また，担保・執行法制の見直しに関する要綱中間試案の補足説明は，フランスのセジ・アトリビュシオンにおける共和国検察官による照会制度はフランス銀行に全金融機関の預金者データ・ベースがあることを基礎としているが，わが国に同等のシステムがないと説明している[142]。わが国に債務者財産の情報データ・ベースがないという現実，実務での対応可能という理由はそのとおりであるとしても，わが国で第三者照会制度に消極的なのは，むしろ基本的に第三債務者は不運な立場に置かれた者であり，可能な限り第三債務者を保護するべきで，負担を与えるべきではないと理解されているからではないか。わが国の金銭債権執行制度は，執行債務者を中心として制度が設けられており，第三債務者は債権者・債務者間の紛争の部外者に過ぎないものとされている。しかし，このような第三債務者の理解に必ずしも普遍性があるわけではない。

　もとより第三債務者の責任を重くしているフランスでも第三被差押人の地位については議論があった。ペロォらは，第三被差押人を「字義の上では，その債務を支払わない債権者を持ってしまったという単に不運にあった中立の存在」であ

---

141) Perrot et Théry, Saisie-attribution: la situation du tiers saisi (les arrêts du 5 juillet 2000), *D* 2001, Chron., p.716.
142) 法務省民事局参事官室「担保・執行法制の見直しに関する要綱中間試案補足説明」NBL735号（2002）41頁。

り，「当該債務には無関係であるにもかかわらず，（第三被差押人に）義務を課し，場合によって義務違反に重い制裁が伴うのであれば，衡平（équité）に反すると思われるかもしれない」としている。金銭債権差押えにおける第三債務者が客観的には「不運」であると認識されていることはわが国と共通であるが，ペロォらは続けて「義務の必要性を除くことは不可能であり」，「執行債務者に対して債務を負うことを陳述する第三被差押人の協力なしには債権執行は不可能である」としている143)。金銭債権は簡単に移動させることができ，旧強制執行法のセジ・アレでは往々にして第三被差押人の陳述が遅れ，その間を利用して，時に第三被差押人の協力を得て，執行債務者が第三被差押人の手中にある金銭債権を移動させることがあったから，ペロォらの配慮は当然であろう。

客観的には同情すべき立場にあると理解されながらも，フランスでは第三債務者（第三被差押人）は執行債務者の財産を保管・管理する者と構成され，その協力は不可欠とされている。金銭債権執行制度は第三債務者を中心として制度が設けられているのであり，第三債務者の執行に対する重大な責任が正当化されている。さらに，この構成の基礎には，金銭または金銭債権を「財産」または「無体動産」と構成するフランス民法典上の金銭債権の構造がある144)。したがって債権の法的構成を検討すべきであるが，その前にわが国とフランスの金銭債権執行における第三債務者の義務について比較することとしたい。

(1) わが国民事執行法上の第三債務者の義務

わが国民事執行法上，差押命令を送達された債務者は債権の取立等の処分を禁じられ，第三債務者は債務者への弁済を禁じられる（同145条1項）。差押命令は債務者と第三債務者に同時に送達され（同3項），金銭債権に対する差押命令は第三債務者に送達された時にその効力が生ずる（同4項）。差押債権者の申立てがある場合には，第三債務者は差押命令の送達の日から2週間以内に書面で陳述しな

---

143) ペロォらは，債権執行の実効性を高めるためには，即時性と第三債務者に対する制裁の2つが必要であるとするが，第三被差押人は執行債権には部外者であることが問題であるとし，セジ・アトリビュシオンは本来債務者に対する支払強制手段ではあるが，結局差押債権者としては，支払能力のある第三債務者（とくに銀行）を見つけること，週末に差押命令を送りつけることが重要としている（Perrot et Théry, Saisie-attribution: la situation du tiers saisi（les arrêts du 5 juillet 2000），D 2001, Chron., p.714）。

144) 三ケ月教授は，フランス法の債権差押手続について「第三債務者の地位というものが，日本とずいぶん違う面」があり，「第三債務者の陳述義務の効果も強くなる」としている（岩野＝岩松他『債権の差押』（有斐閣，1967）345頁［三ケ月発言］）。

ければならない（同147条，民事執行規則135条）。ただし，陳述催告は第三債務者を特定して発するので，差押債権者が執行債務者の金銭債権の内容を承知していない場合には，第三債務者を特定できないので，陳述催告の申立ては不可能である。また，第三債務者が陳述すべき事項は特定された債権の内容に関する限定された情報である。したがって，第三債務者は特定された差押え対象債権について陳述すれば足り，特定されていない執行債務者の債権があってもこれを差押債権者や執行裁判所に開示する義務はなく，第三債務者は故意または過失によって，特定された差押え対象債権の存否を陳述せず，あるいは不実の陳述を行った場合に差押債権者に損害が生じた場合に，その損害を賠償する責任を問われるが（民事執行法147条2項），差押債権者は第三債務者の陳述を強制する手段を持っていないのである。差押命令が執行債務者に送達された日から1週間後に差押債権者は債権の取立権を得るので，差押債権者は第三債務者に対して差押債権の給付を求める取立訴訟を提起することができる（同157条）。わが国の債権差押制度では差押命令の名宛人は執行債務者であり，第三債務者は執行債務者に対する送達と同時に送達を受ける。第三債務者が債権差押手続の中心となるのは，第三債務者に差押命令が送達されたのに拘わらず，第三債務者が任意に支払わない場合，差押債権者が第三債務者を相手として取立訴訟を提起し，勝訴判決を得た場合に限られ，この場合に初めて第三債務者が判決にしたがって支払わない場合には，差押債権者は第三債務者に対して強制執行をすることができる。

(2) フランス金銭債権執行制度上の第三被差押人の義務

これに対してフランス旧強制執行法のセジ・アレ，新民事執行法のセジ・アトリビュシオンのいずれの手続においても，差押債権者が執行士を通じて差押令状を送達するが，その宛先は執行債務者ではなく，第三債務者である（旧強制執行法557条，559条，新民事執行法42条，新民事執行規則56条）。フランス法上も差押令状には，少なくとも第三債務者名を明らかにしなければならないが，差押債権を記載することは求められておらず，原因債権額を記載すればよいとされている（旧強制執行法559条1項，新民事執行法43条1項）[145]。差押令状の送達を受けた第三債務者は「第三被差押人」となり，旧強制執行法下では，差押債権者が執行裁判所に第三被差押人の陳述を申し立て，裁判所が第三被差押人に陳述を命じたが，第三被

---

145) フランス旧強制執行法559条1項は，"l'énonciation du titre et de la somme pour laquelle elle est faite", 新民事執行法43条1項は，"des sommes pour lesquelles elle est pratiquées" と定める。

差押人がこれを怠った場合，または執行債務者に対して債務を負っていないことを証明ができなかった場合には，第三被差押人は差押債権者の「単純かつ純粋な債務者」と宣告され（旧強制執行法577条)[146]，新民事執行法下では，第三被差押人は差押令状を送達した執行士に財産情報を提供しなければならないが（新民事執行法44条)，情報を開示しなかった第三被差押人は原因債権額の支払いを命じられるとされている（新民事執行規則60条)。一方，執行債務者は単に差押債権を処分することを禁止されるにとどまっているのである。

現代では金銭債権執行の中心は銀行預金である[147]。前掲の【4】のシュルーシュ判決（38頁）は新民事執行法44条違反を問われた第三被差押人が差押えの原因債権の支払いを求められた。このようなフランスの第三被差押人とわが国の第三債務者の立場の相違は，金銭債権の構成に起因しているのである。債権差押手続上，第三債務者には相応の責任が求められていると構成すれば，第三債務者に対する照会制度の理論的基盤となりえよう。

---

146) フランス旧強制執行法577条は，「陳述を行わず，または前条に規定された理由説明を行わない第三被差押人は，原因債権の純粋単純な債務者と宣告される」と規定する。
147) 山本教授は「不動産は資産としての価値が依然大きいとしても，金融制度が発達する中で，それが担保に取られる割合が増大し，一般債権者による強制執行の引当てにはならなくなっていった」としている（山本和彦「強制執行手続における権利者の保護と債務者の保護」竹下先生古稀祝賀『権利実現過程の基本構造』（有斐閣，2002）293頁)。

第2章　比較法の対象としてのフランス法選択の理由

第1節　フランス債権執行制度の継受

一　三ケ月教授の指摘

　わが国の債権執行制度は原則としてドイツの制度を継承しているが，本書はフランス法を比較の対象とした。つとに三ケ月教授の諸論文が指摘されたように，わが国の強制執行制度にはフランス法の影響が多分に認められるからである。三ケ月教授は「これまでフランス強制執行法の研究の不足から誤解があり，それがわが国の法律制度に影響を与えている点があるのではないか」[148]と問題提起し，「フランスの債権差押についてはうまく正体をつかめない」が，「日本法の債権差押ということと意味が違」い，「折衷的な性格というか，強制執行と保全執行とを兼ねた性格にし，判例でもってその混合的な性格をますます広げてきた」ために，「債権差押だけがフランス強制執行法の中で非常に特異なものになっている」[149]と指摘し，「執行面でこれほど重大な法律政策の範型となったフランスの強制執行制度の正確な実態の把握という点につき，かなりの不備が見られ」[150]るとした。「元来，フランス民事訴訟法の面影が現在もなおはっきりと残っているのは強制執行法の領域」であり，「ドイツ法を翻訳的に継受しながら平等主義の点だけはフランス法をとったのがわが強制執行法」[151]であるとして，わが国債権執行制度へのフランス法の重大な影響を指摘している。ただし，教授はわが国執行制度をドイツ法とフランス法の「混淆」[152]であるとし，フランス民事実体法・

---

148)　三ケ月章「フランス民事訴訟法研究の意義」『民事訴訟法研究第2巻』（有斐閣，1962）310頁（初出は，法協78巻（1961）3号）。
149)　岩野＝岩松他『債権の差押』（有斐閣，1967）356頁，357頁［三ケ月発言］。
150)　三ケ月章「差押の効力の相対性」『民事訴訟法研究第3巻』（有斐閣，1966）315頁。
151)　三ケ月章「フランス民事訴訟法研究の意義」『民事訴訟法研究第2巻』（有斐閣，1962）310頁。
152)　三ケ月章「取立訴訟と代位訴訟の解釈論的・立法論的調整」法協91巻（1974）1号5頁。

民事手続法の部分的な継受がわが国の債権執行制度の整然とした構成を損なっているとも指摘している[153]。そして「問題によっては，わが法継受史の考察に立ち入ることが今や必要」であり，「日本における近代的司法制度移植のプロセスを明らかにすることは，その中心課題の一つ」[154]であって，現行民事執行法上の債権執行制度について「執行をめぐるフランスの古い考え方とわが手続法の基底にあるドイツ流の考え方という異質な思想が矛盾したまま併存している」ので，「元に遡って整理していくことを怠って，小手先だけで辻褄を合わせようとするとどうしても無理が出てくる」[155]としている。

本書はおよそ三ケ月教授のいわれる「中心課題」に応えるものにはなっていないが，フランス金銭債権執行制度をフランス旧強制執行法，新民事執行法にとどまらず，民法典の各条項との関係からとらえ，第三債務者の地位を明らかにすることを目的としている。これはわが国金銭債権執行制度には，わが国旧民法典の影響が残っており，旧民法典にはフランス民法典と旧強制執行法の基本的構成が継承されているからである。ただし，フランス法の影響を三ケ月教授のようにマイナスと理解してはいない。すなわち，金銭債権執行の実効性を確保するためには，第三債務者に債務者の財産情報を提供する義務を課し，同時に裁判所の関与を限定することによって迅速的な執行制度を考える上で，フランス法は参考とすべき重要なモデルととらえている。

二　フランス債権執行制度のマイナスの影響

三ケ月教授が指摘されたように，これまでわが国ではフランスの債権執行制度の部分的な継受のマイナスの影響だけが指摘されてきた。マイナスの影響として，1つには債権者代位権（間接訴権）と取立訴訟の競合の問題があり，また，2つ目には平等主義[156]と優先主義の混在の問題が取り上げられている[157]。まず

---

153) 鈴木＝三ケ月編『注解民事執行法(1)』（第一法規出版，1984）27頁［三ケ月章］。
154) 三ケ月章「ボアソナードの財産差押法草案における執行制度の基本構想」『民事訴訟法研究第6巻』（有斐閣，1972）164頁。
155) 宇佐美＝浦野他「民事執行セミナー(19)」ジュリ737号（1981）120頁［三ケ月発言］）。
156) 雉本博士は「茲ニ平等主義ト称スルハ差押質権ヲ認メス又差押ノ時若クハ差押ヲ申請シタル時ノ順序ニ依リテ優先権ヲ認メス，執行債権者及ヒ執行ニ参加シタル債権者ハ其債権額ニ比例シテ，差押ヘタル動産又ハ不動産ヨリ弁済ヲ受クヘシトスル主義ヲ謂フ」としている（雉本朗造「強制執行ノ優先主義及ヒ平等主義（對人信用制度ノ消長）」『民事訴訟法の諸問題』（有斐閣，1955）450頁。同論文初出は大正4年（1915年）京都法学会雑誌

これら2点を検討することにしよう。また平等主義については商人破産主義との関連も指摘されるので，この点も併せて検討してみよう。

(1) 代位訴訟と取立訴訟

債権者代位権の行使対象は債務者の権利であるから，債務者の権利が金銭債権であるならば，債権者は第三債務者に対して権利を行使することになる。この意味で代位訴訟は金銭債権執行と同じように債権者・債務者・第三債務者の三者構造をとる。また，債権執行における取立訴訟は，債権者と第三債務者との争いであり，代位訴訟と同じ構成である。しかし，ドイツ法は強制執行手続において取立訴訟を設けているが，債権者代位権の制度を設けておらず，一方フランス法は債権者代位権を認めているが，債権執行については取立訴訟制度を設けていない。代位訴訟と取立訴訟の競合はわが国固有の問題であり，フランス法上の債権者代位権制度を存置したために整然とした体系が損なわれていると指摘されている。

たとえば，すでに大正年間に雉本博士は，わが国民事訴訟法は金銭債権について債務名義を有する債権者に強制執行を認め，債務名義はないが執行保全の必要がある場合には仮差押えを認めているから，債権者代位権（間接訴権）を認める必要はなく，「間接訴権なる制度か本来債務者に対して必要以上の圧迫たり，従て立法政策として寧ろ之を撤廃するを可」[158]として，債権者代位権の廃止を主張

10巻11号）。本書でも「強制執行の平等主義」をこの意味で使う。

157) 民事執行における平等主義と優先主義の対立については，雉本朗造「強制執行ノ優先主義及ヒ平等主義（對人信用制度ノ消長）」『民事訴訟法の諸問題』（有斐閣，1955）413頁，宮脇幸彦「強制執行における平等主義規定の生成」小山＝中島編『裁判法の諸問題 下』（有斐閣，1970）201頁，宮脇幸彦「強制執行および競売法の改正」ジュリ388号（1968）84頁，宮脇幸彦「強制執行における平等主義と優先主義」判タ224号（1968）2頁，バウア（鈴木訳）「金銭執行における優先主義と平等主義」民訴雑誌15号（1969）1頁，兼子一「民事訴訟法の制定」『民事法研究Ⅱ』（酒井書店，1955）3頁，兼子一「日本民事訴訟に対する仏蘭西法の影響」『民事法研究Ⅱ』（酒井書店，1955）19頁，菊井維大「強制執行における平等主義」法協第62巻（1944）2号151頁を参照。

158) 雉本博士は，わが国の実際は「間接訴権なる制度は，債権者が苟くも其債権を保全するの必要なる限りは，其債権に付き債務名義なきに拘はらず直ちに債務者に属する権利を行使して，自己の債権の執行を準備することを得るの便」があり，また「我訴訟法の認むる金銭債権の執行は所謂債権者平等主義（厳格に云へば集団執行主義）を認むるの結果，仮令債権者が債務名義を得，差押其他の執行々為を申請して其債権の実現に努力するも，他の債権者が其債権に基きて配当要求を為すことを妨ぐることを得ず，而かも，差押へたる金銭若くは競売売得金又は取立てたる債権額の配当は，実体法の認むる順位に依り又債

した。三ケ月教授も「債権者代位権に，執行法上の意味づけがひそかに与えられ」ているが，「フランス法上，債権者代位権は執行法上の意味合いももちえたが」，フランス民事訴訟法典の制定による債権執行制度の整備が「ドイツ型のそれにくらべればはるかに不備なもの」[159]であり，「これがわが実定法上の制度として残っているのは，わが国が現在のようなドイツ型の執行制度を将来もつようになるであろうなどとは考えもせず，執行制度もフランス型のものを布くことが楽天的に予定されていた時期にそれに思想的に対応しつつ民法典中にまぎれ込んだ」ものであって，「金銭債権の代位に関する限りでは，それはフランスでもより新しい型の執行法制の登場によりその廃止が要望されているところの前時代の遺物的形態」であり，「債権者代位権は，民事訴訟法の制定の際に急遽試みられた平等主義への手直し―とくに無限定な配当要求制度の導入―やフランス系の民法学者のドイツ型の手続法へのレジスタンスの記念碑ともいえる競売法の制定とならぶ，フランス型の執行制度のイメージの日本法の中における不協和音的残存の一例」[160]であり，わが国における強制執行法の改正作業を前にして「その是正―できうべくんばその廃止を通じての混淆の抜本的除去―が試みられて然るべきところ」[161]であるとした。

権額に応じて為さるべきもの」なので，わが国では間接訴権は「盛んに利用」されているとする（雉本朗造「間接訴権の研究」論叢4号（1920）5号541頁）。債権者代位権のこのような機能については，ミニ・シンポジウム「債権者代位訴訟・取立訴訟をめぐって」民訴31巻（1985）57頁参照。

159) 三ケ月章「取立訴訟と代位訴訟の解釈論的・立法論的調整―フランス型執行制度とドイツ型執行制度の混淆の克服の方向」法協91巻（1974）1号35頁。

160) 三ケ月章，同上，56頁。

161) 三ケ月章「取立訴訟と代位訴訟の解釈論的・立法論的調整―フランス型執行制度とドイツ型執行制度の混淆の克服の方向」法協91巻（1974）1号57頁。また，三ケ月教授は，わが国において債権者代位権制度と取立訴訟制度が併存し，裁判上の代位という「珍無類」のものが設けられ，「実定法として，かなりに整備された保全訴訟制度をもっていたわが国にあっては，このような債権仮差押制度の下手な作りかえともいえる制度を，既存の仮差押・仮処分とならんでこしらえるということは，屋上屋を重ねるの愚の典型」とした（三ケ月章「わが国の代位訴訟・取立訴訟の特異性とその判決の効力の主観的範囲」『民事訴訟法研究第6巻』（有斐閣，1972）45頁（初出は，1969年））。

本論文に対しては，天野判事が「代位訴訟と取立訴訟の併存のために，現にどのような弊害が発生しているのか」十分に指摘されていないとし，「わが国土壌に親しんだこれまでの解釈・運用を十二分に尊重しつつ，これを是正し，かつ発展させる，という努力こそが望ましい」と批判し（天野弘「取立訴訟と代位訴訟の関係（上）」判タ308号22頁），また債権者代位権の立法当初，債務者の無資力は代位権行使の要件ではなく，代位権行使を

このようにわが国では債権者代位権の存在理由をフランスにおける民事保全制度の不備に求める意見が支配的である。

松坂博士は「仏法に於ては強制執行に関する規定が不備であって不動産に対しては saisie immobilière、債務者の占有に在る有体動産に対しては saisie-exécution 及び saisie-gagerie、収穫前の果実に対しては saisie-brandon、債権及び第三者の占有に在る債務者の動産に対しては saisie-arrêt を認めたけれども、不動産の引渡又は給付を求むる債権及びその他の財産権に対する執行方法は全く之を欠」き、「この欠陥を補うために債権者代位権を認め、債権者をしてその債権保全のために必要なるときは、債務者に属する権利を行使するを得せしむることを必要とする」が、「現代に於ける債権は金銭の給付を目的とする債権が多いから、仏蘭西法に於いても実際上債権者代位権が利用せらるる場合は極く稀」[162]であるとしてわが国における事情とは異なることを説明し、さらに、「我が民事訴訟法は独逸民事訴訟法に倣ひ、不動産請求権並に所謂『他ノ財産権』に対する差押及び第三債務者に対する債権者の訴について規定を有するのみならず、債務者の債権の差押についても亦独法に於けるが如く債権の直接取立及び転付を認め、取立命令又は転付命令を得たる債権者は他の債権者に優先して、差押債権につき満足を受くることを得」るのであり、「代位権を行使した場合にその結果が債務者の財産に帰属し、他の債権者と共に平等に分配を受くるにとどま」り、「我が国法に於ては債権者代位権を認むべき実益が極めて乏し」く、「これ『現行民法の制定の当時に於ける立法技術の不統一を示すもの』であると非難せらるゝ所以」[163]とした。

工藤教授は「間接訴権は、執行方法でも単なる保全手段でもなく、独自の性質を有」し、「実務上あまり頻繁には用いられておらず、判例も多くない」とし、また、フランス民法典の起草者の立場からは、債権者代位権は執行制度であり、債権回収機能を有していたが、現在このような機能は認められておらず、現状における債務者の資産の維持を確実にする、資産に新たな価値を付加するので保全手段ではなく、法的には差押えの中に属するものではないので執行方法ではない「独自の性質」を有するとしている[164]。

制限するために無資力が要件とされるに至ったとしている（天野弘「債権者代位権における無資力理論の再検討（上）」判タ280号（1972）33頁）。
162) 松坂佐一『債権者代位権の研究』（有斐閣、1950）17頁。
163) 松坂佐一・同上20頁。

テレらも現在，フランスでは債権者は代位権を行使するよりも仮差押えや差押えを優先していると説明しており[165]，フランスでは債権者代位権はあまり使われていないようである。

(2) 強制執行上の平等主義

わが国の旧強制執行法（旧民事訴訟法強制執行編）は，原則として優先主義に立つドイツ民事訴訟法を継受しながら，ボアソナード民法草案に整合させるため平等主義を採用したとされ，その際にフランス法にも見られない「愚直なまでに画一的な平等主義」[166]を採用したと評されている。しかしたとえば，債権執行に当たって二重差押えを認めながら，超過差押えを禁じ[167]，転付命令を認めるなど，債権執行制度に平等主義と整合しない制度があり，平等主義と優先主義が混在していると指摘され，全体的な整合性を欠いているとされてきた[168]。

ところで平等主義は債権者平等原則に基づく債権の本質とする意見もあったが[169]，わが国民法中にはフランス民法典2093条や旧民法典債権担保編1条に該当する条文はなく，わが民事訴訟法中にも執行債権者を平等に扱うべきとする明文規定はないことが指摘されており[170]，現在では債権者平等原則を債権の固有

---

164) 工藤祐巌「フランス法における債権者代位権の機能と構造(1)」民商95巻（1987）5号680頁，688頁。

165) Terré, Simler et Lequette, *Droit civil-Les obligations*, 7e éd., Dalloz, 1999, p.966.

166) 宮脇幸彦「強制執行における平等主義と優先主義」判タ224号（1968）5頁の表現。谷口安平「金銭執行における債権者間の平等と優越」竹下＝鈴木編『民事執行法の基本構造』（西神田編集室，1981）253頁を参照。

167) 宮脇教授は，ボアソナード日本訴訟法財産差押法案は，債権執行について超過差押えを認め（同草案73条1項，86条），一方，旧強制執行法は超過差押えを禁じたが，これは旧ドイツ民事訴訟法708条（現ドイツ民事訴訟法803条）に淵源があり，優先主義の当初のテヒョー民事訴訟法案に残存したとしている（宮脇幸彦「強制執行における平等主義規定の生成」小山＝中島編『裁判法の諸問題―下』（有斐閣，1970）221頁）。

168) 宮脇幸彦「強制執行における平等主義と優先主義」判タ224号（1968）5頁，谷口安平「金銭執行における債権者間の平等と優越」竹下＝鈴木編『民事執行法の基本構造』（西神田編集室，1981）253頁。

169) 菊井教授は，戦前の論文で「債務者の財産は債権者の共同担保を成すものである，即ち債権者の平等なる満足に奉仕すべきであるとは，近代法の原則」であるとし，「ある債権者に優先的に満足を受くべき地位を認むるには，特別の事由の存在が要求せられるものといはねばならぬ」のであり，債務者の財産の「換価によりて生じた金銭も平等に債権者の満足に供せらるべしとすることが自然と見るべき」であるとした（菊井維大「強制執行における平等主義」法協62巻（1944）2号153頁）。

170) 鈴木禄弥「『債権者平等の原則』論序説」曹時30巻（1978）8号1191頁。鈴木博士は，債権者平等の「原則」はフランス法，ドイツ法には見られず，説明の方便として「原

の定理であるとする意見は見られない。宮脇教授は「もともと，平等主義か優先主義かは，①債権者間の公平，②債務者に対する影響，③対人信用一般への影響，④強制執行の能率と迅速さ，⑤破産との関係，という各観点から論じられる」[171]ものであるとし，優先主義・平等主義は立法上の理念型であり[172]，実体法上の原則を反映するものではなく[173]，債権者間の公平・債務者の受ける影響・破産制度との機能的関係，さらに立法技術上の明快さなど，多様な利益衡量の観点から決定すべき政策問題であるとしている。

昭和54年の民事執行法の制定に先立っては，とくに旧強制執行法の平等主義に批判が寄せられ[174]，立法担当者自身も強制執行では優先主義が合理的であるとして，債務者が総債務を弁済しうる財産または信用を有する限り，平等弁済を

則」と称しているのではないかとし，わが国ではこの「原則」自体債権法の中ではなく，担保物権法の中で論じられているが，これはフランス民法典2093条，ボアソナード民法典「債権担保編」1条2項本文に沿革があるのではないかとしている。

171) 宮脇幸彦「民事執行法における債権者の競合」吉川博士追悼論集『手続法の理論と実践（下巻）』（法律文化社，1981）486頁。また宮脇教授は「平等主義か優先主義かは，差押の効力の絶対性・相対性の問題と密接な関係を持」ち，「債務者が差押後に行った処分行為は他の債権者の執行加入に対抗することができるという差押の相対性の理論は，優先主義になじみ易い」としている（宮脇幸彦「強制執行法および競売法の改正」ジュリ388号（1968）89頁）。

172) 中野貞一郎『民事執行法［新訂4版］』（青林書院，2000）37頁。

173) 谷口教授は，優先主義と平等主義の対立について，強制執行手続とはある債権者によって始動されてから一定の時間的経過を要する手続であり，その間に他の債権者に手続への参加を許して配当を受けることを許すかどうかということに帰着するのであって，後からの参加可能な債権者の範囲やその時期を操作することによって，平等主義は限りなく優先主義に接近することができるとしている（谷口安平「金銭執行における債権者間の平等と優越」竹下＝鈴木編『民事執行法の基本構造』（西神田編集室，1981）254頁）。

174) 民事執行法制定に先立つ座談会で，宮脇教授はいろいろな点で，優先主義のほうが差押え相互の関係がはっきりすると述べ，岩野判事も債権差押えに限って優先主義を採用する可能性を示唆している。

三ケ月教授は，転付命令，差押額制限に伴う優先権という形で，債権執行にすでに優先主義的な制度があることを認める。宮脇教授は債権執行だけを優先主義にすることは困難であるとし，さらに，「債権は他の財産と違って外から見えるものではなく，差押債権者にも調査手段が与えられていない，また，債権はその債務者（第三債務者）の資力いかん等によって実際上の価値いわゆる実価に大きな相違が生ずることからして，まさに債権執行をしようとする債権者にとっても苦しむところであると同時に，その結果あてずっぽうの債権差押・移付命令が申請されるため執行裁判所にとって困る事態の生ずることが少なくありません」としている（井口＝浦野他「強制執行法案要綱案第一次試案をめぐって(5)」ジュリ510号（1972）147頁［宮脇発言］）。

考慮する必要がない[175]，あるいはヴィジラントな債権者にはそれなりに報いるべきであるとして優先主義を評価する意見が多かった[176]。しかしながら，これまで連綿と平等主義原則に則って行われてきた実務の事情や優先主義を採用した場合に予想される私法体系全体への影響が懸念され，強制執行は資力の乏しい小規模債務者に対する小型破産と位置づけられ[177]，強制執行は差押債権を限度として部分的に破産を宣告したと同様の効果が生ずるものとされた[178]。兼子博士も「平等主義では，手続の終わるまではすべての債権者が一体として取り扱われるので，その意味ではある財産だけの破産になる」と発言していた[179]。個別執

---

[175] 宮脇教授は，平等主義，優先主義の選択は立法政策の問題であるが，立法担当者としては優先主義の方がよほど立法は簡明でやりやすいが，一挙に優先主義に改めることはおそらく強い抵抗を受け，法律改正が停滞するであろうとしている（井口＝浦野他「強制執行法案要綱案第一次試案をめぐって(1)」ジュリ505号（1972）29頁［宮脇発言］）。

[176] 浦野教授は「債権差押えでは，差押債権者が非常に苦労して何とか被差押債権を探してこれを差押えてくる」のであるから，「厳格に超過差押えを禁止しておいて，しかも，執行参加という形で他の債権者が入ってくるのを認容するということは，不動産や動産の場合と違って差押物がビジブルでなくその実価もはっきりしないだけに，差押債権者にとって酷だという感じがする」と述べている（井口＝浦野他「強制執行法案要綱案第一次試案をめぐって(5)」ジュリ510号（1972）148頁［浦野発言］）。

　同教授は，またその後「旧法の場合には，取立命令が別に必要だという建前を取っていた」が，「取立はその債権の換価方法ではあるけれども，むしろ差押債権者の基本的権利としてはその債権の内容を実現するというのは当然なことなので，とくに命令があって初めて授権されるという性質のものと考えなくていい」のであり，「二重手間になるような取立命令の制度はやめてしまって，差し押さえればその効力として，差押債権者は債務者の権限を債権者代位という方法を取らないで行使できるとするほうがいい」とし，現行の民事執行法では取立命令を不要とし，簡明な権利行使の方法を明確にしたことを述べている。また，「むしろ，債務者が差押命令に対して執行抗告をできることにしておりますので，したがって，債務者が文句がないということになって，初めて差押債権者の具体的な取立権限が具現する」としている（宇佐美＝浦野他「民事執行セミナー（第17回）」ジュリ735号（1981）128頁［浦野発言］）。この考え方は「争訟の転換」の初期段階ということもできる。

[177] 宮脇幸彦「民事執行法における債権者の競合」吉川博士追悼論集『手続法の理論と実践（下巻）』（法律文化社，1981）486頁。竹下教授は「個別執行は，総括執行との役割分担において，無資力状態にある小規模債務者にかかる事件を，しかも主要な対象として引き受けざるを得ない」とする（竹下守夫「民事執行法の成立と将来の課題」竹下＝鈴木編『民事執行法の基本構造』（西神田編集室，1981）35頁）。

[178] 香川監修『注釈民事執行法(1)』（金融財政事情研究会，1983）12頁［田中康久］は，強制執行における平等主義をもって，「旧民訴の制度は，いわば差押物の換価ごとの破産に近い構造になっている」と指摘している。

[179] 岩野＝岩松他『債権の差押』（有斐閣，1967）15頁［兼子発言］。このような理論はわ

行の時点ではほかになお財産があるから優先主義を採るべきであるというという意見もあったが，債権執行事件の一部を除くと執行債務者の多くは，支払不能ないし債務超過またはそれに近い状態にあると推定され，現実にはほかに財産があるという事態はまれであるから，執行事件についても平等主義が債権者間の公平に資すると判断し[180]，結果として民事執行法は原則的に平等主義を維持することとなったのである[181]。

一方，フランス旧強制執行法における金銭債権執行は，担保権を有しない一般債権者（créancier chirographaire）の間では債務者の財産を平等に配分するという平等主義的処理を規定していたが[182]，1991年の新民事執行法は債務者の金銭債権を差し押さえた債権者に差押債権をそのまま即時に移付させることとして，従来の平等主義的処理を払拭した。これは強制執行の平等主義・優先主義の選択が法理論上の問題というよりも，政策的な問題であることを示す1例であり，強制執行における平等主義が債権者平等原則とは直接結びつかないことが妥当しないことが一層明らかになった。三ケ月教授はフランスでは「平等主義ということ自体が政策的な意味を極めて大きくもち，ひいて極めて弾力的であり，融通性に

　が国固有ではなく，バウアも平等主義は「個別執行（債務者の一または数個の財産に対する執行）の分野において，一種の特別破産が行われることになる」とし，強制執行手続に加わった債権者は一個の損失共同体を形成し，債務者の特定の財産に対して個別執行の破産が行われるとしている（バウア（鈴木訳）「金銭執行における優先主義と平等主義」民訴雑誌15号（1969）2頁）。ただし，ドイツ法上，動産に対する金銭執行では，民事訴訟法804条3項に，また不動産の強制競売・強制管理については，強制競売法（および強制管理法）10条5号，11条2項に，優先主義が認められ，破産法上，別除権を与えられている。執行行為によってこの種の法的地位を得た債権者は，破産にさいしても，別除権の形でその取得した優先権を保持しつづける。

180) 竹下守夫「民事執行法の成立と将来の課題」竹下＝鈴木編『民事執行法の基本構造』（西神田編集室，1981）31頁。
181) 宮脇幸彦「民事執行法における債権者の競合」吉川博士追悼論集『手続法の理論と実践（下巻）』（法律文化社，1981）486頁。
182) ガルソネは，「セジ・アレの差押令状や有効判決の申立てはそれを行った債権者にその後差押えを行った他の債権者に対していかなる先取特権（privilège）も認めるものではなく，差押えの先後，差押えの原因債権の発生の先後を問わず，差押財産の対価は差押債権者間で平等に配分される。これは，セジ・アレは差押債権者に差押財産の価値の所有権を与えるものではなく，債権者間に先取特権や抵当権がない場合には，債務者の財産を債権者間で平等に配分するとの民法2093条，2094条の原則に基づくものである」と述べ，平等を原則としている（Garsonnet, *Traité élémentaire des voies d'exécution*, 2e, Larose, 1894, p.102）。

富」み,「意外なまでの優先主義的発想が随所に見られ」[183],ドイツ法では裁判上の抵当権は訴訟法に規定されているが,フランス法では民法に規定されていることを指摘していたところである。

(3) 平等主義と商人破産主義

ところで,フランスの強制執行制度が平等主義を採用しているのは,破産制度と強制執行が十分に分化していないためであるとも指摘されてきた。この点について,雉本博士は「差押ヲ以テ,債務者カ支払停止又ハ支払不能ヲ表明シタルモノナルカ如クニ視,従テ強制執行ニ於テモ差押債権者及ヒ配当要求ヲ為シタル債権者ハ其債権額ニ比例シタル弁済ニ限リ受クルコトヲ得ルモノトスルハ,強制執行ト破産制度トカ未タ分化セサル古代思想ヲ套襲スルモノ」であり,「強制執行ヲ破産化シ,強制執行ニ於テモ亦比例弁済ニ限リ受クルコトヲ得ルモノトシタルハ,一ニ破産制度ハ商人ニ対シテノミ適用スヘシトスル誤マレル前提ニ依リテ強制セラレタル結果」であり,フランス法およびわが国旧商法第3編破産編について「仏法系ノ商法若クハ破産法並ニ我現行法ニ於テハ,破産ハ非商人ニ対シテハ宣告スルコトヲ得サルカ故ニ,非商人ニ対スル唯一ノ執行方法タル強制執行ニ於テモ,亦比例弁済ニ依ルヘキモノト」したのであり,「破産制度ハ商人ニ対シテノミ適用スヘシトスル誤マレル前提ニ依リテ強制セラレタル結果」[184]であるとして,否定的な評価を下している。このため,非商人の破産類似手続を強制執行で行うとなれば,強制執行についても平等主義を採用すべきものとされた[185]。

田中判事はわが国の旧民事訴訟法において「債権者平等主義を貫こうとしたことには,当時の破産制度との関係を無視することはできない」のであり,「現行破産法は大正11年に制定され,翌12年1月1日から施行されたもので,現行法の下では,商人についてだけでなく,自然人は誰でも破産宣告を受けるとする一般破産主義を採用しているが,それ以前の破産制度は商人についてのみ破産が行われるとする商人破産主義が採用されていたことと無縁でな」く,「商人については破産手続による債権者平等の原則を貫くことができるが,非商人についてはその方法によることができないので,個別執行の面で同様の効用を働かせる必要

---

183) 三ケ月章「差押の効力の相対性」『民事訴訟法研究第3巻』(有斐閣,1966) 323頁。後述のとおりフランス法の強制執行は,実体法と手続法が混在しており,手続法の統一的な把握を困難にしている面があることは否めない。

184) 雉本朗造「強制執行ノ優先主義及ヒ平等主義(對人信用制度ノ消長)」『民事訴訟法の諸問題』(有斐閣,1955) 491頁。

185) 鈴木=三ケ月編『注解民事執行法(1)』(第一法規出版,1984) 27頁 [三ケ月章]。

があった」[186]としている。破産は商人にしか認められないために，破産手続の埒外に置かれた一般人に対しては強制執行手続をとらざるを得ず，強制執行を平等主義的に処理することにしたとも説明されている。

わが国は商人破産主義を取っておらず，商人でない債務者についても平等主義的な破産制度を利用することができる。したがって，強制執行制度を優先主義的処理に構築することも可能であったが，強制執行の平等主義については抜本的な見直しは行われていない。商人破産主義と平等主義を関連づける議論に対してが，2つの点を指摘したい。1つは，フランスの破産制度上，商人破産主義が貫徹されてきたとはいえないことである。もう1つは，破産制度と強制執行制度の分化が不十分なことである。後者については本章第2節第1款で詳述する。

現在の破産制度はローマ法の財産執行制度を遠源とする中世イタリアの商業都市における破綻商人に対する膺懲制度に起源がある[187]。近代以前に信用を必要とし，また享受することができる者は商人に限られ，商人でない一般人にはその必要がなく，また担保となる財産を蓄積することもまれであったから，破産を商人に限ることには合理性はあった。商人は複数の債権者を持ち，商人が破綻すれば商品を売却することができたので，債務不履行の商人債務者に対する制裁は個別執行ではなく，包括執行とされ，ここで平等主義原則が採られたのである。平等原則はパリ慣習法178条，オルレアン慣習法448条，449条に見られ，最初の差押人に一切優先権を与えることなく，動産不動産の譲渡の対価の配当は平等に行われるものとし，この平等原則は1629年のルイ13世王令（ミショー法典）にも採用された。しかし，フランスでは商人破産主義は必ずしも普遍的に貫徹されてきたわけではない[188]。たとえば，15，16世紀のパリ慣習法は商人・非商人の身分に関係なく，すべて債務者が破産した場合の個別の差押えを規定していたよう

---

186) 香川監修『注釈民事執行法(1)』（金融財政事情研究会，1983）12頁〔田中康久〕。
187) 破産法制史については，Hilaire, *Introduction historique au droit commercial*, Puf 1986, p.305（同論文の翻訳は，「フランス破産法通史」塙『フランス民事訴訟法史』（信山社出版，1992）823頁），Renaut, La déconfiture du commerçant: du débiteur sanctionné au créancier victime, *RTD com.* 53 (3), juill.-sept. 2000, p. 533, Desurvire, *Histoire de la banqueroute et faillite contemporaine*, L'Harmattan, 1992, 井上直三郎「詐害行為に対する救済制度の変遷」論叢20巻（1928）4号835頁，6号1182頁，松坂佐一『債権者取消権の研究』（有斐閣，1962）を参照。
188) デュプイは古法において倒産は商人に固有の制度ではなかったことを指摘している（Dupouy, *Le droit des faillites en France avant le code de commerce*, L.G.D.J., 1960, p.79）。

である[189]。また，革命後の政治経済的な危機に対処するために，古法の不備を補い，問題商人を排除することを目的として1807年9月15日法（商法典）の中に破産編が設けられたが，ここでようやく破産は商事法固有の制度とされ，商人破産主義がとられたのであって，古法時代には，破産事件の管轄は商事裁判所[190]であった時代もあれば，普通裁判所であった時代もあり，必ずしも商人破産主義が貫徹されてきたわけではないのであり，強制執行における平等主義の原因は商人破産主義に結びつかない。1807年商法典が採用した商人破産主義はその後の改正の中でも維持され続け，商人でない一般債務者は商法上の破産の適用を受けず，民法典1276条，1613条[191]が規定する家資分散（*déconfiture*）手続によることとされた。商法典が成立した後では，商人ではない者には破産制度が適用されないので，債権者による責任追及が複数，同時に並行して脈絡ないままに行われ，債権者間で著しい不平等が生じたり，債務者からの資産の剥奪が見られたり，監視期間の設定（否認権の行使に相当する）がないために，債務者が財産を隠す例が多く見うけられた。このため商人でない債務者にも包括的な破産手続を求める声が上がり，破産制度適用案が提案されたが，個人の信用需要は多くないこと，非商人にまで破産制度を拡大すると一時的に資金が不足した債務者をすぐに破綻させてしまい適当でないこと，これを防ぐために一時的な資金不足の代わりに，顕著な支払不能という要件を導入すれば，非商人の債務者が破産するときには配分すべき財産もなくなってしまうであろうこと，などが考慮され，成立しなかった[192]。この状態は1989年のニェルツ法が非商人の破産を定めるまで続いたので

---

189) Renaut, La déconfiture du commerçant: du débiteur sanctionné au créancier victime, *RTD com.* 53 (3), juill.-sept. 2000, p.539.

190) 1563年，パリに商事裁判所が設けられた。1699年に定期市の裁判管轄は廃止されるが，商事裁判所は王国全土に広がった。革命派は，アンシアン・レジームの裁判所のうち，商事裁判所だけを残した。商事裁判官は，現在も民間から選任される。

191) 民法典1276条但書は「その行為が求償権について明示の留保を含む場合，又は指図を受けたものが指図の時にすでに破産開始［の状態］にあった場合，若しくは支払不能に陥っていた場合には，その限りでない」と定める。1613条本文は「売主は，支払について期限を賦与したときであっても，売買以後に買主が破産（*faillite*）又は一般破産（*déconfiture*）の状態に陥り，その結果売主が代金を失う急迫な危険にある場合には，引渡しの義務を負わない」と定める。塙博士は，"*déconfiture*" を「一般破産」として，"*faillite*"（商人破産）と区別する（イレール（塙訳）『フランス民事訴訟法史』（信山社出版，1992）837頁）。

192) グラソンらは，1848年のラングロア提案，1880年のサン・マルタン提案，1888年上院でのラコンブ提案，1918年のバンデール提案を挙げている（Glasson, Morel et Tissier,

ある。

　次に，フランス法に見られる破産制度と強制執行制度の未分化は，伝統的な南部の成文法（*droit écrit*）地域と北部ロワール以北の慣習法（*droit coutumier*）地域の並存に由来するものである。南部はイタリア法の影響を強く受け，ローマ時代の制度である財産に対する包括執行の財産売却（*venditio bonorum*）または財産分売（*distractiones*）の手続が行われた[193]。これは債務不履行の債務者の人と物の両方を対象とし，債務者と債権者との間で合意が成立しない場合には，裁判官が債務者に財産を処分して債権者に弁済するように命じ，強権による差押えは行われなかったが，債務者が抵抗する場合には裁判所が差押え，財産を清算した。一方，北部では執行は財産のうちの動産のみを差し押さえ，最初に差し押さえた債権者が優先して満足を得ることができ[194]，地域によって執行制度は異なっていたのである。

Traité théorique et pratique d'organisation judiciaire, de compétence et de procédure civile, 3e tome IV, Sirey, 1932, p.77）。

193) ローマ期の包括執行手続は，15世紀のイタリア商業都市に継承され，ローマ期時代からの債権者平等原則に加えて，保全措置（資産の寄託，破産者の書類・記録の管理），多数決による強制和議，監視期間制度といった近代的な制度が採用された。イタリア中世の破産制度は，リヨンの定期市の条例に受け継がれた。リヨン，シャンパーニュの定期市は一定期間に限って開かれ，商人間は短期の信用を供与し合い，前回の定期市での債務を次回の定期市で決済した。たとえば，1556年のイースター（春）の市の取引の決済は，8月の市の2カ月後で，万聖節の市の半月前の10月16日に行われた（Gascon, La france du movement: les commerces et les villes, *Histoire économique et sociale de la france*, Tome I, Puf, 1977, p.281）。定期市の債務を履行しないことは，「市の逃亡」（*fugitif de foire*）とされ，「市の防禦」（*défense des foires*）という定期市への出入りの禁止，商行為の禁止の制裁を受けた。定期市では，債務不履行の商人を投獄する「市の厳律」（*rigueur des foires*）も行われた。これは人身拘束（*contrainte par corps*）である。この「市の厳律」は，債権者に有利であり，定期市の取引以外に一般に契約に盛り込まれるようになった。中間法時代を経て，ナポレオン1世により1807年9月15日商法典が制定された。商法典は，商事王令とは逆に破産を商事固有の制度とし，破産を商事裁判所の管轄とした。商法典では，破産の刑法的性格が強いが，これは当時の風潮に対処するためであった。破産した商人は投獄された上，商行為を禁じられ，公職の選挙権・被選挙権，商工会議所，商事裁判所の選挙権も失うこととなった。商法典では，商事王令と同様に，債権者は団体を形成することとし，債権の担保である債務者の資産を管理するものとした

194) ゲルマン法起源の個別執行制度の歴史を略述する。ゲルマンは部族単位で生活したため，個人の所有権という概念はなく，所有権はグループまたは部族単位であった。ゲルマン期は所有権というよりも使用権であって，絶対性や排他性をもたず，土地は基本的に領主に属した（Hainautの慣習法に「領主なき土地なし」の格言がある）。所有権は主体と物である客体の関係ではなく，社会関係に関係した。不動産が特権的地位を占め，動産に

その後，17世紀には商業活動は活発化し，商取引の範囲も国家の領域を超えて，国際的に行われるようになったが，統一的な商法典が成立するのはようやくルイ14世の時代の1673年商事王令（Ordonnance de commerce）[195]においてであ

　関する法的問題は二次的として扱われた（Robaye, Une histoire du droit civil, 2ème, Academia Bruyant, 2000, p.122）。
　　中世ゲルマン法における手続は，裁判所による差押え財産の占有と裁判所による債権者への当該財産の委付の二段階の手続を経た。執行手続は債務者の総財産の差押えをもって開始された。債権者は，三度債務者に支払いを催促し，40日の猶予期間内に弁済がない場合には債権者は裁判所に債務者を呼び出し，執行処分を申し立てた。裁判所が執行処分の開始決定を行うと，債務者はその財産処分権限を失い，債務者が弁済をしない場合にはその財産から債権者の満足を得るものを取り去り，支払に代えて債権者に交付した。裁判所による占有の委付があって初めて債権者は占有とその処分権限を得た。したがって，差押えについて債権者は法定質権を得るものではない。ここでは，優先主義が行われた。13世紀には，動産に対する執行と不動産に対する執行が区別され，動産に対しては執行士が債務者の許から差押財産を取り去り，裁判所がこれを占有し保管する，またはこれを第三者をして保管せしめることとした。裁判所はついで，利害関係人に知らしめるために，差押動産について公告し，権利を主張する機会を設けた。ついで裁判所は差押えた動産を債権者に交付し，債権者は当該動産の処分権限を得て，債権者はこれを換価し，売却した。
　　一方，不動産に対する執行は，地方官が当該不動産から債務者を退去させ，不動産及びその上に存する動産の処分を禁じ，債務の弁済を迫り，弁済がない場合には当該不動産を没収し，その評価額により債権者に転付，またはその換価代金を債権者に交付した。ロワール以北の慣習法地域では，13世紀に動産執行制度が始まり，16世紀に入って慣習法の編纂作業が始まった。1536年8月のフランソワ1世王令第41条は，判決による差押えは，債務者の異議があってもその送達の日から可能とした。1539年王令66条は「債務を負担する当事者は，その印鑑が正当であるところの管轄の下に置かれる」と規定し，フランス法上初めて強制執行の管轄を規定した。1667年王令33章（Des saisies et exécutions, et ventes de meubles, grains, bestiaux et choses mobiliers）は差押禁止財産として「債務者に属する牝牛1頭，牝羊3頭，または牝山羊2頭，あるいは土地，葡萄園，牧場での使益，耕作に必要な道具は，債務者の生活のため差し押さえることはできない」と規定した（Théry, La place des procédures civiles d'exécution, La réforme des procédures civiles d'exécution, Sirey, 1993, p.2）。1673年商事王令33章4条は「動産を差押えるために住居に侵入する前，執行官または執達吏は，少なくとも二名の隣人に帯同を求め，午前または午後の進入の時間と共に，帯同者が署名できまたは署名を望む場合には，帯同者に対して調書への署名を求め，そうでない場合にはその旨を記載しなければならず，また執行の後速やかに裁判官の署名を得なければならない」と定め，これは近代執行手続の詳細を定め最初の例である。
195）　ルイ14世時代の財務総監コルベール（Jean-Baptiste Colbert）が法律顧問のジャック・サヴァリー（Jacques Savary）に起草させたOrdonannce de commerce（勅令）。ナポレオンの下で1807年に商法典が制定されるまで，フランスにおける商事法であった。同王令の正式名称は「卸・小売商取引の規則に関する勅令」であり，サヴァリー法典または商人法典（12章，122条）とも呼ばれる。サヴァリーは小間物商の出であるが，イタリア・マ

る。同王令に近代的な破産制度と強制執行制度の萌芽を見出すことができる[196]。債務者が破綻した場合，債権者は団体の結成（union）と管理委託（direction）という二種類の契約に基づいて債権者団を構成し，破産者の財産の清算を代表者に委ねることとなった。破産債務者の財産を売却して得られた代金は，先取特権債権者，抵当権債権者の優先順位にしたがって配当され，最後に一般債権者には按分に（marc la livre）配分されたが，債権者が団体を結成しない場合には，破産手続はとられず，債権者は早い者勝ちに（prix de la course）満足を得ることになった[197]。後者は一種の強制執行である。商事王令には破産と個別執行が併存しており，破産手続は商事裁判所ではなく，普通裁判所が管轄した。19世紀初頭の法典編纂においては南部の成文法体系と北部の慣習法体系が統合されたのである[198]。

  ントバ公の下で伺候していた際に，イタリア商事法をマスターした。それまでのフランスの商業はイタリアの制度慣習の影響を強く受けていたが，同商事王令は，イタリアに逆輸出されるほど高く評価され，また，その後の立法（1807年フランス商法典）にも影響を与えている。

[196] 商事王令7章から11章に破産制度が規定された。ローマ期からの債権者平等原則が維持され，破産を商人・非商人を問わずすべての債務者に適用した（Renaut, La déconfiture du commerçant: du débiteur sanctionné au créancier victime, RTD com. 53 (3), juill.-sept 2000, p.542, 557）。破産手続が開始されると，債権者は債務者の財産を封印し，棚卸を行ない，債務者は「資産負債証明書」を債権者に提出しなければならなかった。このようなフランスの状況に対し，中世ドイツでは，13世紀半ばにhamburgisch-lübisches Rechtが債務者の逃亡および死亡の場合に平等主義に移行し，競合債権者が共同して債権者団体を形成し，破産手続が分離したとされている（松浦馨「保全訴訟の沿革」中田編『保全処分の体系［上巻］』（法律文化社，1965）56頁）。

[197] Renaut, La déconfiture du commerçant: du débiteur sanctionné au créancier victime, RTD com. 53 (3), juill.-sept. 2000, p.557.

[198] フランス革命後，シェイエスは憲法総会（Assemblée constituante）に民事陪審法を上程した。憲法総会は，1791年に共和国全体に適用される民事共通法が必要であると決議し，1792年にはカンバセレスの主宰する立法委員会（Comité de législation）に立案が委託された。カンバセレスは1793年から1796年にかけて3回にわたって立法を試みたが，奏功せず，その内容は1804年民法典に継承された。ナポレオンは，トロンシェ（François Tronchet），ド・プレアムヌー（Félix Bifot de Préameneu），ポルタリス（Jean Portalis），ド・マルヴィル（Jacques de Maleville）の4人の実務家に民事法典の編纂を委ねたが，前二者は北部の慣習法地区の出身であり，後の二者は南部の成文法地区の出身である。ポルタリスは，「こういう言い方が許されるならば，我々は成文法と慣習の間を和解させたのである。その規定を調和させ，体系の一体性を損なうことなく，一般精神を戸惑わせることなく，一方を他方で修正したのである。我々は，民事に関して国民会議によって発表された法典において，すべて政治秩序において果たされた変革またはそれ自身使い古された

以上の3点の検討によると，フランスの債権執行制度のマイナスの影響と指摘されている点はいずれもわが国固有の事情が原因となっているようである。宮脇教授は，わが国の旧強制執行法は民商法という実体法とのつながりが非常に不完全であったとし，強制執行法は「大体ドイツ法系の条文が9割，フランス法系の条文が10%」という構成であって，「10%の条文が平等主義に変えたがゆえにフランス法を継受した平等主義関係の規定でありまして，日本の強制執行法がぎこちな」く，「体系的に未整備である」[199]と評している。わが国の債権執行制度にフランス法が与えたとされるマイナスの影響は，ドイツ法の債権執行制度とフランス法の債権執行制度が『混淆』したという固有の事情が原因のようである。フランスでは1806年に旧民事訴訟法が制定されて以来，1991年の債権執行制度の改正まで，まがりなりにも金銭債権執行制度は基本的に制定当時のままに維持されてきたのである。1991年にフランス新民事執行法が制定されたが，これも銀行預金の増加，自動車の必需品化といった債務者の資産構成の変化への対応を目的とした旧強制執行法の改正である。フランスでは新民事執行法の制定に当たって，債権執行制度の構造に対する批判や問題点の指摘は見られなかった。

三　ボアソナード「日本訴訟法財産差押法案」と「旧民法典」

　ところで，わが国の強制執行法がフランス法を部分的に継受したというとき，そこには2つの源泉がある。1つはボアソナードの「日本訴訟法財産差押法案」であり，もう1つはボアソナードの起草した旧民法典（以下，「ボアソナード民法典」という）である。

(1)　ボアソナード「日本訴訟法財産差押法案」

　わが国の民事訴訟法，強制執行制度は1877年旧ドイツ民事訴訟法及び1883年旧プロイセン不動産執行法，さらに1867年のオーストリア訴訟法案，1868年ヴュルテンブルグ法を参考としており，基本的にはドイツ法を継受している。し

　　　制度よりも望ましいものを尊重したのである」(Robaye, *Une histoire du droit civil*, 2me éd. Academia Bruylant, 2000, p.36) と述べているが，この4人の構成はフランス法の伝統である北部の慣習法と南部の成文法の統合を意味する。

199)　宮脇教授（民事執行法制定当時法務省民事局参事官）は，「当時の立法者は，端的に申せば，ドイツ法の翻訳とフランス法の翻訳をそばに置いて頭だけで立法をしたということがわずかに残っている議事録などの資料からうかがえる」と述べている（井口＝浦野他「強制執行法案要綱案第一次試案をめぐって(1)」ジュリ505号（1972）16頁，20頁［宮脇発言］）。

かし、その一方わが国民事訴訟制度には口頭審理主義、随時提出主義、証拠結合主義、自由心証主義および執達吏制度などのフランス法の影響が指摘されている[200]。フランスが周辺各国に先駆けて、1806年にいち早く近代的な民事訴訟制度を整備し、その影響が周辺諸国に伝播したためである。フランス旧民事訴訟法はドイツ民事訴訟法に影響を与え、さらにドイツ民事訴訟法を通じてわが国民事訴訟法に影響を与えたという間接的な関係であるが、わが国の金銭債権執行制度のフランス法継受にはこのようなドイツ法経由の間接的な継受だけではなく、直接的な継受があり、しかも、その継受は民事訴訟法・強制執行法に限られるものではなく、フランス民法典からの継受も見られるのである。したがって、三ケ月教授が言われたとおり「わが法継受史の考察に立ち入ること」が必要であるが、宮脇教授によれば、明治23年（1890年）に制定された民事訴訟法（強制執行法を含む）の制定当時、立法資料を残すという配慮が十分になされておらず、第二次大戦中の戦災によって立法資料自体が失われたことから、明治期の制定に至るまでの実状をたどることはきわめて困難とされている[201]。これまでに発表されている文献によると、わが国強制執行法の制定の過程は以下のとおりである[202]。

明治9年（1876年）、元老院に対して法律取調べの勅令があり、司法省に法律取調所が設けられ、刑法、民法、商法、刑事訴訟法（治罪法）とともに民事訴訟法の編纂もその任務とされた。明治12年（1879年）3月、司法卿参議大木喬任伯はパリ大学のアグレジェであったボアソナード（Gustave Emile Boissonade, 1825～1910）に民法典の起草を付託した。民事訴訟法については、明治17年（1884年）に司法省に訴訟規則取調委員会が設けられ、当時最新の訴訟法典であったドイツ民事訴訟法を参酌することとし、同年ドイツからプロイセン司法省参事官であったテ

---

200) 兼子博士の指摘。博士はまた、破産法の前身ともいうべき家資分散（déconfiture）の制度や財産差押えに関する諸規則にもフランス法の影響があるとしている（兼子一「日本民事訴訟法に對する佛蘭西法の影響」『民事法研究Ⅱ』（酒井書店、1955）17頁）。
201) 宮脇幸彦「強制執行における平等主義規定の生成」小山＝中島編『裁判法の諸問題—下』（有斐閣、1970）203頁、宮脇幸彦「不動産執行沿革史」曹時20巻（1968）10号2165頁。
202) 香川監修『注釈民事執行法(1)』（金融財政事情研究会、1983）18頁［田中康久］、兼子一「日本民事訴訟法に對する佛蘭西法の影響」『民事法研究Ⅱ』（酒井書店、1955）17頁、三ケ月章「ボアソナードの財産差押法草案における執行制度の基本構想」『民事訴訟法研究第6巻』（有斐閣、1972）161頁、浦野雄幸「民事執行法の諸問題(1)」曹時33巻（1981）11号2857頁を参考にした。

ヒョー（Hermann Techow, 1838～1909）を招聘し，内閣御雇顧問とし，民事訴訟法典の起草を託した。さらに，商法については，明治9年（1876年）に司法省から太政官に商法の起案が上申され，明治14年（1881年）に当時プロイセンのロストック大学哲学部教授であったロエスレル（Karl Friedrich Hermann Roesler, 1834～1894）に草案起草が委嘱された。ロエスレルは明治17年（1884年）に商法草案を完成している[203]。

テヒョーは，明治17年に民事訴訟法の最初の意見書を提出し，明治18年（1885年）2月に民事訴訟法草案を脱稿した。同年7月，テヒョー訴訟規則修正原按ができ，これを邦訳して訴訟規則ができた。さらに同年9月，民事訴訟法取調委員会にこれを付議し，明治19年（1886年）6月ころまでに約160回の会議を重ね，委員修正訴訟規則ができ，訴訟法草案（テヒョー草案）は山田顕義司法大臣に提出された。テヒョー草案は，明治20年（1887年）から法典調査会の下の法律取調委員会で練り直され，「民事訴訟法草案議案」として同年12月から翌明治21年（1888年）10月まで委員会で検討され，「修正民事訴訟法草案・民事訴訟法再調査案」が作成された。明治22年（1889年）12月9日，元老院で「民事訴訟法草案」が可決され，明治23年（1890年）4月21日に，民事訴訟法（法律第29号）は公布され，明治24年（1891年）1月1日から施行された。この民事訴訟法の第1編から第5編までは大正15年4月24日法律第61号により全面的に改正されたが，第6編の強制執行は若干の改正はあったが，基本的には立法当初の構造を維持してきた[204]。

テヒョーがわが国の民事訴訟法案の起草を行っていた当時のドイツの民事法の法典編纂の状況は以下のとおりである。

（i）ドイツ民法

1871年（明治4年）のドイツ統一後，1874年（明治7年）に連邦参議院は民法典

---

203) 海老原明夫「ロエスレル」ジュリ1155号（1999）38頁と高倉史人「商法典の成立」ジュリ1155号（1999）5頁を参照した。

204) 田中判事によれば，民事訴訟法は民法典論争の外におかれ，明治24年1月1日から施行されたが，わが国の実状に合わないところがあるとして，明治28年に司法省に民事訴訟法調査委員会が設けられ，全面改正が検討され，明治36年に民事訴訟法案として成立し，一時改正作業は中止されたものの，さらに明治44年から改正作業が行われ，第1編から第5編までは大正15年4月に全面改正された。ただし，強制執行については将来の検討課題として残されたままであった。また大正11年には破産法，和議法が制定されている（香川監修『注釈民事執行法(1)』（金融財政事情研究会，1983）23頁［田中康久］）。

草案作成のため，高等商事裁判所長パーペ (Pape) 以下11人で構成される委員会の設置を決議したが，第1草案が完成したのは1887年（明治20年）末，発表は翌年1月末であった。司法省が数多くの修正提案を整理し，1890年（明治23年）に連邦参議院は草案の修正のために第2委員会に作業を委託し，1895年（明治28年）10月，草案は参議院に提出され，1896年（明治29年）1月に議会に提出され，同年8月24日公布，1900年（明治33年）1月1日に施行された[205]。テヒョーがわが国民事訴訟法の起草作業を行っていた当時，ドイツでは民法の起草作業が並行していたのである。

(ii) ドイツ民事訴訟法

統一前の19世紀前半のドイツでは地域によって，いわゆるドイツ普通民事訴訟法 (der gemeine deutsche Zivilprozess)，1793年にフリードリッヒ大王治下に制定されたプロイセン訴訟法 (Allgemeine Gerichtordnung für die Preussischen Staaten) が行われ，さらにライン左岸地方では1806年フランス旧民事訴訟法典が行われていた。普通民事訴訟法は中世北部イタリア諸都市の制定法とカノン法の混在したローマ・カノン法がドイツに入り，Reichskammergericht に関する諸法律とザクセン国の訴訟法を要素として発達した裁判慣例と学説からなる訴訟法である。19世紀前半には，各ラントで訴訟法の制定が相次ぎ，ドイツ全体での訴訟法の統一が試みられた。1862年，連邦議会は「ドイツ連邦諸国のための統一民事訴訟法」(eine allgemeine Zivilprozessordnung für die deutschen Bundesstaaten) の編纂のための委員会の設置を決議したが，プロイセンはこの委員会には参加しなかった。1866年に委員会は草案を提出し，一方，プロイセンは単独でフランス旧民事訴訟法に倣った草案を1864年に発表した。さらに，1867年に北ドイツ連邦参議院はレオンハルト (Adolf Leonhardt) を議長とする委員会に民事訴訟法草案の起案を委嘱したが，法律として制定されなかった。ドイツ統一後，1871年（明治4年）連邦参議院は訴訟法の起草を委員会を設置し1876年12月（明治9年）に草案が可決され，翌1877年（明治10年）1月に公布，1879年（明治12年）10月1日に施行された[206]。この1877年ドイツ民事訴訟法がわが国民事訴訟法の原案となったものである。

---

205) 神戸大学外国法研究会編『独逸民法［1］』復刻版（有斐閣，1955）22頁［柚木＝高木］を参考にした。

206) 神戸大学外国法研究会編『独逸民事訴訟法［1］』復刻版（有斐閣，1955）1頁［齋藤＝中田］を参考にした。

テヒョーの草案の完成に先立つ明治16年（1883年）6月，ボアソナードは強制執行制度に関する「日本訴訟法財産差押法案」を発表している[207]。委嘱された民法典の起草とは別に，ボアソナードが財産差押えという手続法についても起案作業を進めたことは，フランス法の差押え制度が手続法の範疇にとどまらず，民事実体法にも関係するためであったであろう。この「日本訴訟法財産差押法案」は，「執行差押ノ細則，第1章差押フ可カラサル物件ノ事，第2章動産差押ノ事，第三章艦船艇ヲ差押ヘル事，第4章収納ヲ為ス以前ノ果實ヲ差押ヘル事，第5章制止差押即チ故障差押申立テノ事，第6章保存差押ノ事，第7章不動産差押ノ事，第8章権利者ノ順序及ヒ配當ノ事」の合計8章145条から構成されていた。この法案起案に当たって，ボアソナードは1806年フランス旧民事訴訟法を参考にしたであろうから，第5章にいう「制止差押」，「故障差押」，第6章にいう「保存差押」とは，それぞれフランス旧強制執行法にいうセジ・アレ，オポジシオン，セジ・コンセルヴァトワールの訳と思われる[208]。民事訴訟法の起草はテヒョーに付託され，ボワソナードの「日本訴訟法財産差押法案」は日の目を見ることはなかったものの，兼子博士はテヒョーが民事訴訟法強制執行編の起草に当たって，ボアソナードの財産差押法案を参考にしたことは十分想像されるとしている[209]。三ケ月教授は，テヒョーの民事訴訟法草案がドイツ1877年民事訴訟法典に大きく依拠していることを認める一方，「この時点における実体法としては，ボアソナードの旧民法の内容が既に明らかにされていたこととの対応上，ドイツの強制執行法から離れてフランス流に改変している点がないでもない」とし，「ドイツ強制執行法の一つの特徴とも目される開示宣誓制度を全く脱落させた」[210]ことがその1つの例であるとし，「フランス流の執行体制が，ドイツ人を聘しその手によってドイツ法に倣って形作られたテヒョー草案にも尾を引いてい

---

[207] ボアソナードの財産差押法草案については，三ケ月章「ボアソナードの財産差押法草案における執行制度の基本構想」『民事訴訟法研究第6巻』（有斐閣，1972）161頁。宮脇教授は，財産差押法草案の完成は明治15年（1882年）で，司法省による刊行が明治16年とする（宮脇幸彦「不動産執行沿革史」曹時20巻（1968）10号2170頁，宮脇幸彦「強制執行における平等主義と優先主義」判タ224号（1968）6頁）。

[208] 三ケ月教授も「制止差押」と「故障差押」についてこのように推理している（三ケ月章「ボアソナードの財産差押法草案における執行制度の基本構想」『民事訴訟法研究第6巻』（有斐閣，1972）202頁）。

[209] 兼子一「民事訴訟法の制定」『民事法研究Ⅱ』（酒井書店，1955）14頁。

[210] 鈴木＝三ケ月編『注解民事執行法(1)』（第一法規出版，1984）27頁［三ケ月章］。

る」[211]としている。また，宮脇教授は「有体動産執行における照査手続及び配当要求に関する民訴586条以下の平等主義規定は，沿革的にみて，旧ドイツ民訴やテヒョー草案よりも，フランス民訴と旧イタリア民訴―そして恐らく部分的にはボアソナード草案―の影響を多分に受けている」[212]としている。

(2) ボアソナード民法典

わが国現行民法はドイツ法の影響が強いとされるが，旧民法（ボアソナード民法典）を修正する形で成立した法典であり，フランス法の影響を多分に残すといわれている[213]。ボアソナード民法典が採用したフランス強制執行制度は，現行民法を通じてわが国強制執行制度に残存しているのである。

旧強制執行法はドイツ法を継受し，各種の財産について差押えの順序により，抵当権の取得を認め，共同または付随の差押え以外に配当要求を許さないとする優先主義をとることにしていた[214]。宮脇教授によれば，テヒョーが明治19年（1886年）6月に完成した民事訴訟法の第1草案はドイツ法よりも徹底して差押質権の発生を認める極端な優先主義であった。さらに，次に明治20年から法律取調委員会において練り直された「民事訴訟法草案議案」も優先主義を維持していたが，その後成立した民事訴訟法第7編第2章調査新案には同648条の前注として「本条以下八条，平等分配主義ニ基キ仏訴訟法ノ精神ヲ斟酌シテ茲ニ設ケタリ」とあり，ここに優先主義から平等主義への変化を看取することができる[215]。ボアソナード民法典はフランス民法典にならい，債務者財産を総債権者の共同担保であるとし，さらに債権の全額の満足ができない場合には，債権額に応じて分配することを定めた。強制執行の手続は実体法の規定を前提にするから，実体法

---

211) 三ケ月章「執行法上の救済の特異性（その一）」『民事訴訟法研究第5巻』（有斐閣，1972）298頁。
212) 宮脇幸彦「強制執行における平等主義規定の生成」小山＝中島編『裁判法の諸問題―下』（有斐閣，1970）212頁。宮脇教授は，大ざっぱにいってわが国強制執行法の約9割がドイツ法またはテヒョー草案に端を発し，平等主義に関係のある規定，作為不作為を目的とする債権についての強制執行にはフランス法またはボアソナード草案の強い影響があるとする（宮脇幸彦「強制執行法および競売法の改正」ジュリ388号（1968）85頁）。
213) 星野教授はフランス民法典の影響がドイツ法以上に大きいと指摘している（星野英一「日本民法典及び日本民法学説におけるG・ボアソナードの遺産」星野＝森島編『現代社会と民法学の動向（下）民法一般』（有斐閣，1992）59頁）。
214) 兼子一「民事訴訟法の制定」『民事法研究Ⅱ』（酒井書店，1955）14頁。
215) 宮脇幸彦「強制執行における平等主義規定の生成」小山＝中島編『裁判法の諸問題―下』（有斐閣，1970）216頁。

上の債権者への平等配当を踏まえて，強制執行法上も債権額に応じて各債権者へ分与することとし，当初優先主義を採用した民事訴訟法案は平等主義に修正されたのである[216]。強制執行は，担保法，債権法，物権法という民事実体法との関係がきわめて密接な分野であるから，並行して起草作業が進められていた商法典，民事訴訟法典の参考の便宜を考慮して，全体が完成しない間に逐次ボアソナード民法典は発表された。このため，テヒョーが民事訴訟法の起草にあたって，ボアソナードの財産差押法案と民法典を参照し，実体法の規定として前提にしたことは，十分に想像されるところであり，テヒョーは民事訴訟法をボアソナード民法典と整合させることとしたと思われる[217]。テヒョー草案651条には差押抵当権（ドイツ法の差押質権に倣った法定担保権）に関する規定があったが[218]，この規定は削除され，動産の二重差押えの禁止[219]，照査手続を設け，また一般債権者に配当要求を認める規定を設け，わが国強制執行法は，フランス法の平等主義に変わったのである[220]。三ケ月教授は，「ドイツ的色彩を濃厚に保有するこのテヒョー草案をそのままの形で日本の実定法にすることは，既に公にされていたフランス型の実体法典（民法典や商法典）との関連からいって不可能であり，これらの実体法典との調整をいろいろな点ではからねばならなかった」[221]とし，平等主義への転換は旧商法における商人破産主義の採用（978条）に平仄を合わせる

---

216) 宮脇幸彦「民事執行法における債権者の競合」吉川博士追悼論集『手続法の理論と実践（下巻）』（法律文化社，1981）485頁。

217) 兼子一「日本民事訴訟法に対する仏蘭西法の影響」『民事法研究Ⅱ』（酒井書店，1955）24頁。

218) テヒョー草案651条1項は有体物の差押えについて「債権者ハ差押ヘタル物ニ付キ契約ヲ以テ得取シタル質権ニ均シキ質権ヲ差押ニ因テ得取ス」と規定し，696条1項で債権差押えについて同様に規定する。その後の民事訴訟法制定過程での差押質権に関する規定の変遷については，宮脇幸彦「強制執行における平等主義規定の生成」小山＝中島編『裁判法の諸問題―下』（有斐閣，1970）222頁以下を参照。

219) 宮脇教授は，わが国旧強制執行法上，債権に対する二重差押えの許否につき明文規定はないが，立法者の意思は二重差押えを認めず，配当要求に限定することにあったとし，債権執行で二重差押えを許容するドイツ民事訴訟法の対応する規定を無修正で輸入したのではないかと推測し（宮脇幸彦「強制執行における平等主義規定の生成」小山＝中島編『裁判法の諸問題―下』（有斐閣，1970）239頁），明治26年大審院判例は債権の二重差押を認めなかったが，明治33年5月17日大審院判決が二重差押許容の方向に転換したとする。

220) 兼子一「日本民事訴訟法に対する仏蘭西法の影響」『民事法研究Ⅱ』（酒井書店，1955）25頁。

221) 鈴木＝三ケ月編『注解民事執行法(1)』（第一法規出版，1984）27頁［三ケ月章］。

ことも考慮されたとしている。しかし，結局，ボアソナード民法典債権担保編第1条の規定は採用されなかった。

ボアソナード民法典は全体で約1500条におよび，また同時に起草作業が進められていた商法も約1500条，民事訴訟法でも約900条に達し，法案の条文数は膨大であった。民法草案は，元老院に送られた後，法律取調委員会の場において条文ごとに起案の趣旨が説明され，委員の討議が行われるという手続をとることとされていたが，特別委員会とはいえ，このような膨大な数の条文草案を個々に検討することは目のくらむような大事業であったに違いない。司法大臣山田顕義は，条約改正上，法律編纂は急務であり，法典草案を枢密院における諮詢を経ずに公布すべしと建議したが，容れられるところとならなかった。

第2節　フランス法の不完全な継受

一　フランス強制執行制度の一般的な特徴

フランス法をそのまま継受することも考えられるが，その一方フランス強制執行制度には下記のような特徴があり，整然とした法典を編纂する際のモデルとしてはあまり適当とは言えない面もある。

(i)　実体法と手続法の分化の不十分性

強制執行制度は旧強制執行法に規定されていただけではない。たとえば，強制執行は民法典の所有権取得方法編の「先取特権と抵当権」の章に含まれている2093条は（債務者の責任財産は債権者全体の共通担保であるとする規定）を根拠とし，また不動産執行手続は民法典2166条から2179条と2204条から2217条に規定され，執行手続の根拠は実体法たる民法典中にも紛れ込んでいるのである[222]。また，ドイツでは裁判上の抵当制度は，執行債権者にとっての将来の優先的処遇を受ける手段であり，訴訟法に規定されているが，フランス法では民法典に規定されている（民法典2094条）[223]。債権者代位権（間接訴権），債権者取消権（廃罷訴権）は訴権（action）であるが，手続法ではなく，債権の第三者に対する効力としてフランス民法典の契約または債務編の「第三者に対する効果」の章に規定されてい

---

222)　Garsonnet, *Traité élémentaire des voies d'exécution*, 2e, Larose, 1894, p.111.
223)　新民事執行法は，裁判上の担保制度（*sûreté judiciaire*）を設けている（同77条以下）。

る[224]。

　三ケ月教授はフランス法における強制執行には「実体法と手続法の無統制ともいえる交錯」[225]という特徴が顕著で,「民法典と訴訟法典の体系的分離の不徹底というフランス法の基本的態度に照応しつつフランス民法典の中に規定された制度を, わが国では実は全く異ったドイツ法的訴訟手続や執行手続をもっているにもかかわらずそうした点にはお構いなしに民法典の中に取り込んだ」[226]とし, フランス民法典1136条, 1142条～1145条等を例に「フランス法は, 元来, 実体法と手続法の体系的分離という点では, 後にドイツ法が到達したような徹底性を欠」いており,「執行の基本にかかわる規定が民法典中におかれて」[227]いると指摘している。わが国民法414条（強制履行）についても「ボアソナードによる『改変されたフランス的思考』とテヒョーによる『改変されたドイツ的思考』の妥協的調和の試みが, 旧民事訴訟法の制定, 現行民法の制定の二つの時点でかなり恣意的に繰り返された結果の一産物」[228]であると指摘したが, フランスの債権執行制度を検討する際には, 民事執行法のみならず, 民事実体法も含めて検討する必要がある。

　ところでフランスの民事実体法と民事手続法の分化が不十分なのは, フランスの法典編纂が19世紀初頭に遡るという時代的な制約が原因である[229]。フランス

---

[224]　フランスの「訴権」概念については, 佐藤岩昭『詐害行為取消権の理論』（東京大学出版会, 2001）44頁を参照。

[225]　三ケ月章「差押の効力の相対性」『民事訴訟法研究第3巻』（有斐閣, 1966）321頁。

[226]　三ケ月章「フランス民事訴訟法研究の意義」『民事訴訟法研究第2巻』（有斐閣, 1962）312頁。

[227]　鈴木＝三ケ月編『注釈民事執行法(1)』（第一法規出版, 1984）11頁［三ケ月章］。なお, 1136条は,「与える債務は物を引き渡す義務であり, 引渡しまで保管する義務であり, 債権者に対して損害賠償と利息の制裁がある」と定め, 1142条は「する債務またはしない債務は, 債務者の不履行の場合には, 損害賠償と利息を生じる」と定める。三ケ月教授は, いずれも債務不履行を金銭債権に転化せしめて財産執行するものと解釈する。

[228]　鈴木＝三ケ月編『注釈民事執行法(1)』（第一法規出版, 1984）11頁［三ケ月章］。強制履行の規定を民法の中に置くことは, フランス法の影響である。また, わが国民法423条の債権者代位権または債権者代位訴権, 424条の詐害行為取消権または詐害行為取消訴権もフランス民法の影響であり, 実体法である民法に訴権の規定を設けることの適否についてわが国では議論があるが, 債権者代位権, 詐害行為取消権はフランス法上, 債務者の責任財産を一般担保者とする債権者の権利を定めるものであり, これらの規定は当然民法に規定されるべきことになる。

[229]　フランス法における民事実体法の優位について, 谷口教授は, ドイツの民事訴訟法学はわが国が継承した明治期にすでに「民法学と対等の地位を占めていた」が,「フランス

旧民事訴訟法が公布された 1806 年 4 月から 5 月当時には，"actio" を訴権と請求権に分離することは意識されていなかったので[230]，実体法と手続法を分離せず，民法典は権利の体系として構築されたと考えられ，この点は 19 世紀後半に法典編纂作業が行われたドイツ法と大きく異なるところである。フランスでは 1971 年制定の新民事訴訟法に「訴権 (action) とは申立人にとって，裁判所が当否を言渡すために，申立ての理由について聴取される権利である」(同 30 条 1 項) と規定され，訴権と請求権との峻別が認識されたところである[231]。したがってわが国債権執行制度へのフランス法の影響，継受を検討する場合には，訴訟法・強制執行法の分野に限定するのではなく，民事実体法の規定にさかのぼる必要がある。

(ii) 保全手続と執行手続の混在

フランスの旧強制執行法には，保全的な性格の手続と執行的な性格の手続が混

の民事訴訟法学が法律学や法学教育の中で伝統的に低い地位に甘んじ」てきたので，「フランス民法研究は我が国の民法学の中で非主流ながら一貫して継続されてきたのに対して，民事訴訟法学はドイツ法学一辺倒に終始せざるをえなかった」としている（谷口安平「比較民事訴訟法の課題・序説」同刊行委員会編『京大法学部百周年記念論文集第三巻』（有斐閣，1999）522 頁）。

230) ヴァンサンは，"pas de droit sans action et pas d'action sans droit"（訴権なくば権利なし，権利なくば訴権なし）として訴権と権利を密接に結びつけ（Vincent, *Précis de procédure civile et commerciale*, 10e éd., Dalloz, 1954, p.11），ヴァンサンとガンシャールも同様である（Vincent et Guinchard, *Pricédure civile*, 26e éd., Dalloz, 2001, p.114）。さらにヴァンサンとガンシャールは，実体的権利のない訴権（検察官によるアクシオン・ピュブリックなど）とその逆の場合の存在，訴権の法的根拠と実体法上の権利の法的根拠が同じではないことがあることから，訴権と実体的権利の同一視が批判されてきたとしている。"actio" を手続法上の「訴権」と実体法上の「請求権」に分離したのは，19 世紀後半のヴィントシャイトであり，19 世紀初頭に成立したフランス法上の訴権では，訴権と権利の区別は明確でない。

231) 佐藤教授は，フランス法の *action* とドイツ法の *Klagerecht* を対比して，フランス法の訴権＝*actio* 概念においては「かつてはローマ法のアクチオ概念と同様に，実体法上の権利と訴訟法上の権利とを同一視し混同していた」が，近時の学説はこの両者を区別すべきであるとする説が有力であるものの，この峻別は徹底していないとし，訴権と権利を区別すべきであるとする考え方は，新民事訴訟法 30 条 1 項が加速したものと推測している（佐藤岩昭『詐害行為取消権の理論』（東京大学出版会，2001）46 頁，51 頁）。北村教授は「一つの主張の根拠に関して判事から 1 一つの判決を得る権利」とするモテュルスキイの訴権論を紹介しているが（北村一郎「モテュルスキイ教授のフランス《訴訟法》講義」『法学協会百周年記念論文集第一巻』（有斐閣，1983）587頁），ドイツで法学教育を受け，1971 年新民事訴訟法典の準備過程の中心人物であったとされるモテュルスキイの訴権論が新民事訴訟法典の訴権に反映しているようである。

在している。わが国でも旧民事訴訟法は保全手続と執行手続を含み，昭和54年の民事執行法の制定によって法律上分離されたところではあるが，前述のとおり，フランス旧強制執行法では1955年11月12日法が制定されるまで保全措置一般について規定がなく，目的物の種類や目的によって個別に規定されていたのである[232]。フランス法の"saisie"（セジ）は「債権者がその債務者の手許から1つまたは複数の財産を取り去り，それを確保し，売却または回復を確保するために司法のもとに置くようにする，または，債権の場合には転付せしめることをいう」[233]と理解されている。これはわが国の「差押え」に相当するが，旧強制執行法と新民事執行法には，セジという接頭辞を共通に持つ保全措置と本執行が混在し，さらに先取特権や留置権の目的物を保全するためのセジが存在し，その上に旧強制執行法はセジを目的物の種類に基づいて分けたり，あるいは手続の方法に基づいて分けたり[234]，整理されていなかった。

　このような保全・執行の混在はフランスの強制執行制度が中世以来の歴史的な伝統を継承し，過去の制度を必ずしも統廃合しないでそのまま存置し，時代が下るにつれて，過去の制度はその重要性を失いながらも，そのまま制度を残し，一方で新たな金銭的な価値を有する財産が登場すると，これらの財産について新たな制度を設けてきたことが原因で，この結果制度が重層的になっている。謂わば，執行制度が複線構造をとっているのである。前述のとおり，新民事執行法はこのような複線的な制度を整理し，統合して簡素化を図ったということができる[235]。

---

232) Perrot et Théry, *Procédures civiles d'exécution*, Dalloz, 2000, p.672.

233) Ibid., p.125, Vincent et Prévault, *Voies d'exécution et procédures de distribution*, 19e éd., Dalloz, 1999, p.50.

234) クシュは，差押えの目的物による特殊の差押え（*saisie exceptionnelle par son objet*）と差押えの目的による特殊の差押え（*saisie exceptionnelle par son but*）を分けている。セジ・ブランドンは差し押さえる物と目的において特殊であり，主として留置のためのセジ・ガジュリー，セジ・フォレーヌは差し押さえる目的において特殊であり，動産物権保証のためのセジ・ルヴァンディカシオンはその目的において特殊であるとする（Cuche, *Précis des voies d'exécution et des procédures de distribution*, 4ème, Dalloz, 1938, p.65)。わが国の強制執行が動産，不動産，債権，船舶などの差押えの目的によって区別していることに比べるとフランスの各種のセジの制度は理解しにくい。

235) 新民事執行法起草に当たったペロォらは，保全措置一般の立法が遅れた理由として，保全措置は債務者にとって不意打ちになる場合にしか効果はないが，一方，保全措置が債務者にとって多大な障害となることがあることから，保全措置は債務者が債権者に与える債権の保証に見合ったものでなければならないが，保全措置の許容と債務者の保証との均

二 金銭債権執行手続

1 旧強制執行法のセジ・アレ

すでに述べたとおり，旧強制執行法の下で金銭債権執行は第5編「判決執行」第7章557条以下に定める「セジ・アレまたはオポジシオン」（*saisie-arrêt ou opposition*）によって行われた。その起源について若干触れると，フランス裁判制度の基礎は1667年のルイ王令にさかのぼるが，旧強制執行法のセジ・アレは同王令には規定されておらず，むしろ慣習法の産物であるとされ，地方によってその名称が異なっていた[236]。またパリ慣習法のセジ・アレには，保全的性格の手続と執行手段としての手続の二種類があったとされ，グラソンらは古法時代には，アレ（*arrêt*）とセジ・アレ（*saisie-arrêt*）が区別され，アレとは第三被差押人が執行債務者に支払うことを防ぐことであって，一般的な意味でのオポジシオンに相当する保全的な手段であり，一方，セジ・アレとは第三被差押人が執行債務者に負うものを差押人に帰属させることを目的とする執行手続であったとしている。

このアレとセジ・アレという二つの手続が1806年の旧強制執行法に統合されたのであり[237]，後述のとおり，セジ・アレには保全と執行の二重性が見られるが，この性格はすでに古法に見られるのである。わが国ではセジ・アレは主としてその申立てに当たって債務名義が不要であること，差押令状が発された後に有効判決の裁判を要し，保全手続と執行手続の両方の性格を併有することに注目されてきたが[238]，セジ・アレ手続の特徴について詳細に見てみよう。

　　衡はきわめて困難な課題であったためであるとしている（Perrot et Théry, *Procédures civiles d'exécution*, Dalloz, 2000, p.673）。

236) クシュは，南仏のラングドックではバニマン（*banniment*），東フランスのドフィネではアレスタシオン（*arrestation*），西フランスのブルターニュではプレージュマン（*plègement*），南フランスのプロヴァンスではアレートマン（*arrêtement*）と呼ばれたとしている（Cuche, *Précis des voies d'exécution et des procédures de distribution*, 4e éd., Dalloz, 1938, p.82）。

237) Glasson, Morel et Tissier, *Traité théorique et pratique d'organisation judiciaire, de compétence et de procédure civile*, 3e tome IV, Sirey, 1932, p.177. 三ケ月教授は「債権差押についてだけは，フランス革命のときに少し怪しげな規定」を設けたとするが（岩野＝岩松他『債権の差押』（有斐閣，1967）356頁［三ケ月発言］），革命期の産物ではなく，古法からの伝統である。

238) 三ケ月教授はフランスの金銭債権執行（セジ・アレ）の特異性として「まず債務名義がなくても債権差押ができるということになっているし，それからフランス法の債権差押

① 手続の流れ　動産執行，不動産執行を開始する場合，債権者は債務者に対して督促状（commandement）の送達を行うが，セジ・アレではこの督促手続は必要がない。セジ・アレは債務名義を持たない債権者も行うことができ，債務名義を持たない債権者には督促手続を行うことができないし，債務を履行しない債務者に支払いを督促することは意味がなく，督促はかえって債務者に債権者の動きを知らせ，債務者に財産を隠匿する機会を与えかねないからである。

セジ・アレは債務名義を有する債権者，有しない債権者いずれも行うことができるが，ここでは債権者が債務名義を有しない場合について記述する。

(i) 裁判所の許可の取得

債務名義を有しない債権者は，弁護士（代訴人）を通じて，債務者または第三債務者の住所（domicile）を管轄する裁判所にセジ・アレの許可申立て（requête）を行う（旧強制執行法 558 条）。この申立てに関わる裁判は非訟事件（juridiction gracieuse）であり，対審を必要としない。債権者が債務名義を取得している場合，債務名義を有する債権者の場合には，この許可は不要である。

(ii) 第三被差押人に対する差押令状の送達

債権者の許可申立てに応じて裁判所が許可（ordonnance）を発すると，差押債権者は自ら執行士に差押令状（exploit de saisie-arrêt）を作成させ，執行士（huissier de justice）[239]がこれを直接，第三被差押人に送達した（signification）。差押令状には，債権者の氏名住所，差押えの目的物，債務者の氏名，差押金額を記載し，債権を証する書類とセジ・アレ許可のコピーを添付する（旧強制執行法 559 条 1 項）。セジ・アレは債権全体に及び，その効果は差押債権者についてのみ効果がある。フランスの債権執行では差押令状の宛先は，第三被差押人であって，債務者本人ではないことは前述のとおりである。第三被差押人に差押令状が送達さ

では，いろいろ債権者側に要件がある」とし，「債権額が確定していること，それが裁判上請求しうることなど，三つばかり要件がある（筆者注：*certaine, liquide et exigible* の要件を指すと思われる）とする。また「強制執行する場合には，まず催告をしてからでなければいけない」が，「債権差押のときに限り，債務名義がなくてもできるし，催告なくしてやってもいいし，要するに仮差押的色彩がかなり強」く，「日本のように債務名義を持っている債権者でないと債権に対する本執行ができないというのと違」い，「だいぶ間口が広い」としている（岩野＝岩松他『債権の差押』（有斐閣, 1967）356 頁［三ケ月発言］）。

239)　山本教授は，"huissier" を「執行士」と訳している（山本和彦「フランス司法見聞録(4)」判時 1437 号（1993）10 頁）。執行士は公務員ではなく，政府の承認を受けて送達，強制執行を行う自由専門職である。

れると，第三被差押人は執行債務者に対する弁済を禁じられ，執行債務者が差押令状の発令後に行った差押債権の処分は差押債権者には対抗することができない。なお，第三被差押人は，固有の独立した権限を有する者であることを要し，会社の使用人はこれに当たらない。

(iii) 第三被差押人の執行士に対する情報提供

差押令状を送達する執行士に対して，第三被差押人は差押えに有益な文書または情報を提供しなければならない（同559条4項）。第三被差押人が入室を拒み，差押えに抵抗しあるいは執行士に差押えに有益な文書または情報を開示することを拒むときは，第三被差押人は執行地の大審裁判所のレフェレ[240]を受けることがある（同5項）。

執行士に対する情報提供は後述の第三被差押人の陳述義務とは異なるものである。この情報提供を怠った場合第三被差押人に対する制裁は規定されていなかった[241]。

(iv) 執行債務者に対する差押えの通知

執行債務者には差押令状は送達されず，差押債権者は第三被差押人への送達から8日以内に，第三被差押人に対して差押令状を送達した事実を執行債務者に通知しなければならなかった（*dénonciation de l'exploit de saisie-arrêt*）（同563条）。この通知が行われないと，セジ・アレは無効とされた（同565条）。

第三被差押人に対する送達と執行債務者に対する通知との間の8日間の猶予は，執行債務者による執行妨害を防ぐためとされている。第三被差押人が外国に所在する場合にはさらに8日間猶予期間が延長された。

(v) 有効判決の訴え

差押債権者は執行債務者に対して第三被差押人に対する差押令状の送達の事実を通知すると同時に，または別に執行債務者に対するセジ・アレを有効にするための有効判決（*jugement de validité*）[242]の訴えを提起する必要があった（同563条）。

---

240) レフェレは本案の受理判事でないレフェレ判事に即時に必要な処分を命ずる権限を与えている場合に，一方の要求により他方当事者が呼び出されまたは出席して行われる仮の裁判を言う（山口俊夫編『フランス法辞典』（東京大学出版会，2002）493頁）。

241) 旧強制執行法559条の情報開示は，同577条の陳述義務と異なり，拒絶した第三被差押人に対する制裁はない（Cass. 2e Ch. civ., 9 juillet, 1986; *bull. civ.* II, no. 111）。

242) "*jugement de validité*" に対しては，「取立命令」（三井哲夫『国際民事訴訟法の基礎理論』（信山社，1995）151頁），「確認訴訟」（山本和彦「フランス新民事執行手続法について（下）―日本法との比較を中心として」ジュリ1041号（1994）61頁），「移付命令」

これは執行債務者の住所地を管轄する裁判所に行うこととされた（同567条）。有効判決の裁判は通常訴訟である。有効判決の裁判では，第三被差押人は当事者ではなく，一種の「証人」の役割を担っていた[243]。

(vi) 第三被差押人に対する陳述の催告の訴え

有効判決の訴えを起こしてから8日以内に，差押債権者は執行債務者に差押令状の送達の事実を通知したこと，執行債務者を相手とする有効判決を求める訴えを提起したこと，以上の2点をあらためて第三被差押人に通知し（*contre-dénonciation*）（同564条）[244]，さらに，差押債権者は第三被差押人を相手に陳述を催告する訴え（*assignation en déclaration affirmative*）を提起する必要があった（同568条）。この訴えを管轄する裁判所は，有効判決の訴えを審理する執行裁判所であり，執行債務者の住所を管轄する裁判所であった。

差押債権者が債務名義を有する場合には，執行債務者に対する有効判決の訴えと第三被差押人に対する陳述の催告の裁判は統合される[245]。債権者が債務名義を持たない場合には，第三被差押人に対する陳述の裁判は，債務者に対する有効判決が言い渡されてから行われた。陳述催告の裁判においても第三被差押人は一種の証人の役割を果たしており，判決を受けるために召喚されているのではなく，債務者の債務を負っているかを宣言するためであった。

② 必ずしも債務名義を要しない

(i) 債権の差押適格

セジ・アレを行うにあたっては，債権が存在し（*certain*），金銭評価が可能であり（*liquid*），支払期日が到来しており（*exigible*），偶発的または条件付きでな

（ゴットヴァルト（藤井訳）「国際強制執行」石川＝三上編『国際民事訴訟の基本問題』（酒井書店，1994）207頁），「認証訴訟」（工藤祐巌「フランス法における債権者代位権の機能と構造(2)」民商96巻（1987）1号37頁）の訳が当てられている。本書では，字義どおり「有効判決」とした。

[243] Perrot et Théry, *Procédures civiles d'exécution*, Dalloz, 2000, p.399.

[244] ただし，有効判決の訴えの提訴期間とは異なり，第三被差押人に対する通知を所定期間内に行わなくてもセジ・アレは無効にはならないので，グラソンらはこの第三被差押人への通知と陳述の催告に期間を設けることを無意味とする（Glasson, Morel et Tissier, *Traité théorique et pratique d'organisation judiciaire, de compétence et de procédure civile*, 3e tome IV, Sirey, 1932, p.245）。ただし，565条では第三被差押人に対する有効判決の提起の訴えの通知がなく，第三被差押人が行った支払は有効とされている。

[245] グラソンらは，債務名義を有する債権者は差押令状の送達と同時に陳述催告の裁判を起こすことができるとしている（Ibid., p.247）。

い限り，適格性を認められた。私署証書[246]（為替手形，約束手形，遺書，融資契約書，保険証券，外国で調印され執行判決のない証書など）または裁判所の許可に基づいて行われ，必ずしも債務名義や公正証書は必要とされなかった。

　債務名義を不要とする理由について，テュローは私署証書であっても債権が存在することの証拠として十分であるとしており[247]，グラソンらは「債務名義を要するとすると，債権者の手続が遅れてしまい，債務者に債権を支払わせ，あるいは譲渡する時間を与えてしまう」からであると説明している[248]。また，第一審の判決に対して控訴され，判決が確定していない場合もセジ・アレは可能であるとされている[249]。この点については，異論もあるが，セジ・アレは保全目的であり，本案の判決が確定するまで有効判決を猶予すればよいのであるから，判決の確定は必要ではないとするのが通説である。

　(ii) セジ・アレの二重性

　わが国の差押命令は，債務者に対しては，差押債権の取立，弁済の受領，猶予，債権の放棄，債務免除，譲渡等，被差押債権を減少させ，または消滅させ，行使を妨げるような処分をすることを禁じられ，この禁止に反する処分は，第三債務者または譲受人との間では有効であっても，差押債権者にこれを主張することはできないが，差押債権の帰属が変わるわけではなく，第三債務者への支払いを請求する地位を有し，その現実の履行を求め，または受領することその他の強

---

[246] なにびとも自身で正義をなすことを得ず（*nul ne peut se faire justice à soi-même*），自力執行は禁じられているから，債権者は強制執行を申し立てる前に当事者間で争いがある法律関係について国家の強権的な判断として債務名義を求める必要がある。フランス民法典 1341 条 1 項は，800 ユーロフラン以上の契約は書面にすることを求めている（Décret no. 80-533 du 15 juillet 1980, article 1 modifiée par Décret 2001-476 2001-05-30 art. 1 JORF 3 juin 2001 en vigueur le 1er janvier 2002）。同 1319 条で，証書（*acte authentique*）は証明力（*force probante*）と執行力（*force exécutoire*）を有するとされている。同 1134 条は，契約は当事者にとって法であると定める。債務名義を得た債権者は債務者の財産を差押えでき，また換価することができる。債権者は，アクシオン・ポーリエンヌを行使することもできるが，これには債務者の詐害意思を要するので必ずしも可能ではなく，また，破産の場合には否認される（フランス法上は支払停止日の遡及）おそれがある。

[247] Thureau, *De la saisie-arrêt en droit international privé*, Marchal & Billard, 1897, p.53.

[248] Glasson, Morel et Tissier, *Traité théorique et pratique d'organisation judiciaire, de compétence et de procédure civile*, 3e tome IV, Sirey, 1932, p.197.

[249] Civ., 10 août 1881, *D*. 82.1.307, S. 82.1.74; Besançon, 15 février 1888, *D*. 88.2.285, S. 89.2.52; Paris, 13 décembre 1894, *D*. 95.2.490; Lyon, 26 mars 1923, *Mon. jud.*. Lyon, 15 octobre.

制執行の目的を害する処分がその強制執行手続との関係で禁じられるに過ぎないから，既に第三債務者に対して取得した差押債権に対する判決の効力が害されるものではなく，第三債務者は強制執行の本来の当事者ではないから，差押えにより直接権利の制限を受ける立場にはないが，差押命令の送達を受けた後は，差押命令の趣旨に沿って，債務者への弁済を禁じられ，これに反した弁済は，差押債権者に対抗することができず，第三債務者は二重弁済の危険を負うとされている[250]。セジ・アレは手続の開始に当たって，わが国のような債務名義を必要とせず，有効判決の手続を経て本執行に移行する手続であるため，セジ・アレの性格については議論があったところである。

セジ・アレを仮差押えであるとする説（仮差押え説）は，セジ・アレが債務名義を必要としないこと，その効果は単に第三被差押人に執行債務者に対する支払を禁じるのみである点を取り上げて仮差押えに過ぎないと主張した。一方，セジ・アレを差押えであるとする説（差押え説）は，セジ・アレの開始に債務名義は必要ではないが，有効判決が債務名義に代わるものであり，有効判決によって差押えの目的の債権が移付されることから差押えであるとした。

グラソンらは，セジ・アレは有効判決の訴えが提起されるまでは仮差押えであり，有効判決の訴えによって，差押えに変化し，債務者から債権の利益を奪い，移付するので，複合的な性格を有するとし[251]，ガルソネもセジ・アレの段階では差押債権者は執行債務者に対して執行しているわけではなく，第三被差押人に対して支払いを禁じているのであるから，差押令状の送達は保全に過ぎず，有効判決の言渡しの後は，執行行為となるとする[252]。

③　有効判決とその効果
(ⅰ)　有効判決の形式

有効判決の効果は，債務名義を有する差押債権者の場合と有しない差押債権者の場合で異なった。債務名義を有する債権者の場合には，裁判所はセジの有効性を宣言し，「第三被差押人は差押債権者の債権の元本および付帯金額に達するまで差押債権者の手中に金銭を支払う義務がある」と言い渡した。債務名義を有す

---

250) 香川監修『注釈民事執行法(6)』（金融財政事情研究会，1995）67頁［富越和厚］。

251) Glasson, Morel et Tissier, *Traité théorique et pratique d'organisation judiciaire, de compétence et de procédure civile*, 3e tome IV, Sirey, 1932, p.179.

252) Garsonnet, *Traité élémentaire des voies d'exécution*, 2e, Larose, 1894, p.73, Thureau, *De la saisie-arrêt en droit international privé*, Marchal & Billard, 1897, p.12, Cuche, *Précis des voies d'exécution et des procédures de distribution*, 4e éd., Dalloz, 1938, p.79.

る債権者には，セジの有効性の宣言のみが必要であって，差押債権の存在とその金額の確定は必要ではなかったためである。一方，債権者が債務名義を有していない場合には，裁判所は差押債権者の債権の存在とその金額を判決した上で，セジの有効性を宣言し，「第三被差押人は差押債権者の債権の元本および付帯金額に達するまで差押債権者の手中に金銭を支払う義務がある」と言い渡した。

いずれの場合も，有効判決の訴えは，差押債権者と執行債務者を当事者とする裁判であって，第三被差押人は有効判決の訴えの当事者ではない。第三被差押人に債務者の債権についての陳述義務 (*déclaration affirmative*) を負担させることによって，第三被差押人を債権者と債務者間の本案訴訟に組み入れ，有効判決が出た場合には第三被差押人に債務の支払いを求める機能を有したのである[253]。第三被差押人が差押債権者に対する支払いを実行しない場合には，差押債権者は直接第三被差押人に対して請求することができ，第三被差押人に対する強制執行が可能であるとされた。

(ii) 有効判決の性格

わが国では有効判決の裁判を一種の取立訴訟であるとする解釈がある[254]。取立訴訟は，差押命令を得た債権者が差押債権を任意に支払わないまたは供託しない第三債務者に対して提起する訴えであるが，有効判決も差押令状の送達後に提起する訴えであり，この点では取立訴訟に類似するということもできよう。また，有効判決の効果として差押債権者が第三被差押人に対して直接債権者となると理解すると，さらに有効判決の効果は取立判決に接近する。しかし，この理解は2つの理由から必ずしも妥当とは言えない。第一に，有効判決の当事者はあくまでも差押債権者と執行債務者であり，第三被差押人は証人としての立場であり，訴訟構造が異なっていることである。第二に，有効判決は差押債権の譲渡の効果があるとする意見は必ずしも多数説ではないことである。グラソンらは「有効判決は，第三被差押人を差押えが有効とされた差押債権者の手に引き渡すことを義務づけるもので，第三被差押人はこのために差押債権者の追及を受け，その債務を弁済しなければ執行の対象となりうる」のであり，「破毀院は『有効判決はセジ・アレの対象となった金額を債務者から剥奪し，差押債権者に排他的に移

---

[253] セジ・アレの有効判決の裁判は，通常裁判であり，上訴が認められる。
[254] 三ケ月教授は，座談会で「フランス法の手続では，第三債務者もある意味で債権差押の中に取り込んでしまう。そして，第三債務者に対する取立訴訟もある」と発言している（岩野＝岩松他『債権の差押』（有斐閣，1967）345頁［三ケ月発言］）。

付する効果を持ち，差押えが有効とされる限り，第三被差押人の直接の債権者となる』とし，債権の譲渡の効果を有するとした」とし，有効判決後は執行債務者は差押債権者の債務者ではないとしている[255]。判例上も，有効判決は債権者に対する差押債権の譲渡の効果があるとする例がある[256]。この裁判例によれば，有効判決はわが国の取立訴訟に類似するが，判例に対しては平等主義的なセジ・アレに優先主義的な扱いを導入するものとの批判があった。また，判例はその一方で第三被差押人から差押金額の全額の支払いを受けられなかった債権者が執行債務者に請求することを排除していないので，必ずしも判例の立場は整合がとれているとはいえなかった。

　学説の多数説は，有効判決は当事者の合意がないので更改（*novation*）には当たらず，また債権譲渡（*transport de créance*）ではなく，差押債権者への差押債権への移付としては不完全であり，有効判決後に第三被差押人が支払不能にいたった場合には，執行債務者に第三被差押人に代えて執行債務者に支払いを強制することができるとして，支払いの指図があると構成していた。すなわち差押債権者は第三被差押人の債権者になるのではなく，差押債権者に差押えの目的物である債権を「引き渡す」という構成である。法定譲渡と構成する判例と多数説の違いは，有効判決後の他の債権者のセジ・アレの認否にある。判例は，ヴィジラントな債権者に報いるという立場であり，有効判決によって，差押債権者およびそれまでにオポジシオン（配当参加）を申し立てた債権者に一種の担保（*gage*）を認めるものであり，一方，学説の多数説はこのような担保を予定していない。なお，この対立は新民事執行法がセジ・アトリビュシオンという即時の移付手続を導入したことにより解決されたものと考えられる。

　④　第三被差押人の陳述義務違反　　第三被差押人が求められた陳述（*déclaration*）または説明（*justification*）を行わない場合には，第三被差押人は差押えの原因債権の「純粋かつ単純な債務者である」と宣告された（同577条）。第三被差押人は差押債権の債務者であるが，ここで重要な点は第三被差押人が原因債権の債務者とされる点である。たとえば，差押債権者が執行債務者に対して100の債

---

255)　Glasson, Morel et Tissier, *Traité théorique et pratique d'organisation judiciaire, de compétence et de procédure civile*, 3e tome IV, Sirey, 1932, p.290.

256)　グラソンらは，これは破毀院の普遍的な判決であるとする（Ibid., p.290）。判例の扱いを前提にすると，新民事執行法の債権執行方法で，転付命令に類似したセジ・アトリビュシオンは必ずしも新たな発明ではない。

権を有し，執行債務者が第三被差押人に対して80の債権を有する場合に，陳述を求められた第三被差押人が陳述を怠ったまたは不実の陳述を行った場合には，第三被差押人は差押債権者に対して差押債権額の80の債務を負担するのではなく，原因債権である100の債務を負担するのであり，第三被差押人にとってはきわめて厳しい制裁措置であった[257]。そして，【4】のシュルーシュ判決（38頁）に見られたとおり，これは新民事執行法に継承されている。第三被差押人の陳述は有効判決に続いて，執行債務者から差押債権者に譲渡させる債権の範囲を正確に決定するためであった。ただし，上記の場合には，第三被差押人は差押債権者に代位し，執行債務者に対して100の反対債権を取得することになるので，80の債権と相殺されることになる。

　第三被差押人の陳述について，差押債権者と執行債務者は争うことができ，この場合には第三被差押人を被告とする第1審裁判所での裁判となる。この場合に，第三被差押人は自己の管轄裁判所への移送を申し立てることができた。

　以上をまとめると，セジ・アレは債務名義を持たない債権者も行うことができ，この場合には債権者はまず裁判所の許可を得て，いったん債務者の金銭債権を仮差押えし，その後裁判所から原因債権の存在と金額を確定させる有効判決を得て，本執行に移行する手続であった。この手続では，差押債権者は有効判決を得るまでに他の債権者と競合するおそれがあり，その場合差押債権は差押債権者間で平等に配当された。仮差押えの許可，差押令状の送達，債務者に対する有効判決の訴え，第三被差押人に対する陳述の申立てなど裁判所または執行士が複数回，関与し，複雑な手続として構成されていた。また，債権者が債務名義を持っていても有効判決を取得する手続を必要とした。

2　新民事執行法のセジ・アトリビュシオン

　新民事執行法のセジ・アトリビュシオンは，債権者が差押令状を第三債務者へ送達すると同時に差押債権が差押債権者に移付されると構成されている。差押令状の送達と同時に第三債務者は差押債権者の直接の債務者となるのであり，差押債権者と他の債権者が競合するような事態は生じない。セジ・アレで必要とされた有効判決の手続はセジ・アトリビュシオンにおいては不要であり，セジ・アトリビュシオンの差押令状の送達がセジ・アレにおける有効判決と同様の役割を持

---

257)　Ibid., p.252.

つこととなったのである。この結果，新民事執行法の債権執行は平等主義を払拭し，優先主義的な処理に転じたということができる。

旧強制執行法のセジ・アレは債権保全の手段でもあったので，これが廃止されると債権者の債権保全手段がなくなるのではないかと懸念されたが，債務名義を持たない債権者はセジ・コンセルヴァトワールを申し立てることができるので，この懸念は払拭された。

セジ・アトリビュシオンの起源はアルザス地方にあるとされ[258]，従来，租税債権については認められていた手続であり，これを金銭債権差押えに一般化したものである。目的物はすべての金銭債権である[259]。

(i) 第三被差押人に対する差押令状の送達

フランス新民事執行法は，金銭評価が可能な (*liquid*)，支払期日が到来した (*exigible*) 債権を有することを証する債務名義を有する債権者は強制執行を行うことができる（同2条）[260]と規定しており，金銭債権執行は債務名義を有する債権者の申立てに基づいて，執行士が第三被差押人に差押令状を送達することによって行う（同42条）[261]。旧強制執行法のセジ・アレの場合には債権者の債権に

---

258) 1990年5月15日上院審議でのヴィラプーレ議員の発言。アルザスは歴史的経緯からドイツ法的な執行が行われてきた（Compte rendu integral du séance du 15 mai 1990 du Sénat, p.817）。

259) 山本教授は旧強制執行法の債権執行と新民事執行法の債権執行を比較し，「従来，フランスにおける債権執行は，保全処分と執行処分を合体させた停止差押 (*saisie-arrêt*) の形態をとっていた。差押の段階では債権者は執行名義を必ずしも要せず，裁判官の許可のみで手続を開始できるが，その後に債務者との間で差押債権の存否を含めて差押手続の有効性を確認する訴訟（確認訴訟）が行われ，その確定後に初めて第三債務者から給付を受けられるという構造となっていた（競合債権者のあるときは平等配当となった）。しかるにこの手続は，債務名義を既に有する債権者にも常に確認訴訟を要求するなど実務上煩瑣に堪えず，また差押債権者は結局配当を余儀なくされ，実効性にも乏しかった。そこで，新法は保全段階を切り離し，差押開始には常に執行名義を要求する代わりに，一旦差押がなされたときは，それにより被差押債権が債権者に帰属する（即ち，第三債務者が債権者の直接の債務者となる）こととした。この結果，手続は一気に簡易化される一方，差押債権者に極めて有力な優先権が付与されるに至った。この帰属差押の創設が新法の最大の改正点と評価される所以である」としている（山本和彦「フランス新民事執行手続法について（下）―日本法との比較を中心として」ジュリ1041号（1994）61頁）。

260) 新民事執行法2条は，"le créancier muni d'un titre exécutoire constatant une créance liquide et exigible" は強制執行を行うことができると定める。

261) 新民事執行法42条の冒頭は，セジ・アトリビュシオンを行う要件として債権者は，"muni d'un titre exécutoire constatant une créance liquide et exigible" としており，同

は上記の2要件のほかに「存在すること」(*certain*)の要件があったが，債務名義を要する新民事執行法のセジ・アトリビュシオン手続では，債務名義が債権の存在を証するものであり，条文上「存在すること」の要件は規定されていない。セジ・アトリビュシオンにおいても従来のセジ・アレと同様に差押令状の名宛人は第三被差押人であり，金銭債権差押えは第三被差押人を中心として構成されている。セジ・アトリビュシオンは債務名義を有する債権者のみに認められた手続であり，セジ・アレの場合には債務名義を持たない債権者は裁判所の許可を得ることを要したが，セジ・アトリビュシオンでは差押えの開始に当たって一切裁判所が関与しない。

(ii) 差押えの効果

セジ・アトリビュシオンは差押えにより請求金額を限度として差押債権者に金銭債権をアトリビュシオン（移付）させるものである（新民事執行法43条1項）[262]。最初に差押えを行った債権者が当該差押債権に対して他の差押えに優先する（同2項）。

差押債権者と第三被差押人との間には，新たな債権が形成されるわけではなく，その法的構成は更改や代物弁済ではなく，アトリビュシオンの字義どおり，差押債権者はセジ・アトリビュシオンによって直接に第三被差押人の債権者となると構成されている。また，関係者の申立てにより，執行裁判所は第三被差押人に差押債権を供託すべき先を指定することができる（新民事執行規則57条）。

(iii) 第三被差押人の陳述義務

旧強制執行法のセジ・アレは，判例上差押債権が執行債務者から差押債権者に譲渡されると構成され，差押令状を送達する執行士に対して第三被差押人は情報提供し，さらに差押手続が執行の段階に入った場合には，陳述義務を課された。すなわちセジ・アレでは第三被差押人の情報提供義務は2段階で構成されていた。

これに対して，新民事執行法のセジ・アトリビュシオンでは，第三被差押人の情報提供は1回に限られている。新民事執行法は第三被差押人の責任について旧強制執行法の規定を継承しており，差押令状が第三被差押人に送達されるときに

2条と同文である。
262) 新民事執行法43条1項1文は「差押令状は，差押金額を限度として，第三者の手中にある処分可能な差押え債権および付帯金の差押債権者への即時の移付を生じる」と定める。

「第三被差押人は債権者に対して債務者の対する債務の明細およびそれに関わる事項，また債権譲渡，委譲，先行する差押えがあればこの情報を陳述しなければなら」ず (同44条)，「第三被差押人は即座に執行士に対して法44条に定められた情報を提供し，関連する証拠を渡さなければならない」と規定していた (新民事執行規則59条1項)。「規定された情報提供を行わない第三被差押人は，債権者の請求により，債権者の債権金額を支払わなければならない。ただし，債務者に対する請求を妨げない」(同60条1項) とされ，「過失または不実ないし虚偽の陳述がある場合，損害賠償の責めに任ず」(同2項) とされている。この即時の第三被差押人による陳述義務が厳密に解釈され，金銭債権執行の実効性の保障となっていることは前掲の【4】シュルーシュ判決 (38頁) が示したとおりである。

　(iv)　執行債務者に対する差押えの通知

　差押債権者は第三被差押人に対して差押令状を送達してから8日以内に執行債務者に対して差押令状の写しを添付して差押えを行った事実を通知 (*dénonciation*) しなければならず，これが行われない場合にはセジ・アトリビュシオンは無効となる (新民事執行規則58条)。これは，従来のセジ・アレ手続と同様である。

　(v)　異議申立てと第三被差押人の支払い

　執行債務者，他の債権者，第三被差押人などは執行債務者の住所地を管轄する執行裁判所にセジ・アトリビュシオンに関わる異議の申立てを行うことができる (新民事執行規則65条)[263]。この異議申立ては執行債務者への差押令状の送達の事実が通知されてから1カ月以内に行わなければならない (同66条1項)。この期間中に異議が申し立てられなければ，第三被差押人は差押債権者に対する現実の支払いを行うことになる (同61条1項)。執行債務者が異議申立て期間の終了前に異議を申し立てないことを明らかにした場合は1カ月の期間の満了を待つ必要がないとされている (同61条2項)。

　差押えが行われた後は，第三被差押人は執行債務者の債務者ではなく，差押債権者は第三被差押人の手中にある債権の債権者となり，差押債権者は排外的に第

---

[263]　新民事執行法制定委員会のペロォ委員長らは，差押令状の送達の事実が執行債務者に通知された日を正確に承知することができる者は，差押債権者と執行債務者に限られるので，セジ・アトリビュシオンに異議を申し立てることができるのはこの2者に限られるという解釈があることを紹介する。法案の段階では異議申立権者はこの2者には限定されていなかったが，最終的にはこの点は明確でなくなった (Perrot et Théry, *Procédures civiles d'exécution*, Dalloz, 2000, p.401)。

三被差押人の債権者となるので，他の債権者は差押債権者と競合することがなく，優先・平等という問題が生じない。セジ・アトリビュシオンは即時の移付の効果を持つが，債務者の法的更生が宣言された場合には，有効性を失うとされている[264]。すなわち，セジ・アトリビュシオンは差押令状の発令と有効判決を同時に行うことを意味し，この点がセジ・アレとセジ・アトリビュシオンの最大の違いである。セジ・アトリビュシオンは平等主義を払拭し，優先主義的な処理を行うこととしたのである。古法のパリ慣習法は，最初の差押債権者の優先権を認めていたが，革命後の旧強制執行法はこれを廃し，今回の改正で新民事執行法はあらためて差押債権者に優先的に処理することにしたのであり，この点をとらえ，セジ・アトリビュシオンを一種の古法への「復古」(*néo-classique*) であると評する意見もある[265]。ただし，セジ・アトリビュシオンは即時の移付であり，移付の効果は他の債権者に対する優先権を意味するのではなく，単に被差押債権の排他的な即時の転付を意味するから，優先主義という表現は必ずしも当てはまらないというべきである。セジ・アレの場合は差し押さえられた財産はその全体に対して処分を禁じられたが，セジ・アトリビュシオンの場合は，差押金額を超える部分は債務者の自由な処分に任され，最初に差し押さえた者が優先的に弁済を受けることができ，また，他の債権者との競合を排することができる。

　セジ・アトリビュシオンは，わが国債権執行上の転付命令に類似しているが，差押えの効果としての法律関係の点で違いがある。すなわち，わが国の転付命令は，第三被差押人に資力がないときは，差押債権者は執行が空振りに終わるリスクを負担しなければならないが[266]，セジ・アトリビュシオンでは，第三被差押人が差押債権者に完済しなければ，差押債権者は執行債務者に対する権利を失う

---

[264] Bandrac, Procédures civiles d'exécution et droit de sûretés, *La réforme des procédures civiles d'exécution* Sirey, 1993, p.61.

[265] Delebecque, Les nouvelles procédures civiles d'exécution, *La réforme des procédures civiles d'exécution*, Sirey, 1993, p.16.

[266] 山本教授は，わが国の転付命令の法律構成は第三債務者による免責的債務引受であるのに対し，セジ・アトリビュシオンは第三被差押人による重畳的債務引受であり，結果的にセジ・アトリビュシオンは差押債権者の優先権を徹底して認めているとし，日本においても，第三債務者が任意弁済に応じず，取立訴訟を要するような場合は，転付申立にも適しない事件が多いと思われるが，そのような場合の差押債権者の労苦が必ずしも報われる保障のない現行法の構造が妥当であるかは，なお一考に値するとしている（山本和彦「フランス新民事執行手続法について（下）—日本法との比較を中心として」ジュリ1041号（1994）62頁）。

ことはなく（新民事執行規則63条1項），また，第三被差押人に対する債務名義を取得して強制執行することもできる[267]。

なお，金融機関の預金口座が現在の経済社会において果たしている機能を重視し，新民事執行法，新民事執行規則は債権差押手続における金融機関預金の特則を設けている（新民事執行法47条，新民事執行規則73条から79条）。この特則によると差押えの当日，差押令状の送達を受けた金融機関は債務者の口座残高を陳述しなければならない（新民事執行法47条1項）。さらに差押えが行われてから15日間は差押え以前の手形の取立て金の入金や振出した手形の決済などの一定の取引を除いて，債務者の口座を凍結しなければならない（同2項）。一般に個人，企業ともに決済取引は金融機関の預金口座を通じて行うことが多く，差押え以前に行われた取引の猶予期間が必要という特殊性を考慮したものである。差押えの対象には定期預金を含む預金口座全体が対象となるが，定期預金の期日が到来していない場合には，差押えを行っても移付は即時には行われず，債権者は預金の期日を待たなければならない。判例では，債権者が債権者代位訴訟を提起し，期日以前に預金契約を解除し，期限の利益を喪失させることを図った事案で，代位訴訟は，債務者の過失や債務者の抵抗を前提とするものであるとして，これを認めなかった例がある。

三　「財産」という概念

1　金銭債権差押えの目的物

セジ・アレは「債務者に属し，第三者の手中にある金銭額または証券を差し押える」（*saisir-arrêter entre les main d'un tiers les sommes et effets appartenants à son débiteur*）（旧強制執行法557条）方法であり，セジ・アトリビュシオンは「債務者の金銭額表示の債権を第三者の手中において差し押さえる」（*saisir entre les mains d'un tiers les créances de son débiteur portant sur une somme d'argent*）（新民事執行法42条）方法である。新旧いずれの手続においても第三被差押人は債務者の「金銭額」（*sommes*）または「金銭額表示の債権」（*créances portant sur une somme d'argent*）を保管する者と構成されている。なお，「金銭額」と「金銭額表示の債権」との異同については後述するが，ここでは新民事執行法制定委員会のペロォ委員長らが「債権とマネーは1つである」[268]とし，両者を特段区別していないことを挙げて

---

[267]　Perrot et Théry, *Procédures civiles d'exécution*, Dalloz, 2000, p.397.

おくにとどめる。

　セジ・アレは，債権者と債務者との間に未払いの金銭債権が存在している場合，未払い債権の存在は認められるが，原因債権の金額については債権者と債務者の間で争いがある場合に，有効判決によって当該未払い債権の存在ないし金額に関する争いが決着するまでの間，第三債務者が債務者の財産の保管人（*dépositaire*）として当該金銭債権を保管し，債務者に返済することを禁じる手続として構成されていた。新民事執行法のセジ・アトリビュシオンも，同様に差押令状を送達された第三被差押人は差押えの目的物を執行債務者に引渡すことを禁じられ，執行債務者はその処分権限を失うと構成されている。差押えは執行債務者の責任財産を目的としているから，第三被差押人の財産に直接，差押えを行うことは認められないが，第三被差押人は執行債務者の金銭額または金銭額表示の債権を保管しているので，第三被差押人に対して直接差押令状を送達するのである。

　第三被差押人が執行債務者の財産を保管する者であるとするフランス法上の金銭債権執行の第三被差押人の地位は，わが国の貸金庫保管物を目的とする差押えにおける金融機関の立場と比較することができよう。フランス新民事執行法も金融機関の貸金庫内に格納保管された執行債務者の資産に対する特別の手続としてセジ・デ・ビアン・プラセ・ダン・ル・コフル・フォール（*saisie de l'objets placés dans le coffre-fort*）手続を新設したが（新民事執行規則266条から282条）[269]，旧強制執行法下では，差押えの目的物が保管されている貸金庫契約が寄託契約である場合は，貸金庫保管物に対する差押えはセジ・アレの方法で差押えを行うと理解されていたので[270]，金銭債権差押えは貸金庫保管物に対する差押えに類似し，第三

---

[268] Ibid., p.363.
[269] セジ・デ・ビアン・プラセ・ダン・ル・コフル・フォールは，債務名義を有する債権者の申立てに基づき執行士が保管者に対して差押えを通知し，利用者を含めすべての者の貸金庫へのアクセスを禁じ，その後債務者（利用者）に対して支払いの催促（コマンドマン）を行い，15日後の債務者（利用者）または代理人の出頭を得て，貸金庫を開扉し，保管物を換価差押え（セジ・ヴァント）手続によって行われる。
[270] 執行債務者の財産が金融機関の提供する貸金庫に格納されている場合，当該金融機関は執行債務者の財産を保管する第三者に相当するか否か議論があった。グラソンらは貸金庫契約が金融機関による保管場所の提供契約（賃貸借契約）である場合は，差押えの方法はセジ・アレではなく，通常の有体動産差押えであるセジ・エギュゼクシオンにより，当該貸金庫契約が寄託契約である場合は，貸金庫保管物に対する差押えはセジ・アレの方法で差押えを行うとした（Glasson, Morel et Tissier, *Traité théorique et pratique d'organisation judiciaire, de compétence et de procédure civile*, 3e tome IV, Sirey, 1932, p.215）。一部の判例は貸金庫保管物に対する差押えをセジ・アレで行うこととしているが，クシュ

被差押人は貸金庫を提供する金融機関と同様の立場に立つことを示唆している。さらに，旧強制執行法のセジ・アレの目的物は金銭債権が中心であったが，第三者が債務者の有体動産を預っている場合にも適用されていたのであり，このことも金銭債権の第三債務者と有体動産の保管者とが同等視されていたことを示すものである。従来，わが国では貸金庫保管物に対する差押えの方法について議論があったところで，最高裁平成11年11月29日第二小法廷判決[271]は，貸金庫は銀行の管理する施設内に設置され，銀行の保管するマスターキーによる施錠を解く必要があること，利用者は銀行の協力なしには貸金庫に格納された内容物を取り出すことができないことに鑑み，「銀行は，貸金庫の内容物に事実上の支配を及ぼして」おり，また銀行が「『自己ノ為メニスル意思』(民法180条)(同条)を持って貸金庫の内容物を所持している」とし，「銀行は，貸金庫の内容物について，利用者と共同して民法上の占有を有する」としている。この判断はフランスの貸金庫保管物に対する差押えと共通しており，この場合の銀行は金銭債権の第三債務者の地位にある。

なお，金銭債権執行はセジ・アレからセジ・アトリビュシオンに改正されたが，第三者が債務者の有体動産を保管する場合については，依然としてセジ・アレの方法が取られており，新民事執行法がセジ・アレを完全に廃止したわけではない[272]。

    は，貸金庫においては金融機関は賃貸人に過ぎず，保管物を返戻する義務を負わないので，セジ・アレの方法は妥当ではなく，判例もこれを理解するようになったとしている (Cuche, *Précis des voies d'exécution et des procédures de distribution*, 4e éd., Dalloz, 1938, p.89)。ペロォらは旧強制執行法では，貸金庫保管物に対する差押え方法が，セジ・エギュゼクシオンなのかセジ・アレなのか明確でなく（前者であるとすると事前の督促が差押えの実効性の障害となった），これが新民事執行法で特別手続を規定することにつながったとする (Perrot et Théry, *Procédures civiles d'exécution*, Dalloz, 2000, p.662)。寄託契約の貸金庫の場合には，当該金融機関は債務者の財産を保管しているという構成をとることになり，金銭債権と貸金庫内の執行債務者財産が同じような性格を有することになり，第三債務者は債務者の金銭資産を保管していることになる。
271) 最高裁平成11年11月29日第二小法廷判決（判タ1017号（2000）293頁，判時1694号（2000）3頁，金判1081号（2000）29頁，金法1567号（2000）10頁）。大西武士「判批」判タ1040号（2000）84頁，浅生重機「判批」金法1571号（2000）24頁。最高裁は，貸金庫の内容物については，民事執行法143条に基づいて利用者の銀行に対する貸金庫契約上の内容物引渡し請求権を差し押さえる方法により，強制執行することができるとした。
272) ペロォ・ルブールは，1982年度財政法94条Ⅱ項によって有価証券は発行体または代行者の帳簿に記載されるのみで，券面現物が存在しなくなったことから，金融商品に対する強制執行に当たってセジ・ヴァント，セジ・アトリビュシオン，セジ・コンセルヴァト

さて，フランス法上の「金銭債権の保管」という構成はわが国の債権に対する理解と異なっているが，フランス法上，金銭債権は「動産」，「無体動産」と構成されているため，金銭債権を保管する (dépositaire) という構成が可能になっている。執行債務者が第三被差押人に対して金銭債権を有することは，債権者と債務者の間に法鎖が存在するのではなく，執行債務者の金銭債権を第三被差押人が保有していることなのである。一方，わが国では金銭債権は保有の対象となる「物」ではなく，「純粋に観念的な，思考の中にのみ存在する対象」[273]とされているので，フランス法上の金銭債権執行の構成をとることは困難である。わが国では第三債務者は執行債務者に対してのみ人的関係を有するが，フランス法では債権者は執行債務者の無体動産を保管する第三被差押人に対して追及することができる。このようなフランスにおける金銭債権の構成はフランス民法典に根拠がある。

2　フランス法の「財産」概念

フランス民法典第2編「財産権と所有権の諸形態」は，「すべて財産 (biens) は動産または不動産である」(同516条)，「財産は，その性質または法の定めるところにより動産」(同527条) であり，「支払うべき状態にある金銭または有価証券を目的とする債務および株式および金融・商業・工業会社の株式または持分は，法律上，動産である」(同529条)[274]と規定する。この点は後述のボアソナードの講義録の説明のとおりであり，同1項にいう「期日の到来した金銭額を目的とする債務」(les obligation qui ont pour objet des sommes exigibles)[275]は動産とされてい

　　ワールのいずれによって行うことが妥当かと問題提起し，記帳上の資産口座の管理者と顧客との契約が預金の場合，銀行は返戻する義務を負うので，有価証券が記帳上の存在である場合には，セジ・アトリビュシオン手続が妥当であるとしている (Perot-Reboul, l'exécution forcée des instruments financiers, D 2000, Doct., p.357)。
273)　中野貞一郎『民事執行法［新訂4版］』(青林書院，2000) 579頁。
274)　これは金銭債務（債権者または第三者から見て金銭債権）と理解される。
275)　ボアソナードの講義録を訳した加太らは，droit réel に「対物権」を当て，droit personnel については，「仏国ニ於テハ之ヲ人権（ドロワーペルソンネール）又債主権（ドロワードクレアンス）ト云フ此権ハ人ニ対スル権ナルカ故ニ格段ニ人権ト云フ語ナキ国ニ於テハ対人権（ドロワーコントルレペルソンス）ト称スルヲ穏当ナリトス」として，「対人権」の訳を当てるが，他の場所では「物権」，「人権」の訳も当てている（ボアソナード氏起稿（加太＝一瀬＝藤林訳）『民法草案財産編講義』（筑波大学図書館蔵，発行年不詳），19頁)。フランス民法典は財産権として，"droit réel" と "droit personnel" を区別する。"droit réel" と "droit personnel" の区分はローマ期の対物訴権 (actio in rem) と対人訴

る。フランス法上，財産に対する権利はその性質によって「物的権利」と「人的権利」に分けられ[276]，「物的権利」はわが国の物権に，「人的権利」は同じく債権に対応し，フランス民法典の物的権利・人的権利の区別はわが国民法の物権・債権の区別と同じようであるが，このような理解は2つの意味において不正確である。まず，上記のとおりわが国の民法では，物権，債権は財産権であるのに対して，フランス民法典では，財産はあくまでも動産または不動産であって，その財産に対する権利の性質として，物的権利と人的権利の2つの権利が存在し[277]，債権は動産とされるのである。さらに，わが国の民法では財産権としての物権と債権は対立し[278]，物権と債権との間には共通する点はないが，フランス民法典では物的権利，人的権利は財産に対する権利として共通の性格を有するのであ

権（*actio in personam*）の区別，フランス古法における"*jus in re*"と"*jus ad rem*"の区別に由来するが，前者は物に対する旧来の権利であって，固有の意味における物権であり，後者は権利者に物を取得せしめる権利で，対人権ではないが物権よりも程度の低い権利であり，わが国民法上の「物権」概念，「債権」概念とは異なっている。これをわが国民法にいう「物権」，「債権」に相当するとして訳すと差異を捨象する結果になるので妥当でなく，本書では"*droit réel*"を「物的権利」，"*droit personnel*"を「人的権利」と訳すことにする。

276) マロゥリィらは「権利の性質を決定するのは，その目的物の物理的な性質である」とする（Malaurie et Aynès, *Droit civil-les biens, la publicité foncière*, 4e éd., Cujas, 1998, p.41）。物的権利と人的権利の区別はローマ法に遡る。ローマ法では，まず*mancipium*として所有権の概念が成立し，また所有と占有とを区分し，さらに物的権利（*sacramentum in rem*）と人的権利（*sacramentum in personam*）の区分が成立し，前者には追及効と優先権が与えられた。

277) 佐藤教授は，フランスでは債権を訴訟において行使する場合には，対人訴訟となり，物権を訴訟において行使する場合には，対物訴訟となるとし，対物訴訟は，その物権の客体たる物を保持している者すべてに対して提起することができると説明する（佐藤岩昭『詐害行為取消権の理論』（東京大学出版会，2001）83頁）。詐害行為取消権の構成として，これを*action in rem*ととらえ，詐害的に譲渡された物を，現在それを保持している第三者から取り戻し，その物を詐害行為前の状態に戻すことに求め，この訴権を行使した債権者は，詐害行為の目的物に対して追及権を有しているのであり，この追及権は目的物を取り戻すという機能をもつ物的権利であるとし，詐害行為の目的物自体を追及する対物訴権であるとする意見がある一方で，債務者の詐欺及び受益者の共謀によって惹起された債権者に対する損害の賠償を目的とする訴権であり，純粋な対人訴権であるとする意見があるとしている。後者は，債務者はすでにその目的物を受益者に譲渡しているから，再び所有者となることはできず，それゆえ，その目的物を受け取ることはできず，債権者は，ただその目的物を差押え，そして売却し，その売得金から損害の賠償を得る権利を有するだけで，目的物自体に対しては何ら権利を有しないとし，現在の通説であるとしている。

278) 我妻栄『新訂債権総則』（岩波書店，1964）7頁。

第2章　比較法の対象としてのフランス法選択の理由

　る。

　マロゥリィらは「債権は金銭価値（*valeur pécuniaire*）を有するものであり、物的権利であれ人的権利であれ、すべて財産である」[279]とし、財産法を「ひとの利用に供する富に関する法」[280]と定義し、財産を事物と権利との関係ととらえ、「狭義では、権利の対象となりうる有体物が存在する場合にのみ、財産が存在し、これを物的権利とし、財産に関する民法第2編は物的権利のみを目的として構成された」が、「財産という語はより広い意味を持ち、他の2種類を含む。1つは、現在では無体財産権と呼ばれる権利、すなわち、事業の上に及ぶ無体権利（*droits incorporels*）であり、フォン・ド・コメルス（*fonds de commerce*）[281]、自営業者の顧客層（*clientèle d'une profession libérale*）、著作権（*propriété littéraire*）、特許権（*brevet d'invention*）[282]などであり、もう1つは、金銭価値を有する債権である」として、「人的権利も財産である」としている[283]。フランス法では金銭債権

---

[279] Malaurie et Aynès, *Droit civil- les biens, la publicité foncière*, 4e éd., Cujas, 1998, p.16. オーブリーらは、一定額の金銭の支払を目的とする債権、株式や会社の資本の持分を無体動産（*meubles incorporels*）と分類し、占有（*possesion*）の対象は原則として有体動産であり、無体動産はその性質上、準占有の対象であり、所持人払いの証券で具体化された債権を除いて債権は、占有、準占有の対象ではないとする（Aubry et Rau, *Cours de Droit civil français d'après la méthode de Zachariæ*, tome II, 6e éd., Marchal & Billard, 1935, p.110）。占有は、所有権を推定させるので、それが奪われた場合には取戻し（*revendication*）を認められる。これが市場などで善意の取得者が現れた場合、これと異なり、取戻しには正当な支払を要する。無体動産の場合には盗難紛失の取戻しは証券化されていない限り、原則として関係がない。

[280] Malaurie et Aynès, Ibid., p.14.

[281] "*fonds de commerce*" または単に "*fonds*"（フォン）と呼ばれ、「商業資本」、「商業権」、「商業所有権」、「商業財産」などと訳される。1909年3月17日法（Loi du 17 mars 1909, relative è la vente et au nantissement des fonds de commerce またはコルドレ法（Loi Cordelet））が法文に取り入れた。商業に固有の財産に関わる概念であり、店舗の賃借権（*pas de porte*）、のれん（*enseigne*）、固定顧客層（*clientèle fidele*）などの無体価値から成る。フォン・ド・コメルスはフランス法に固有の概念であるが、現実には商号、特許、賃借権などの個別の要素に基づいて計算され、顧客層は考慮されていない（Malaurie et Aynès, *Droit civil-les biens, la publicité foncière*, 4e éd., Cujas, 1998, p.71）。タンジブルな動産・不動産ではなく、あくまでも無体財産権であり、その一方、担保の設定が可能とされている。フォン・ド・コメルスに財産権としての性質が与えられたのは、フランス国内における都市の発達、ブルジョアジーの形成、商取引が占める地位が背景にあると考えられる。

[282] "*brevet d'invention*" は国家機関への登録を要する点でわが国の「特許権」に相当する。"*propriété littéraire*" を「著作権」と訳しても大きな誤りはないと思われる。"*clientéle d'une profession libérale*" は、わが国で対応する概念がない。

111

は「財産」,「動産」であって，所有権の対象であって，物的権利，人的権利はいずれも金銭価値を有する限り，ひとしく「財産」なのである。フォン・ド・コメルスや著作権などの新しい財産形態もすべて動産の中に取り込み，所有権は不動産や動産上の物的権利という伝統的な分野から，フォン・ド・コメルスを含むさまざまな無体財産に適用されることになったが，債権はフォン・ド・コメルスや著作権が財産権化する以前から，すでに「動産」であったのである。動産が有体であること，無体であること，あるいは動産・不動産という区別は抽象的であり，財産そのものに影響しないのである。

マルティらは，債権は無体動産であって，有体動産に適用される民法典 2279 条（占有の権利推定の規定）は適用されないが[284]，債権者の権利は，特別の資格や一般担保の権利を通じて，物的権利の権限のある者の状況と同一であるとし，当初は占有 (*possession*) とは行為や事実上の権限を意味していたが，人的権利についても債権の占有 (*possession de créance*) が認められるに至ったとしている[285]。クニベルチも同様の趣旨を述べている[286]。

このように債権を「無体動産」であると構成することによって，債務者は債権者の金銭債権を保管する者という構成が可能となるのである。財産は独立した富であり，これを第三者が保有する場合，第三者は「保管者」としてこれを保有し，債権に対する差押えを有体動産に対する差押えと同様に処理することが可能となる。債務者の金銭債権は，有体動産と同じように「第三債務者の手中に」置かれるのであるから，金銭債権を差し押さえる債権者は，第三債務者に債権の「引渡し」を求めるという構成になる。わが国民事執行法 170 条は，金銭の支払いを目的としない請求権についての強制執行について，差押えの目的物を第三者が占有している場合は，「債務者の第三者に対する引渡請求権」を差し押さえる方法によって行うが，この差押え方法がフランスの金銭債権差押えに近い。

---

283) Malaurie et Aynès, *Droit civil-les biens, la publicité foncière*, 4e éd., Cujas, 1998, p.16.
284) Marty et Raynaud, *Droit civil II-2e volume, les biens*, Sirey, 1965, p.396.
285) Ibid., p.20.
286) クニベルチは「銀行への決済の集中と経済のデマテリアリゼーションの進展を考慮すると，仮差押えの目的となる財産が現実には無体財産となることは議論の余地がない。古典的学説は物的権利が債権の上に成立しないとするが，破毀院は最近の判決でこの説には納得していない」としている (Cuniberti, *Les mesures conservatoires portant sur des biens situés à l'étrangers*, L.G.D.J., 2000, p.241)。

3　ボアソナード民法典の「財産」と現行民法の「財産」

　実は，債権を「財産」，「無体動産」または「物」と構成するフランス法の構成はわが国にとってまったく無縁ということもできない。ボアソナード民法典はフランス民法典の債権構成を採用しており，また民事訴訟法案を起草したテヒョーは，ボアソナード民法典を実体法の規定として金銭債権執行制度を構築したので，わが国金銭債権執行においてもフランス法と同様に第三債務者を金銭債権の保管者として，その責任を重くする構成が可能であった。次にこの点を検証してみよう。

　ボアソナードがフランス民法典の財産に関する規定をどのように理解していたか，来日直後の明治12年にわが国の法学徒に向けて行ったフランス民法の講義を記録した「佛国民法財産編講義」によってうかがうことができる。明治12年4月23日の講義の初回では，まず「財産」と「物」の区別を論じている。ボアソナードは「総テ宇宙間ニ在ル者ヲ称シテ物ト云フ而シテ物ノ人ニ属スル者ヲ名ツケテ財産ト云フ」とし，「物」として「有体物或ハ無形物（無形物トハ権利ノ事ナリ民法第三篇第六巻第八章ノ題目ニ在リ）（契約ハ一方ヨリ一方ニ與フ可キ物）又（物ヲ借用スル事云々）又（売買ヲ為スコトヲ得可キ物云々）」[287]と説明している。「物ノ人ニ属スル者ヲ名ツケテ財産ト云フ」のであり，価値を有し，人が所有するものが「物」であって，事物はひとが利用しない限り，なんら意味を持たないとされた。この点は前述のマロゥリィらの財産にかかわる説明と照応するところである。

　明治12年5月14日講義第5号では同527条の「財産ハ其性質ニ因リ動産ト為ス物有リ又ハ法律ノ定メニ因リ動産ト為ス者アリ」に基づいて動産を説明し，同529条1項の「金高又ハ動産ヲ目的ト為シタル義務及ヒ訴権又ハ銭糧貿易工作ノ会社[288]ニ加ハリタル株式及ヒ利益ハ其会社ニテ其興作ニ管シタル不動産ヲ所有シタル時ト雖モ法律上ニ定メタル所ニ因リ之ヲ動産ト看做ス可シ但シ其株式及ヒ利益ハ其会社ノ在続スル時間ノミ会社中ノ各人ニ付テ之ヲ動産ト看做ス可シ」として法律上動産とされるものを挙げ，ここで「金高又ハ動産ヲ目的ト為シタル義

---

[287]　司法省蔵版『佛国民法財産編講義』（小笠原書房翻刻，1883）1，2頁（大島三四郎筆記）。

[288]　なお，「銭糧貿易工作ノ会社ニ加ワリタル株式及ヒ利益」の「銭糧会社，貿易会社，及ヒ工作会社，等ハ即チ法律上常ニ無形人」であると説明しているが，「無形人トハ之ヲ大ニシテハ一国ノ政府，及ヒ其ノ府県ノ如キ者是ナリ又之ヲ小ニシテハ人民自カラ興起スル所ノ貿易会社ノ如キ者ヲ云フ」とあり，この規定にいう「無形ナル人」とは，法人を指すと思われる（省蔵版，同上21頁（一瀬勇三郎筆記））。

務」すなわち「金銭債権」を動産としているのである。これらの講義において，ボアソナードは，フランス法上の財産には動産と不動産があること，動産の中には「性質」により動産であるものと「法律」または「目的」によって動産とされるものがあること，金銭および動産を目的とする義務や訴権は目的から動産とされるものであることを説明している。

明治12年の作成と想定される『民法草案ニ付ボアソナード氏意見書説明筆記』の冒頭にわが国の民法典の構成を体系化した「民法草案目録」[289]が置かれている。

「民法草案目録」は，まず，民法総則として「第1編人（人ノ身分ノコト）」，「第2編物権及人権」，「第3編物権及人権ヲ得ル方法」，「第4編人権ノ保証」に大別し，第2編では物権として所有権，保有の権，無期の賃貸，入額所得使用および住居の権，土地の義務を挙げ，人権として法律上の債主権および義務，自然の債主権および自然の義務を挙げている。ここで物権は"droit réel"，人権は"droit personnel"の訳と思われる。

ボアソナードは牟田口通照，箕作麟祥，大木喬任の質問に答えて「私権ニ物権ト人権トノ二アリ，即チ人ニ対スルト物ニ対スルトノ別ナリ」とし，「仏民法ニハ第二編ニ物権第三編ニ所有ヲ得ルノ方法ト云フ表目アリテ此編ニハ物権人権相混シテ説ケリ」，「故ニ予（ボアソナード）ハ第二編ニ人権物権ヲ説キ第三編ニ人権物権ヲ得ルノ方法ヲ説」くこととし，「第三編ニ人権物権ヲ得ルノ方法トシテ人権物権ヲ一緒ニ説ク理由ハ凡ソ所有ヲ得ル方法ト云ヘハ人権物権ノ論ナク一緒ニ説クコト当レリ」と説明している[290]。すなわちボアソナードはフランス法の財産としての権利に物的権利，人的権利があり，これは単に物の上に成立するか，人に対して成立するかの差であるとし，このフランス法上の物的権利，人的権利に倣ってわが国民法典を起案したのであるが，後述のとおり，この点が法律取調委員会の村田保委員や梅博士の批判を受けるところとなったのである。

それから1年後の明治13年5月からボアソナードは自身が起草した「民法草案財産編」について講義を行っている。草案財産編第1条は「人民会社，国県邑，又ハ公舎ノ財産即チ家産ヲ組成スル権利ニ二種アリ物上権（ドロワーレール）

---

289) 大久保泰甫＝高橋良彰『ボアソナード民法典の編纂』（雄松堂出版，1999）25頁，91頁は，同目録の成立を明治12年であると推定しており，起草の委託を受けてすぐに起案されたようである。

290) 大久保泰甫＝高橋良彰・同上330頁。

及ヒ対人権（ドロワーペルソンネール）是ナリ」としている。これは後のボアソナード民法財産編第1条に取り入れられた。明治13年5月19日の第2回講義でボアソナードは財産の例として土地・書籍を挙げ、「土地書籍ノ如キハ吾人ニ幸福ヲ與フル物ニ非ス吾人ニ幸福ヲ與フル物ハ土地書籍等ニ就キ吾人ニ属スル権利ナリ」、「物ト権利ト親合シテ始メテ一財産ヲ成ス」と述べている[291]。また「財産ハ権利タル事」とし、さらに「物権ニ就テハ権利ノ主眼タル人ト其目的タル物品トノ二者アルノミ故ニ此書籍ハ余ニ属スト云ヘハ権利ノ主眼タル人即チ所有主ナス余ト目的ナル書籍トニテ充分満足シ他ニ人アルヲ要セサル」のであるが、「人権ニ就テハ権利ノ主眼タル二個ノ人即チ権利者義務者ト其目的タル物品トノ三者アルヲ要ス」と述べている[292]。明治13年6月14日の第8回講義では「法律ノ定メニ因リ動産タル者ハ左ノ如シ」として、第一に「物的権利」、第二に「金額、日用品、商品又ハ其他有形ノ動産ノ所有権ヲ得又ハ取戻スヲ以テ目的ト為ス対人権即チ債主権」として、債権を財産としている。また、明治13年9月15日の第16回講義では「物権ヲ有スル者ハ直チニ之ヲ其物上ニ執行スルヲ得ルト雖モ人権ハ義務者ニ対シテ之ヲ行ヒ若シ其請求ニ応セサルニ於テハ裁判ノ方法ヲ以テ其義務ヲ尽サシム」であるとしている。また、権利には「債主権（人的権利）ノ如ク一時ノ権ト所有権ノ如ク永久ノ権トアリ」として、人的権利と所有権を対照させている[293]。

さらに『ボアソナード氏起稿―民法草案修正文自第501条至第1502条』[294]という文献も残されている。この民法草案修正文第2編の財産の前置条例501条1項は「財産ハ各人若ハ公私ノ無形ナル人ノ資産ソ組成スル権利ナリ」、同2項は「此権利ニ二種アリ物上ノ権及ヒ対人ノ権即債権是ナリ」と定めている[295]。また同502条1項は「物権ハ直ニ之ヲ物ノ上ニ行ヒ且諸人ニ対抗シ得ヘキモノニシテ

---

291) ボアソナード氏起稿（加太＝一瀬＝藤林訳）『民法草案財産編講義』（筑波大学図書館蔵）17頁（以下「ボアソナード講義」）。
292) ボアソナード講義，22頁。
293) ボアソナード講義，207頁。
294) ボアソナードは，明治13年5月14日の民法草案財産編第1回講義で，フランスの財産を意味するビアン（biens）はラテン語のボナ（bona）に起源があり，「吾人ニ幸福ヲ與フル物ノ義ナリ」と説明しており（ボアソナード講義11頁），フランス民法に言う富（richesse）の概念を意味するものと思われる。また，財団の説明については，ボアソナード氏起稿『民法草案修正文自第501条至第1502条』（筑波大学図書館蔵）17頁（以下「ボアソナード修正文」）を参照。
295) 501条から503条の条文は，ボアソナード修正文1頁から3頁を参照。

首タルアリ又従タルアリ」と規定し，同2項で主たる物権として，所有権，住居権，地上権，占有権を挙げ，同503条1項は「人権即債権ハ定マリタル人ニ対シ法律ノ認ムル原由ニ因テ其負担スル給作ノ義務又ハ封作ノ義務ヲ尽サシムル為メニ行フモノニシテ亦首タルアリ又従タルアリ」し，同2項は「首タル人権ハ本編ノ第二部ニ記載ス」としている。第2部は「人権即債権並ニ義務ノ総則」の規定であるが，その前置条例の814条1項は「人権即債権ハ第五百三条ニ定義シタル如ク常ニ義務ト相対ス」，2項は「義務トハ一人又ハ数人ヲシテ他ノ定リタル一人，又ハ数人ニ対シ事物ヲ與ヘ又ハ為シ又ハ為ササラシムル所ノ制定法又ハ自然法ノ束縛ヲ云フ」と定め，さらに3項は「義務ヲ負フ者ヲ債務者ト云ヒ義務ニ因リ利益ヲ受クル者ヲ債権者ト云フ」[296]と定めている。民法草案修正文503条2項を受けた第2部816条は「義務ノ生ス原由左ノ如シ」として，合意および契約，不当利得，不法行為，法律の条例を挙げている。第2部第2章は義務の効力を規定し，同901条1項は「其義務ノ直接ナル執行ノ為メ又其執行ナキトキハ損害賠償ノ為メ法衙ニ訴フルノ権利ヲ債権者ニ與フルニ在リ」，同902条1項は「債権者カ義務ノ旨趣ニ従ヒ其義務ノ直接ナル執行ヲ請求シ且債務者ノ身体ヲ拘束セスシテ其執行ヲ得ヘキ諸般ノ場合ニ於テハ裁判所ハ左ノ如ク命ス可シ」とし，同3項は「為スノ義務ノ執行ニ関シテハ裁判所ハ債務者ノ費用ヲ以テ第三ノ人ニ之ヲ執行セシムルコトヲ債権者ニ允許スヘシ」，同6項は「債務者ニ対スル強令ノ執行方法ハ訴訟法ニ規定ス」と定めている。また，前後するが，同506条は同501条の「物上ノ権」にいう「物」を定め，「物ニ有体ナルアリ又無体ナルアリ」とし，「無体ナル者トハ智能ノミニテ理会スルモノヲ云フ即左ノ如シ」として，その第一に「物権又ハ人権」，第二に「著述，技術又ハ製作ノ所有権」，第三に「発開シタル相続，解散シタル会社又ハ清算中ニ於ケル合資ニ係ル財産及ヒ債務ノ包括」を挙げている[297]。この点も，フォン・ド・コメルスや著作権を無体動産とする前述のマロウリィらの説明と照応する。さらに，同531条本文は所有権について「所有権トハ最モ広ク物ヲ使用シ収益シ処置スル自然ノ権利ヲ云フ」[298]と規定し，同693条1項は占有権について「自己ノ為ニ有スルノ意思ヲ以テ有体物ヲ所持シ又ハ権利ヲ行フコトヲ云フ」，同2項は「総テ権利ハ物権ト人権トヲ問ハス民法上ノ占有ヲ為スコトヲ得」[299]と規定している。この点は，債権に対する占

---

296) ボアソナード修正文220頁。
297) ボアソナード修正文5頁。
298) ボアソナード修正文27頁。

有を認める前述のマルティらの説明と同じ趣旨である。民法草案修正文 859 条 1 項は債権者代位権について「債権者ハ其債務者ニ属スル権利ヲ伸暢シ及ヒ物権ニ係ルト人権ニ係ルトヲ問ハス其訴権ヲ行フコトヲ得」[300]と定め、同 2 項は「右ニ就キ債権者ハ渡方差留ノ方法ニ因リ若ハ他人ニ対シテ債務者ノ行ヒ又ハ債務者ニ対シテ他人ノ行フ訴訟ニ参加スルノ方法ニ因リ若ハ訴訟法ニ遵ヒ裁判上ノ代位ヲ得テ第三ノ人ニ対シテ行フ間接ノ訴権ニ因リ弁理ス」と規定し、同 861 条 1 項本文は詐害行為取消権について「債権者ノ詐害スル所ノヲ取消ハ債務者ト結約セシ第三ノ人ニ対シ債権者ヨリ廃棄訴権ニ因リ訴求スルコトヲ得」と定めた。同 902 条は債権者の執行を求める訴権について「債権者カ旨趣ニ従ヒ其義務ノ直接ナル執行ヲ請求シ且債務者ノ身体ヲ拘束セスシテ其執行ヲ得ヘキ諸般ノ場合ニ於テハ裁判所ハ左ノ如ク命ス可シ」、「有体物ノ引渡ニ関シ其物債務者ノ財産中ニ在ルトキハ裁判所ノ権力ヲ以テ之ヲ差押ヘテ債権者ニ引渡スヘシ」[301]と規定した。以上のとおり、ボアソナード民法典における債権の構造はフランス民法典を踏襲するものであった。

　明治 15 年（1882 年）に物権の部の修正増補版が、明治 16 年（1883 年）に人権義務の部の修正増補版が完成し、明治 19 年（1886 年）に第 2 編財産編の第 1 部物権、第 2 部人権と第 3 編の一部は内閣に上申されている。民法草案がそれぞれ一部のみ起草された状態で上申されたのは、当時同様に起草の過程にあった民事訴訟法や商法などと照合することができるようにするための配慮であった。

　ボアソナードの起草した民法草案が元老院に下付された明治 19 年に井上馨の発案により、商法典の編纂を担当するロエスレルに民法草案に対する意見が求められた。ロエスレルは「一国ノ民法ハ其国民ノ性情ニ適合セサルヘカラサルコト」とし、「若シ前来未聞ノ新奇ニ係リ、人民ノ思想及ヒ感情ト相乖離スル如キ民法ヲ施行スルトキハ、即人民一般ニ之ヲ理解スルコト能ハス」であるとし、「今日本ニ於テ新ニ民法ヲ制定スルノ一事ハ実ニ潜考熟慮ヲ要スヘキ重要事件」として、慎重を期すべき旨の意見を述べている。これがのちに明治 20 年代前半のいわゆる民法典論争に発展したとも言われている[302]。

　明治 19 年 3 月に民法編纂局は閉局され、司法省民法編纂委員に引き継がれ、

---

299)　ボアソナード修正文 134 頁。
300)　ボアソナード修正文 255 頁。
301)　ボアソナード修正文 292 頁。
302)　大久保泰甫＝高橋良彰『ボアソナード民法典の編纂』（雄松堂出版，1999）77 頁。

草案は元老院に下付された。法律編纂全体を主導する法律取調委員会が外務省に置かれ，翌年明治20年（1887年）に法律取調委員会は司法省に移管され，同年民法典草案の審議が開始された。明治22年1月に民法典草案1500条，財産600条，財産取得400条，担保300条，証拠200条が元老院に下付された。明治23年（1890年）に民法典，すなわちボアソナードが直接起草を担当した「民法財産編・財産取得編前半（第1章から12章）」「債権担保編」「証拠編」（明治23年（1890年）法律第28号，4月21日公布）と日本人委員起草の同人事編，財産取得編後半（第13章から15章）（同年法律第98号同月7日公布）が公布され，明治26年（1893年）1月1日施行と定められた。

このようにしてできあがったボアソナード民法典財産編1条1項1文は，個人，法人を問わず，また公私を問わず，財団を構成する権利を財産とし，同1項2文で財産に物的権利と人的権利があるとしていた[303]。同1条2項は，所有権，占有権などの主たる物的権利と留置権，先取特権などの付属的物的権利を挙げ，さらに同1条3項では，人的権利を，法の認める原因により，特定の者に対してその給付またはその回避を強いる権利であり，主たる人的権利と保証，連帯債務など他の債権の担保となる付属的人的権利があるとし，同41条は，所有権の取得，保持，譲渡は，財産編と財産取得編によると定め，さらに，ボアソナード民法典財産取得編1条は，財産の取得については，物的権利と人的権利について共通の規定を適用することとしていた。すなわち，財産である人的権利，物的権利は所有権の対象でもあるとされていたのである。

またボアソナード民法典財産編第2部第2章381条は，債権の効果として，主位的に債務の直接の履行を裁判所に求めること，副次的に債務不履行の場合の損害賠償の請求を裁判所に求めることと定義し[304]，同債権担保編第1条1項は「債権者ノ総財産ハ動産ト不動産ト現在ノモノト将来ノモノトヲ問ハス其債権者ノ共同担保ナリ但法律ノ規定又ハ人ノ処分ニテ差押ヲ禁シタル物ハ此限ニ在ラス」，同1項2文は「債務者ノ財産カ総テノ義務ヲ弁済スルニ足ラサル場合ニ於テハ其ノ債権額ノ割合ニ応シテ之ヲ各債権ニ分与ス」，同1項3文は「財産ノ差押，売却及ヒ其ノ代価ノ順序配当又ハ共分配当ノ方式ハ民事訴訟ヲ以テ之ヲ規定

---

303) 物的権利は場合によって物権とも訳され，また人的権利も場合によって債主権，人権，対人権と訳されている。

304) ボアソナード『仏文・日本民法草案［復刻版］』（明治24年版復刻）（有斐閣，1984）153頁。

ス」と規定し，同2項は特定の債権担保に，人的担保として保証，連帯債務，不可分債務，物的担保として，留置権，動産質権，不動産質権，先取特権，抵当権を規定した305)。債権担保編第1条1項はフランス民法典2093条306)にならった規定である。

　フランス民法典2093条は，債務者の財産が債権者の共通担保であること，法的原因による優先権がない限り，対価は配当に供されることを規定するのみで，フランス民法典にボアソナード民法典債権担保編1条1項2文のような細かな配分規定は見られない。またフランス民法典2094条は「法的原因による優先権」を先取特権と抵当権と規定しているのみであり，ボアソナード民法典債権担保編1条2項のように債権担保の種類を列挙していない。ボアソナード民法典債権担保編は，3条から50条に保証，同51条から85条に連帯債務，86条から91条に不可分債務，92条から96条に留置権，97条から130条に質権，131条から194条に先取特権，195条から298条に抵当権を規定しており，これらの人的担保，物的担保が債権担保法を構成していたのである。ボアソナード民法典は人的・物的担保が債権を担保するという共通の目的を持つものとして構成されており，わが国の現行民法の構成と大きく異なっている。最近わが国でも債権法と担保物権法を一体としてとらえているが，フランスにおいては一般に担保 (sûreté) を債権の補完手段として，債権法と担保法を表裏一体と理解するアプローチが見られる307)，ボアソナード民法典の構想はフランス法の伝統に沿うものであった。なお，フランス民法典の連帯債務は所有権取得方法編の債権の章に規定されるが，保証は所有権取得方法編に規定され，また同2093条の債務者財産を共通担

---

305)　ボアソナード・同上349頁。

306)　フランス民法典2092条は，"Quiconque s'est obligé personnellement, est tenu de remplir son engagement sur tous ses biens mobiliers ou immobiliers, présents et à venir"（個人的に債務を負う者はなんびとであれ，現在および将来のそのすべての動産または不動産によりその債務を果たさなければならない）と定め，2093条は，"Les biens du débiteur sont le gage commun de ses créanciers; et le prix s'en distribue entre eux par contribution, à moins qu'il n'y ait entre les créanciers des causes légitimes de préférence."（債務者の財産は，債権者の共通担保である。債権者の間に優先権の法的原因がない限り，対価は配当によって配分される）と定める。さらに，同2094条は，"Les causes légitimes de préférence sont les privilèges et hypothèques"（優先の法的原因とは先取特権と抵当権である）と定める。

307)　Jobard-Bachellier, *Droit civil-Sûreté, publicité foncière*, 13e éd., Dalloz, 2000, p.3, Cabrillac et Mouly, *Droit des Sûretés*, 5e éd., Litec, 1999, p.3, Perrot et Théry, *Procédures civiles d'exécution*, Dalloz, 2000, p.7.

保とする条項は先取特権，抵当権の章に規定される構造となっており，ボアソナード民法典の構造はフランス民法を逆転させた構造になっている。星野教授はこのような条文の構造はボアソナードの発案と推理している[308]。

明治23年（1890年）に一応公布されたものの，明治25年（1892年）には明治29年12月31日まで施行を延期することになり，さらに明治29年に1年半再延期され，結局施行されないまま現行民法が施行されることになった。

富井博士はボアソナード民法典を「最モ著シキ瑕疵ハ其条文ノ冗長繁多ニ過」ぎ，「多クノ条文ハ実ニ無用ナリ」と批判した[309]。民法典の修正にあたっては，フランス法のインスティテュート・システム構成が廃され，ドイツ民法典（BGB）に倣ったパンデクテン・システムの編成が採用され，「物ノ種別ニ関シテ頗ル細密ナル規定ヲ掲ケタリト雖モ其条文煩雑ニ過キ実用ヲ為スコト極メテ少ナキカ如シ本案ニハ成ルヘク其必要ナキ規定ヲ削除シ唯其最モ適用多ク且或ハ疑義ヲ生スヘキモノノミヲ存シ之ニ適当ト信スル所ノ修正ヲ加ヘタリ」[310]という基本姿勢に基づいて修正が加えられた。

ボアソナード民法典の修正に当たっては，法律取調委員会の村田保委員が同民法典の「財産」，「債権」に対して行った批判が注目に値する。ボアソナードは「人権物権ヲ一緒ニ説ク理由ハ凡ソ所有ヲ得ル方法ト云ヘハ人権物権ノ論ナク一緒ニ説クコト当レリ」として，物権と人権を包括的に規定したが，村田委員はボアソナード民法典が物権と人権を同視していることを理解し難いとし，この点を民法草案に対する批判の一因であるとした。村田委員はボアソナード民法草案財産編が「第一条ニ財産ハ即チ権利トシ之ニ物権ト人権トアルコトヲ示シ且財産中ニハ広ク物ヲ包含セシメタリ又タ第六条ニ物ニ有体ト無体トヲ分チ有体物ハ現物トシ無体物ハ権利トシテ物ニハ現物ト権利トアルコトヲ示セリ然ルニ第百九十二

---

308) 星野教授は，ボアソナードはフランス民法典の諸規定の配分と編成がいくつかの点で論理的でないと考え，旧民法点で規定を再編成したとする。ただし，その編別は，論理性を欠き，学問的根拠がなく，インスティテュート・システムよりもパンデクテン・システムは現代的であるとして批判されたとする（星野英一「日本民法典及び日本民法学説におけるG・ボアソナードの遺産」星野＝森島編『現代社会と民法学の動向（下）民法一般』（有斐閣，1992）62頁，63頁）。

309) 富井政章「法典ニ対スル意見（承前）」法協10巻（1892）1号38頁。富井博士は，フランス・リヨン大学に私費留学し，法学博士号を得ているが，ボアソナード民法典に対してはきわめて批判的で，当時起草中のドイツ民法草案を参考とすべきことを主張した。

310) 星野教授は修正案理由書第3章前文を引用する（星野英一「日本民法典に与えたフランス民法の影響」『民法論集第1巻』（有斐閣，1970）142頁）。

条ニテハ物又ハ権利ノ特定権原ノ取得者トアリテ物ト権利ト判然ト区別アルコトヲ示セリ右ノ諸条ニ付テ考フルニ初メニハ物ト権利ヲ一物トシ後ニハ物ト権利トヲ二物ト為セルカ如シ是即チ前後一主義ノ貫徹セサル所ナリ」と批判し，さらに「初メニハ物ト権利ヲ一物トシ後ニハ物ト権利トヲ二物ト為」すもので，ボアソナード草案の規定は「前後一主義ノ貫徹セサル」ところであると批判した。すなわち，「物」に有体物と無体物があるとするボアソナード民法典は「物権，人権モ亦常ニ権利ノ目的物トシタルカ為頗ル奇異ナル結果ヲ生」じ，たとえば「債権ノ所有権，地上権ノ所有権等ノ如キモノヲ認メサルコトヲ得」なくなり，「一般権利ノ種別殊ニ財産権ノ一大分類トセル物権ト債権トノ区別（財 1 条）ヲシテ紛淆錯雑セシメ遂ニ之ヲ識別スル標準ナキニ至レル」[311]とされ，「物」の定義は，総則第 3 章 85 条に移され，「物トハ有体物ヲ謂フ」こととされた[312]。すなわち，人的権利を「無体物」と構成したボアソナードの民法構想は排除され，人的権利と物的権利を包含した「財産」に関する規定は削除されたのである。

　ドイツ民法第 1 草案をモデルとして，明治 29 年（1896 年）に現行民法（法律第 89 号）が制定され，わが国の現行民法典は明治 31 年（1898 年）に施行された。

　わが国現行民法の起草者である梅博士は明治 44 年に刊行した「民法要義物権編」で，「物権 (jus in re, droit réel, dingliches Recht oder Sachenrecht) トハ物ノ上ニ直接自己ノ行為ヲ施スコトヲ得ル法律上ノ力ヲ云」い，その結果，物権には「優先権 (droit de préférence, Vorzug) ト追及権 (droit de suite, Verfolgungsrecht) トノ二効力ヲ生」じるとし，「優先権トハ通常ノ債権者ヨリモ先キニ其権利ヲ行フコトヲ得ルヲ謂ヒ追及権トハ何人カ物ニ付テ如何ナル権利ヲ取得スルモ之ニ陵駕スルコトヲ得ルヲ謂フ」として，物権の効力については，フランス法の物権の概念を採用しているが，「新民法ニ於テハ物トハ有体物ノミヲ云ヘルカ故ニ物権モ亦有体物ノミニ関ス」[313]とし，無体物の概念についてはフランス法に従わなかったと明確に述べている。

　このような判断に至った背景について，梅博士は「物」に有体と無体の別があ

311）　星野教授は富井・民法原論 264 頁を引用する（星野英一「日本民法典に与えたフランス民法の影響」『民法論集第 1 巻』（有斐閣，1970）143 頁）。

312）　星野教授は，現行民法の「物」の章は富井政章博士が起草され，旧民法からの修正が著しく，「物」の定義はドイツ民法が参照されたことを指摘している（星野英一・同上 141 頁）。

313）　梅謙次郎『初版民法要義巻之二物権編（復刻版）』（信山社，1992）1 頁。初版は明治 44 年（1911 年）。

り,「無体物中ニハ物権, 人権等ノ権利ヲモ包含スルコト固ヨリナルカ故ニ（否法文中無体物トウヘルハ大抵権利ノミヲ云ヘリ）物ノ上ニ存スル権利即チ物権ハ他ノ物権又ハ人権ノ上ニ存スルコトヲ得ルモノト云ハサルコトヲ得ス此ノ如クンハ債権ノ所有権, 地上権ノ所有権等ノ如キモノヲ認メサルコトヲ得スシテ茲ニ権利ノ種別ヲシテ錯雑, 混淆全ク識別スルコトヲ得サラシムルニ至ルヘシ」とし, さらに「羅馬法ニ於テ有体物ト無体物トヲ区別シタルハ寧ロ所有権ト他ノ権利トヲ区別シテ云ヘルモノニシテ此区別ハ多少実際ノ必要ナキニ非スト雖モ所有権モ亦権利ニシテ即チ無体物ナルカ故ニ有形ノ物ト権利其他ノ無体物トヲ区別スルハ何等ノ実用アルコトナ」く,「新民法ニ於テハ全ク此区別ヲ採ラス法文中単ニ物ト云ヘルトキハ必ス有体物ノミヲ指シ権利ハ之ヲ権利ト曰ヒテ物ト曰ハス」[314]とした。梅博士は, 債権を物ととらえ, 債権に対する所有を認めるフランス法の構成は「錯雑, 混淆」であって, 民法の理解を妨げることになるとして, 現行民法では債権を物ととらえるフランス型の構成を採用しなかったとしており, 前述の村田委員の批判と軌を一にする。

ただし, テヒョーは, 金銭債権を「財産」,「無体動産」として構成したボアソナード民法典を前提に債権執行制度を構築し, 民事訴訟法を起草していたのであり, 旧民事訴訟法が成立した後になって, わが国の現行民法は債権を「物」であり,「無体動産」であるとする構成を排除したのである。

ところで, わが国の法律の文中には「財産」の語を見ることができる。たとえば, 民事訴訟法5条4号に「財産」の語が見られ, 日本国内に住所がない者, 法人にあっては事務所または営業所がない者に対する財産権上の訴えは, 請求の目的物または差押えが可能な「財産」の所在地を管轄する裁判所に特別裁判籍を与えると定めており, 旧民事訴訟法8条も同旨であった。ただし, 民事訴訟法5条4号の「財産」は民法上定義されておらず,「財産」とは「物権, 債権, その他の財産権を問わず, 現実に発生しているあらゆる財貨を含む」と理解されている[315]。

次に, わが国の法律には「財産権」の語があり, 金銭債権執行の対象となる金銭債権は「財産権」であることを要するとされている[316]。ただし, わが国の現行民法に「財産権」の定義はない。これも「財産」に類似した概念であるが, こ

---

314) 梅謙次郎・同上153頁。
315) 中野俊一郎「財産所在地の国際裁判管轄」神戸43巻（1993）2号417頁。
316) 香川監修『注釈民事執行法(6)』（金融財政事情研究会, 1995）8頁［富越和厚］。

こでいう「財産権」とは「独立に経済的価値のある有体物（動産・不動産）または債権その他の財産権（無体財産権を含む）であり，訴えによって主張する権利関係と直接の関係を必要としない」権利と解釈され，「財産権」とは物権，債権，無体財産権を含み，身分権，人格権，社員権との対比において，財産的な価値を有する権利を指す概念と解されている。この他の法律にも「財産権」の語があるが317)，わが国民法には物権と債権の両方を包含する「財産」概念は存在せず，物権と債権は対立的に理解され318)，債権は所有権その他の物権の客体とはならないとするのがわが国の通説である319)。これはわが国民法典がドイツ民法に倣い，物権と債権を対立的に捉えたためである320)。

4　債権の流動化と「財産」概念

わが国では債権は伝統的に債権者と債務者の法鎖（*juris vinclum*）であると構成されてきた321)。この債権の人的な構成の起源はローマ時代にさかのぼるが，

---

317)　民法163条（所有権以外の財産権の取得時効），167条2項（債権・所有権以外の財産権の消滅時効），205条（財産権の占有），264条（所有権以外の財産権の共有），362条（権利質の対象），424条2項（財産権を目的としない法律行為への債権者取消権の不適用）である。

318)　我妻栄『新訂債権総則』（岩波書店，1964）7頁。

319)　舟橋諄一『物権法』（有斐閣，1960）10頁，340頁。中川＝柚木他編『注釈民法(6)物権(1)』（有斐閣，1967）13頁［舟橋諄一］。ただし，舟橋博士は，「債権の上の支配は可能であるから（債権譲渡や債権質入は，債権の上の支配の成立を認めなければ，説明がつかないであろう），その上に支配権（所有権ではない）は，成立しうる」とするが，「支配権」の趣旨は明らかにされていない。奥田教授は，「支配権」を「請求権」と対立させ，支配権を目的物に対する直接的支配をいうと定義する（奥田昌道『債権総論（上）』（筑摩書房，1982）6頁）。

320)　柚木博士は，Leonhardが「債権処分行為（債権譲渡・放棄等）の物権的性質を説明し，且第三者の侵害に対して債務の内容を保護する為には，かかる概念を認めざるを得ない」として，「債権者に更に尚一の絶対的支配権即ち債権に対する所有権（*Eigentumsrecht an der Forderung*）を與へ」る説を唱えていることを説明し，ゲルマンおよびプロシア法にこの概念が存在したことは疑いがないが，これは「物権法上の規範を債権に適用するの誤を惹起」し，「債権処分の効果を基礎付くるが為には，其の物権的性質を認むるを要することなく，単に効果の直接性を示」せば足り，債権者の利益を第三者の侵害から保護するのに「所有権の観念を借らずとも満足せらるる」としている（神戸大学外国法研究会『独逸民法［Ⅱ］債務法)』復刻版（有斐閣，1955）［柚木馨］）2頁）。このようにドイツ民法上は債権と物権は対立的に構成され，この構造はわが国民法の構成と同様である。

321)　松坂博士の『債権者代位権の研究』は，「債権は特定の人と人との間に存する法鎖

当時は債権の売買・譲渡そのものが想定されておらず，債務者は債権者に束縛され，債務を履行しない債務者は債権者の付属物とされた。債務（*nexum*）を負う債務者は自分自身を担保とし（*nexus*），履行を猶予されてはいるが，拘束されているのであり，期日に履行しなければ，判決が言渡されなくても，債権者の権限の下に置かれたのである。債務不履行の債務者に対する制裁方法はその後，身体執行から財産執行に移行したが，これも基本的には債務者に対する膺懲の手段であり，身体執行はその後も近代に至るまで存続し，債権は債権者と債務者との間の人的な関係であるとする考え方が支配的であった[322]。わが国民法では金銭債権は所有権の対象ではないし，所有権の客体は原則として有体物に限られ，債権などの権利の上には成立しないとされている[323]。債権は所有権の対象ではなく，債権は「物権に到達するための手段」[324]にすぎない。債権が人的関係に過ぎないのであれば，第三債務者が執行債務者の金銭債権を保有するという構成はとり得

(*Juris vinculum*) であるといはれてゐる」の説明で始まる。ただし，ここで「人」とは単純なる人を指すのではなく，財産の主体をいい，財産の機関（*l'organe du patrimoine*）または財産の法定代理人（*représentants juridiques de leur biens*）であるとする（松坂佐一『債権者代位権の研究』（有斐閣，1950）1頁）。

[322] ローマ期の紀元前449年に12表法が定められるまで，債務を履行しない債務者に対しては，裁判所が関与せず，債権者が債務者を売却するのが慣行であった。12表法は債務不履行の債務者の被縛（*nexum*）とテベレ川対岸へ売却（*venditio trans Tiberim*）を定めた。これが破産制度の古典的な始まりとされている。債務者は法鎖（*juris vinclum*）によって債権者に結び付けられていたのである。他人の財産上に権利を取得することは認められず，12表法の執行は人身執行であった。紀元前118年，債務を履行しない債務者の総財産を移付（*missio in bona*）し，売却（*venditio*）する手続である財産売却（*venditio bonorum*）が導入された。人身執行から財産執行への移行である。債権者は地方総督（*praetor*）に債務者の資産の占有移転（*missio in possessionem*）を申し立て，地方総督の管財命令を得ると，債権者は一種の組合を構成し，債務者に属する総財産に対して握持（*detentio*）を得て，債務者の財産管理を監督（*custodia*）する権限を得て，選任された臨時管財人（*curator bonorum*）が債務者の総財産を管理した。その後，選任された清算人（*magister bonorum vendendorum*）が管理台帳を設けて，債務者の財産を一括売却し，競落した買主（*emptor bonorum*）が財産に排他的な所有権を得た。財産売却は，一般債権者の平等主義原則を採用し，中世イタリアの包括執行，フランス1673年商事王令，1807年商法典の破産手続の原型である。なお，債務者が誠実な債務者である場合には，財産売却の代わりに，債務者が任意で債権者へ財産を譲渡する財産譲渡（*cessio bonorum*）手続がとられ，紀元284年には，特定の資産を個別売却する財産分売（*distractiones*）が導入された。

[323] 我妻栄『物権法』（岩波書店，1952）165頁。舟橋博士も同様に債権については所有権は成立しないとしている（舟橋諄一『物権法』（有斐閣，1960）10頁，340頁）。

[324] 我妻栄『新訂債権総則』（岩波書店，1964）1頁。

ない。

　金銭債権は現在の経済取引において重要な地位を占めていることは改めていうまでもない。我妻博士はつとに「所有者は、みずから利用し、人をして利用させると同時に、その客体の担保価値を他人に与えて信用を獲得する。信用を与えた者は、金銭債権ないし価値権によって、所有者から利息を吸収する。そして、金銭債権は近時益々その勢力を拡大し、いわゆる金融資本としての威力を備え、社会の経済組織を維持するものとな」り、「所有権についての問題は、化して金銭債権についての問題となる」とし、「金銭債権ないし価値権に対して、所有権に対すると同様の社会的統制が必要」[325]であるとして、金融取引の拡大に伴い所有権から価値権が分離して取引の対象となっていると指摘し、また「資本主義の現下の発達段階においては、社会の経済組織を維持するものは、もはや、所有権ではなくて、金銭債権である。資本の法律的構成の重点が、所有権から金銭債権に移った」[326]と分析し、「『貨幣─金銭債権』が、資本主義の発達せる段階において、次第に優勢なる地位を占めんとする」[327]と説明している。現在の企業・家計の資産構成では金銭債権が重要な地位を占めており、さらに、金銭債権は流動化され、金融投資商品と化し、債権者が外国に住居を有する債務者に対して金銭債権を有することも増加している。

　しかし、債権が流動化した現代に債権を債権者と債務者の法鎖であるとする構成は、単なる擬制に過ぎないのではないだろうか。債権譲渡とは債務者にとっては債権者の交替であるが、債務者は人的に何ら関係のない債権者に対して債務を負うことになり、「法鎖」の関係は希薄になる。金銭債権は債務者の金銭の給付行為を目的とする債権ではあるが、金銭債権執行は当事者の三者構造をとり、債権関係は差押債権者と執行債務者との間と執行債務者と第三債務者との間に存在するので、金銭債権はそれ以外の債務者の行為を要求する他の請求権と性格を異にする。債権関係において人的関係が希薄になると差押債権者は第三債務者を承知する機会はますます失われていくのである。したがって差押えの目的物たる金銭債権を無体動産として構成し、人的な関係を遮断することによって、第三債務者の地位を構成し直すことが執行の実効性の上では有効ではないだろうか。

---

325)　我妻栄『物権法』（岩波書店、1952）7頁。
326)　我妻栄、同上 162頁。
327)　我妻栄『近代法における債権の優越的地位』（有斐閣、1953）292頁。

四 「差押え」の法的機能

1 フランス法の「差押え」の機能

次に，執行における債権者のイニシアティブについて検討する。前述のとおり，フランス新民事執行法は金銭債権執行を当事者のイニシアティブに委ねている。この背景に，強制執行と担保権の実行を同一にとらえる理解がある。強制執行とは担保権の実行に類似した行為であって，一般債権者が共通担保を特定の担保に変容させ，この担保権を実行することを意味し，その手続が「差押え」によって開始されるのである。このように理解すると，「差押え」には人的権利を物的権利に変容させる法的な機能があることになる。この点を検証してみよう。

まず，フランス民法典第2編は「物的権利」，「人的権利」の中身を定義していない。このため，物的権利と人的権利は財産に対する関係の違いでしかないのであれば，物的権利と人的権利との違いが相対化されるので，両者の異同が問題となる。19世紀末にはこのような物的権利と人的権利との解釈上の区別を不要とする意見もあった。すなわち，プラニオルは物的権利の人的理論を唱え，物的権利もすべて能動的な主体と，受動的な客体との関係であるとし，すべて主体と客体の関係としてとらえて，人的権利的に構成することを主張した。プラニオルの意見は19世紀末の傾向を反映したものであって，現在は支持する者はいないとされている。このように物権を「能動的な主体と受動的な客体との関係」ととらえることは現代の視点からはやや突飛にも映るが，このとらえ方には歴史的な背景がある。すなわち，フランス中世では所有権に関する法は，主体と客体との客観的な関係と同時に社会的な関係として構成していたので，近代法においても主体・客体の関係ととらえたのである[328]。また，19世紀末に物的権利と人的権利を統合する意見があった。これには物的権利を人的権利とする意見，人的権利を物的権利とする意見という対照的な2つの意見があった。オーブリーらは物権の対人権説を主張した。これは，所有権は一切の他人に対抗し得べき性質を具えた，人と物との直接の関係であり，第三者を拘束する普遍的忍容義務があるとするものである。これを対人権説ないし汎債権説という。これに対して，サレイユは物的権利論を唱え，債権者債務者間の債権関係も経済的な価値に注目したうえで，物的な権利であるとした。

---

328) Robaye, *Une histoire du droit civil*, 2ème, Academia Bruyant, 2000, p.122.

デ・ロングレーは法制史上，物権と債権の区別は相対的であるが，フランス民法上，物権と債権とは以下の点で異なると説明している[329]。すなわち，物権は物を対象とし，権利者すなわち権利の能動的主体と権利の客体たるものの2つによって構成されるが，債権は人を対象とし，権利の能動的主体（債権者）・受動的主体（債務者）および権利の客体たる積極的行為（給付）または不作為の3つによって構成され，また，物権のみが権利者に優先弁済権と追及権を与えられ，債権は当事者間の関係であり，債権者は原則として債務者の給付によってしか権利を取得することができず，追及権，優先弁済権はないとしているのである。さらに，同一の物権は1度しか移転できないが，債務者はいったん債務を負担した後も，その信用が許す限り，他の者に対して無制限に債務を負担することができ，物権は本質上不可分であるが，債権は可分であるとする。また，物権のみが占有に親しみうるが，債権については厳密な意味における占有はあり得ず，取得時効の要件である占有については，物権の時効取得はあるが，債権の取得時効はないとして，デ・ロングレー自身は物権と債権を区分するべきであるとした。19世紀末の物的権利・人的権利統合論は，現在では賛成者はなく，現在では解釈上，物的権利と人的権利は区別されている[330]。

物的権利は排他的かつ絶対的な権利である点で，人的権利と異なるが，マロゥリィらは，人的権利との比較において物的権利には下記の特性があるとしている[331]。

(i) 物的権利は直接物の上に有する権利であり，人的権利は現存しない将来の物に関わるものである。ただし，この点については，著作権などの無体財産に対する所有権を挙げて，現存性を特性とすることを批判する意見がある。

(ii) 物的権利は占有が可能である。

---

329) デ・ロングレー（福井訳）「対物権と対人権－比較法制史的研究」『仏蘭西法学の諸相』（日本評論社，1943）を参照。

330) フランス法における物権と債権の区別については，佐賀徹也「物権と債権の区別に関する一考察」論叢98巻（1976）5号27頁，99巻2号36頁，4号62頁を参照。物権，債権の二元論的な権利体系は，中世のグロッサトーレンによるローマ法の総合研究によって，訴権の体系が権利の体系に置き代えられたことに由来するとされる。佐賀教授の論文は物権を物に対する直接の支配という事実ととらえる古典的物権概念に対してものとひととの法的関係ととらえた物権「債権」論の展開をたどっている。

331) Malaurie et Aynès, *Droit civil-les biens, la publicité foncière*, Cujas, 4é ed., 1998, p.94.

(iii) 複数の相続人が存在する相続の場合，相続の分配が行われるか，物的権利の存在するものが物理的に分割されるか，あるいは相続人間で配分するために売却されるまでは，物的権利は不分割財であるが，人的権利は即座に相続人間で配分される。

(iv) 物的権利は一方的な意思表示により任意に放棄することができるが，人的権利の放棄は債権者と債務者の合意の形式をとる。

(v) 人的権利は債務者の財団に対してしか行使できないが，物的権利は権利者と物との直接的な関係であり，すべての者に対して対抗することができる。

(vi) 第三者に知れていない物的権利の権利者は，裁判所にその権利の保護を求めることができ，裁判所は同一事物の制裁を言い渡さなければならないが，人的権利の場合には，裁判所は当該の物の執行か損害賠償かのいずれかを選択することができる。

法定の物的権利には所有権 (*propriété*) のほかに分肢権 (*démembrements*) として，用益権 (*usufruit*)，使用権 (*droit d'usage*)，地役権 (*servitude*)，永代小作権 (*emphytéose*)，地上権 (*droit de superficie*) があり，優先権 (*droit de préférence*)，追及権 (*droit de suite*)，物上代位権 (*subrogation réelle*) が認められる。

一方，人的権利は人から一定の給付を得る権利であって，債務者の履行に依存する[332]。人的権利は，債権者と債務者の関係であり，債権者は特定の「物」に対して権利を有するのではないので[333]，物的権利に認められる優先弁済権と追及権は認められず，債権者は第三者に対しては直接なんら権利を持たないのが原則である。代わりに債権者は債務者と第三者に対する関係において以下の保護が与えられる[334]。

（i）債務者に対する効力

フランス民法典 2093 条が規定するように，債務者の財産は債権者の共通担保である。

（ii）第三者に対する効力

債権者は，債務者の債務者（第三債務者）に対しては権利を持たないが，債務者

---

332) Ibid., p.87.
333) Terré, Simler et Lequette, *Droit civil-Les obligations*, 7e éd., Dalloz, 1999, p.921.
334) 以下の理解は，Vincent et Prévault, *Voies d'exécution et procédures de distribution*, 19e éd., Dalloz, 1999, p. 24 を参照した。

の財産が債権者の共同担保を構成する限りにおいて，債権者は第三債務者に対して直接に権利を行使することを認められる。債務者の財産が第三債務者に対する金銭債権である場合には，債権者は保全措置または強制執行の手段をとることができ，債務者の財産が金銭債権以外の債権である場合，債権者代位権の行使を認められる。債務者に詐害行為がある場合には，債権者は債権者取消権を行使することができる。さらに，債権者の有する権利が一定の性質の債権である場合には，直接訴権を行使することができる。また，債務者の財産が「第三者の手中にある」場合，債権者は債権者代位権を行使することも仮差押えを行うことも可能である。債権者代位権は当該債務者の債権者全体の利益となり，権利を行使する債権者のみの差押えの利益を享受することにはならないが，仮差押えは，第三債務者の手中にある債権の処分を禁じるとともに，仮差押債権者は差押金額について先取特権を与えられるので，優先権を確保することができる（新民事執行法75条1項)[335]。

　前述のとおり，わが国民法が債権者代位権制度を設けたことはフランス民法典からのマイナスの影響であるとする意見が多く，わが国民法からこれを排除するべきという意見もある。債権者代位権はフランス民法典のアクシオン・オブリク (*action oblique*)[336]，間接訴権)に由来するが，アクシオン・オブリクは債権の第三者に対する効果 (*effet des conventions à l'égard des tiers*) の1つであり，この効果にはアクシオン・オブリクのほか，民法典のアクシオン・ポーリエンヌ (*action paulienne*[337]，廃罷訴権または債権者取消権)，法律が予定する所定の場合にアクシオ

---

335) フランス新民事執行法75条1項1文は「仮差押えが金銭額を目的とする債権に対して行われるとき，仮差押命令は裁判官によって認められた金額まで，またはこの許可が不要の場合には，仮差押えが行われる金額まで処分は禁じられる」と定める。

336) フランス民法典1166条は「前条の規定にかかわらず (*néanmoins*)，債権者はその債務者のすべての権利および訴権 (*les droits et actions*) を行使することができる。ただし，一身に専属するものを除く」と定める。ここで *action* を訴権と訳したが，契約の無効取消の訴え，返還請求の訴え，保証人に対する訴え，債務者の財産に関わる訴え，強制執行の訴え，損害賠償の訴えなどの債務者の財産に関わる訴権である (Terré, Simler et Lequette, *Droit civil-les obligations*, 7e éd., Dalloz, 1999, p.956)。*oblique* とは，間接的 (*indirect*) の意で，債権者は債務者が第三債務者に対して有する権利を行使するが，その効果は債務者に帰属するので，債権者にとって効果が間接的であることをいう。直接訴権 (*action directe*) は債権者に直接帰属する。

337) フランス民法典1167条1項は，"Ils peuvent aussi, en leur nom personnel, attaquer les actes faits par leur débiteur en fraude de leurs droits"（債権者はまた，その名において，債務者によってなされたその権利を損なう行為の無効を求めて訴えることができる）と定め

ン・ディレクト（action directe, 直接訴権）が認められる。

　アクシオン・オブリク，アクシオン・ポーリエンヌ，アクシオン・ディレクトは差押手続と併置されるものであるが，債権者代位権の母法国であるフランスでは，セジ（差押え）は債務名義を前提に債務者の財団のうちから特定の財産を目的として行う執行手続と理解され，アクシオン・オブリクなどの債権の効果は債務名義を必要としない手続と理解されるので，民法典に基づく実体法上の訴権と民事執行法の差押えの競合は問題とならない。わが国では，最高裁昭和45年6月2日第三小法廷判決[338]によって，債権者代位権に本来の機能を超えた簡易な債権回収機能が認められており，登記請求権の代位行使や賃借権に基づく妨害排除という債権者代位権の転用という形で，債権者代位権が利用されている。フランスでは，債権者代位権の行使の効果は同一の債務者の債権者すべてに及び，代位権を行使した債権者に代位権の行使の対象となった債務者の財産に対する優先的な権利は認められない。

　(ⅱ)-1：アクシオン・オブリク（action oblique）または債権者代位権

　わが国債権者代位権はフランス民法典1166条が規定するアクシオン・オブリクを継承する。アクシオン・オブリクの起源については，ローマ法起源説，ゲルマン法起源説の二つがある。フランス古法ではアクシオン・オブリクは一種の包括執行の手段であり，フランス民法典では，保全措置であるとともに将来の執行を準備する手段であるとされている[339]。フランス法上，アクシオン・オブリク

　　る。ここではactionではなく，attaquerの語を使っている。
338)　最高裁昭和45年6月2日第三小法廷判決民集24巻6号447頁。差押命令の発効後の第三債務者による相殺の問題を提起した。第三債務者が，差押命令の発効後に，その直接の債権者である執行債務者に対して弁済しても，執行債権者との関係ではこの弁済を対抗することはできず，執行債権者からの取立があれば，執行債権者にもう一度弁済しなければならない。しかし，第三債務者が執行債務者に対して債権を有する場合，差押命令が発令された後も，第三債務者は相殺をもって執行債権者に対抗することができるとされた。
339)　三ケ月教授は，債権者代位権の制度の起源をローマ法にあるとする（三ケ月章「わが国の代位訴訟・取立訴訟の特異性とその判決の効力の主観的範囲」『民事訴訟法研究第6巻』（有斐閣，1972）17頁）。松坂博士は，ローマ法の*pignus ex judicati causa captum*（債務者財産の個別差押えと競売）においてはcurator（管理人）の介入を要したので，現代の債権者代位権とは異なり，ゲルマン法の中に，現代の債権者代位権のより近い姿を発見するとする（松坂佐一『債権者代位権の研究』（有斐閣，1950）16頁）。テレらは，ローマ法では*venditio bonorum*が制度化されていたことを挙げ，債権者代位権はローマ法起源ではないとする（Terré, Simler et Lequette, *Droit civil-les obligations*, 7e éd., Dalloz, 1999, p.954）。下森教授は，フランス古法起源であるとする（奥田編『注釈民法(10)』

の行使は債権者が自らの利害のために行うのであって，債務者の代理人として行うのではない[340]。

(ii)-2：アクシオン・ポーリエンヌ（*action paulienne*）または債権者取消権

わが国債権者取消権は，フランス民法典1167条のアクシオン・ポーリエンヌを起源とする。アクシオン・ポーリエンヌは，債務者の詐害行為から債権者の一般担保の保護するための制度であり，その起源はローマ時代に遡るが，ローマ時代の制度は現在と相当異なっており，債務者の財産の *curator*（管理人）のみがすべての債権者のために行使するものとされ，刑事的な意味を持っていた。フランス古法では民事的な性格を与えられ，個々の債権者がその固有の利益のために行使するものとされた。古法時代には，すべての公正証書は債務者の財産の上に法定抵当権を与えたし，動産財産はまだ重要な構成要素ではなく，役割は限定されていた[341]。

(ii)-3：アクシオン・ディレクト（*action directe*）または直接訴権

アクシオン・ディレクトは，フランス民法典その他特別法に規定されているが，わが国民法には継承されていない。アクシオン・ディレクトは，債権者がその名と計算において，債務者の債務者（第三債務者）に対して直接に行使するものである[342]。アクシオン・オブリク，アクシオン・ポーリエンヌは，債権者の共通担保である債務者の財産を保全するためであるが，アクシオン・ディレクトは特定の債権者を保護するもので，アクシオン・オブリク，アクシオン・ポーリエンヌは，いずれも裁判所に対する申立てを要したが，アクシオン・ディレクトは司法の介入を要せず，第三債務者が任意にその債務を履行しないのであれば十分

（有斐閣，1987）729頁［下森定］）。工藤教授は，フランスでの債権者代位権制度の起源についての議論を紹介し，ローマ法起源とする意見が多いとするが，ローマ法では債権は一身専属権であり，債務者以外のものが代位できるということは考えられなかったとし，フランス古法に存在したことは間違いがないとして，1538年ノルマンディ新慣習法278条に債務者の地位及び権利に対する代位を挙げ，「ローマ法の準則でもある」との注釈を紹介するが，当時は裁判上の代位を要件とする執行制度であり，現在の債権者代位権とは異なるとしている（工藤祐嚴「フランス法における債権者代位権の機能と構造(1)」民商95巻（1987）5号682頁）。一方，工藤教授は，判決による差押質（*pignus ex causa judicati captum*）を債権者代位権の成立する経過段階としている。差押質は個々の債権者に認められ，自己に支払わせるために第三者に代位して訴えることができたとする。

340) Terré, Simler et Lequette, *Droit civil-les obligations*, 7e éd., Dalloz, 1999, p.954.
341) Ibid., p.966.
342) Ibid., p.991.

であるとされる。

　古典的には，アクシオン・ディレクトは明示的にまたは黙示的に法律が規定している場合にのみ認められると理解されてきた。現在，フランス法上明文でアクシオン・ディレクトを認めるのは以下のとおりである。フランス民法典1753条は賃貸借契約があって，賃借人が転貸している場合，賃貸人が転借人の賃貸借料に対して有する訴権を規定し，同1798条は企業の用に供する建設に当たった労働者が，その雇用者を経由せず，直接施主に対して有する訴権を規定し，同1799条の1は，建設業者が施主に対する記入供与を約したものに対する訴権を定め，同1994条は，委任者の復受任者に対する訴権を定め，特別法である保険法[343]124条の3は，保険事故の被害者が加害者の保険会社に対して有する訴権を規定する。このほかに，労働法[344] 1条，124条の8，下請法[345]12条，新民事訴訟法699条（弁護士の弁護士費用），労働災害法[346]などが個別にアクシオン・ディレクトを規定している[347]。

　フランス法上，債務者の財産は債権者の共通担保を構成しているが，共通担保は債権者にとって偶発的な保証にすぎず，債権者は債務者の個々の財産の上に直接の権利を有するものではない[348]。ただし，債権者が差押えによって債務者の個々の財産を特定した場合には当該財産の上に直接権利を有することになる。マロゥリィらは「一般債権者はその権利が生じた後，債務者の財団に入った財産に対して権利を行使することができるが，権利が生じてから後に債務者の財団から出て行った財産の上に権利を行使することはできず（追及権を持たず），同一の債務者のすべての一般債権者は債権の発生時点にかかわらず，その財団上に同じ権利を有する」[349]としているが，債権者が差押えによって財産を特定するまでは，債務者はその財団を構成する個々の財産について処分を禁じられることはなく，

---

343) Code des assurance, décret no. 76-666 et 76-67 du 16 juillet 1976.
344) Code de travail, loi No. 73-4 du 2 janvier 1973.
345) Loi No. 75-1334 du 31 décembre 1975 relative à sous-traitance.
346) Loi No. 85-677 du 5 juillet 1985 tendant à l'amélioration de la situation des victimes d'accidents de la circulation et à l'accélération des procédures d'indemnisation.
347) Terré, Simler et Lequette, *Droit civil- les obligations* 7e éd., Dalloz, 1999, p.994.
348) Malaurie et Aynés, *Cours de droit civil -les obligations*, 2e éd., Cujas, 1990, p.100.
349) Ibid., p.565. テレらも *gage* と称しながら物権を認めるものではなく，単に人的な権利に過ぎないとする（Terré, Simler et Lequette, *Droit civil les obligations* 7e éd., Dalloz, 1999, p.921）。

債務者は依然として用益・処分権を保持している。債務者は財産に関する行為,譲渡,取得,新たな債務の負担を行うことができ,かつこれらは一般債権者に対抗することができる。債権者が債権を得た後,債務者に帰属することとなった財産も共通担保を構成することになるが,債務者が処分して,その財団から出て行った財産は一般担保からは外れるのであり,債務者の特定の財産に対して共通担保は及ばない。「一般債権者は債務者の特定の財産の上に特別の権利を有するものではなく,債務者の財団に対して一般『担保』,すなわち人的権利を有するのみであるが,<u>一般債権者が債務者の特定の財産を差し押さえたとき</u>は,その立場は物的権利の権利者の立場に近似する」と説明している[350]。債権者の一般担保の対象はあくまでも債務者の資産全体であり,このような流動的な債務者の資産を総体として表現するために「財団」という概念が導入されている[351]。

　テレらも同様に「債権者の権利は債権者に債務者の財産上に権利を与えるもの,この権利は一般的に人的であり物的ではな」く,「共通担保の権利は,実際には物権に与えられる優先権,追及権を有しない」が,「<u>差押えが行われない限りにおいて</u>,共通担保であることは,債務者から財産の占有,処分権を奪うものではない」(以上2箇所の下線は筆者) としている[352]。

　ヴァンサンらは「債権者に債務者の財産を裁判所の管理下に置き,その後換価し満足させることが強制執行であり,これが差押えの手続である」とする[353]。

　この三者の説明を総合すると,基本的に一般債権者は債務者の個々の財産に対して追及権,優先弁済権を持つことはなく,債務者の財団に対する共通担保を有するのみであるが,債権者が債務者の財団の中から財産を特定し,これに対して差押えを行うと,差押債権者の人的権利は物的権利に近似するということになる。比喩的に言えば,フランス法上,債務者の特定の財産に対して「差押え」を行うことによって,人的権利は物的権利に変容し,差押債権者は当該差押物に対して優先的な権利を得るのであり[354],「差押え」とは人的権利の物的権利への変

---

350) Malaurie et Aynès, *Droit civil-les biens, la publicité foncière*, 4e éd., Cujas, 1998, p.100.
351) Ibid., p.16.
352) Terré, Simler et Lequette, *Droit civil les obligations*, 7e éd., Dalloz, 1999, p.921.
353) Vincent et Prévault, *Voies d'exécution et procédures de distribution*, 19e éd., Dalloz, 1999, p.24.
354) 不動産差押えによる強制競売手続についてであるが,松岡博士は差押えを「債権者カ債務者ニ対シテ有スル共同担保権ノ実行デアル」としている (松岡正義『強制執行要論 (下巻)』(清水書店, 1925) 1547頁)。これがフランス法上の強制執行の機能であるとい

容の契機と理解することができる。債権者が特定の財産に対して物上担保権を取得し，当該担保の目的物を第三者が保有する場合，担保物権の追及権の効果として，担保権者である債権者は当該第三者に対して担保の設定された財産の返還を請求することができる。しかし，債権者が一般債権者に過ぎない場合には，債務者が債務を履行しなくても，共通担保には追及権がないから，原則として債権者は直接，第三者に対する権利を得ることはできない。一般債権者に対する弁済に当たって，本来，債務者はその財団の一部を債権者に対する債務の弁済に当てるのであり，債務者が財団のうちの財産を弁済に充当しないのであれば，債権者は共通担保である債務者の財団の中から特定の財産を選び，特定して，共通担保の権利の実行を図ることになる。これがフランス法における強制執行上の「差押え」の法的機能である。

　このように理解すると，次に差押えの人的権利から物的権利への変容機能は，ドイツ法上の「差押質権」[355]と同じではないかとの疑問が生じよう。「差押え」が共通担保である債務者の財団の中の財産を特定し，一般債権者が債務者の特定の財産に対して優先権を取得する行為であるならば，フランスの「差押え」にはドイツ法の差押質権に類似した効果があることになるが，一般にフランス法では差押質権が認められていないとされており[356]，差押えの機能と差押質権の異同が問題となる。たとえば，ペロォらは「近代フランス法は，常に最初の差押人に先取特権を求めることに反対してきた」[357]としている。

　ドイツ民事訴訟法804条１項は差押質権について「債権者ハ差押ニ依リ差押ヘラレタル目的物ニ付キ質権ヲ取得ス」と規定する。差押質権についてはこれを国家機関による公法上の処分であり，公法上の質権であるとする意見もあるが，約

うことができる。

[355] スタインは「訴訟法学は，差押とは抑々如何なるものであるかとの正に根本的なる問題に付て，殆んど顧みるところがな」く，「差押と質権設定の両語を混淆して使用」しているとする（小木貞一訳『強制執行の基本問題』（南郊社，1935）40頁）。なお，本書はスタインの"Grundfragen der Zwangsvollstreckung"の訳である。

[356] Glasson, Morel et Tissier, *Traité théorique et pratique d'organisation judiciaire, de compétence et de procédure civile*, 3e tome IV, Sirey, 1932, p. 264. グラソンらは，「セジ・アレはまずもって差押人に第三被差押人に帰す金銭または保有する証券に排他的権利を持たせるものではない」とする。

[357] Perrot et Théry, *Procédures civiles d'exécution*, Dalloz, 2000, pp.7, 372. さらにセジ・アトリビュシオンはこの基本を覆すものではないとする。最初の差押人に優先的な権利を認めるべきとする提案もあった。

定質権，法定質権と並存する第三種の質権であり，私法上の効力を有するとされている[358]。差押質権の成立の要件としては，差押えの目的物が質権の目的たる適格性を有すること，差押えの目的物が債務者の財産に属すること，執行力のある請求権の存在することが必要である。差押質権の効力は，差押債権者間においては差押の前後を基準としてその順位が定まり，他の債権者に対する関係では債務者が破産した場合には，約定質権と同一視されない質権，優先権には優先するが，約定質権と同一視される権利との関係ではその成立の前後を基準に順位が定められる[359]。グラソンらが「差押えはすべて差し押えられたものを司法の手の下に置く効果がある」とし，「被差押人は所有権者であることを止めるのではなく，所有し続ける場合もあるが，差押債権者が差押財産の管理を委ねない限り，管理，収益を行うことができず，委ねられた場合には債権者のためにこれを行う」とし，「差押えは，差押債権者に差押目的物上にいかなる物的権利を与えるものではなく，差押債権者に他の債権者に対して特権を認めるものでもない」[360]としているとおり，フランス旧強制執行法，新民事執行法はいずれもドイツ強制執行法に見られるような差押質権を認めていない。雉本博士は「仏法ニ於ケル金銭債権ノ執行ハ，(イ) 動産（又ハ動産ノ引渡若クハ給付ヲ目的トスル債権）ニ対シテ執行スル場合ニハ債権者平等主義ニ依ルト雖モ，(ロ) 不動産ニ対スル場合ニハ，同国民法ノ認ムル裁判上ノ抵当権ノ結果，執行方法トシテ強制抵当権若クハ質権ノ強制設定ヲ認メ又ハ差押ニ因ル優先権ヲ認ムル他ノ法制ニ於ケルヨリモ，一層極端ナル優先主義ヲ認メ，其結果ハ第三者ノ保護ヲ全然缺クニ至レル」[361]としている。フランスの金銭債権執行では有効判決が言い渡されるまで債権者が競合することが予定され，また差押債権者は差押えの目的物を占有することがなかったので，差押質権制度は存在しなかった。しかし，差押え自体に人的権利を物的権利に変容させる法的機能があるので，強制執行制度に差押質権は必要ではなかったということができる。人的権利を有する債権者は，債務者の財産を特定し，裁判

---

358) 神戸大学外国法研究会編『独逸民事訴訟法［Ⅲ］強制執行乃至仲裁手続』復刻版（有斐閣，1955）155 頁［小野木常］。初版は 1938 年。

359) 同上 157 頁［小野木常］。

360) Glasson, Morel et Tissier, *Traité théorique et pratique d'organisation judiciaire, de compétence et de procédure civile*, 3e tome Ⅳ, Sirey, 1932, p.76.

361) 雉本朗造「強制執行ノ優先主義及ヒ平等主義（對人信用制度ノ消長）」『民事訴訟法の諸問題』（有斐閣，1955）455 頁。この指摘は差押えの機能としては債権差押えにも共通する。

所の監督の下で差押えを実行することによって，競合する他のセジ・アレ債権者と同順位ではあるが，それ以外の債権者に対する関係では，差し押さえられた債務者の特定の財産の上に優先権と追及権を取得するのである。差押えに固有の機能は差押質権に相当する効果を生じることができ，ドイツ法は手続法に差押質権を規定し，フランス法は実体法上，債権者は共通担保を有し，これを行使することができるとするのであり，手続法に規定するか，実体法に規定するかの違いということができる。

2　担保権の実行と強制執行の併存

　差押えが人的権利を物的権利に変容させる法的機能を有するのであれば，強制執行も私人間の担保権の実行行為であることになるが，そうであるならば，強制執行を必ずしも裁判所のコントロールの下におく必要性はなく，当事者のイニシアティブに委ねることも妥当であることになる。一方，強制執行とは債権者の自力救済を公権力が禁じて代行する行為であり，担保権の実行とは全く別種の行為であるという理解に立つと，強制執行に公権力のコントロールは必須となる。わが国では競売法による担保権の実行と強制執行がまったく異なる体系として長い間並存したことは，競売法の制定経緯においてもフランス法の継受が不完全であったことの証左である。

　競売に関する最初の立法は，明治23年（1890年）10月3日公布の増価競売法（明治23年法律92号）であり，同法はボアソナード民法典と同様に明治26年（1893年）1月1日から施行されることになっていた[362]。同法1条はボアソナード民法典債権担保編265条にしたがって，抵当財産の増価競売を要求する債権者は第三所持者および前所有者に競売の要求書を送達し，抵当財産所所在地の区裁判所に競売の申立てをおこなうことを規定した。前述のとおりボアソナード民法典は施行されず，現行民法が施行されることになったが，増価競売法もボアソナード民法典と同様の運命をたどり，明治31年に競売法（明治31年法律第15号）[363]が制定

---

[362]　競売法の制定過程については，斎藤秀夫『競売法』（有斐閣，1960）8頁から15頁を参照した。

[363]　競売法は，担保権の実行としての換価，民法，商法等法律で定める換価のための競売（形式的競売）について包括的換価手続を定める法律（法律第15号）として制定公布された。担保権実行については債務名義を要しないものとしている点で，「近代法制としてはまれな制度」であるとされる（香川監修『注釈民事執行法(1)』（金融財政事情研究会，1983）19頁［田中康久］）。

された。競売法はドイツ法の影響の下で制定されたものである[364]。競売法は，旧民事訴訟法の旧第6編に規定された強制執行とは別に制定され，競売法は担保権の実行としての競売と形式的競売（民法，商法に規定に基づく競売）の二種類を規定し，同法による競売を任意競売と呼び，強制執行（強制競売）ではなく，債務名義を要しないで実施されることを前提とし[365]，強制執行上の競売と対比された。ここでもフランス法はわが国に継承されることはなかったのである。

わが国では担保権の実行は「担保権そのものの有する実体権能としての換価権能に基づいて手続が行われる」ため，「裁判等の手続で被担保債権が確定していなくても実行手続を行うことができる」が，強制執行手続は，執行債権の確定手続を経て，債務名義と執行文を得た上で行う手続であるとして区別され[366]，担保権の実行としての任意競売と民事執行は別の法体系であると理解されてきた[367]。「無担保債権の満足のために執行機関が国家の有する強制力の発動として行う強制執行と，担保権に内在する換価権を基礎として行われる競売手続とは，その性質を異にするとの認識に基づくであったため，両者の間には，法の規定上も解釈上も重大な差異が認められ」[368]，競売と担保権の実行は国家執行権の行使であるか否かを基準として区別されてきたのである。任意競売は，明文では競売の目的財産に対する差押えの要否について規定がなく，動産の競売では執行士が目的物の占有をしないで競売手続を開始するのが慣行であった。これは大審院昭

---

[364] ドイツでは1898年に不動産の「強制競売及び強制管理法」が制定されたが，斎藤教授は，わが国競売法上の競売は債務名義を要しない点でドイツのこの法律と異なり，わが国の競売法の立法者がどの程度ドイツの立法を参酌したかを窺うべき資料がないとしている（斎藤秀夫『競売法』（有斐閣，1960）15頁）。

[365] 浦野雄幸「民事執行法の諸問題(7)」曹時35巻（1983）5号965頁。浦野教授は，競売法は「債務名義なくして担保権の優先弁済権に内在する換価権を実現するため目的物の競売を認めた」ものとする（同974頁）。

[366] 香川監修『注釈民事執行法(1)』（金融財政事情研究会，1983）10頁［田中康久］。

[367] 三ケ月教授は，旧強制執行法下においては，「担保権実行のための競売及び形式的競売は，共に競売法（明治31法15）規律されており，強制執行編（民事訴訟法第6編）の直接の適用はないという建前になっていた。そこで，両者（すなわち担保権の実行と，それとはいささか性質の異なる形式的競売の2つ）をあわせて共に任意競売と呼び，強制執行（広義では仮差押え・仮処分の執行を含む）と区別するという我が国独自の伝統が生まれた」としている（鈴木＝三ケ月『注解民事執行法(1)』（第一法規出版，1984）241頁［三ケ月章］）。

[368] 竹下守夫「民事執行法の成立と将来の課題」竹下＝鈴木編『民事執行法の基本構造』（西神田編集室，1981）3頁。

和11年5月26日判決[369]によって是認されるところとなった。斎藤教授は「動産の競売手続における差押は競売機関たる執行吏がその対象たる動産を占有してこれを行うのが原則」であり、「執行吏が目的物を占有せずに手続を開始し、手続を進め競売期日において委任者が目的物を提出した場合に始めて執行吏は競売を実施するという任意競売の実際の慣行は、公示方法がないままで競売物件所有者の処分権制限を認めることになり不合理であり、これを是認できない」[370]として、執行吏が対象の動産を占有して行うべきであるとした。不動産の競売についても明文規定がなかったが、競売法による競売開始決定に差押えの効力が認められ[371]、強制執行における「差押え」の機能と担保権の実行とは接点がなかったのである。兼子博士は「質権、抵当権等の担保権の実現のためにも、強制執行を認めることは理論上は可能であるが、わが現行制度では、これらの場合は権利者が他人の物に対する実体法上の売却権能を有し、権力を借りずにこれを実行できるとの構成を採っているから、そのための手続である競売法による競売手続は、強制執行に類似する構造を持っているにも拘わらず、強制執行手続には属していない」[372]としていた。

わが国のように強制執行と担保権実行手続を並存させる体系は世界に類を見ないものであったが[373]、競売手続は頻繁に利用され[374]、わが国では強制執行法と競売法の並存を前提にして判例・学説が構築されていた[375]。一方、任意競売の

---

369) 大審院昭和11年5月26日判決民集15巻915頁。
370) 斎藤秀夫『競売法』（有斐閣、1960）50頁。
371) 大審院大正4年9月8日決定民録21輯1443頁。
372) 兼子一『新版強制執行法・破産法』（弘文堂、1964）2頁。
373) 浦野教授は、競売法を「ドイツ法にもフランス法にもないきわめて特異性のある」法律としている（浦野雄幸「民事執行法序論」浦野編『基本法コンメンタール』（日本評論社、1991）7頁）。中野教授は、担保権の実行のための競売と強制執行は「沿革上も、両者は併行して発展してきたのであるし、債務名義の必要ということも、強制執行たる性質を決定する要因ではなくて、執行手続の迅速・確実を期す上での一つのテクニックにすぎない」のであり、「担保権実行のためにする競売も強制執行（金銭執行）に属する」とする（中野貞一郎「強制競売、任意競売、滞納処分の競合」中田＝三ケ月編『民事訴訟法演習Ⅱ』（有斐閣、1964）219頁）。
374) 浦野教授は、担保権の実行等の手続法として、本来の強制執行の基本的タイトルとしての債務名義を要しないで目的物の換価を認めるという競売法（明治31年法律第15号）は、ドイツ法にもフランス法にもない極めて特異性のある制度であるが、わが執行制度の大勢を制するほどに利用されてきたとする（浦野雄幸、同上7頁）。
375) 鈴木＝三ケ月『注解民事執行法(1)』（第一法規出版、1984）29頁［三ケ月章］。中野教

性格については，非訟事件か訴訟事件かという議論があった。斎藤教授は，競売法の競売の性格に関わる議論を時期的に3段階に分け，競売法施行の初期における通説は非訟事件，大正初期以降には民事訴訟事件とする説が通説となったが，最近（ただし，斎藤教授の体系書は昭和35年刊）はまた非訟事件説が通説になっているとし[376]，「強制執行においては，法的紛争が対象とされているのではなく，行政作用であるが，それが法的紛争に関する判決との関連においてのみ民事訴訟法中に規定されたもので，実質は訴訟事件ではなく非訟事件である」とし，「担保権実行のためにする競売は物的責任の強制的実現であり，人的責任の強制的実現である強制執行との間には，ともに執行手続としての共通点があり，法的紛争でない点で，ともに訴訟事件ではなく非訟事件であると解するのが妥当」で，「担保権の実行は非訟事件である点で，強制執行と性質を同じく」[377]するとした。

雉本博士はつとに大正2年（1913年）の論文「競売法ニ依ル競売ノ性質及ヒ競売開始ノ効力」において，「我競売法ハ，現行法規中極メテ不備ナル法律ノ一ナルコトハ，斯界ノ定論」であるとし，「立法論トシテハ『担保権ノ裁判上ノ実行ハ担保権ノ存在ヲ確定スル判決ニ基ツキ強制執行ノ方式ニ依リテ行フ』旨ノ規定ヲ設ケ，競売法全部ノ規定ヲ廃止スルヲ以テ可トス」[378]と断じた。強制執行と担保権の実行手続は，いずれも私法上の権利の強制的実現という点において，本来の目的は同じであり，博士の指摘は至当であったといえよう。また，三ケ月教授も，旧民事訴訟法の旧第6編に強制執行の規定があり，それとは別に競売法があったというわが国固有の法体制の結果，「強制執行」と「担保権の実行＝任意競売」の概念が対立的に用いられてきたとする[379]。

　　　授は「ふるくは，担保権実行のためにする競売を強制執行と本質的に異なるものとしてとらえる考え方が一般的であった」とする（中野貞一郎「強制競売，任意競売，滞納処分の競合」中田＝三ケ月編『民事訴訟法演習Ⅱ』（有斐閣，1964）218頁）。

376)　斎藤秀夫『競売法』（有斐閣，1960）24頁。

377)　斎藤秀夫，同上，29頁。斎藤教授は，競売法上の競売を強制執行と関連づける意見として，山田正三博士，小野木教授，吉川博士の所説を紹介している。

378)　雉本朗造「競売法ニ依ル競売ノ性質及ヒ競売開始ノ効力」『民事訴訟法の諸問題』（有斐閣，1955）503頁（初出は京法8巻（1913）8号）。

379)　鈴木＝三ケ月編『注解民事執行法(1)』（第一法規出版，1984）3頁［三ケ月章］。なお，三ケ月教授は，昭和54年の民事執行法制定に伴う「民事執行」という新しい概念の登場は，「わが国における強制執行と担保権の実行手続の関連をめぐる特異な伝統的把握の残存を示す」としているが，この点は金銭債権執行の構造を検討する上で重要な指摘である。

昭和54年の民事執行法の制定の際には，競売法を旧強制執行法と統合し，競売の機能を回復し，強化を図り，債権者，債務者等の利害関係人の利害の調整を考慮しつつ，債権者の権利実現の手続を可能な限り合理化，近代化することを目的としたとされている。具体的には，不服申立ての方法を整備し，執行抗告の制度を創設し，執行手続の迅速化を図り，配当要求の制度を改正し，配当要求できる債権者を原則として債務名義を有する債権者に限ることとし，一部平等主義を改めることにより，債権者の権利実現の確保を図り，権利関係が複雑な不動産の売却においては，執行官による現況調査の権限が強化された。また，買受人の地位の安定を図るため，不動産の引渡命令の制度を強化し，買受人のための保全処分が認められた。民事執行法の制定に当たっては強制執行と担保権実行の手続である任意競売が「同一物の上に競合的に実施されることがあるため，次第にそのような差異を認めることの合理性が疑われ，また，その不都合が意識されて，執行制度の改正により，両者を統合する必要が痛感されるに至った」[380]ところであり，通常の強制執行との差異は，「請求権の実現が債務者の一般財産の人的責任によってなされるか，担保の目的たる特定財産の物的責任によるかの区別に過ぎない」[381]と理解され，両者は手続の類似点も多く，また，民事執行法制定前においては「担保権の実行手続は競売法に定められていたところであるが，手続の類似点も多く，また，同じ民事債権に基づく執行手続であることから，民事執行法においては，担保権の実行手続も，同一法律で定め，執行手続も同じようなもの」[382]とされ，昭和54年に民事執行法の制定で初めて担保権の実行と強制執行が統合されたのである[383]。

3 「差押え」の機能の不十分な継受

フランスでは債権には「第三者に対する効力」として債権者取消権，債権者代位権，直接訴権が認められるとともに，「債務者に対する効力」として債務者の財団上の共通担保の成立が認められる。一方，わが国では前者については説明さ

---

380) 竹下守夫「民事執行法の成立と将来の課題」竹下＝鈴木編『民事執行法の基本構造』（西神田編集室，1981）3頁．

381) 中野貞一郎「強制競売，任意競売，滞納処分の競合」中田＝三ケ月編『民事訴訟法演習Ⅱ』（有斐閣，1964）218頁．

382) 香川監修『注釈民事執行法(1)』（金融財政事情研究会，1983）5頁［田中康久］．

383) 競売法と強制執行法の改正の経緯については，宮脇幸彦「強制執行法および競売法の改正」ジュリ388号（1968）84頁を参照．

れるが，必ずしも後者の財団上の共通担保については説明されていない。たとえば，我妻博士は「現代法における債権の効力の最後の守りは，債務者の一般財産（強制執行によって換価処分しうる財産）」[384]であるとしながら，「民法は債権者のために債権者代位権（間接訴権）と債権者取消権（詐害行為取消権，廃罷訴権）とを認め，その（債務者の一般財産の）不当な減少を防止しようとする」[385]という点を中心に説明され，債務者の一般財産の「強制執行によって換価処分」するという執行の側面について十分に説明していない。わが国強制執行法，民事執行法は「差押え」の本来の法的機能を必ずしも継承しなかったことの証左といえよう。

　この事情は，たとえばわが国における取立訴訟における差押債権者の立場をめぐる議論にうかがうことができる。すなわちわが国では，取立訴訟における差押債権者の立場について，第三者の法定訴訟担当とする説（法定訴訟担当説）と差押債権者の固有の実体的立場に基づく給付訴訟とする説（固有適格説）が対立し，法定訴訟担当説によれば，取立訴訟の訴訟物たる権利は差押債権者の自らの権利ではなく，執行債務者の権利とされ，固有適格説に立てば，当該権利は差押債権者の固有の権利と理解されているが，フランス法のように強制執行を共通担保権の実行であると理解すると，取立訴訟は共通担保を実行した差押債権者が獲得した取立権という固有の権利に基づいて行う訴訟であることになる。これは担保権を有する債権者がみずから担保権の実行を行うのと同じ構成である。

　つまりフランスの強制執行制度では債権者が共通担保である債務者の財産のうちから特定の財産を差し押さえて，人的権利の効力である共通担保を担保権に変容させ，差押債権者は特定担保権を実行するという構成をとる。債権者にとって，強制執行は債務者の財産から特定の財産を差押え，担保権を実行するという執行方法であり，抵当権などの実行による任意競売と「担保権の実行」という面において共通の性格を持ち，任意競売も強制執行も「差押え」を契機に開始される。担保権の実行が広義の強制執行の概念に包摂されるならば，「執行法は担保法に類似する」[386]のである。この点において，わが国がフランス法の「差押え」の法的機能を十分に継受しなかったことは明らかである。さらに民法304条1項にいう「差押」の解釈をめぐる議論においてもこの継受の不十分なことをうかがうことができる。

---

384) 我妻栄『新訂債権総論』（岩波書店，1964）66頁。
385) 我妻栄，同上157頁。
386) Perrot et Théry, *Procédures civiles d'exécution*, Dalloz, 2000, p.7.

(1) わが国民法304条1項の「差押」

同条は先取特権の物上代位権の行使に当たって「先取特権者ハ其払渡又ハ引渡前ニ差押ヲ為スコトヲ要ス」と規定している。この「差押」が民事執行法により強制執行のためあるいは保全処分（仮処分）のためになされる差押えと同じかどうか，この「差押」を行うには債務名義は必要か，をめぐって議論がある[387]。また，この差押えの方法については民事執行法193条2項が先取特権の実行に準用する旨を規定するが，物上代位の差押えは，その効力を保存するためであるから，法の欠缺があるともされている[388]。民法304条1項の「差押」はフランス法上の「差押え」を忠実に継承するものということができるが，この点についても雉本博士がつとに問題を指摘している。

雉本博士は大正4年発表論文で，わが国民法304条は「我訴訟法ノ認メサル Saisie-arrêt ノ思想ヲ不知不識ノ間ニ採用シ，債務者カ受クヘキ金銭其ノ他ノ物ヲ以テ既ニ債権者ニ属スルカ如クニ視，従テ其物ノ払渡又ハ引渡前即チ其ノ物カ未タ第三債務者ノ占有ニ在ル間ニ，有体動産トシテ差押フヘシトナスナリ，誤マレリト云ハサルヘカラス」[389]としている。雉本博士が指摘するように，わが国民法304条1項の「差押」はフランスの本来の「差押え」の機能を継受しており，同条にいう「差押」がそもそもボアソナードが想定していた差押え，すなわち「セジまたはオポジシオン」である。わが国における民法304条1項の「差押」の解釈をめぐる議論には，フランス法の「差押」とドイツ強制執行法を継受した民事執行法上の「差押え」の違いが集約されているということができよう。

フランス民法典には，わが国民法304条1項の先取特権の物上代位に相当する規定はない。この規定の起源はボアソナード民法草案1138条1項にあり，これがボアソナード民法典債権担保編133条に採用され，わが国現行民法の規定に引き継がれている。債権担保編133条は「先取特権ノ負担アル者カ第三者ノ許ニテ滅失シ又ハ毀損シ第三者カ此カ為メ債務者ニ賠償ヲ負担シタルトキハ先取特権ア

---

387) 谷口安平「物上代位と差押」奥田＝玉田他編『民法学3』（有斐閣, 1976) 104頁。

388) 中野教授は，民法304条の「差押」には，「物上代位権行使の保全のための差押え」と「物上代位権の行使としての差押え」が含まれると解し，後者については民事執行法193条により，前者については民事保全法20条以下，47条以下の仮差押えの規定を類推適用すべきとする。このような行使と保全を目的とする差押えはフランス法のセジに相当する（中野貞一郎『民事執行法［新訂4版］』（青林書院, 2000) 589頁）。

389) 雉本朗造「強制執行ノ優先主義及ヒ平等主義（對人信用制度ノ消長）」『民事訴訟法ノ諸問題』（有斐閣, 1955) 452頁。

ル債権者ハ他ノ債権者ニ先立チ此賠償ニ於ケル債務者ノ権利ヲ行フコトヲ得但先取特権アル債権者ハ弁済前ニ払渡差押ヲ為スコトヲ要ス」と規定した[390]。ここで「払渡差押」はフランス法上の *saisie-arrêt* と *opposition* の訳である[391]。ただし，現行民法304条1項では「払渡」の語が消え，単に「差押」とのみ規定された[392]。現行民法304条の審議においても，ボアソナード民法典債権担保編133条の文字を修正しただけであるとされ，実質的に現行民法304条はボアソナード民法典債権担保編133条に異なるものではないと説明されている[393]。ボアソナードはフランス民法典にないこの規定をイタリア旧民法1951条に倣って設け

---

[390] ボアソナード民法典債権担保編133条の仏訳は，"Si les choses grevées de privilèges ont péri ou ont subi des détériorations de la part de tiers et qu'une indemnité doit due, de ce chef, au débiteur, les créanciers privilégiés peuvent exercer, par préférence aux autres créanciers, le droit du débiteurs à ladite indemnité, pourvu qu'avant le payement, ils y aient fait une opposition en bonne et due forme. Il en est de même, s'il y a eu vente ou louage de la chose soumise à un privilège, et dans tous les cas où il y a lieu à payement d'une somme ou valeur au débiteur, à raison de l'exercise de droits au sujet de ladite chose" であり，ここで払渡差押えには，"*saisie*" ではなく "*opposition*" の語が使われている。

[391] わが国ではセジ・アレに「差押え」または「制止差押」，オピジシオンには「支払差止」または「故障申立」の訳語が当てられる。この両者の違いについて，グラソンらは，古法は厳密ではないものの，両者を区別していたが，民事訴訟法の立法者はこの区別を廃止したとする (Glasson, Morel et Tissier, *Traité théorique et pratique d'organisation judiciaire, de compétence et de procédure civile*, 3e tome IV, Sirey, 1932, p.178)。ガルソネは一般にオピジシオンを「当人が不在の間に，あるいは当人の不利益になるように，ある行為が遂行されることに反対すること」と定義している (Garssonet, *Voies d'exécution*, RGLA, 1894, p.58)。ところで，オピジシオンは異議申立て一般を意味する。動産執行を規定するフランス新民事執行法50条1項は，債務名義を有する債権者による動産の差押えと換価を定め，同2項で，「同様の条件を充足するすべての債権者は，オピジシオンの方式により，差押手続に参加することができる」と定めており，セジ・アレと併記された場合，オピジシオンは先行するセジ・アレへの配当要求のための参加を意味する。宮脇教授は，わが国の旧強制執行法589条の単純配当要求制度にいう「配当要求」，わが国民法335条3項にいう「配当加入」をフランス法のオピジシオンの意味であるとする（宮脇幸彦「強制執行における平等主義規定の生成」小山＝中島編『裁判法の諸問題―下』（有斐閣，1970）218頁）。旧強制執行法では，セジ・アレとオピジシオンを区別する意味はない。なお，新民事執行法の債権執行にはオピジシオンに関する規定がない。これは新民事執行法では債権執行は一種の転付によって行われるため，執行の競合がないためである。

[392] 谷口教授は，当初ボアソナード草案では「異議」とあったが，これが「故障」，「払渡差留」，旧民法の「払渡差押」となり，現行法の「差押」となったとする（谷口安平「物上代位と差押」奥田＝玉田他編『民法学3』（有斐閣，1976）110頁）。

[393] 明治27年10月19日第38回法典調査会議事速記録。谷口安平，同上109頁。

143

たとされているが[394]，同条は第三債務者が誤って弁済しないようにするための規定であった[395]。谷口教授は，フランスの債権差押えに保全処分の性格があり，債務名義がなくても行うことができるから，物上代位において債権差押えを「応用しようとした」ことは理解できるとし，またイタリア旧民法 1951 条にいう「故障」の原語は *opposizione* であり，イタリア民事訴訟法では債権執行に当たって債務名義を要求していて，*opposizione* は執行手続とは関係のない実体法上の行為とされていたが，ボアソナードはこれをフランス債権執行上の *opposition* と訳し，それがフランス法上同義で使われるセジ・アレと同一視されたのではないかと推理している。すなわち，イタリア法上は裁判上の制度でなかった *opposizione* をフランス法の債権差押えに変えてしまい，さらにその差押えはドイツ方式の民事執行の手続としたことになるが，304 条 1 項の「差押」はいったん保全的に差し押さえた上でその手続内で債権者の権利を確定するものであるから手続として妥当であり，この「差押」はドイツ型の執行手続には位置づけることが適当でないので，判例はこの差押えに債務名義は不要とし，「任意債権差押」とでも呼ぶべき手続を解釈上創設したものと解釈している。わが国民法 304 条 1 項但書の「差押」は学説および判例上，債務名義を要しないとされている[396]。フランス法上，セジ・アレまたはオポジションは債務名義がなくても行うことができたから，民法 304 条 1 項にいう「差押」とはセジ・アレまたはオポジションを意味することになる。

(2) わが国民法 304 条 1 項の「払渡」と「引渡」の異同

また，わが国民法 304 条 1 項にいう「払渡」と「引渡」の意味の異同についても議論がある[397]。後掲(9)の最高裁判決は「払渡又ハ引渡」について「第三債務

---

394) 「保険者は保険物件の毀滅若くは毀損の起生したる以後の 30 日を経過し何等の故障をも受くること無くして其保険金額を支発せる於ては即ち其債務を解卸する者とす」と規定する（中川＝柚木他編『注釈民法(8)』（有斐閣，1965）97 頁［林良平］）。なお，ボアソナードはとくに民法草案のうち，財産編の起草に当たって，イタリア民法を参考にしたことを述べている（G. Boissonade, *Projet de Code civil pour l'Empire du Japon accompagné d'un commentaire*, Tome 2, Kokubunsha, 1891, p.II）。

395) 谷口安平「物上代位と差押」奥田＝玉田他編『民法学 3』（有斐閣，1976）109 頁。

396) 林編『注釈民法(8)物権(3)』（有斐閣，1965）102 頁［林良平］，柚木編『注釈民法(9)物権(4)』（有斐閣，1965）64 頁［柚木＝西沢］。

397) グラソンらは，「セジ・アレは第三被差押人に執行債務者への支払い（*payer le saisi*）または自ら保有者となっている動産目的物の引渡し（*remettre les objets mobiliers,remise au débiteur des choses détenues par le tiers saisi*）を禁ずる」としている

者が金銭その他の目的物を債務者に払渡し又は引渡すこと」とし,「払渡」と「引渡」をほぼ同旨としているが,わが国民法304条1項はフランス法上の先取特権の行使方法に倣った規定であるから,フランス旧強制執行法557条の第三債務者による債務者に対する金銭または証券の引渡し (remettre または remise) の禁止を継承していると考えることができる。したがって,「払渡」と「引渡」はいずれも remettre または remise を意味することになる。前述のとおり,金銭債権は証券と同じく「有体動産」であるから,金銭債権であれ,証券であれフランス法ではいずれも「引渡」(remise) の対象になり得るが,わが国民法は金銭債権を「有体動産」とは構成しなかったから,証券の引渡しについてはそのまま「引渡」とし,「金銭の引渡し」についてはこれを「払渡」として,分けたものと想像される[398]。

(3) わが国民法304条1項の「差押」の目的

さらにわが国では民法304条1項の「差押」の目的についても特定性維持説,第三債務者保護説,第三者(債権者)保護説,優先権保全説の対立が見られた[399]。かつての判例の立場であった特定性維持説は,抵当権や先取特権の効力は当然に代位物たる請求権の上に移行して及ぶが,第三債務者が弁済すると請求権は消滅し,支払われた金銭も債務者の一般財産に混入して特定性を失うので,代位物が弁済によって債務者の一般財産に混入することを防ぎ,特定性を維持することを目的としており,請求権が特定性を保持している限り,物上代位の目的であり,第三債務者が支払わないように支払いの前に差し押さえて特定すると,第三債務者は他への弁済を以って抵当権者・先取特権者に対抗できなくなるとする[400]。第三債務者保護説は,「差押」の目的を第三債務者に先取特権の物上代位権の行使を知らしめることによって,第三債務者を二重弁済の危険から保護することにあるとし,第三者(債権者)保護説は取引の安全と債権には公示方法がな

(Glasson, Morel et Tissier, *Traité théorique et pratique d'organisation judiciaire, de compétence et de procédure civile*, 3e tome IV, Sirey, 1932, p.265)。「払渡」と「引渡」を区別する意義はないと考えられる。

398) 霜島教授は,フランス民事執行法上の *saisie-arrêt* または *opposition* を指すものと解釈する(霜島甲一「先取特権と民事執行」米倉=清水他編『金融担保法講座Ⅳ』(筑摩書房,1986) 340頁)。

399) 遠藤賢治「判批」『最高裁判所判例解説民事編(昭和59年度)』(法曹会,1989) 71頁。

400) 我妻栄『新訂担保物権法』(岩波書店,1968) 286頁,291頁。

いことを考慮するとする説である。優先権保全説は，担保権者を保護するために優先的な地位を代位物の上に保存させることを可能ならしめ，抵当権者や先取特権者が物上代位の目的である請求物を差し押さえる前に，他の債権者が差し押さえると，物上代位権者としての優先権を主張できなくなるとする。

　この点に関する裁判例は以下のとおりである。大審院は【7】の大正4年判決で，特定性維持説をとっていたが，【8】の大正12年判決で優先権保全説に転じ，その後の判決は優先権保全説に立っていた。一方，【9】の最高裁昭和59年判決は，破産宣告後の先取特権者の物上代位の事件であるが，「物上代位の対象である債権の特定性が保持され，これにより物上代位権の効力を保全せしめる」趣旨であると判示した。同判決は特定性維持説に立つものとして理解されている[401]。最高裁昭和60年7月19日第2小法定判決[402]は，「物上代位の目的となる債権の特定性が保持され，これにより，物上代位権の効力を保全せしめるとともに，他面目的債権の弁済をした第三債務者又は目的債権を譲り受け若しくは目的債権につき転付命令を得た第三者等が不足の損害を被ることを防止しようとすることにある」と判示した。その後，【10】の最高裁平成10年1月30日判決は，抵当権者による賃料債権への物上代位権の行使の事件であるが，「二重弁済を強いられる危険から第三債務者を保護するという点にある」として，第三債務者保護説に立つ[403]ことを明らかにし，最高裁平成10年2月10日第三小法廷判決[404]も同様に判示した。

【7】　大審院大正4年3月6日第3民事部判決[405]
　鉱業法69条は「先取特権，質権又ハ抵当権ハ其ノ目的物ノ使用又ハ収用ニ因リテ債務者ノ受クヘキ補償金ニ対シテモ之ヲ行ウコトヲ得但シ其ノ払渡前ニ差押

---

[401]　遠藤賢治「判批」『最高裁判所判例解説民事編（昭和59年度）』（法曹会，1989）80頁。

[402]　最高裁昭和60年7月19日第二小法定判決民集39巻5号1326頁。石井彦壽「判批」『最高裁判所判例解説民事編（昭和60年度）』（法曹会，1989）314頁。

[403]　中野貞一郎『民事執行法［新訂4版］』（青林書院，2000）588頁。

[404]　最高裁平成10年2月10日第三小法廷判決（判例時報1628号（1998）9頁）。

[405]　大審院大正4年3月6日第3民事部判決民録21輯363頁。同判決後の大審院大正4年6月30日第3民事部判決民録21輯1157頁は，土地収用法65条の補償金債権を差し押さえた事案で，「補償金カ担保物ヲ代表スルノ特定性ヲ保全スルト同時ニ被収用者タル債務者カ補償金ヲ処分シ収用者タル第三債務者カ債務者ニ支払コトヲ禁シ以テ債権者ヲシテ補償金上ニ有スル優先権ヲ喪失セサラシムルニ在リ」と判示した。

ヲ為スヘシ」と定めている。草野銀行は，川野氏および荒木氏に対する融資の担保として両氏が有する土地に抵当権を取得した。その後，三井合名が当該土地を鉱業用に収用した。成清氏は川野，荒木両氏が三井合名に対して有する補償金請求権を差押命令・転付命令を得て，債務者と第三債務者に送達された。その後，草野銀行が同補償金の請求権に対し差押命令を得て，債務者と第三債務者に送達された。第三債務者である三井合名は補償金を供託し，成清氏が供託された補償金の支払いを求めた。

原審（長崎控訴院）は鉱業法69条を第三者を保護する規定であると判示した。

大審院は同規定を「民法第304条ニ規定スル物上代位ノ原則ノ適用ヲ示シタ」ものであるとし，先取特権者，質権者，抵当権者などの「権利者ハ債務者タル土地所有者ノ受クヘキ補償金ヲ以テ自己ノ債権ヲ担保セシムルコトヲ得セシタメルモノニシテ第三者ヲ保護セントスルノ規定ニ非サルナリ」とし，「此場合ニ於ケル差押ハ被収用者タル債務者ニ対シテ補償金ノ処分ヲ禁シ収用者タル第三債務者カ弁済其他ノ方法ニ因リ之カ請求権ヲ消滅セシメ債権者ヲシテ代表物タル補償金上ニ有スル優先権ヲ喪失セシムルノ結果ヲ予防スルヲ以テ唯一ノ目的トスルモノ」であり，差押えは「一面其代表物タル特定性ヲ保全スルト同時ニ他ノ一面ニ於テ其消滅ヲ防止シ以テ優先権者ヲシテ補償金上ニ其権利ヲ行使スルコトヲ得セシムルモノ」と判示した。特定性の保全とその消滅を防止するために差押えを要するとしたのである。

【8】 大審院大正12年4月7日民事聯合部判決[406]

福寿火災保険は従参加人橋本氏所有の家屋について火災保険を契約していたところ，当該家屋が消失した。橋本氏に対する貸金債権を有していた西田氏が大正10年5月30日，火災保険金債権に対し差押命令と転付命令を受け，命令は翌31日に第三債務者である福寿火災保険に送達された。同社が火災保険金を支払わなかったので，西田氏は支払いを求める訴えを提起し，橋本氏がこの訴訟に参加した。当該家屋にはこの訴訟の参加人である栗山氏および金田氏のために抵当権の設定登記がなされており，金田氏は大正10年6月7日，栗山氏は同月8日に火災保険金債権に対して差押命令と転付命令を受けた。

大審院は，抵当権の物上代位の行使に当たっては「金銭払渡前ニ抵当権者ニ於

---

406) 大審院大正12年4月7日民事聯合部判決民集2巻5号209頁。

テ差押ヲ為スコトヲ要スルモノニシテ其ノ差押ハ抵当権者自身ニ於テ之ヲ為スコトヲ要シ他ノ債権者カ其ノ債権保全ノ為ニ為シタル差押ハ抵当権者ノ右権利ヲ保全スルノ効ナキモノト解スル」とし,「抵当権者カ差押ヲ為スコトハ其ノ優先権ヲ保全スルニ缺クヘカラサル要件」であるとした。優先権を保全することが差押えの目的であるとしたのである。

【9】 最高裁昭和 59 年 2 月 2 日第一小法廷判決[407]

新日本工機は,工作機械を三昌機械に販売したところ,三昌機械はこれを東洋エンジニアリングに転売した。その後三昌機械は破産宣告を受け,新日本工機は当該工作機械の転売に基づく代金債権について,債権差押・転付命令を得て,工作機械の転得者であり第三債務者である東洋エンジニアリングに送達された。東洋エンジニアリングは転得代金債権のうち,債権差押・転付命令を受けた金額を法務局に供託したので,三昌機械の破産管財人が当該供託金に対する還付請求権の確認を求めて訴えを提起した。

原審(東京高裁昭和 56 年 6 月 25 日判決)は,民法 304 条 1 項但書の「払渡又ハ引渡前に差押ヲ為ス」ことを要する趣旨を「物上代位権が先取特権者を保護するために特に法の認めたものであって」,「債務者並びに第三債務者に対しその処分を禁止して法律上これを凍結するためだけではなく,物上代位権の存在を他の債権者等の第三者に対する関係においても公示させ,取引の安全をも図るところにある」とし,「物上代位権の対象となる債権が他から差押を受けたり他に譲渡もしくは転付される前にこれを差押えない限り,先取特権者は右差押債権者等の第三者にその優先権を対抗することはでき」ず,破産宣告は破産財団の処分権を破産者から剥奪し破産管財人に帰属させるものであるから,「先取特権者は破産宣告前に物上代位権の対象たる債権を差押えない限り」,「優先権を主張することはできない」として,破産宣告後になされた本件差押・転付命令は無効であり,破産管財人に供託金の還付請求権があるとした。原審判決によれば「払渡」とは物上代位権の対象となる債権に対する他からの差押え,譲渡,転付または破産宣告による破産財団に対する破産者の管理処分権の剥奪と破産管財人への帰属を意味することになる。

---

[407] 最高裁昭和 59 年 2 月 2 日第一小法定判決民集 38 巻 3 号 431 頁。遠藤賢治「判批」『最高裁判所判例解説民事編(昭和 59 年度)』(法曹会, 1989) 67 頁。

最高裁は、民法304条1項但書で「差押」を要すると規定する趣旨を「先取特権者のする右差押によって、第三債務者が金銭その他の目的物を債務者に払渡し又は引渡すことが禁止され、他方、債務者が第三債務者から債権を取立て又はこれを第三者に譲渡することを禁止される結果、物上代位の対象である債権の特定性が保持され、これにより物上代位権の効力を保全せしめるとともに、他面第三者が不測の損害を被ることを防止しようとすることにある」とし、「第三債務者による弁済又は債務者による債権の第三者への譲渡の場合とは異なり、単に一般債権者が債務者に対する債務名義をもって目的債権につき差押命令を取得したにとどまる場合には、これによりもはや先取特権者が物上代位権を行使することを妨げられるとすべき理由はない」とし、「債務者が破産宣告決定を受けた場合においても、その効果の実質的内容は、破産者の所有財産に対する管理処分権能が剝奪されて破産管財人に帰属せしめられるとともに、破産債権者による個別的な権利行使を禁止されることになるというにとどま」り、「先取特権者は、債務者が破産宣告決定受けた後においても、物上代位権を行使することができる」とした。

【10】　最高裁平成10年1月30日第二小法廷判決[408)

　大和ファイナンスは東京ハウジングに対し融資を実行し、大協建設が右貸付債権を被担保債権として同社所有の建物（「本件建物」という）について大和ファイナンスと抵当権設定契約を締結し、登記を経由した。その後、借入人東京ハウジングは利息の支払いを怠ったため貸付債権に関わる期限の利益を喪失し、その1年半後に倒産した。その後、大協建設は、従来は個々のテナントに個別に賃貸していた本件建物について、一括してカスタミーに賃貸し、カスタミーが個々のテナントに転貸することとし、その旨の登記を経由した。その一方、大協建設は大心から融資を受け、本件建物の将来の賃料債権を貸金債権の代物弁済として譲渡する契約を結び、カスタミーは債権譲渡を承諾し、債務弁済契約が結ばれ、確定日付を得た。

　その後、東京地裁は大和ファイナンスの物上代位権に基づき東京ハウジングに対する貸付債権額および利息金額までの差押命令（「賃料債権の差押命令」という）

---

408)　最高裁平成10年1月30日第二小法廷判決民集52巻1号1頁（判時1628号（1998）5頁）。

を発し、第三債務者であるカスタミーに送達された（なお、その後大和ファイナンスはカスタミーが本件建物の転貸を受けたテナントに対して有する転貸料債権について差押命令を得たので、賃料債権の差押命令の申立てを取り下げている）。

原審は「債権譲渡も払渡し又は引渡しに該当するということができるから、目的債権について、物上代位による差押えの前に対抗要件を備えた債権譲受人に対しては物上代位権の優先権を主張することができず、このことは目的債権が将来発生する賃料債権である場合も同様」であるとした。

最高裁は、払渡しまたは引渡しの前に差押えを要するとする趣旨を、第三債務者（本事件ではカスタミー）は「右債権の債権者である抵当不動産の所有者（同じく大協建設）に弁済しても弁済による目的債権の消滅の効果を抵当権者（同じく大和ファイナンス）に対抗できないという不安定な地位に置かれる可能性があるため、差押えを物上代位権行使の要件とし、第三債務者は差押命令の送達を受ける前には抵当権設定者に弁済をすれば足り、右弁済による目的債権消滅の効果を抵当権者にも対抗することができることにして、二重弁済を強いられる危険から第三債務者を保護するという点にある」とした。ここで第三債務者の保護が差押えの目的であることになった。

フランス民法上、わが国民法の先取特権に相当する担保物権は、"*privilège*"であり、「*privilège* は、特定の債権が債権者に抵当権者を含む他の債権者に優先させる権利」（同2095条）であって、法定担保物権である。"*privilège*" には債務者の有する動産・不動産全体に対する一般先取特権（*privilèges pleinement généreux*）、債務者の動産全体に対する一般先取特権（*privilèges généraux mobiliers*）および債務者の特定の動産または不動産に対する特定先取特権（*privilèges mobiliers ou immobiliers spéciaux*）があり、一般先取特権は特定物に対する先取特権と先取特権の実行に当たって目的の特定を要する。動産売買の先取特権は債務者の特定の動産に対する特定先取特権に含まれる。

フランス法上、先取特権の行使の方法については明文で規定されておらず、一般先取特権と特定先取特権は、優先権を有する点では共通であるが、追及権については一様でない。すなわち動産売買に伴う特定動産先取特権については売買の目的物が買い手の許に依然存在している場合には売り手は追及権を有しており、当該目的物を差し押さえて、その売却代金から優先的に弁済を受けることができるが[409]、当該目的物がすでに転売されている場合には、売り手には追及権はな

いものの，優先権を有し，転売者が売買代金を支払っていない場合，売り手はセジ（差押え）を行うことができる[410]。法律に明文規定はないが，実際には特定先取特権の目的物が転売されている場合の物上代位の行使方法は，わが国民法304条1項の差押えの方法と同じである。フランス法上はこの差押え（セジ）はその対象を不特定物から特定物にする契機とされており，わが国の判例の理解とは異なる。

---

409) グラソンらは，「動産売買の売り手は，代金が未払いのまま，当該動産が転売される場合，買い手の支払うべき代金を転得者の手中でセジ・アレすることができる」としている (Glasson, Morel et Tissier, *Traité théorique et pratique d'organisation judiciaire, de compétence et de procédure civile*, 3e tome IV, Sirey, 1932, p.196)。

410) Malaurie et Aynès, *Cours de droit civil-Les obligations*, 2e éd., Cujas, 1990, p.247, Jobard-Bachellier, *Droit civil-Sûreté, publicité fonciére*, 13e éd., Dalloz 2000, p.93, Cabrillac et Mouly, *Droit des Sûreté*, 5e éd., Litec, 1999, p.519.

第3章　金銭債権の特殊性

第1節　雉本博士・松岡博士の指摘

　フランス旧強制執行法はセジ・アレの目的物を "*les sommes appartenants à son débiteur*"（債務者に帰属する金銭額）とし，新民事執行法はセジ・アトリビュシオンの目的物を "*les créances de son débiteur portant sur une somme d'argent*"（債務者に帰属する金銭額表示の債権）と規定しており，両者の規定は異なっている。金銭額と金銭額表示の債権は現に異なるのであろうか。

　大正4年（1915年）に発表した論文において，雉本博士は債権を無体動産として構成するフランスの債権構造は誤りであると批判している。博士は旧強制執行法が「金銭額」と規定し，「金銭債権」または「債権」としていない点をとらえて，フランスの強制執行制度には「債権執行制度がない」と指摘した。フランスの債権執行制度は「金銭額」という有体物に対する執行であって，「債権」という権利に対する執行ではないというのである。すなわち「仏訴訟法ハ債権其ノモノニ対スル差押ヲ認メス，然レトモ *Saisie-arrêt ou opposition* ナル特種ノ制度ヲ認メ，債権ニ対スル執行ヲ認ムルト同様ノ結果ヲ収メントセリ。コノ制度ニヨレハ，債権者ハ公正證書又ハ私署證書ニ基キ，債務者ニ属スル金銭又ハ動産ヲ第三者ノ手中ニ在ル間ニ差押ヘ又ハ債務者カ第三者ニ對シテ其権利ヲ行使スルニ付キ異議ヲ申出ツルコトヲ得」るのであり，「右差押又ハ異議ヲ為シタル後八日内（但里程猶予ヲ認ム）ニ，債権者ハ其差押又ハ異議ヲ債務者ニ通知シ，且債務者ヲ被告トシテ差押又ハ異議ヲ有効トスル判決ヲ要求スル訴ヲ起ササルヘカラス，右期間内ニ訴ヲ提起セサリシ場合ニハ差押又ハ異議ハ無効」となり，「而シテ，第三者ノ手中ニ於ケル差押又ハ異議ヲ有効ナリトスル判決アリタル場合ニハ，差押ヘタル金銭又ハ動産ノ売得金ヲ，債権ノ順位及ヒ額ニ応シテ配当スルモノ」なので，「約言スレハ，此ノ制度ハ第三者カ債務者ニ對シテ負担セル給付ノ目的タル金額又ハ動産ヲ以テ，恰カモ既ニ債務者ニ属スル金銭又ハ動産カ第三債務者ノ占有ニ在ルカ如クニ視，其差押（即チ有体動産ニ対スル差押）ヲ認メントスルモノニシテ，法理上誤レルコトハ論ナシ」[411)]とした。さらに「債権ノ目的物ハ債務者ノ作

為又ハ不作為（即チ給付）ナリ，債權ハ給付ノ目的タル物ニ對スル權利ニ非ズ。從テ仏訴訟法カ給付ノ目的タル物ヲ以テ，既ニ債權者（執行債務者）ニ屬スル物タルカ如クニ視，其物カ債務者（第三債務者）ノ占有ニ在ルニ過キスト爲セルハ，債權ノ性質ヲ誤解スルモノタリ」[412]と断じている。博士は，フランス法では第三債務者が執行債務者に対して負う債務の目的である金銭を第三者が占有しているものとするが，債権の目的は「給付」であって給付の目的たる「物」ではないのであるから，フランスの金銭債権執行制度は債権の本質を誤って理解しているとしたのである。ただし，「然レトモ，仏訴訟法カ此ノ制度ニ依リテ債權其他ノ請求權ニ對スル差押ノ実ヲ擧ケントスルモノ」[413]であって，実務上の需要に応えているとしている。さらに大正9年（1920年）の論文でも，博士は「債權者ハ公正證書又ハ私署證書ニ基キ債務者ニ属スル金銭又ハ動産ヲ第三者ノ手中ニ在ル間ニ差押ヘ（実は債務者が第三債務者に対して有する債権の目的たる給付の物体たる金銭又は動産を既に債務者に属する金銭又は動産を第三者か占有するものゝ如くに看做して，第三者の占有にある債務者の動産又は金銭として差押ふべしとするなり）又は債務者が第三者（即第三債務者）に対して其権利を行使するに付き異議を申出つることを得るものとなし（仏民訴557），右第三者の手中に在る金銭又は動産の差押を有効なりとする判決ありたる場合には，其金銭又は動産の売得金を債権の順位及び額に応じて配当とすべきもの」となし（仏民訴579），依りて金銭債権又は有体動産の給付若くは引渡を求むる債権に対する金銭債権の執行の欠缺を大体に於て補ひつゝあるに拘はらず，不動産の給付又は引渡を求むる債権は勿論，特許権等所謂『他の財産権』（我民訴第625参照）に関しては，*saisie-arrêt ou opposition* の制度に依ることを得ず，従て此等の権利に対する金銭債権の執行の欠缺は *saisie-arrêt ou opposition* の制度に依りては毫も補はれざるが故に，さらに *action subrogatoire*（間接訴権）なる制度を認め，依りて債権者が其債権を保全するか為め必要なる場合は，債務者が第三債務者に対して有する債権其他の財産権を行使することを得るものとせるものなり」[414]として，フランス法は金銭債権執行として，有体動産執行，不動産執行はあるが，債権その他の財産権に対する執行は存在せず，フラン

---

411) 雉本朗造「強制執行ノ優先主義及ヒ平等主義（對人信用制度ノ消長）」『民事訴訟法の諸問題』（有斐閣，1955) 451頁。
412) 雉本朗造・同上 452頁。
413) 雉本朗造・同上 451頁。
414) 雉本朗造「間接訴権の研究」論叢4号（1920) 5号539頁。

ス旧強制執行法上のセジ・アレまたはオポジションは債権執行制度ではないとしたのである。

　松岡博士も同様の指摘をしている。すなわち，大正 14 年（1925 年）の強制執行法の体系書でフランスの金銭債権執行は「債権に対する差押え」ではなく，有体物である「金銭に対する差押え」の形態を取るので，フランス旧強制執行法は「債権ニ対スル差押ヲ是認セス」とした。ただし，「然レトモ債権者ハ執行力アル公正証書又ハ私署証書ニ因リ第三者ノ手中ニ存スル債務者所有ノ金銭又ハ動産ヲ該第三者ニ送達スヘキ執達吏作成ノ差留命令（*Exploit*）ニ依リテ差押ヘ且其ノ差押ハ爾後第三者カ債務者ニ対シテ為シタル支払ヲ無効トスルノ効力ヲ有ス」とし，「債権者ハ差押債権ヲ取得セス而シテ其ノ法律関係ハ通説ニ依レハ債務者ノ更替ニ因ル更改ナリト謂フ」とし，これが「所謂差留（*Saisie-arrêt ou Opposition*）ノ制度」であるが，「之ヲ観レハ仏国民事訴訟法ハ債務者カ第三債務者ニ対シテ有スル債権ノ目的物タル金銭又ハ動産ヲ第三債務者カ占有スル有体動産視シ之ニ対スル差押ヲ是認シ以テ債権ニ対スル差押ト同一ノ結果ヲ奏セシメントスルニ他ナラス」415)とした。また「強制執行ノ目的タル金銭債権ハ債務者（執行債務者）カ第三債務者ノ財産ニ付金銭的給付ヲ求ムルコトヲ得ヘキ各種ノ請求権」416)であり，「金銭債権ノ目的ハ金銭ノ給付ニシテ」，金銭は「其ノ給付ノ目的物」であって，「金銭債権ノ目的タル給付ハ一定ノ金額ヲ債務者ニ支払フニ在ルコトヲ要ス何トナレハ金銭債権ニ付テノ強制執行ノ目的物タル金銭債権ハ差押債権者ニ満足ヲ得セシムル用ヲ為スモノナルコトヲ要スルヲ以テ金銭債権ノ目的タル給付カ一定ノ金額ヲ第三者ニ支払フニ在ルモノナルトキハ差押債権者ニ執行上ノ満足ヲ享有セシムルコトヲ得サレハナリ是強制執行ノ目的タル金銭債権ト其ノ基本タル金銭債権ト同シカラサル要点ナリ」417)とした。

　雉本博士は，債権の本質は債務者の給付であって，その給付の対象物ではないのであるから，給付の対象である金銭そのものを差し押さえる形式をとるフランスのセジ・アレは債権執行制度には当たらないとし，松岡博士もフランスの制度は給付の目的物である金銭をもって債権であると理解していると指摘している。両博士はいずれも金銭と金銭債権を峻別し，フランスのセジ・アレは金銭そのものに対する差押えと理解している。

---

415)　松岡義正『強制執行要論［中巻］（訂正第二版）』（清水書院，1925）1035 頁。
416)　松岡義正・同上 861 頁。
417)　松岡義正・同上 862 頁。

一方，前述のとおりペロォらは「債権と金銭は1つである」として，金銭そのものと金銭債権を特に区別していない。このような両者の理解の違いは，どこに原因があるだろうか。差押えの本質に関するものであるが，この違いは金銭，金銭債権固有の特殊性に基づくものであろう。

　ペロォらは従来，一般に差押えは金銭に対して行われるものと理解されていたが，金銭債権と金銭は1つであるとし，その例として，公証人（notaire）が不動産売買の手付金などをクライアントから寄託された場合，公証人は当該資金を公営機関である貯蓄供託金庫（Caisse des dépôts et consignations）に再寄託することになり，金銭そのものは貯蓄供託金庫に保管されるが，セジ・アレ，セジ・アトリビュシオンにおける第三被差押人は公証人であって貯蓄供託金庫ではなく，差押えの目的物は金銭債権であって金銭という有体物でないと説明している[418]。両博士の指摘はいずれも金銭債権の特殊性に起因するものであり，ここで金銭債権についてあらためて検討する必要があろう。

第2節　「金銭債権」概念について

　金銭債権とは金銭そのものをいうのか，金銭の給付を請求する権利をいうのか，という問題に回答することは，現金以外に金銭支払手段がない時代には容易であった。現に第三債務者が保有している現金を執行債務者の預けた金銭であるとして，差押債権者が取り戻すことができたからである。この時代にも現金とは支払手段に過ぎなかった。現金それ自体には使用価値はなく，商品やサービスに交換されて初めて消費・使用することができたのである。現金は法定通貨であることによって流通性を保障された一種の交換価値に過ぎない。雉本，松岡両博士の説明のように，セジ・アレを執行債務者が第三債務者に預けた現金そのものを差押債権者が取り戻す手続であって，金銭債権に対する手続ではないと理解しても，現実には第三債務者がその現金を保管しているとは限らず，また第三債務者の手許にある現金が執行債務者の預けた現金である保障もない。金銭に対する執行といっても，現金＝金銭という「交換価値」に対する執行なのである。

　金銭またはマネーの法的性格を分析して，マンはその多義性を認識しながら，少なくとも具体的な形態のマネーと抽象的なマネーの区別が必要であるとしてい

---

418)　Perro et Théry, *Procédures civiles d'exécution*, Dalloz, 2000, p.363.

る419)。リブシャベールも物としてのマネー（monnaie-marchandise）と価値の表象としてのマネー（monnaie-signe）との区分の必要性を説いている420)。前者は現金（通貨・紙幣）であり，支払手段をいい，後者は記帳された金銭債権を含み，価値を表示する421)。マンは現実には銀行決済が増加していることから，マネーとは個人動産（chattel personal）であるとし，コインや紙幣が所有可能な動産であることは確かであるが，紙幣は同時にプロミソリー・ノートでもあるとし422)，マネーとは「一般に富と呼ばれる購買力」423)であるとしている。ここで，購買力とは交換価値を意味するものと考えられる。リブシャベールは債務は一定の金銭価値で表示されるが，債務の履行に当たって金銭価値自体を引き渡すことはできず，支払手段を経由せざるを得ないとして，現実の支払いと金銭債務とを区分している424)。ペロォらが「債権と金銭は1つである」とし，リブシャベールが「金銭債務の主たる特徴は金銭が商品と看做されないことにある」425)としているのは同旨である。さらに，フランスでは金銭概念を「モネ・フィデュシエル（monnaie fiduciaire）」426)と「モネ・スクリプチュラル（monnaie scripturale）」427)に

---

419) Mann, *The Legal Aspect of Money*, 3rd. ed., Oxford, 1971, p.5.
420) Libchaber, *Recherches sur la monnaie en droit privé*, L.G.D.J., 1992, p.3.
421) リブシャベールは，「一種類の羊しかない国では，羊毛や羊の価値を同じ基準で容易に理解できる。羊が多様になると商品を評価することになり，共通の価値基準が使われる」というテュルゴーのことばを引用し，価値基準としてのマネーを説明する（Ibid., p.23）。
422) Mann, *The Legal Aspect of Money*, 3rd. ed., Oxford, 1971, p.9.
423) Ibid., p.27.
424) Libchaber, *Recherches sur la monnaie en droit privé*, L.G.D.J., 1992, p.33.
425) リブシャベールは一定量の小麦の引渡し債務を負う債務者と一定金額の金銭債務を負う債務者との違いを上げている（Libchaber, Ibid., p.121）。また，「債務は金銭の金額にかかわる場合には金銭債務である」とし，「金銭債務の目的は価値である」とする。金銭は種類物であり代替可能であるが価値基準であることが他の種類物と異なる。
426) 歴史的には金貨銀貨などのマネー・メタリック（monnaie-métallique）の後に，国家権力の成立とともに紙幣・コインというマネー・フィデュシエールが導入されるが，マネー・メタリックへの言及は省いた。
427) わが国では，吉岡教授が金銭債権の履行について「債権の目的が金銭の給付を目的とする場合，国家が法律によって強制通用力を付与した，所謂『法定通貨』をもって負担されると説明されてきた」が，「『銀行信用』を媒介・契機とした取引を形成する経済社会では，その高度な発展に伴い，金銭債権の履行は法定通貨，所謂，現金をもってなされなければならないという原則を修正した」とし，「今日では，商取引のみならず，金銭債権の履行は，たんに，国家によって法定支払手段とされている法定通貨，所謂，現金の給付という本来的形態のみならず，負担したる金銭の価値と同一の価値を具現する他の支払手段をもってなされ」，「現金通貨をはるかに超越したものとなっている」として，金銭のスク

も分けられる。現在，取引の決済は後者の金融機関における振替え記帳がほとんどであり，前者の現金貨幣による決済は全体の15％を占めるに過ぎないとされている428)。金銭債権執行の目的物はマネーという交換価値であって，紙幣やコインという現金そのものではない。

　支払手段が現金の交付から当事者の有する銀行口座の間での振替え決済に移行するに伴って，金銭債権の特殊性が一層顕著になっている。銀行預金は銀行の債務，すなわち預金額までの支払いを請求することのできる権利であり，預金者は小切手による支払い，ATMによる引落しなど直接銀行とのコミュニケーションを介在しない方法で口座を動かすことができる429)。振出された小切手が交換で提示された場合，銀行は小切手振出人の口座を引き落として，小切手の持出し銀行に支払うが，これは預金債務を消滅させる行為であり，銀行預金を経由する支払いは振出人，振出人銀行，受取人銀行，受取人という循環的な構造をとり，その間に現金（通貨・貨幣）という物理的な形態をとることはない。執行債務者の預金を預かる金融機関は原則として資金を現金で保管することはなく，取引先に対する融資，有価証券や不動産への投資に充当している。差押債権者の執行士から差押令状を送達された銀行は，手許の余裕資金があればこの中から差押債権額を支払い，不足の場合には投融資資金を一部回収して差押債権者に支払うことになるのであり，第三債務者である銀行が投融資資金を一部回収して差押債権者に支払うからといって，債権者が第三債務者の銀行の金銭債権に対して直接差押えを行うことは認められず430)，差押債権者が第三債務者の有する投資有価証券や不

　　　リプチュラルな側面を指摘している（吉岡幹夫「金銭債権の履行」『金銭債務の基本構造』
　　　（法律文化社，1997）39頁）。
428)　Mouly, Procédures civiles d'exécution et droit bancaire, *La réforme des procédures civiles d'exécution*, Sirey, 1993, p.66.
429)　Sommer, Where is a Bank Account?, 57 Md. R. Rev. 1, 8, 27（1998）. ニューヨーク連銀の法律顧問であるソマーは銀行預金の説明は，UCCを前提としており，銀行の預金者に対する義務の範囲はわが国に妥当しないが，ここでは銀行預金の概念に関わる限度で引用した。ソマーは銀行預金とはアンタンジブルであって，最終的には判決を得て銀行に対して執行を命ずるための証明手段（*a licence to sue a bank and obtain a judgment*）であるとしている。たとえば仮想の国ルリタニアでアメリカ・ドルの銀行預金が設けられた場合，銀行預金はルリタニアに所在するが，その準拠法と裁判管轄はニューヨーク州にあるとし，この場合に銀行預金の所在地を定めることは無意味であるとする。
430)　差押債権者が第三被差押人に対して直接訴権を有する場合には，第三被差押人の有する金銭債権に対して差押えを行うことは可能であるが，本来執行債務者に対して行うべき金銭債権差押えを債権者代位権を行使して，第三被差押人に対して行うことについては判

動産に対して権利を持つことはない。差押債権者の担保は債務者の責任財産であって、第三債務者の責任財産には及ばないからである。

金銭は金銭という価値物の引渡しを意味するのであるから、セジ・アレにおける「金銭額」とセジ・アトリビュシオンにおける「金銭額表示の債権」は、ペロォらがいうとおり同じ物を指し、雉本、松岡両博士の指摘にかかわらず、セジ・アレの目的物は現金そのものではなく、金銭債権であると理解すべきものと考える。フランス旧強制執行法は差押えの目的物を「債務者に属する金銭および証券」と規定していたので、両博士のような理解を生じたおそれがある。一方、改正後の新民事執行法は「債務者に属する金銭債権」と改め、債権執行であることを明らかにしている。

また、セジ・アレの目的物が現金そのものではなく、金銭債権であったことを意味し、金銭と金銭債権が同じであることの傍証として、第三被差押人の自己宛債権差押え (saisie-arrêt sur soi-même)[431] を挙げることにしたい。フランスでは旧強制執行法557条の文言にかかわらず、従来からこの方法が認められてきた。

わが国では最高裁昭和45年6月24日大法廷判決[432]が第三債務者が債務者に対して反対債権を有し、当該反対債権が差押え後に取得されたものでない限り、当該反対債権を自働債権として差押債権と相殺することができるとして、相殺の担保的な効力を広く認めており、自己宛債権差押えという方法は必要がないと考えられるが、フランス法上第三債務者の自己宛債権差押えが認められるのは、第三債務者（第三被差押人）は執行債務者の財産を保管する地位にあると構成することに基づいており、第三債務者・第三被差押人の地位の違いに起因すると考えられる。

フランス法上自己宛債権差押えは、法令に規定はなく、判例が形成した例外的

例、学説の一部は否定的で、契約または裁判上の代位によって執行債務者の権利を代位することが必要であるとする (Glasson, Morel et Tissier, *Traité théorique et pratique d'organisation judiciaire, de compétence et de procédure civile*, 3e tome IV, Sirey, 1932, p.189)。

431) 1950年2月20日ボルドー控訴院判決は、自己に対するセジ・アレを「差押人が自ら差し押さえるべき金銭額または物を負担し、他方、他の原因により債権者である差押人がその者に対してセジ・アレを行った者を相手として自身が債権者であるところの価値の相殺のために差し押さえた金銭額・物を留保することを言う」と定義している (Vincent et Prévault, *Voies d'exécution et procedures de distribution*, 19e éd., Dalloz, 1999, p.103)

432) 最高裁昭和45年6月24日大法廷判決民集24巻6号587頁（判時595号（1970）29頁、判タ249号（1970）125頁）。

な手続である。本来は原則として，差押令状を送達された第三被差押人はその債権者（執行債務者）への弁済を禁じられるばかりでなく，仮に第三被差押人が執行債務者に対して反対債権を有しても，自働債権と受働債権の相殺は禁じられていた。グラソンらは「セジ・アレは第三被差押人にその債権者である執行債務者の手中に支払うことを禁じるのみでなく，さらに，差押債権者を損なう債権の消滅，減少を引き起こす性格のすべての行為を禁ずるものである」[433]としており，旧強制執行法ではなく民法典1298条[434]に基づいていた。フランスでは差押令状が発せられる前に自働債権と受働債権が相殺適状にあっても，原則として相殺は認められることがなく，差押債権者は相殺による差押えの効果の減殺を懸念することなく，金銭債権差押えを行うことできたのであるが，例外的に第三被差押人は自己宛の債権差押えを行うことによって，実質的に相殺が可能であった[435]。ただし，第三被差押人の自己宛の債権差押えについては，法律に規定がないこと，法定相殺規定に反すること，さらに，金銭債権差押えの三者構造に反すること，悪質な債務者に責任回避の機会を与えること，などといった批判があった[436]。いずれにしても第三被差押人が自己宛債権差押えを行うことができることは差押えの目的物を「金銭」と規定していた旧強制執行法の下でも差押えの目的はあくまでも「金銭債権」であったことを意味すると考えられる[437]。なお，

---

[433] Glasson, Morel et Tissier, *Traité théorique et pratique d'organisation judiciaire, de compétence et de procédure civile*, 3e tome IV, Sirey, 1932, p.269.

[434] フランス民法典1298条は「相殺は第三者の既得権を損なう場合には生じない。したがって，債務者であって，その手中に第三者によってセジ・アレが行われた者は，差押人を害し，相殺を対抗することができない」と規定する。

[435] Glasson, Morel et Tissier, *Traité théorique et pratique d'organisation judiciaire, de compétence et de procédure civile*, 3e tome IV, Sirey, 1932, p.269, Garsonnet, *Traité élémentaire des voies d'exécution*, 2e, Larose, 1894, p.71, Cuche, *Précis des voies d'exécution et des procédures de distribution*, 4e éd., Dalloz, 1938, p.90.

[436] Vincent et Prévault, *Voies d'exécution et procedures de distribution*, 19e éd., Dalloz, 1999, p.103.

[437] 新民事執行法においても第三債務者の自己宛金銭債権差押えは認められる。セジ・アレは保全措置と執行の両方の性格を有していたので，たとえば執行債務者が第三債務者に対して有する債権は履行期にあるが，第三債務者が執行債務者に対して有する債権の履行期が未到来の場合に，保全目的で第三債務者が自己宛にセジ・アレを行うという例が多かった。新民事執行法のセジ・アトリビュシオンは即時の移付の効果を生じるために，セジ・アレの場合ほどセジ・アトリビュシオンによる第三債務者の自己宛差押えには効果がないとされている（Perrot et Théry, *Procédures civiles d'exécution*, Dalloz, 2000, p.376）。

第 3 章　金銭債権の特殊性

　第三債務者の自己宛債権差押えについて，わが国では松岡博士が「元来第三債務者ハ執行債務者ノ債務者即チ差押フヘキ債権ニ対シ弁済ノ責ヲ負フ債務者ナルヲ以テ第三債務者ハ差押ヲ為サントスル債権者タルコトアリ是ヲ以テ学者或ハ第三債務者カ同時ニ差押ヲ為サントスル債権者ナル場合ニ在リテハ金銭債権ノ差押ノ結果トシテ法律上相殺ヲ許ササル場合ニモ相殺ノ効果ヲ生スルコトアルヲ理由トシテ金銭債権ノ差押ヲ許サスト主張スレトモ相殺カ法律上許サレサル理由ニ依リ適法ナル他ノ行為ニ基キ同一ノ効果ヲ発生スルコトヲ禁スルノ理ナキヲ以テ第三債務者カ差押ヲ為ス債権者タル場合ニ在リテモ債権ノ差押ヲ為スコトヲ得」[438)] として，これを認める意見を示されたことがあるが，一般的ではない。

　なお，前記のとおりフランスでは金銭概念に「モネ・フィデュシエル」と「モネ・スクリプチュラル」があるが，この区別を前提として，金融機関の預金に対するセジ・アトリビュシオンを金融機関の記帳に対する差押えであるとする説（記帳差押え説）と金銭債権の差押えであるとする伝統的な説（債権差押え説）が対立している。前者の記帳差押え説は金融法学者のムーリの意見であるが，新民事執行法の規定にかかわらず，「差押債権は第三者の手中にはなく，債権は執行債務者の財団の中にあるのであって，執行債務者に対して返戻するべき債務者である銀行の手中にあるものは金銭額 (somme d'argent) であり，差押えの目的物は執行債務者の金銭である」とし，「銀行口座の残高は債権とは看做されず，モネ・スクリプチュラルであって，これは最終的にモネ・フィデュシエルによって決済されなければならず，口座システムと支払手段によって容易に送金またはブロックできるので有体動産に類似し，紙幣と同様に流通する」[439)] としている。ムーリはセジ・アレまたはセジ・アトリビュシオンの目的物は有体物であり，金融機関の場合の有体物とは記帳そのものであるとし，金融機関を第三被差押人とする差押えは，記帳によって移し替えの可能な流動性預金に限定され，また金融機関における預金は有体動産と同一であるとして，金融機関には留置権があると主張するのであるが，一方，債権差押え説をとるペロォらは，金融機関の記帳は単なる事務であって，預金に対する金融機関の留置権を認めない。ムーリの意見は金融機関にとっては留置権による保護が期待されるので有利であるが，記帳という有体物を差押えの目的とすることには無理があると考える。

---

438)　松岡義正『強制執行要論［中巻］（訂正第二版）』（清水書院，1925）1040頁。
439)　Mouly, Procédures civiles d'exécution et droit bancaire, *La réforme des procédures civiles d'exécution*, Sirey, 1993, p.68.

第3節 「金銭債権の保有」概念について

　金銭と金銭債権の区別を不要とすると，次にフランスの金銭債権執行制度において第三被差押人が執行債務者の「金銭債権を保有」していると構成されていることが問題となる。わが国では金銭債権は人的関係であって，金銭債権を「保有する」という構成をとらない。

　前述のとおり，ボアソナード民法典は物を有体物に限定せず，また債権は金銭に評価することができるものに限定していた。しかし現行民法はボアソナード民法典の債権概念を変更し，「物トハ有体物ノミヲ指ス」（乙号議案第 4 号の 1），「債権ハ金銭ニ見積ルコトヲ得ルモノニ限ラストセルコト」[440]とし，債権を無体動産とは構成しなかった。松岡博士は「金銭ノ支払ヲ目的トスル債権」を無体動産（権利）と定義している[441]。また，勝本博士がわが国においても債権に対する所有権の成立を認める意見を提唱された。

　1932 年（昭和 7 年）発表の論文で，勝本博士は「我旧民法財産編第六条は，物に就き有体物と無体物とを認め，無体物中に人権（債権）を数へ，且つ，同法第三十条は，所有権とは自由に物の使用，収益及び処分を為す権利を云ふとし，所有権の目的たる物に就き何等の制限をも設けてゐないから，旧民法の解釈としては債権を目的とする所有権なるものが成立する余地があった」とした[442]。この「旧民法」はボアソナード民法典である。しかし博士の時代には，債権の所有権を認める意見はきわめて少数であり，通説は債権を目的とする所有権なる観念については否定的であった。勝本博士はこのような学説の動向を承知された上で，法律上すでに債権の準占有なる概念を認め，債権の質入も可能であることを挙げ，物権の目的としての債権という概念を「一般論としては積極に解すべきである」とした[443]。博士はドイツ・ゲルマン古法が債権の所有の観念を認めていたことを述べ，プロイセン一般州法も同様であり，ドイツ普通法においても通説は債権の所有の観念を認めていたとしており[444]，債権を所有権の対象とする構成

---

[440] 星野教授は，梅博士の指摘を引用する（星野英一「日本民法典に与えたフランス民法の影響」『民法論集第 1 巻』（有斐閣，1970）97 頁）。
[441] 松岡義正『強制執行要論 [中巻]（訂正第二版）』（清水書院，1925）860 頁。
[442] 勝本正晃「債権の所有権的関係」『民法研究(1)』（厳松堂書店，1932）466 頁。
[443] 勝本正晃・同上 462 頁。

はフランス民法に特有のものではないと説明している。さらに，「近代的大資本主義経済組織は，物資のみならず，あらゆる関係をも資本化せんとする」のであり，「単に個人間の相対的，内部的関係でしか無かった債権関係は，漸次其主体より遊離せしめられ」，「羅馬法に於て認められなかった債権関係の譲渡の観念を肯定するに至」り，「債権も亦，現代の経済組織の下に於ては，必然的に所有化せられる傾向を取る」のであり，「近代的経済組織に於ける私有財産制度は私的所有権を基調とするが故に，其強烈なる同化作用により，債権の如きも亦漸次，所有権の目的たるに適応すべく，其体様を変更し来り，他の流動資本と同様なる役割を果さんとする」445)としているのである。債権の上に所有権を認める実益としては，債権という財産権の帰属権者として，広く対世的にこの利用，収益，処分をなす権能が認められ，第三者の侵害に対しても保護されることにあり，債権譲渡の理解に欠くことができないとし，物権と債権を総合した「財産法」があるとした446)。勝本博士の意見はドイツ普通法から出発しているが，フランス民法の債権理解に近いということができる。

　また，我妻博士は 1936 年（昭和 11 年）発表の論文で権利を所有権の客体と認める法制，すなわち「債権」の上に所有権を認める法制の例として，1794 年プロイセン民法，1811 年オーストリア民法，わが国旧民法を挙げている447)。すなわ

---

444)　勝本博士は，「我国の学者は債権に就き所有権の成立せざることを以て，殆んど自明の理なりと為し，特に此点に言及してゐものさへ稀である」が，これは「過去の古き経済取引社会に於て，債権に就き単に帰属関係のみを認むるを以て足り，特に所有権の目的として観察する必要なかりしことに，依然として捉はれているから」であり，「唯，梅博士は意識的に此点を言明せられ，旧民法の解釈として債権の所有権なるものが認められるべきことを以て，不都合なりとし，殊更に現行民法に於ては物権の目的たる物を以て有体物に限りたるものなりとせられ」たとする（勝本正晃「債権の所有権的関係」『民法研究(1)』（厳松堂書店，1932）466 頁）。また，勝本博士は，プロイセン一般法から，ALR. Teil I, Tit. 8. § 1, ALR. Teil I, Tit. 11. § 376 を引いている。

445)　勝本正晃「債権の所有権的関係」『民法研究(1)』（厳松堂書店，1932）469 頁。

446)　勝本正晃・同上 476 頁

447)　我妻栄「権利の上の所有権という観念について」法協 54 巻（1936）3 号 411 頁，4 号 678 頁，5 号 871 頁。我妻博士は「フランス民法は権利を les biens のうちに入れ，動産不動産はこの区別とする」が，「然し所有権 propriété の客体は chose であって les biens ではな」く「したがってプロイセンやオーストリヤ民法と態度を異にする」のであり，「我が旧民法は物に有体・無体を認め，権利を無体物のうちに入れ更に動産と不動産とにも分け」「所有権は広く物に上の全面的支配権と定められる」とし，「フランス民法に於ては，所有権の範囲と les biens との関係が問題であり，旧民法では所有権の目的たる物と無体

ち，債権に対する所有権の成立を認める法制はフランス法の固有の法理ではなく，他の法制にも見られるのである。我妻博士は債権の上に所有権の成立を認める論者として，オーストリア民法の制定者ツァイラー，ギールケ，スオボダ，レオンハルトの名を挙げ，所有権は「物」に対する支配権であるが，債権の上に所有権の成立することを認める法制は債権を「物」として，無体物の一種と見ることを前提としており，権利の上に所有権の成立を否定する立法例は，「物」を有体物に限定するか少なくとも「物」の中に権利を含まないとしているのであり，「物」を有体物に限定する必要はなく，債権その他を「物」と見ることができるとしている。しかし，我妻博士は「物」すべてに所有権という概念を付与すべき必要も実益もなく，「金銭の給付を客体とする『所有権』は金銭債権に他ならず，これについて別に所有権の成立を認める必要な」く，「債権を一箇の財産として処分することは，債権の債務者に対する給付実現の理論とは異なることを明らかにし，且つ処分行為としてはその目的が債権なると物権なるとによって差異を生じないものであることを説け」ば十分であって，「債権の上に所有権が成立し，それが処分の客体となると説く必要を見ない」として，勝本博士とは対照的に債権に対する所有権的関係を否定した[448]。また「債権においても，債権者が債務者から一定の給付を請求することが法によって認められ，第三者はこれを妨げることができない－妨げれば不法行為となる－点では，物権と異なるところがない」とし，債権の本質は「特定の人をして特定の行為をなさしめる権利」であり，債権の目的は財産的な性質のある行為（給付）であるとしている[449]。

勝本，我妻両博士が提起された問題は，金銭債権に限定されず，債権一般の上に所有権が成立するかという問題である。金銭は前述のとおり交換価値そのものであるから，金銭債権の保有と金銭の保有は同義であって，金銭債権の上に所有権が成立するということは可能であると考える。本書は，金銭債権に対する差押えを対象としており，債権一般に対する所有権の成否を説く準備はないが，債権一般を「財産」，「物」ととらえる構成によれば，第三者による債権侵害を財産，

  物とせられる権利との関係が問題となる」（3号440頁）とする。また，ボアソナードがフランス民法で財産が権利の実体となっているが，財産の区別として動産と不動産の対立を認めたことを非難しているとして，博士は，ボアソナードでは財産と物との観念の論議に止まり，所有権の成否を推論できないとする（4号694頁）。フランス法上，*chose*（物）に権利が含まれることは上述のとおりである。

448) 我妻栄「権利の上の所有権という観念について」法協54巻（1936）5号876頁。
449) 我妻栄『新訂債権総則』（岩波書店，1964）1頁。

無体動産に対する侵害であるとして単純化することができ[450]，また，債権が一般に証券化され，現に保有の対象となっていることを考慮すると，債権によっては金銭債権と同様に所有の対象とすることが妥当な場合もあろう。

ただし，現在のわが国民法の解釈によれば，金銭債権は「財産権」ではあっても，「無体動産」ではない。わが国民事執行法上，強制執行の対象となる金銭債権は，独立し，財産的価値を有する債権であること，譲渡が可能であること，債務者に帰属すること，権利またはその発生原因の法律関係が存在することが必要であるが[451]，金銭債権は，不動産，有体動産とは異なり，債権者と債務者との間の法鎖という観念的・人的権利に過ぎず，その処分は観念的な手段によらざるを得ないと理解されている[452]。金銭債権の場合，第三債務者は債務名義となった判決の直接の当事者ではないから，判決の既判力が及ばず，有体動産と債権は対立的に構成され，債権を財産・無体動産と構成するか，観念的な法鎖と構成するかによって，債権執行制度における第三債務者の地位は異なる。

金銭債権を人に対する観念的権利であると構成する通説の立場からは，第三者の立場を「物」の保管者として構成することができないから，差押えは差押債権者と執行債務者の間の人的な関係である原因債権をめぐる争いの解決の手段であり，第三債務者はこの争いには直接の関係がないから，債権に対する差押命令の送達を受けることは迷惑でしかない。したがって第三債務者は保護の対象の地位に立つことになる。債権の存在は覚知し難いから，債権者にとっては債務者の債権の存在を調査したり，評価することは非常に困難であり，第三債務者の協力を求めることができればそれに越したことはないが，第三債務者は迷惑を被ってい

---

450) 新美育文「第三者による債権侵害」星野他編『民法講座第4巻』（有斐閣，1985）480頁。

451) 香川監修『注釈民事執行法(6)』（金融財政事情研究会，1995）8頁［富越和厚］。

452) 松坂博士は，フランス民法典2092条が債務者は動産たると不動産たると，現在のものたると将来のものたるとを問わず，すべての財産をもって契約の履行をなすべく，債務者の財産は債権者の共同担保としていること，わが旧法債権担保法第1条第1項にも同種の規定が設けられていたことを挙げ，債務者の資産状態は直接債権の価値に影響するし，債権者が債務者の財産に対し強制執行をなしうべき権利を有し，債務者の財産の価値を保全する方法を講じなければ，債権は画餅に終わる懸念があり，債務者が資力乏しく財産を増加するも結局債権者の利益に帰してしまう場合，落胆，過失又は怠慢などからその権利を行使しないことがあり，そのため債権者は債権の満足を得られない懼れがあるので，債務者が権利の行使を怠るときは，債務者の財産の減少を防ぎ，その増加を図るために，債権者が干渉することが必要であり，これが債権者代位権の設けられた理由であると説明する（松坂佐一『債権者代位権の研究』（有斐閣，1950）2頁）。

る者であると理解してしまうと，第三債務者は差押債権者から債務者情報の開示を求められても，筋違いということになる。

　一方，金銭債権を「財産」であり，「無体動産」であるとし，金銭債権執行を債務者の財産を保管する者に対する執行として構成すると，差押債権者は第三被差押人の保管する物に対して担保物権の効果として追求することが可能となる。第三被差押人は差押えの原因となった債権とは何ら関係はないが，執行債務者の責任財産を構成する金銭債権を保管しているからである。松岡博士はフランスの金銭債権執行を金銭そのものに対する執行であり，債権を「物」であると理解し，債権執行における第三債務者の地位について「判決ノ効力ヲ受クル第三者ハ執行ノ当事者ニ非ス」とし，「元来判決ハ訴訟当事者間ニ限リ其ノ効力ヲ有スルヲ原則トシ訴訟当事者以外ノ第三者ニ対シテ其ノ効力ヲ有スルヲ例外トス」[453]とし，ただし「他人ノ財産ヲ管理スル権限ヲ有スル者」に対しては効力を有するとしている。ここで博士の言う「他人ノ財産ヲ管理」する者がフランス債権執行制度における第三被差押人に相当するが，わが国ではこの意見は少数にとどまる。

---

453) 松岡義正『強制執行要論［上巻］』（清水書院，1924）219頁。

第4章　金銭債権執行における第三債務者の義務と責任

第1節　フランス強制執行制度における第三被差押人

　判決の執行を実効的に行うためには，債務者の財産に関する情報を効率的かつ広範囲に収集し，債権者の債権確保を図る必要があるが，その一方で強制執行は執行債務者に財産の処分を禁じることになるので，債務を履行しないとはいえ債務者にも一定の保護を与える必要がある。わが国でもフランスでも一定の差押禁止財産が規定されており，またフランス新民事執行法は債権者の差押えの濫用には損害賠償を命ずることとして債務者の保護を図っている（新民事執行法22条1項）。また，ペロォらは執行債務者にもプライヴァシーは認められるべきであり，債務者の財産情報は必要最低限に限り，かつあくまでも強制執行に使用することに限定するべきであるとしているが，同時に債務者に対する保護は債務者がその財産を透明にすることが前提であると釘を差している[454]。欧州連合加盟各国は

---

454)　ド・ルヴァルは，欧州連合加盟国各国の債務者情報提供制度を報告している。まず，ポルトガル，ルクセンブルグ，イタリアには法定の手段がない。ドイツでは債務者は債権者がそれ以外の方法では満足を得られない場合に資産とその所在地に関する情報を提供し，区裁判所に債務者ファイルが作成され，拒否した場合，不実の申告をした場合は拘禁によって制裁される。ファイルの保存期間は三年で，一定の者にアクセスが認められる。
　オーストリアに類似した制度がある。ギリシャでは，保安官が債権者の申立てを受けて，債務者に申告を求める。デンマークでは司法行政法497条が債務者に資産の完全な情報の提出義務を定め，不実の申告は6ヶ月以内の禁固の制裁を受ける。スウェーデンでは，債務者には執行に必要な全情報の提供義務があり，第三者も提供を求められ，従わない場合には制裁が予定されている。オランダでは，債務者には資産情報提供の一般的な義務はないが，民事訴訟法475条gにより給与を申告する義務があり，執行官は雇用者に被用者の給与情報を求めることができる。スペインにも特別の規定はないが，裁判官は公権力や金融機関にその知る限りでの情報提供を求めることができる。
　フランスでは，1973年1月2日法は執行官に扶養料の債務者に対して，公的行政機関から債務者の資産に関して情報を入手することを認めている。同機関は調査をし，執行官に提供しなければならない（de Leval, L'Objets des poursuites, *L'exécution des décisions de justice en matière civile*, Edition du Conseil de l'Europe, 1998, p 52）。また破毀院は債権者からの申立てに基づいて，とくに債務者の雇用者に対して債務者の住所の開示を命じ，これに反した場合にはアストラントを課すという対応をし，情報提供義務を債務者と

さまざまに債務者の財産情報の提供の制度を設けている[455]。

(1) 共和国検察官の情報探査

新民事執行法は「51条の規定を前提として」[456]、執行にあたり、債務名義を有する債権者の要求に基づき、執行士が執行を試みたが奏功しなかったことが真正であることの証明書を確認した上で、共和国検察官は、債務者の名義において開設された口座のある機関の住所、債務者の住所及びその雇用者の住所を知るために必要な手続をとる」(同39条)と規定し、検察官による執行債務者の財産に関する情報探査(*recherche des informations*)を設けている。これは1973年1月2日法7条で認められていた扶養手当債権者の国・地方公共団体の行政機関、社会保険機関に対する債務者情報の請求権を民事執行全般に拡大したものである。第三被差押人が金融機関である場合には、第三被差押人の金融機関は共和国検察官に対して執行債務者の名義の口座について情報を提供しなければならない(新民事執行法40条2項)。ただし、当該金融機関が預金者である執行債務者に差押えが行われたことを通知することは差し支えない。国民議会における新民事執行法改正討議で、法案報告者のカタラ議員はこれを「実効性のある債権回収の必須条件」であるとし、一部議員から反対意見が提出されたものの、アルパイヤンジュ法務大臣は「債務者の保護のために多数の手当てを施した」[457]ので、その懸念はないと反論している。前述のとおり、フランスでは国家権力は判決の執行に協力する義務を負うことが判例で確立しているが、公的機関による情報探査は執行の実効性を高めるための有効な手段であり、共和国検察官に債権者を補助する機能を与えることは重要な意味を有する[458]。

この情報探査の手順としては、まず、債務名義を有する債権者はまず執行士に嘱託して執行債務者の財産情報の調査を行う。この方法で十分に債務者の金銭債権情報を入手するすることができない場合には、差押債権者は執行士に債務者情報の照会を求め、執行士は共和国検察官に情報請求を申し立てる。検察官は申立ての妥当性を判断したうえで情報探査の手続をとる(新民事執行規則54条)。検察

　　　第三者に課している(Cass. 1er civ., 19 mars 1991)。

455) Perrot et Théry, *Procédures civile d'exécution*, Dalloz, 2000 p. 346.

456) 51条の前提とは、債務者が住居に使用している場所の換価差押え(*saisie vente*)の場合をいう。

457) Compte rendu integral du séance du 3 avril 1990 du l'Assemblée nationale, p.53.

458) Delebecque, Les nouvelles procédures civiles d'exécution, *La réforme des procédures civiles d'exécution*, Sirey, 1993, p.19.

官による情報探査は債務名義を有する債権者にのみ認められており，債務名義を有しない債権者は自らまたは執行士を通じて調査する以外に手段はない。債務名義を有する債権者を優遇する措置であり，これも「債務名義の価値回復」の一環ということができる。

　債務者の財産のうち，差押えの対象を選択することは債権者の自由に任されているが[459]，有体動産の差押えには相応の手間を要するので，実際には債務者の財産の中でも金融機関預金・郵便貯金，自家用車の差押えが優先されている。差押債権者が入手可能な探査情報は，債務者名義で開設されている口座を有する金融機関の住所，債務者の住所，その雇用者の住所に限定される。検察官の探査は，国や地方公共団体の行政機関，公企業，金融機関等に対して行われ，情報提供を求められた機関は守秘義務を理由に拒絶することは認められない（新民事執行法40条）。実際には，フランス銀行が保有している金融機関の預金口座に関する総合的なデータ・ベースであるFICOBA (*fichier des comptes bancaire*)（全口座税務管理台帳）が主要な情報探索手段に想定されている[460]。執行士はFICOBAに直接アクセスすることはできず，新民事執行法39条，40条に基づいて申立てを行うことになる[461]。探査情報の範囲を限定することで債務者のプライヴァシーと金融機関等の守秘義務を尊重しているのであり[462]，また，検察官から情報を入手した執行士がこの情報を他に漏洩した場合は刑法上の制裁が加えられる（同41

---

459) 仮差押えの場合には，裁判所がその目的物を指定し（新民事執行法69条2項），裁判所は債務者の申立てに基づき，「関係者の利益を保護するために仮差押えに代替する手段を命ずることができる」（同72条2項）とする。

460) 山本和彦「フランス新民事執行手続法について（上）—日本法との比較を中心として」ジュリ1040号（1994）71頁。

461) Nicod, *La réforme des procédures civile d'exécution, un an d'application*, Dalloz, 1994, p.42.

462) フランス新民事執行法47条は，金融機関口座に対する差押えに関して規定を設けている。イタリア，ルクセンブルグ，ベルギー，フランス，ドイツの各国では，守秘義務にかかわらず，第三債務者である金融機関に対して債務者の口座情報の提供を義務付けている。また，ポルトガル，フィンランド，スウェーデンでは債務者は財産の内容を報告しなければならず，フランス新民事執行法は，検事が債務者の口座のある金融機関口座を知るための捜査を認めている。ドイツ民事訴訟法807条は，債権者が差押えによって十分な支払いを得られない場合，裁判所は債務者に財産明細の作成を命ずる。イギリスには，開示命令とアントン・ピラー命令がある。差押えの地は，資金のある場所または支払をなすべき場所とされるが，一般に，支店や現地法人と本店・親会社との法人格の関係は一様でない。

条2項)こととされており，これらがアルパイヤンジュ法務大臣の「債務者保護のための手当て」ということができる。

(2) 第三被差押人の陳述義務

前述のとおり，新民事執行法上，差押令状を送達されると差押債権は差押債権者に即時に移付され，第三被差押人は自己の執行債務者に対する債務の額を限度として，執行債権の額を負担する (同43条)。さらに第三被差押人は債権者に対して (現実には債権者が嘱託した執行士に対して) 自己の債務の内容，債権譲渡や先行する差押えがあればその内容を陳述しなければならない (同44条)。第三被差押人が正当な理由もなく，陳述を拒絶した場合には，差押債権者の申立により裁判所は第三被差押人に原因債権を負担させることになる (新民事執行規則60条)。この点はセジ・アレの場合と同様であるが，第三被差押人がきわめて重い責任を負い，わが国の第三債務者と大きく異なる。

第2節　わが国の第三債務者との比較

わが国民法481条1項は，「支払ノ差止ヲ受ケタル第三債務者カ自己ノ債権者ニ弁済ヲ為シタルトキハ差押債権者ハ其受ケタル損害ノ限度ニ於テ更ニ弁済ヲ為スヘキ旨ヲ第三債務者ニ請求スルコトヲ得」と定めている。すなわち，差押命令の存在にかかわらず，第三債務者が執行債務者に対して弁済した場合，弁済は「その債権者 (注：執行債務者) に対しては有効であるが，差押債権者に対抗しえず，したがって，差押債権者は，差し押えた債権がなお存在するものとして，これについて転付命令または取立命令 (注：旧強制執行法下での) を得て，第三債務者に対して弁済を請求することができる」[463]とされている。また，わが国民事執

---

463) 我妻栄『新訂債権総論』(岩波書店，1964) 271頁。大審院昭和15年5月21日判決民集19巻878頁は，仮差押え中の債権に対して他の債権者のために差押命令と取立命令が発せられ，取立債権者が第三債務者から取り立てたが，その取立ての届出を行わないうちに，仮差押債権者が本案訴訟の確定判決を得て，差押命令と転付命令を受け，第三債務者に対して民法481条1項に基づき弁済を請求した事件で，第一審，原審ともに後の転付命令は存在しない債権を目的とするとして，請求を棄却し，大審院は仮差押えも民法481条1項にいう差押えに当たるとして，原審を破棄差し戻した。この大審院判決および差押債権者が取立命令を得て，他の債権者の配当要求にかかわらず，第三債務者から取り立て，取立の届出を怠っていたところ，請求異議の訴えにより取立債権者の差押えが取り消され，配当要求債権者からの取立債権者に対する取立金支払いの請求の訴えを棄却した大審院昭和15年5月7日判決民集19巻827頁に対しては批判が多いとされ (岩野＝岩松他

第4章　金銭債権執行における第三債務者の義務と責任

行法は，差押債権者が申し立てるときは，差押命令を第三債務者に送達するに際して，第三債務者に陳述義務を課し，故意または過失により陳述を行わない場合には差押債権者に生じた損害の賠償責任を負うことを規定している（同147条2項）。

これらの規定は第三債務者に対して，実質的にフランス旧強制執行法577条，新民事執行規則60条の第三被差押人と同様の重い責任を課す規定のようであるが，フランス強制執行においては，第三被差押人が陳述を怠る場合に差押えの原因債権を支払う義務を負うほかに，この両者の性格は異なり，陳述義務違反の第三債務者と陳述義務違反の第三被差押人の責任は大きく異なる。

わが国民法481条1項は，フランス民法典1242条[464]を継承した規定であり，ボアソナード民法典財産編459条と同旨である[465]。フランス民法典1242条は，第三被差押人の差押え後の弁済の責任を規定し，第三被差押人は執行債務者に対する弁済を差押債権者に対抗することはできず，あらためて差押債権者に対する支払いを要するとしている。わが国の差押命令の第三債務者への送達，フランスの差押令状の第三被差押人への送達は，いずれも執行債務者への支払いを禁ず

『債権の差押』（有斐閣，1967）337頁［宮脇発言］），最高裁昭和40年7月9日判決民集19巻5号1178頁，最高裁昭和40年7月20日判決（判時418号（1965）37頁）は，債権仮差押えと債権差押えが競合する場合，取立命令を得た差押債権者に対する弁済には民法481条の適用はないと判示し，大審院判例を変更した。

464）　フランス民法典第3編「契約」5章「債務の消滅」の1部「支払」の1242条は，「セジまたはオポジシオンにかかわらず，債務者が債権者に行った支払はセジまたはオポジシオンを行った債権者には対抗できない。セジまたはオポジシオンを行った債権者は，その権利に従い新たに支払を強制することができる。その債権者に対する請求を妨げない」と規定する。破毀院は，セジ・アレの送達を受けた第三被差押人である銀行が差押債権額を超えて口座全額を凍結したことについて，本条による差押人に対する責任があることを理由に通常の差押えの解除がない限り，過失はないとした（Cass. 2e Ch. civ., 24 janvier 1973: D. 1973.421, note Prévault）。この問題についてはすでに，グラソンらは，1907年7月17日法でセジ・アレの効果は超過部分を含め全額に及ぶことが明確になったが，学説では旧強制執行法559条が差し押さえ原因の記載を求めていることを理由に一部に限るとする説があることを紹介している（Glasson, Morel et Tissier, *Traité théorique et pratique d'organisation judiciaire, de compétence et de procédure civile*, 3e tome IV, Sirey, 1932, p.273）。

465）　岩野＝岩松他『債権の差押』（有斐閣，1967）348頁［宮脇発言］。旧459条は「民事訴訟法ニ従ヒ正当ニ為シタル払渡差押ノ後債務者カ自己ノ債権者ニ弁済ヲ為シタルトキハ，差押債権者ハ其受ケタル損害ノ限度ニ於テ更ニ弁済ス可キヲ債務者ニ強要スルコトヲ得。但弁済ヲ受ケタル債権者ニ対スル債務者ノ求償ヲ妨ケス。」と規定した。

効果を有している。この支払禁止に反して執行債務者へ支払った場合には，第三債務者または第三被差押人が差押債権の支払いを求められることはいわば当然であって，差押命令または差押令状の固有の効果ということができる。

　わが国民事執行法147条2項に基づいて，第三債務者が陳述すべき内容は，差押債権者が特定した差押債権の存否，種類，金額，弁済の意思・範囲または弁済しない理由，優先権者の表示等，執行競合の有無等，滞納処分の有無等であり，事実報告の性質を有するにとどまる[466]。第三債務者が故意または過失により陳述をしなかった場合，または不実の陳述をした場合には，差押債権者の取立手続の徒費，債権不存在の不実の陳述による商機を逸したことによる損害などの相当因果関係のある損害を賠償するのみである[467]。一方，フランスの金銭債権差押えにおいては陳述義務を怠った第三被差押人は，原因債権の支払いを命じられる。したがって，わが国民法481条1項とフランスの第三被差押人の陳述義務違反を同視することは妥当ではない。

　このようにフランス法では第三債務者の責任を重くし，債権執行の実効性を確保しているということができる。第三被差押人は判決執行に協力する義務があり，債務者の財産情報を提供する義務がある。金銭債権を無体動産であるとし，差押えによって債権者にその取戻しを認めるとする金銭債権執行の構造がこのようなフランス法上の第三被差押人の責任の基礎になっているものと考えられる。現行のわが国民法上の債権構造を前提すると第三債務者に対してこのような責任を課すことは困難である。

　フランス新民事執行法の改正から9年後の2000年7月5日に破毀院は債権差押え・仮差押えにおける第三被差押人の責任に関する多数の判決を一挙に行ったが[468]，この中には前掲の【4】シュルーシュ事件 (38頁) と同様に，第三被差押人である金融機関が責任を問われた事案がある (後掲の【12】，【16】の事件)。また，2001年に入ってからもセジ・アトリビュシオンに関わる判決が出ている (後掲の【20】の事件)。冗長になる懸念はあるが，第三被差押人の責任を理解するためにそれぞれ事案の内容と判決骨子を掲げることにする。

---

466)　通説である。
467)　中野貞一郎『民事執行法［新訂4版］』（青林書院，2000）584頁。
468)　Perrot et Théry, Saisie-attribution: la situation du tiers saisi (les arrêts du 5 juillet 2000), *D* 2001, Chron., p.714.

【11】 Cass. 2e Ch. civ., 5 juillet 2000, Sté Akshaya hospital et research centre PVT c/ Crédit industriel et commercial

アクシャヤ・ホスピタル社は，訴外のオスピテック社の債権仮差押えと株主権および有価証券に対する仮差押え（*mesure conservatoire*）を行ったが，これらを保管していたクレディ・アンドストリエル・エ・コメルシアル（CIC）（金融機関）は債務者の財産情報の提供に応じなかった[469]ため，アクシャヤ・ホスピタル社は裁判所に CIC に対して差押えの原因債権の支払いを命ずる判決を求め，第一審はこれを認容したが，控訴審では仮差押えが後になって取り消されたことを理由に棄却したので，アクシャヤ・ホスピタル社が上告した。

破毀院は，第三被差押人の情報提供は仮差押えの時点で評価されるのであり，争いとなっている仮差押えがのちに取り消されたことは第三被差押人の不実の情報提供の理由にはならないが，すでに当該仮差押えは取り消されているから，第三被差押人は原因債権の支払いを命じられないとした。

【12】 Cass. 2e Ch. civ., 5 juillet 2000, Société générale c/ Sté Sitram

シトラム社はシラ・フェラ（Chiraz-Ferrat）という名の者に対する仮差押えを認められ，男性のシラ・フェラ（Monsieur Chiraz Ferrat）として，ソシエテ・ジェネラル（SG）（金融機関）に対して，1996年10月7日仮差押えを行った。SG は執行士に対して，女性のシラ・フェラ（Mademoiselle Chiraz Ferratt）の口座には，残高があると開示し，翌日になって当該口座は M Chiraz Ferrat の名義ではないこと，前日提供した情報は無効であることを伝えた。シトラム社は次に同月11日に Melle Chiraz Ferrat の名義で同じ口座に対して仮差押えを行ったが，その時点では口座は貸越になっていた。このため，シトラム社は SG の過失により生じた損失を被ったとしてその賠償を求めて訴えを提起した。

パリ控訴院はシトラム社の訴えを認容したので，SG が上告した。

破毀院は7日の仮差押えで通知した口座の名義に誤りはなく，SG は当初正しい情報を提供したが，これを取り消したので，民事執行規則238条2項[470]の損

---

[469] 新民事執行法では，セジ・コンセルヴァトワール（仮差押命令）の送達を受けた金融機関は情報開示の義務がある（新民事執行法75条3項は47条を準用する）。

[470] 新民事執行規則238条1項は「正当な理由なく予定された情報を提供しない第三被差押人は，差押えの原因の金銭の支払いを命じられる。ただし執行債務者に対する求償を妨げない」，同2項は「第三被差押人は詐害的な過失がある場合，不実または虚偽の陳述を

害賠償を命じた原審の判断を支持し，7日に差押えが行われたので，口座がブロックされていれば貸越にはならなかったから因果関係は明白であるとして，SGの上告を棄却した。

【13】 Cass. 2e Ch. civ., 5 juillet 2000, Comptoir des entrepreneurs c/Veuve Mainetti

1994年9月22日メネッティ夫人は訴外ボアソー夫人がコントワール・デ・ザントルプルヌール（CdE）（金融機関）に保有する預金口座に債権差押え（セジ・アトリビュシオン）を行ったところ，1995年1月19日にCdEは差押えの時点では第三債務者ではなかった旨を陳述した。メネッティ夫人はCdEに対して原因債権の支払いを命ずる判決を求め，パリ控訴院はこれを認容した。

破毀院は，差押えが行われた時点で第三被差押人が第三債務者でなかったので差押債権の支払いを命ずることはできず，原審には新民事執行法24条，44条違反があるとして，破毀，差し戻した。

【14】 Cass. 2e Ch. civ., 5 juillet 2000, de Reynal de Saint Michel c/Wientjes

債務名義を有する債権者ウィエンジェ氏は訴外の債務者であるシャルビ氏がド・レナル・ド・サン・ミシェル氏に対して有していた金銭債権に対する債権差押え（セジ・アトリビュシオン）を行い，次いでド・レナル・ド・サン・ミシェル氏を相手として原因債権の支払いを命ずる訴えを起こし，ド・レナル・ド・サン・ミシェル氏は差押令状の送達のときに執行士から十分な注意事項の説明がなかったとして差押えの無効を主張した。

破毀院は原審は判決理由が不十分であったとして，破毀，差し戻した。

【15】 Cass. 2e Ch. civ., 5 juillet 2000, Sté Pan east international c/Société générale

債務名義を有するパン・イースト社はイラク中央銀行がソシエテ・ジェネラル（SG）に有する預け金に対して債権差押え（セジ・アトリビュシオン）を行ったが，SGはイラク中央銀行の預金と債権を相殺した。パン・イースト社はSGが不実の陳述を行ったとして，原因債権と損害賠償の支払いを求める訴えを起こした。

行った場合には損害賠償の責めを負う」と定める。

パリ控訴院は「相殺などの差押え前の銀行取引や口座の性格を検証することはできない」としてパン・イースト社の訴えを棄却した。

破毀院は、執行裁判所は第三被差押人の陳述の価値や真正性を差押えの時点でしか、コントロールすることはできず、差押えに先立つ債務者口座の動きをコントロールすることはできないとしてパン・イースト社の上告を棄却した。

【16】 Cass. 2e Ch. civ., 5 juillet 2000, Crédit industriel d'Alsace et de Lorraine c/ Caisse nationale de retraite des ouvriers du BTP

建設労働者退職年金金庫（年金金庫）は訴外クリエコ社がクレディ・アンドストリエル・ダルザス・エ・ド・ロレーヌ（CIAL）（金融機関）に有する預金に対する債権差押え（セジ・アトリビュシォン）を行ったが、クリエコ社の口座に記帳されていると陳述した残高の支払いを拒み、その後、年金金庫の差押えに先立って行われた差押えの結果、口座残高が訂正されて、残高が貸越であると陳述した。年金金庫は CIAL を相手に原因債権の支払いを求める訴えを起こし、第１審は訴えを認容した。CIAL が控訴し、コルマール控訴院は第１審判決を取り消した。年金金庫が上告した。

破毀院は、CIAL は口座が２つあると陳述しており、一方は貸越、他方は残高があるが即座には２つの口座の充当方法について説明していなかったので、原審は審理不十分であるとして、原審を破毀し、メスの控訴院に移送した。

【17】 Cass. 2e Ch. civ., 5 juillet 2000, Mme Huriaux c/Mutuelle nationale médico-chirurgico-dentaire

ウリオー夫人は訴外ルボン氏が医科外科歯科共済組合（共済組合）に対して有する債権について債権差押え（セジ・アトリビュシォン）を行い、1996年10月9日に差押令状が送達されたが、共済組合が同月30日に至るまで執行士に対して情報開示しなかったとして、共済組合に対して原因債権の支払いを求めて訴え、認容された。

共済組合は控訴し、執行士は共済組合の事務所には来なかったと主張し、ドゥエー控訴院は共済組合の主張を認めた。ウリオー夫人は共済組合の職員が差押令状を受け取らないとしたことは第三被差押人の陳述義務を免ずるものではなく、差押令状は届いたはずであるとして上告した。

破毀院は執行士の送達の遅れが原因であるとして上告を棄却した。

【18】　Cass. 2e Ch. civ., 5 juillet 2000, Receveur des finances de Lisieux c/Société générale

債務名義を有するソシエテ・ジェネラル (SG) は訴外バルボーがリジウー市出納役（出納役）に対して有する債権に債権差押え（セジ・アトリビュシオン）を行ったが，出納役は国庫証券（bons de Trésor）に対する差押えはセジ・アプレエンシオンの方法によるのであって，セジ・アトリビュシオンによる差押えでは引渡せないと拒んだ。SG は出納役を相手に原因債権の支払いを求める訴えを起こし，認容された。出納役が控訴したが，カーン控訴院も出納役は民事執行法45条と同規則66条にいう1カ月以内の異議申立てを行わなかったとして，第1審判決を維持した。

破毀院は1カ月の異議申立て期限は第三被差押人には適用されないとして，ルーアン控訴院に差し戻した。

【19】　Cass. 2e Ch. civ., 5 juillet 2000, Sté Belluard er Gomis c/Unior Kovaska Industrija Zrece

ユニオール・コバスカ社は訴外ユニオール・フランス社の法定管財人を務めるベリュアール氏が管理している債権に債権差押え（セジ・アトリビュシオン）を行い，第三被差押人に差押えが行われたことはユニオール・フランス社の管理機構としての管財人であるベリュアール氏に通知された（差押令状の送達と差押えの事実の通知の宛先が同一）。第三被差押人は当該資金は清算受領の資金であり，国家供託金庫に供託されており，いかなる執行手続の対象にもならないとして，支払いを拒絶した。ユニオール・コバスカ社は民事執行規則64条に基づき，第三被差押人の異議は送達後1カ月以内に行われるべきところ，これが行われなかったとして，訴えを提起し，第1審・控訴審はこれを認めた。管財人側が上告した。

破毀院は第三被差押人の異議が執行債務者への通知から1カ月以内に行われていないので，受理されないとしたことは原審に誤りがあるとして，リヨン控訴院に差し戻した。

【20】　Cass. 2e Ch. civ., 4 oct. 2001, Caisse d'Epargne et de prévoyance de Haute-Normandie c/Caisse mutuelle d'assurance et de prévoyance[471]

---

471)　Cass. 2e Ch. civ, 4 octobre 2001; *D* 2002, Jur. p.1304, note Daverat.

第 4 章　金銭債権執行における第三債務者の義務と責任

　オート・ノルマンディ貯蓄簡易保険金庫（CEP）は保険簡易保険相互金庫（CMA）にある債務者の預金に対して債権差押え（セジ・アトリビュシオン）を行い，執行士は令状の受領権限があると自ら申し出た CMA の職員に差押令状を交付した。CMA は執行債務者の財産に関する情報を郵送で回答するとしたが，提供しなかった。CEP は CMA に対して原因債権の支払いを求める訴えを提起したが，執行士は CMA の受領権限のある者を尋ねなかったとして，債権者の請求が認められなかった。執行士が相手方の権限の確認を求めるのは違法であるとして，CEP が上告した。
　破毀院は第三被差押人に対する制裁はその見返りとして執行士の側の慎重な対応を要するとして CEP の上告を棄却した。

　金融機関の場合には，預金者すべてが潜在的には執行債務者となる可能性がある。したがって，金融機関はセジ・アトリビュシオンの差押令状が送達されたときは十分慎重に対応しなければならない。第三被差押人は差押令状を送達する執行士に対して執行債務者の口座の残高について回答しなければならず，複数の口座がある場合には，個々の口座の残高について情報開示しなければならないからである。差押えの時点の残高を陳述し，それ以前にさかのぼる必要はないが，差押債権に債権譲渡，委任，競合する差押えがあれば，その旨を開示しなければならない。次に，第三被差押人は陳述を怠った場合に原因債権を支払う責任を問われ，不十分，不正確な陳述の場合は，損害賠償の責任を問われる。また，第三被差押人がすぐに執行債務者の情報を把握できず，このために陳述が時機に遅れた場合には，情報入手が困難であったことを証明しなければならず，正当な理由を説明することができれば，第三被差押人は責任を免れることができる。第三被差押人は損害賠償を求める訴えを提起されたときは，執行債務者に対する抗弁をすべて提起することができる[472]。

---

472)　【19】のベリュアール事件は，わが国民事執行法にいう第三者異議に類似した事件である。ペロォらは，1999 年 6 月 21 日の意見書で破毀院は，第三債務者は差押えの無効の抗弁を行うことを認めていると説明している（Perrot et Théry, Saisie-attribution: la situation du tiers saisi（les arrêts du 5 juillet 2000），D 2001, Chron., p.720）。

第5章 小　括

　執行に対する妨害や判決どおりの任意の支払いが行われない事態を防ぎ，司法の実効性を高めることは現在，各国共通の課題となっている。前述した1996年8月国際法協会第67回ヘルシンキ大会「国際民商事紛争分科会」は，債権者の救済のための原則を設定し，その中で債務者の財産情報へのアクセスの保障の問題を取り上げて，「フランス法が原告に被告が銀行に保有する財産に関して当該第三者銀行から情報を得る法的権利を与えられていることが参考になる」[473]としており，フランス新民事執行法の規定に対しては一定の評価がされている。また，ビールは，1913年発表の論文で，裁判所の管轄する土地に所在していない債務者に債務の履行を強制する手段として裁判所の管轄内に所在する財産に対して，強制的な債務履行を実現することを論じ，そこでフランスの旧強制執行法のセジ・アレ手続による債権の差押え方法を対物管轄手続 (*jurisdiction in rem*) であるとして，この方法は「わが国の方法よりも大いに望ましい (*far preferable*)」と評価している[474]。ビールが理解するように，フランスでは債権を「物」ととらえ，管轄の上では対物管轄と構成し，差押えの効果を挙げる上での効果があったようである。

　ここまで述べたように，フランス旧強制執行法，新民事執行法は第三被差押人に重い責任を課している。金銭債権執行の実効性を確保する上で第三債務者の協力は不可欠であり，執行債務者の財産情報の提供を第三債務者に求めることを正当化する上で，フランス債権執行制度における第三被差押人の地位の説明は参考になると考えられる。フランス型の金銭債権執行制度を採用すれば，金融機関の

---

473) *Report of the Sixty-seventh conference held at Helsinki*, The International Law Association, 1996, p.195. 同報告の抜粋については，*The ILA Principles on Provisional and Protective Measures*, 45 Am. J. Comp. L. 941 (1997) を参照。

474) Beale, The exercise of jurisdiction in *rem* to compel of a debt, 27 Harv.L.Rev.107, 123 (1913). ビールは，有形動産，証券の場合には当該動産，証券の所在地以外では差押え (*garnish*) できないことは明白であるが，債務 (*debt*) の場合には困難があるとする。コモンローの差押え (*garnishment*) は1674年公刊の"The City Law"のロンドン慣習法に起源があるが，ロンドンの市民に対して管轄を有するのみであり，対人管轄事件であった。

負担が極めて重くなるおそれがあるが，債権執行の実効性を高める上では，1つのモデルとなる。

　本編では金銭債権執行における第三債務者の地位の相違について，債権執行の目的である債権の実体法上の構成がわが国とフランスでは大きく異なることを明らかにした。フランス法の債権執行制度が構想されながら，ドイツ法の債権構造を採用したために，わが国では金銭債権執行の場合，差押債権者は直接には差押えの目的である債権に権利を取得するのではなく，第三債務者の任意の弁済を期待するしかない。第三債務者が差押債権者に支払わない場合，差押債権者はあらためて第三債務者に対して，取立訴訟を提起しなければならない。すなわち，第三債務者の地位が，わが国における債権者代位権と取立訴訟の競合という副産物またはマイナスの悪影響を生じたのである。わが国では債権執行における第三債務者は不運な者と理解されており，金銭債権執行において第三債務者に負担を負わせることには消極的であるが，債権を人的関係，法鎖とする構成は必ずしも普遍的ではなく，債権の構成は時代や国によって一様ではない。ドイツでも現在は債権についてわが国と同様の構成に立っているが，ドイツ普通法においては債権を動産的に構成していたのである。債権や権利を資産，動産と構成するのは必ずしも特殊な構成ではなく，現在のわが国においても，たとえば，著作権や特許権は無体財産権として構成されている。著作権・特許権は相当程度世界的に普遍的な無体財産権制度であるが，その一方で，特定の国だけで認められた無体財産権も存在する。債権などの権利を法的にどのように構成するかということに普遍的な原理はないのであって，社会経済的な背景によって異なるということができる。

　流動化によって金銭債権が無体動産化すると，債権を債権者と債務者の法鎖であり，人的な関係であるとする構成では執行に十分に対応できなくなる。金銭債権を無体動産と解し，第三債務者は債務者の無体動産を保管すると構成する方が適合するのではなかろうか。この構成を採用すると，執行・保全手続上，第三債務者に執行債務者の情報提供義務を根拠づけることができる。また，フランスの共和国検察官による債務者財産情報探査制度は，職業上の守秘義務を免除するための規定であるが，わが国ではたとえば金融機関の守秘義務については法律に明文がなく，慣習，信義則または顧客との契約に黙示で含まれる義務と解されており，第三債務者の情報提供義務を設けるとすれば，その前提として守秘義務を明文で法定化する必要があろう。

第5章 小 括

　ボアソナードの当初の構想にかかわらず，わが国現行民法が有体動産，無体動産を包括する「財産」の概念を採用しなかったこと，債権を無体動産と構成しなかったことは，民法制定当時の状況を考えればやむをえなかったということができる。わが国民法，民事訴訟法が起草された明治10年代には，財産的な価値のあるものは主として不動産であったが，その所有は依然として一部の層に限られていたし，私人間の権利義務観念自体が従来の封建領主と家臣との恩義に基づく関係しか存在せず，金銭債権の基盤である銀行制度はスタートしたばかりであった。ブルジョア階級の形成は明治30年代以降である。明治10年代に法律取調委員会の村田委員がボアソナード草案に対して，物権と人権を混同していると批判したことも当時のわが国経済社会においては財産の形成が不十分で，債権の役割が遅れていたという事情を考慮すれば理解することもできる[475]。ボアソナード草案が前提とした社会・経済は，基本的に19世紀半ばのフランスであり，産業革命が相当に進行し，ブルジョア階級が富を蓄積してきた社会であった[476]。このような富の一定の蓄積が見られる社会と近代化を始めたばかりのわが国明治時代では，社会経済的に大きく事情が異なり，財産概念の導入を放棄したことは致し方ないといえよう。

---

[475] 福島教授は，ボアソナード民法典の施行延期論の背景として，「一般的にいうならば，明治19年以降急激な発展を示したわが国産業も，24，5年の頃においてはまだ資本制生産様式が支配的になったというには至らず，産業資本の確立にはなお数年ないし10年をまたねばならなかった」とし，「近代的な制度の需要者たる新興ブルジョアジーの発言権は，紡績資本を先頭に進出しつつも，まだはなはだ有力ではなかった」としている（福島正夫『日本資本主義の発達と私法』（東京大学出版会，1988）133頁）。旧民法の修正の過程でフランス法上の「財産」概念を排除したことは，このような富の蓄積の未発達が原因と考えられる。

[476] フランス破産法史では商人の破産を描いたバルザックの中編小説「セザール・ビロトー」（Balzac, *Histoire de la grandeur et de la décadence de César Birotteau*）に言及することがある。発表は1837年であるが，ナポレオン戦争後の1818年から1819年の時代を背景にし，19世紀初頭のブルジョアの資産構成を細かく記し，当時すでにこの階層は不動産や国債が資産を構成していたこと，資金を銀行からの抵当権担保の借入で調達したことが分かる。

第3編 判決執行における当事者主義

第1章 「欧州債務名義」構想

第1節 2001年プログラムの欧州債務名義

　1968年ブラッセル条約は民事と商事にかかわる管轄と判決執行を定めている。同条約の「民事」は離婚，婚姻無効，親権，扶養手当などの家族法に関する事項を含まないので（同条約1条1号），これらの事項については2000年5月29日「家族と親権に関する裁判管轄，判決の承認・執行に関わる規則番号1347-2000号」[477]（同規則は「ブラッセルⅡ」と呼ばれる）が定められた。また，同条約の「商事」は倒産手続を含まないので（同条約1条2号），倒産手続については2000年5月29日「支払不能手続に関する規則番号1346-2000号」[478]が定められた。さらに，加盟各国間の送達に関する手続として，2000年5月29日「民商事に関する裁判上および裁判外の文書の送達・通知に関わる規則番号1348-2000号」[479]が定

---

[477] Règlement (CE) No 1347/2000 du Conseil du 29 mai 2000 relatif à la compétence, la reconnaissance et l'exécution des décisions en matière matrimoniale et en matière de responsabilité parentale des enfants communs, JOCE L160 du 30 juin 2000, p. 19. 同規則は，婚姻（離婚，婚姻無効），親権に関わる国際裁判管轄と外国判決の執行を定める。

[478] Règlement (CE) No 1346/2000 du Conseil du 29 mai 2000 relatif aux procédures d'insolvabilité, JOCE L160 du 30 juin 2000, p.1. 同規則は，支払不能（倒産）手続を定め，商人・非商人，企業・個人を問わず，欧州連合内に主たる利害を有する支払不能者の国際倒産に適用される。

[479] Règlement (CE) No 1348/2000 du Conseil du 29 mai 2000 relatif à la signification et à la notification dans les Etats membres des actes judiciaires et extrajudiciaires en matière civile et commerciale, JOCE L160 du 30 juin 2000, p. 37. 同規則は，文書の送達についてはブラッセル条約，ハーグ条約に優先し（前文12項），民事における裁判手続の実効性・有効性とは文書の送達・通知が加盟国が指定する地方当局間で直接に迅速な方法で行われることを意味する（同6項）とし，送達に当たっては被送達地の言語の書式を付して（同7項），

められ,さらに証拠収集については2001年5月28日規則番号1206-2001が設けられた。

民商事に関わる紛争に関わる2000年12月22日規則44-2001号(ブラッセルⅠ)は,ブラッセル条約を継承する規則であるが,ブラッセルⅠはブラッセル条約と同様に外国判決の執行に当たって執行地の裁判所の執行判決を要することとしている。これでは欧州連合が目指す判決の「自由な流通」の障害となるとして,2001年1月15日に,欧州連合理事会は下記のプログラムを提示した。「欧州債務名義」構想である。欧州連合は,法の統一が可能かを問うのではなく,その工程を問う段階に進んでいる[480]。

第1段階:異議が申し立てられない債権については執行判決を要せず,欧州連合域内で執行され,重要度の低い国際間紛争の決済を簡素化し,促進し,扶養手当に関する執行判決を廃止する。
第2段階:執行判決の廃止対象を拡大し,仮執行,保全措置,銀行差押え制度を設ける。
第3段階:ブラッセルⅠの適用範囲全体について執行判決を廃止する。

現在,判決手続・執行手続は各国で区々である。たとえば,承認・執行の対象となる外国判決について既判力を要するか否かについても共通性はなく,フランス,ベルギー,ルクセンブルグ,スペイン,スウェーデンでは判決が執行力を得るためには原則として既判力を要するが,イタリア,イギリス,ドイツ,フィンランド,ポルトガルでは原則として通常の救済手続に反対の判決が出されない限り判決は即時に執行できるとされている。また,フランス,オランダ,ベルギーでは,執行裁判所が執行文付与(執行判決)の機関であり,書記官は責任を負わないとされ,ルクセンブルグでは執行文は裁判所書記官が付与し,ギリシャ,オーストリア,ドイツも同様であり,スペイン,イタリア,ポルトガルでは,判

受領後1ヶ月以内に(同9項)としている。
480) デルマ・マルティは,2001年5月の「共通法の発展における比較法の役割」と題する会議に先立つインタビューで,ルネ・ダビッドが1982年の著作で述べた「問題は国際的な法の統一はできるかと問うことではなく,どうしたらできるかと問うことである」を引用し,共通法(*droit commun*)の概念は,欧州法,人権法という形で拡大していると述べている(Delmas-Marty, Le rôle du droit comparé dans l'émergence d'un droit commun, *D* 2001, p. 1326)。

決を行った裁判官と執行を許可する裁判官は異なっている[481]。また，保全手続はほとんどの国に設けられているが，その目的は必ずしも同じとはいえない。2001年プログラムは構想の具体化のための司法手続の共通化を目指してはいるが，欧州債務名義構想の具体化は容易ではない。プログラムの第1段階として，欧州連合加盟国内で執行可能な判決を得た債権者は，他の加盟国での保全措置を行うことができ，通知を受けた債務者が一定の期間内にその住所のある国の裁判所に異議を申し立てなければ，自動的に差押命令に移行するという手続が導入される。これが「争訟の転換」であり，限定的ではあるが，債務者の住所地における執行判決手続を不要とするものであり，またブラッセルⅠ第47条[482]が規定する保全の申立ても不要となる。

第2節　欧州債務名義に対する評価

2001年プログラムは各国固有の外国判決承認・執行制度を段階的に廃止し，締約国相互の外国判決の自動承認・執行制度に移行するというきわめて意欲的なプロジェクトである。経済のグローバル化に伴い，企業間競争が熾烈化し，これに伴って企業間の国際的な取引にかかわる紛争も増加し，国際裁判管轄の問題や判決の執行の実効性の問題が生じており，欧州に共通の法域を形成し，国際的な判決が迅速かつ簡易に執行されるのであれば経済活動に大きな効果が期待されている。

デルマ・マルティは19世紀を国家主義的司法制度の時代，現代をグローバル化の時代とし，伝統的な国家を外延的に拡大する政策や帝国主義的な覇権主義の代わりに，国家主権を相互に認め合いながら，国家の法を欧州連合の規則に劣後させることによって統合を目指すという新しい方向に向かっているとし，このような一連の動きを1つの「実験」ととらえている[483]。欧州連合は国家の主権を超える存在であり，欧州連合の法が人権裁判所（ストラスブール）と欧州司法裁判

---

481) de Leval, Georges et Matray, Le passage transfrontalier du titre exécutoire, *L'efficacité de la justice civile en Europe*, Larcier, 2000, p. 163.

482) ブラッセルⅠ第47条1項は「判決が本規則の適用によって承認されるときは，当該判決が41条に言う執行判決を必要とせず，加盟国の法の規定する仮のまたは保全の措置を申立てることができる」と規定する。ブラッセル条約にはなかった規定である。

483) デルマ・マルティの表現（Delmas-Marty, L'espace judiciaire européen, laboratoire de la mondialisation, *D* 2000, Chron., p. 421）。

所（ルクセンブルグ）の２つの裁判所を通じて機能し，司法の欧州化（*Européanisation*）が進んでいる。市場経済化と通貨統合という経済面からのインパクトは司法の分野に大きな影響を与えており[484]，逆に司法分野の統一化が経済にインパクトを与えるという相互関係が成立しているようである。

ド・ルヴァルは，各国固有の執行判決を前提とした外国判決の執行は効率性を欠いており，欧州には共通の「司法の良き管理」（*bonne administration de la justice, sound administration of justice*）[485]概念，この概念に基礎をおく「手続共通法」（*l'application du droit commun de la procédure*）が存在し，その上に欧州債務名義構想があるとする[486]。ド・ルヴァルがいうように，歴史的にヨーロッパには万民

---

[484] 一例として，CJCE 9 mars 1999, Centros c/ Erhvervs- og Selskabsstyrelsen, affaire C-212/97; *D* 1999, Jur. p. 550, note Menjucq がある。デンマーク国籍のブライド夫妻がロンドンに名目的な会社セントロス社を設立し，その後デンマーク国内にこの会社の支店を設立する許可をデンマーク経済省に申請した。この背後にはデンマークの最低資本金規制を逃れる意図があったともされている。デンマーク経済省は最低資本金制度は，債権者の保護を目的とする会社の経営基盤の安定と詐欺的な破産から一般債権者を保護することを目的とする旨を主張し，設立登記地のイギリスで本社が営業活動をしていないことを理由にデンマークの支店設立申請を拒否し，1995年９月８日にデンマークの裁判所はこのデンマーク経済省の判断を妥当とした。デンマークで控訴され，控訴審が欧州司法裁判所に意見を求めた。欧州裁判所は，「会社の設立を望む欧州連合加盟国の国民が，会社規則に制限が少ない国で設立する選択を行い，他国にその支店を設けるということは，それ自体では，会社設立の自由の濫用には当たらず」，「欧州連合域内で会社法が統合されていないことは問題にはならない」とした。

この判決は，欧州連合内では各国の会社法上の規制を比較し，相対的に規制の緩い国に進出するという *law shopping*（判例批評におけるマンジュックの表現）が行われる可能性を示唆し，加盟国間で会社の争奪が行われる可能性がある。今野裕之「ECにおける移動の自由の原則とペーパーカンパニーの二次的開業権」際商29巻（2001）6号741頁を参照。

[485] 司法の良き管理の概念は，対審原則，衡平原則などを広く指し，「条理」に相当と考えられる。ブラッセルⅠ前文第12項は，"Le for du domicile du défendeur soit étre complété par d'autre for autorisés en raison du lien étroit entre la juridiction et le litige ou en vue de faciliter une bonne administrationde la justice"（英文では "In addition to the defendant's domicile, there should be alternative grounds of jurisdiction based on a close link between the court and the action or in order to facilitate the sound administration of justice"）として司法の良き管理の概念を採用している。マルミスは，後掲【54】のソマフェール事件（323頁）で欧州司法裁判所がブラッセル条約２条の原則の例外として同５条を適用するのは，「司法の良き管理の配慮において」行われなければならないとしていることを挙げる（Marmisse, *La libre circularion des décisions de justice en Europe*, Pulim, 2001, p. 95）。

[486] de Leval, Les resources de l'inversion du contentieux, *L'Efficacité de la justice civile en*

法（*ius gentium*），教会法（*droit canon*），商人法（*lex mercatoria*）という共通の法文化の伝統があり，また過去にはフランスとベルギー，ベルギーとオランダのように1つの国家を形成し，共通の法律の下にあったこともあり，また隣国の法制度を継受する例も多く，法の共通性が見られる。さらに欧州連合で1968年のブラッセル条約はすでに30余年の歴史を持ち，その前にも外国判決の承認・執行のための相対の条約の長い歴史がある。すなわち，外国判決については19世紀以来受容の体制が形成されていたという欧州に固有の事情がある[487]。欧州債務名義構想は，ド・ルヴァルが言うとおり司法に関する概念を共有する欧州のみで可能なプロジェクトであるともいえよう。しかし，欧州連合の「判決の自由な流通」の推進力の1つには裁判を受ける権利の保護という人権意識がある[488]。この要請は欧州に限定されるものではない。

欧州人権および基本的自由のための条約（1950年11月4日採択，1953年9月3日施行，以下欧州人権条約という）[489]の6条1項は「すべての者は，合理的な期間の間に，民事の性格を有する権利と義務の争いを判断する裁判所によって，その主張

Europe, Larcier, 2000, p. 83.

[487] プリュッティングは，1992年時点ではユートピアと映るが，将来のヨーロッパ法の基本モデルは統一法への道であるとした（プリュッティング（吉野＝中山訳）「ヨーロッパ民事訴訟法の発展」ジュリ994号（1992）81頁），中野教授はこのような欧州連合における共通法域の形成について「社会・経済全般に亘る国際化の進展に伴い，国際的な性質をもつ民事紛争が増加し，一国で起こった企業倒産が必然的に他国に余波を及ぼすという事態が頻繁に生ずるようになって，最近，国際民事訴訟法および国際倒産法の学問的形成における充実した成果が続いている。しかし，このような国際民事手続の問題にとどまらず，国別の訴訟法についても，広範な法域に亘る統一への動きが次第に顕著になりつつある」とし，欧州連合の「域内においては，すでに『ヨーロッパ民事訴訟法』がある」が，「形式上は未だ加盟国間の条約（「ヨーロッパ民訴条約」）にすぎず，規整内容も民事・商事の財産権上の事件についての国際裁判管轄と外国判決の承認・執行に限られているが，その範囲では，条約上の諸規定が統一的な国際民事訴訟法として適用されるのであり，加盟諸国の国際民事訴訟法の抵触という問題を実定法による直接の規整を持って解消したのであって，今日では，これを『ヨーロッパ民事訴訟法』とよぶことに異論をみない」とする（中野貞一郎「民訴法学者とこれからの世界」『民事訴訟法の論点Ⅱ』（判例タイムズ社，2001）359頁，360頁）。

[488] アテネ大学のケラメウスは，欧州連合における民事訴訟手続の統合は基本的な人権を保護する意識からであるとし，欧州人権・基本的自由条約の6条1項を挙げている（Kerameus, Political Integration and Procedural Convergence in the European Union, 45 Am. J. Comp. L. 918, 919（1997））。

[489] Convention de sauvegarde des Droits de l'Homme et des Libertés fandamentales, Rome 4. XI. 1950.

を聞きとどけられる」と規定しているが490)，この規定の射程は判決の執行に及ぶと理解されている491)。裁判を受けること，判決が執行されることは基本的な人権の1つであり，判決の執行の遅れは基本的人権の侵害に当たると理解されており492)，判決執行の遅延が問題となった典型的な例としてホーンスビー事件493)

---

490) 中野教授は，1966年12月16日に国連総会で採択され，わが国も批准し，昭和54年9月21日に発効した国際人権規約が権利義務の争いについて「公平な裁判所による公正な公開審理」と「裁判の原則的な公開」を保障する点を挙げた上で，企業秘密などの秘密保護との関係で，利益の保護のための公開排除の拡大が世界的傾向であるとしている（中野貞一郎「民事裁判の公開と秘密保護」『民事訴訟法の論点Ⅱ』（判例タイムズ社，2001）15頁）。

491) Delgado, Les acteurs de l'exécution, *L'exécution des décisions de justice en matière civile*, Edition du Conseil de l'Europe 1998, p. 15.

492) デルマ・マルティは，欧州法域の形成は経済（市場，単一通貨）と人権の2つの影響を受けて，各国の多様な法的伝統を段階的に統合することであるとして，人権の影響を取り上げている（Delmas-Marty, L'espace judiciaire européen, laboratoire de la mondialisation, *D* 2000, Chron., p. 421）。デルマ・マルティは，ユダヤキリスト教の伝統，教会法，レックス・メルカトリア，ローマ法の共通性があるとしても，過去の経験は完全に統一された共通法を想定することは不可能であるとし，法の調和の必要性を説いている。

493) CEDH 19 mars 1997, Hornsby c/ Grèce, affaire 107/1995/613/701. ギリシャ領のロードスに居住する英国籍のホーンスビー夫妻は，1984年1月17日アテネの国家教育省に地元に私立の英語教育学校の設立許可を求めた。翌年1月25日教育省は設立許可はギリシャ国民に対してのみ県の中等教育課が与えるとして，この申請を拒否した。1984年3月12日，ホーンスビー夫人はドデカネーズ県中等教育課に申請したが，係官は受理を拒み，同年6月，中等教育課の係官はギリシャ法令上，外国人は私立学校開設の許可を取得できないと説明した。国籍を理由に私立学校の設立を拒否することは1957年3月25日ローマ条約に反するとして，ホーンスビー夫人はEC委員会に申し立て，委員会は欧州人権裁判所に付託した。1988年3月15日欧州人権裁判所は，国籍を理由とする禁止をEEC条約52条，59条違反であるとした。

1988年4月1日，夫妻は県中等教育課に再申請した。1988年4月12日，中等教育課は前回と同様の理由で，申請を退けた，同年9月，県中等教育課長は，夫妻に外国人の私立学校設立許可は中央当局の担当であると答えた。1988年11月23日，夫妻はギリシャ首相に欧州人権裁判所判決の遵守を保障するように求め，また，県中等教育課長の決定取消を求めて国務院に申し立てた。1989年5月9，10日に国務院は1988年4月12日の県中等教育課の決定を取り消した。

1989年7月3日，ロードスの私立学校経営者団体らは，国務院に対して第三者異議を申し立てたが，国務院は1991年4月25日にこれを棄却した。1989年8月8日，夫妻は県中等教育課に国務院の決定を添付して再々申請し，さらに，1990年3月28日，夫妻はロードス軽罪裁判所に県中等教育課長及び幹部を刑法259条（自己または第三者利図目的で義務に違反する公務員を2年以上の禁固に処す）により告訴した。1993年10月22日，軽罪裁判所はこの告訴を退けた。1990年11月14日，夫妻はロードス大審裁判所に対し

がある。これは判決・行政機関の決定の執行が，1984 年から 10 年以上にわたってギリシャ中央政府，地方政府によってたらいまわしにされた事件で，欧州人権裁判所は「判決の執行は，欧州人権条約 6 条にいう裁判(procès)に含まれる」[494]と判示した。本事件についてヴァンサン＝ガンシャールは同条約 6 条について，これは裁判を受ける権利，裁判所の構成と手続の衡平，判決の執行の 3 要素から構成されていると評価している[495]。また，別の事件で欧州人権裁判所は，同条に基づいて，民事に関する権利義務にかかわる紛争に関して最終的な決定を得る権利を各人に保障する司法システムを組織するように加盟国に求めている[496]。

て，民法 914，932 条等に基づいて，国務院決定違反による損害と逸失利益の賠償を求めて訴えを提起した。1992 年 1 月 30 日，ロードス大審裁判所はこれを行政事件であるとして，訴えを却下した。1992 年 7 月 3 日，夫妻は民法 914 条等に基づき，国家賠償訴訟をロードス行政裁判所に提起した。1995 年 12 月 15 日行政裁判所は，行政庁による懈怠を認めたが，夫妻の損害の立証は十分でないとして，補正を求めた。夫妻は国家教育省，大統領府長官に事件の解決のために関与を求めた。1994 年 8 月 10 日大統領令 211/1994 が，EC 加盟国民にギリシャ国内での私立学校設立を認めることとしたが，その一方で，ギリシャの中等教育を修了していない者は，ギリシャ語と歴史の試験に合格することを要するとした。1994 年 10 月 20 日，国家教育省は県中等教育課長に申請の再検討を指示した。1990 年 1 月 7 日，夫妻は EC 委員会に，国務院の 2 つの決定の遵守を拒否することは条約 6 条 1 項に違反するとして訴えた。1994 年 8 月 31 日，委員会は訴えを受理し，ギリシャ政府の異議を認めなかった。

　欧州人権裁判所は，条約 6 条 1 項はなにびとにも民事の権利義務に関する争いについて裁判を求める権利を有するとしているところ，裁判所への権利とは，条約に加わっている国家の国内司法秩序が最終の義務的な司法判断が当事者の犠牲の下に実行されないのであれば幻想に過ぎないのであり，判決の執行は，条約 6 条にいう裁判に含まれると解さなければならず，行政は，法治国家の要素であり，法の良き管理の要素であり，行政が執行を拒否し，怠り，遅延させるならば，条約 6 条の保障はその存在理由を失うと判示し，ギリシャ政府に 3 ヶ月以内に許可を通知するように判決した。

　ホーンスビー判決は執行の実効性を保証することの重要性を明確にした基本判決である (Krings, Le délai raisonnable à la lumière de la jurisprudence de la cour de Strasbourg- vers un droit substantiel à l'exécution des décisions de justice, *L'efficacité de la justice civile en Europe*, Larcier, 2000, p. 231）。

494）　判決の仏文では，"L'exécution d'un jugement ou arrêt, de quelque juridiction que ce soit, doit être considérée comme faisant partie intégrante du 'procès' au sens de l'article 6"（いかなる管轄であれ，判決・決定の執行は欧州人権・基本的自由条約の 6 条の意味において裁判の統合的一体（*parties intégrante*）をなすものである）としている。

495）　Vincent et Guinchard, *Procédure civile*, 26e éd., Dalloz, 2001, p. 868.

496）　CEDH, 3e sect., 14 novembre 2000, Delgado c/ France; *D* 2001, Jur. p. 2787, note Marguénaud et Mouly. 1985 年にデルガドは解雇され，地元のフランス・ディジョンの労働審判所（coneil de prud'homme）に訴えた。この事件は，2000 年に至っても破毀院に係属中

このような歴史的，社会的基盤や人権意識という推進力があるとしても，欧州債務名義構想の実現は容易ではない。各国の強制執行制度は優先主義，平等主義区々であり，欧州債務名義の実現にあたっては域内で制度が交錯しかねない。イギリスのガーニッシイ命令は優先権を認め，スウェーデン，ポルトガル，イタリアでは優先主義的な処理を行い，オーストリア，イタリア，フィンランド，ルクセンブルグ，ギリシャ，ベルギーでは平等主義的な処理が行われている[497]。たとえば，優先主義的な処理をするドイツ国内に所在する債権者がドイツにのみ財産を有する債務者のドイツ国内の財産に対して強制執行を行う場合，債権者は優先的に回収することができる。一方，執行債務者がベルギーにのみ財産を有する場合は，差押の目的の財産は平等主義的に債権者に配分される。仮に，この執行債務者がベルギーとドイツに財産を分散して保有していた場合は，最初に差押えを行った債権者はドイツでは目的の財産から優先的に債権を回収することができるが，ベルギーに所在する財産からは平等主義的な配当に甘んじなければならない。判決の承認と執行制度の統合は，執行手続の内容の相違を明らかにするから，換価，満足の手続内容全体にわたって見直す必要があろう。

であり，14年半を経過していた。欧州人権裁判所は，人権条約6条1項に言う「合理的な期間」とは「事件の原因，過去の判例に基づく基準およびとくに事件の複雑さ，申立人の態度，当局の態度に基づいて評価される」とし，「合理的な期間に民事の性格の権利義務に関する紛争に最終的な判断を得る権利が各人に保障されなければならない」と判示した。

497) de Leval et Georges, La saisie-arrêt bancaire dans l'union européenne, *L'éfficacité de la justice civile en Europe*, Larcier, 2000, p. 192.

第2章　国際金銭債権執行における債務名義の価値回復

第1節　判決と執行・保全の関係

　わが国においては，民事執行は民事上の権利の強制的な実現ないし保全の手続であり，請求権の強制的満足のための執行であって，国家が全面的に支配するものと理解されている[498]。ここで民事執行とは執行と保全の両方を意味する。金銭債権に対する仮差押えを行う債権者は，本案の管轄裁判所または仮に差し押さえるべき物の所在地を管轄する地方裁判所に仮差押命令を申し立て（民事保全法12条1項），差押えを行なう債権者は差押命令を申し立てる（民事執行法143条）のであり，仮差押え，差押えのいずれにおいても裁判所が命令の形で関与する。すなわち，判決手続と執行手続の「手続の二重構造」がある。

　フランス新民事執行法も債務者の財産に対する仮差押えについては，債権者は原則として債務者の住所地を管轄する裁判所裁判所に許可を申し立てることとされている（新民事執行法67条1項）[499]。保全措置の許可の手続は対審を要せず（新民事執行法69条），仮差押えの許可を得た債権者は所定の期間中に債務名義を取得する手続を開始しなければならない（同70条）。

　保全措置である仮差押えについて裁判所の関与を要することはわが国とフランスでは共通であるが，執行手続に関わる裁判所の関与については大きな違いがある。すなわち，フランスでは執行法の上では保全と執行が混在しているにもかかわらず，裁判所の関与については保全と執行が峻別されているのである。フランス旧強制執行法のセジ・アレは，保全と執行が混在していたため，保全と執行を判然と区別することは困難であったが，新民事執行法のセジ・アトリビュシオンは純粋な執行手続であって，執行手続と保全手続は明確に区別されており，裁判所の関与において執行と保全に違いがあることが明快になった。旧強制執行法の

---

[498]　中野貞一郎『民事執行法［新訂4版］』（青林書院，2000）4頁。
[499]　新民事執行法67条1項は「その債権がその原因において根拠があるとされる者は，回収に懸念があることを正当化できる場合には，事前の督促を行うことなく，裁判所に債務者の財産に保全措置を取る許可を申し立てることができる」と定める。

セジ・アレ，新民事執行法のセジ・アトリビュシオンいずれも債権者が執行士に差押令状の作成と送達を嘱託することによって開始されることは共通であるが，債務名義を持たない債権者がセジ・アレを行う場合，この段階ではセジ・アレは保全手続であったから，事前に裁判所の許可を得る必要があった。一方，セジ・アトリビュシオンは保全手続ではないから，債務名義を有する債権者は裁判所の許可を必要とせず，自らのイニシアティブで債務者に差押令状の送達を嘱託することによって行われる（新民事執行規則56条）。フランスの金銭債権に対する「執行」に執行裁判所による差押命令の手続がないのである。

執行と保全を区別する理由について，すでにグラソンらは「強制執行の遂行は裁判官ではなく，債権者またはその代理人によって実行される」とし，「ただし暴力を回避するために，法は公的な性格を与えられた者にのみこの権限を認めた」[500]としている。ここで公的な性格のある者とは執行士をいう。ドラポルトは仮差押えが当事者間の法律関係を確定するものではなく，権利関係を確定する判決を準備し，その実効性を保証する目的であるとする[501]。クニベルチは，保全措置を申し立てる債権者は債務名義を有していないので，裁判所が保全措置の要否について判断することになるが，その後，債務名義を得た債権者が執行する場合には裁判所の関与は不要であり，差押えと仮差押えを画然と区別すべきであるとし[502]，債権者と未払いの債務者が同じ国の中に所在する場合には，債務者の財産が外国にあったとしても債権者，債務者が所在する国の裁判所に保全措置を取らせるのが便宜であるとしている[503]。ペロォらは，保全措置について債権者には適法に保全を保障し，債務者にはその拘束が過大とならないようにという矛盾する要請を調整する必要があり，他の手段に増して裁判所に広範な権限を認めるべきであるとする[504]。

執行は債務名義を取得した債権者が債務者の責任財産の中から財産を特定してこれに対して担保権を実行する手続であり，本来担保債権者のイニシアティブに

---

500) Glasson, Morel et Tissier, *Traité théorique et pratique d'organisation judiciaire, de compétence et de procédure civile*, 3e tome IV, Sirey, 1932, p. 3.

501) Delaporte, Les mesures provisoires et conservatoires en droit international privé, *Travaux du comité français de droit international privé*, 1987-1988, p. 155.

502) Cuniberti, *Les mesures conservatoires portant sur des biens situés à l'étrangers*, L. G. D. J., 2000, p. 43.

503) Ibid., p. 4.

504) Perrot et Théry, *Procédures civiles d'exécution*, Dalloz, 2000, p. 674.

委ねるべき手続である。一方，判決手続が往々にして長期間を要するので，保全手続は，その間債務者の財産処分を禁じ，債務者の責任財産の散逸を防ぎ，判決の実効性を保障する手段であるが[505]，保全の段階では，債権者と債務者との間の紛争について公権力である裁判所は解決を与えていない。保全の段階では，債権者の主張の当否は明らかではなく，保全は担保権の実行の実効性の確保の手段であるから，裁判所が関与することとされ，この段階では債権者のイニシアティブを発揮する余地はなく，国家機関の公権的な関与が必要とされる。金銭債権執行手続で裁判所が関与するのは，差押令状を送達された第三被差押人が差押債権者に対する支払いを行わず，差押債権者が第三被差押人に対する債務名義を求める訴えを執行裁判所に申し立てる場合（新民事執行規則64条），執行債務者，差押債権者，その他の債権者などがセジ・アトリビュシオンに異議（*contestation*）を申し立てた場合（同65条）であり，あくまでも差押えに問題（*incidents*）が生じた場合に限られる。強制執行は担保権の実行の一種であるから，執行が債権者のイニシアティブの下で行われることは当然といえよう。フランス新民事執行法の改正は「債務名義の価値回復」を目的としているが，価値回復の対象は確定した給付判決などの債務名義である。

第2節　債務者に対する防御の機会の保障

　強制執行において債権者のイニシアティブを重視するために，その前提として債務者に防御の機会が保障されていることが必要である。わが国のような手続の二層構造においては債務名義を得るための裁判手続で債務者は防御の機会を保障される上に，差押命令に対しても抗告を提起することができ，さらに請求異議の訴えも認められる。外国判決に基づいて執行する場合にも事情は同様であって，債務者の利益を不当に害することがないように，債務者は外国の裁判手続において防御の機会を保障され，かつわが国における外国判決の承認要件として手続保障が必要とされ（民事訴訟法118条2号），さらに執行判決の裁判において防御の機会がある[506]。

---

505)　Vincent et Prévault, *Voies d'exécution et procédures de distribution*, 19e éd., Dalloz, 1999, p. 200, Perrot et Théry, Ibid., Dalloz, 2000, p. 671.
506)　竹下教授は，外国判決に基づく強制執行を許容するには債務者の利益を不当に侵害することがないように，「債務者が内国において外国判決の執行を許容するための要件の審

第3編　判決執行における当事者主義

　フランス新民事執行法における金銭債権執行や欧州債務名義構想の「争訟の転換」では手続は一層構造となっているから、執行段階の前には執行債務者の防御の機会は保障されていない。フランス新民事執行法は旧強制執行法を継承して、金銭債権執行を第三被差押人中心に設計しつつ、第三被差押人に対する差押令状の送達の事実を執行債務者に通知することを求めている。また、欧州連合の債務名義構想でも、2002年8月27日の「異議を申し立てられない債権に関わる欧州債務名義創設規則案」におけるように、債務者に対する通知・送達の重要性が強調されている。これらの手続では原則として債務者の防御の機会は判決手続の機会だけとなるために、債務者の防御の機会の保障が重要な問題として認識されている。たとえば、ド・ルヴァルは当事者が対審手続を経て判決が言渡され、救済が与えられる手続保障が必須であるとしている507)。判決の迅速簡易な執行と債務者に対する防御の機会の保障の両方を充足することは困難であるが、フランス新民事執行法、欧州債務名義構想のいずれにおいても債務者に異議申立てを認めることによって、この2つの要請を均衡させ、充足させることを狙っている。

　たとえば、ブラッセル条約27条は、外国判決の承認の要件を列挙し、その2号で「被告が防御することができるように適式に一定の猶予を持って訴状および類似の文書が被告に送達されること」508)を定めているが、同条について問題となった事件として、(21)のデベケール判決がある。これはわが国公示送達に類似した方法で被告宛の訴状が送達されたが、この方法を経て得られた判決が外国判決の承認要件を充足するかが問われたものであり、送達時点では被告の住所が判明していなかったが、その後被告が通知した新住所に送達すべきであったとした。

【21】　CJCE（4e）11 juin 1985, Debaecker et Plouvier c/ Bouwman509)

　　　査の過程で、手続上自己の利益を守る機会を保障されているということ（内国における手続権の保障）と、外国の裁判手続上自己の利益を守る機会を保障されていたということ（外国における手続権の保障）との二重の意味での手続権の保証がなければならない」としている（竹下守夫「外国判決による強制執行と手続権の保障」法教24（1982）104頁）。
507)　de Leval, Les resources de l'inversion du contentieux, *L'Efficacité de la justice civile en Europe*, Larcier, 2000, p. 83.
508)　「類似の文書」（tout acte équivalent）は1978年10月9日の改正で加えられたもので、ルクセンブルグ条約によるイギリスの参加に合わせて、コモン・ローにおける手続の特殊性に対応したものとされている（Marmisse, *La lible circulation des decisions de justice en Europe*, Pulim, 2001, p. 184）。
509)　CJCE（quatrième chambre）11 juin 1985, Léon Emile Gaston Debaecker et Berthe Plou-

レオン・デベケールとベルト・プルビエの夫妻はベルギー・アントワープに所在する商業用不動産をオランダに居住するボウマンに期間9年の契約で賃貸した。ボウマンは同不動産を住居としていたが，翌年事前に退去の通知もなくまた新住所も知らせずに退去した。そこで夫妻はボウマンをアントワープの裁判所に訴え，執行官がベルギー裁判所法37条に従い，ボウマンが住所登録していたアントワープの警察に送達した。その直後，ボウマンは鍵を返却し，賃貸借契約を解約する旨を通知し，新住所としてベルギーのエッセンという町の私書箱を知らせてきた。夫妻側の代理人弁護士は，新住所に訴状を送ることはしなかった。アントワープの裁判所は，ボウマンに対して賃貸に関わる損害として100万ベルギーフラン余りを夫妻に支払うよう命ずる判決を言い渡した。その後，夫妻はオランダ・ブレダの裁判所にアントワープ裁判所の判決の執行判決を求め，一旦執行判決は出されたが，翌年ボウマンの控訴によりこれが取り消された。夫妻は上告し，オランダ最高裁は欧州司法裁判所にブラッセル条約27条2号に解釈について意見を求めた。夫妻は訴状の送達の時点でボウマンはベルギー・アントワープに住所地を有していたので，ブラッセル条約27条2号を充足すると主張し，一方ボウマンは同号について被告が他の締約国に居住する場合に防御の機会を保障するために限定するべきではないと主張した。

　欧州司法裁判所は「ブラッセル条約の目的は，判決の相互承認・執行の手続を簡素化することであるとしても，防御の権利を弱めることでこの目的を達してはならない」とし，「国内の送達・通知規則が遵守された場合であっても，27条2号は他の締約国で判決の承認の時点で被告の防御の権利を守ることを目的としている」と判示した。

　【21】の事件は本案事件に関わるものであるが，次の【22】のドニラウラー判決は債務者が審尋されることなく許可された仮差押えにおける防御の機会の保障が問題となった事件である。

【22】　CJCE 21 mai 1980, Bernard Denilauler c/ SNC Couchet Frères[510]
　フランスの会社クシェ兄弟社はドイツ国内に居住するドニラウラー氏に融資し

---

　　　vier c/ Cornelis Gerrit Bouwman, affaire 49/84.
510)　CJCE, 21 mai 1980, Denilauler c/ Couchet Frères, affaire 125/79; Rec. *CJCE*, p. 1553, *JDI* 1980, p. 939 obs. A. Huet, *Rev. crit. DIP* 1980, p. 787 note E. Mezger.

ていたが，期日に返済されなかった。このため，クシェ兄弟社はフランス・モンブリソン大審裁判所にドニラウラー氏を相手に貸金返済請求の訴えを提起した。同裁判所はクシェ兄弟社の請求を認め，同時にその申立てを受けて，フランス旧民事訴訟法48条に基づき，ドニラウラー氏を審尋することなく，同氏がフランクフルト所在の銀行に有する預金口座に対する仮差押え（これはセジ・アレである）を許可した。

次に，クシェ兄弟社はドイツのヴィースバーデン裁判所にフランスの裁判所のセジ・アレ許可に対する執行判決と差押質権（*Pfandungsbeschluss*）の設定を申し立て，ドニラウラー氏は召喚されることなく，この申立てが認められ，この旨が送達された。ドニラウラー氏が控訴し，ドイツの上級裁判所はフランス国内で債務者が審尋されることなく許可された仮差押えを他の国が執行することは適法か，債務者の防御の機会が保障されるべきかという点についてルクセンブルグ議定書に基づいて欧州司法裁判所に意見を求めた。

欧州司法裁判所は，執行の目的物が所在する国の裁判所が保全の必要性を判断すべきであり，「当事者が召喚されず，事前の通知がなく執行されることが予定されている仮のまたは保全の措置を認める判決等はブラッセル条約の適用を受けない」と判示した。なお，フランスの裁判所がドイツ国内にある金融機関の預金に対して仮差押命令を発したことについてはドニラウラー氏も争うことなく，また欧州司法裁判所も問題としていなかった[511]。

これはフランスのセジ・アレに関わる事件である。債権者の原因債権が存在し，債権の支払期日が到来し，金銭評価が可能であって，債権者が裁判所に債権回収の懸念があることを疎明する場合，裁判所は債務者に何ら審尋することなくセジ・アレの許可を発することができるが，債務者にとっては不意打ちとなる可能性がある。ドニラウラー事件で欧州司法裁判所は，欧州連合内であっても国際的な金銭債権仮差押えは保全の段階で債務者の防御の機会の保障が必要であるとしたが，これは国際的な金銭債権保全の場合には裁判所が自国民の債権者保護を優先しがちであるという実情をも考慮したと推測される。

ブラッセル条約27条は外国判決の承認要件を列挙しているが，次の【23】のムンド判決は，銀行取引が国際化し，金銭債権の内容も国際化した時代に，自国民

---

[511] Perrot et Théry, *Procédures civiles d'exécution*, Dalloz, 2000, p. 41.

保護の観点はブラッセル条約と相容れないことを示す例である。これは外人差押え[512]に起源のあるドイツ民事訴訟法917条2項の規定が問題となったものである。

【23】 CJCE (6e) 10 février 1994, Mund & Fester c/ Hatrex Internationaal Transport[513]

オランダに本社を有するハトレックス社はモロッコのカサブランカからハンブルグにクルミを輸送したところ、運送中の不注意で貨物が湿気による損害を被った。ドイツの会社ムンド社は貨物の所有者から債権の譲渡を受け、ハトレックス社に貨物輸送に伴う損害賠償を求め、この債権保全のために、ドイツ民事訴訟法917条に基づいてハンブルグの裁判所に対してドイツ国内に停車を命じられたハトレックス社のトラックに対して保全目的のアレストを申し立てた。

ハンブルグの裁判所は、本件はブラッセル条約締約国の判決の執行であり、ドイツ民事訴訟法917条2項の「判決が外国で執行されなければならないとき」に当たらないとして、この申立てを棄却した。

ムンド社はこれを不服として、同917条2項はブラッセル条約によって損なわれないとしてハンザ上級裁判所に抗告した。ハンザ上級裁判所は同条が国籍による差別を禁止するEEC条約7条に反しないか、ルクセンブルグ議定書に基づいて欧州司法裁判所の意見を求めた。

欧州司法裁判所は、同917条2項はドイツ国籍の者に対する差押えも含んでおり、判決が外国で執行される場合すべてを対象としており、明文では国籍による差別を述べてはいないが、実際にはドイツ国籍の者に対して外国で差押えを行うことは例外的であり、多くは外国籍の自然人・法人を対象とするので、国籍による差別と同義となるとした。ただし、このことは同条とEEC条約7条が相容れないということではないが、保全のための差押えは債権者に債務者に対する判決を実効的に後になって保証するものであり、917条1項によれば、保全のための差押えは後の判決の執行が不可能または基本的により困難になる場合に許され、

---

512) 外人差押えについては、松浦馨「保全訴訟の沿革」中田編『保全処分の体系［上巻］』（法律文化社、1965）47頁を参照。

513) CJCE (sixième chambre) 10 février 1994, Mund & Fester c/ Hatrex, affaire C-398/92. 野村秀敏「EC管轄執行条約加盟国における執行とドイツ民事訴訟法917条2項」際商27巻 (1999) 5号565頁を参照。

同2項を適用すると，困難は執行がドイツ外で行われることにあるので，後の判決の執行が第三国の領土で行われる場合に，正当化されるとしても，EEC加盟国の中での執行の場合にはこれに当たらないとし，したがって，EEC条約7条はドイツ民事訴訟法917条2項の規定と対立すると判示した。

さて，2001年1月のプログラムの発表の前から，欧州債務名義構想の具体的な提案が出されている。1999年1月にリスボンで行われた3日間のインターナショナル・セミナーの掉尾を飾ったペロォは，ブラッセル条約26条が外国判決の自動承認を規定しながら，執行判決手続の簡素化が進んでいないことを指摘し，また1998年の「商取引の支払い遅延にかかわる指令案」は支払督促に類似した手続の導入を目指しているが，依然として債務者に防御の機会を保障するために，債権者は債務者の居住する地の裁判所に当該手続をとらなければならず，これでは迅速化・簡素化の要請を満たすことができないとした[514]。同じセミナーで，ド・ルヴァルは，裁判手続は債権者・債務者間で債権の存否が争われている場合に限定すべきであり，債務者が債権者に対する債務の存在を否認せず，単に債権者の債権回収意欲を減退させようと支払いを渋っているだけであるならば，債権の存在を確定させる判決手続をとるまでもないとして，「争訟の転換」を提案し[515]，さらに，加盟各国における銀行預金に対する差押手続を比較している。これを受けてペロォは各国の金銭債権差押手続は一様とは言い難いが，金銭債権差押えの多くを占める銀行預金に限定すれば「欧州債務名義」構想の実現の端緒をつけることができるとして，「欧州銀行預金差押え」(*saisie des créances européenne*) を提案した[516]。これは外国における執行力のある判決は債務者の預金の所在国で執行判決なしに仮差押えを行うことができ，債務者が一定期間内に仮差押えに対する異議を提起しない場合には，本執行に移行し，異議を提起した場合には裁判手続に移行するという構想であり，「争訟の転換」と共通する。ジューランは，1998年の「商取引の支払い遅延にかかわる指令案」にある支払督促が依然として債務者の住所地における裁判手続を要することから，ペロォら

---

514) Perrot, Les garanties des droits de la défense, *L'efficacité de la justice civile en europe*, Larcier, 2000, p. 433.

515) de Leval, Les ressources de l'inversion du contentieux, *L'efficacité de la justice civile en europe*, Larcier, 2000, p. 85.

516) Perrot, Les garanties des droits de la défense, *L'efficacité de la justice civile en europe*, Larcier, 2000, p. 434.

の「欧州銀行預金差押え」制度が迅速・簡素であると評価している。また,「欧州銀行預金差押え」の場合には債権者が申し立てる先として自国の裁判所と債務者の居住する裁判所のオプションがあることも評価するが[517],必ずしも欧州銀行預金差押えのみに限定することなく,1998年指令案の支払督促との選択を可能とすることを提案している。

これに対して,コレア・デルカッソは執行判決手続を経ることなく,万全の既判力を生じる欧州債務名義の創設のために,統一的な手続を設ける必要はなく,各国がすでに設けている支払督促をその出発点とすることを提案している[518]。たとえばフランスの支払督促（*injonction de payer*）は新民事訴訟法1405条以下に規定されているが[519],債務の存否や金額をもっともよく承知している者は債務者本人であるとの考え方から,支払督促手続では債務者に対する審尋が行われることなく命令が発せられ,一定期間内に異議を申し立てなければ,支払督促を債

---

517) Jeuland, la saisie européen de créances bancaire (1), *D* 2001, Chron., p. 2106.

518) Correa Delcasso, Le titre exécutoire européen et l'inversion du contentieux, *Rev. int. de droit comparé*, 2001, p. 61. コレア・デルカッソは本案の審理を行わず裁判所が支払督促を発する争訟の転換の手続を13世紀イタリアにさかのぼるテクニックであるとしている。支払督促の制度はEU加盟各国ですでに存在し,たとえばオーストリアでは1994年に857,038件の支払命令手続（*Mahnverfahre*）が発せられ,これは民事紛争の78.42%を占め,また命令に対して異議が申立てられたのはうち10.15%にとどまり,ドイツでは1998年に8,167,301件の支払命令の申立てがあり,フランスでは1997年に849,596件の申立てがあり,うち5%が異議申立ての対象となった。フランスでは保険会社が保険料支払請求の96%についてこの手続を使用するなど,債権回収に頻繁に使われている。イタリアでは1993年に970,784件の支払督促が発せられ,80年代から急増していることを紹介している。

519) 支払督促は,1937年8月25日法で少額債権の簡易回収手続として設けられ,1957年7月4日法で手続をわが国の簡易裁判所に相当する小審裁判所（*tribunal d'instance*）の管轄とした。その後1972年8月28日省令に移され,最終的に新民事訴訟法1405条から1425条に規定され,小審裁判所または商事裁判所の管轄とされた（Jean Vincent & Serge Guinchard, *Procédure civile*, 26 éd., Dalloz, 2001, p. 687)。この手続は不法行為に基づく債権を除き,契約に基づく一定額の債権,手形債権等について,債務者の住所・居所を管轄する小審裁判所または商事裁判所に対して証拠となる書類を付して申立て（*requête*）を行い,裁判所が申立てを適当と判断する場合には,命令（*ordonnance*）が発せられ,執行士がこれを債務者に送達する。債務者本人への送達から1カ月以内に異議を申し立てた場合には,債権者は15日以内に訴状を提出しなければ支払督促の申立ては無効となり,訴状を提出すると,小審裁判所に事物管轄があれば小審裁判所が,なければ大審裁判所が管轄する裁判手続がとられる。商事に関わる債権の場合には商事裁判所が管轄する。この手続は,命令を発する際に債務者が審尋されないのでわが国の支払督促手続に類似する。

務名義として執行することが可能である。コレア・デルカッソは、対審手続を債務者の異議がある場合に限定した手続として欧州債務名義を構成し、まず各国が支払督促のような簡易の債権回収手続を整備すること、支払督促手続の金額上限を設けないこと、管轄裁判所は債務者の住所地を管轄する裁判所とすること、支払督促の申立てと同時に保全措置を可能とすること、支払督促に既判力を与えること、債務者の異議申立ての機会を必ず設けることなどの提案を行っている。

このように基本的には債務名義があれば仮差押えに当たって裁判所の関与を不要とし、債務者からの異議申立てがあった場合に対審の手続を行うという構造を取ることでは、提案者の方向性は一致している。「争訟の転換」構想は、国際的な金銭債権執行に当たって、判決手続と執行手続の手続の二層構造を回避し、かつ事後的であるとはいえ、債務者にも防御の機会を保障する構成をとっている。欧州債務名義構想は手続の一層構造を具体化するものである。

第3節　当事者主義的執行論

金銭債権執行を債権者のイニシアティブに委ねることの是非は、国家がどこまで強制執行を管理するかという問題である。わが国民事執行法は「差押え」を「強制執行において執行機関による換価ないし満足を準備すべく特定の財産を国の支配下に拘束すること」[520]であるとし、あるいは「執行機関の手中に執行目的財産を確保しておく」ための「民事執行の第一段階の行為」[521]と解している。解釈上、わが国民法においても債務者の財団は債権者の共通担保であるとされているが、「差押え」には事実行為としての意味しかなく、担保権の実行のための債務者財産の特定という機能は与えられていない。わが国では強制執行は差し押さえた個別財産に対する「小破産」であると理解されているが、強制執行を破産と同視することは、裁判所の関与という面では妥当とはいえない。破産は債権者に対する平等な配当を原則としており、このためには債権者の抜け駆けを許さないために裁判所の関与が必要である。包括執行である破産には個別執行である強制執行に類似した性格があることは確かであるが、破産は破綻した債務者に対する膺懲の制度であり、常に執行裁判所の監督の下で、機関たる破産管財人が遂行する手続である。破産債務者、破産管財人と破産財団、破産裁判所、債権者という

---

520) 中野貞一郎『民事執行法［新訂4版］』（青林書院、2000）29頁。
521) 中野貞一郎編『民事執行・保全法概説［第2版］』（有斐閣、1999）92頁［小室直人］。

四者によって構成され，国家機関による監督を前提とする手続である。また，破産は債務名義を必要としない手続であり，債務者の財産の保全と換価・満足という執行の手続を併有している。この意味では，破産はフランス旧強制執行法のセジ・アレに類似するということができよう。したがって少なくとも破産も強制執行も債務者財産の保全の段階では裁判所によるコントロールは必須であろうが，執行に入った段階では，強制執行は破産と異なるのである。

　ここまで見たように当事者主義的執行論は，判決手続と執行手続，保全と執行を峻別する。判決手続は既判力を与えるために国家権力が行う手続であり，執行手続は基本的に当事者に委ね，執行が履行されない場合に国家機関により制裁を行う手続であるとする。このようなフランス新民事執行法に見られる当事者主義的執行の理念は，新民事執行法の産物ではなく，すでに19世紀の論文にも見られる伝統的な意見である。

　1887年の「外国判決の既判力と執行」に関する論文で，控訴院弁護士のダガン博士は，既判力とは法の適用を争う当事者同士が他の者の裁断を仰ぐことであり，真実の推定であるとし[522]，裁判所の役割は判決の言渡しによって終了し，執行機関が執行を担当するとした。そして，*jurisdictio* と *imperium* の区分が重要であり，既判力の問題と主権から派生する判決の執行の問題は異なるのであり，これを理解しない議論が多いとしている[523]。さらに，国際的な外国判決の執行の問題については，外国判決の執行は伝統的にこれを主権の侵害にあたるとして一切拒否する姿勢と外国判決に超国家的な効力を認めて承認する姿勢が両極にあり，この中間に国家の主権と私人間の関係を調整する多様な考え方があるが，外国判決の効力をそのまま認める意見は少なく，この方法を採用する国もないとして[524]，私的利益の保護と公共の秩序の安定という要請から外国判決の効力を認め，相互に法的関係を承認することを国際私法の原則とすべきであるとした。ダガン博士は判決を当事者間の準契約と解し，私人間の契約であるから国家利益を侵害するものではないという見解を紹介しながらも，契約とは自由意思に

---

522) ダガンは，"*la présomption de vérité attachée à la chose jugée*"（既判であることに結び付けられた真実推定）と表現する（Daguin, *De l'autorité et de l'exécution des jugements étrangers en matière civile et commerciale en France et dans les divers pays*, F. Pichon, 1887, p. 28）．

523) Ibid., p. 24.

524) Ibid., p. 19.

基づいて成立するもので，裁判所の判決は契約ではないとして，イギリスの1842年判決[525]が採用した債務理論（*doctrine of obligation*）には否定的な意見を述べている[526]。ダガンの論文の当時はまだ外国判決をそのまま執行することは認められず，1819年のフランス破毀院のパルケール判決[527]が定立したとおり，外国判決の執行に当たっては，フランスの裁判所での実質再審理を要したのである。また，1897年の「国際的なセジ・アレ」に関する論文で，控訴院弁護士のテュロー博士も「裁判官の任務は当事者に言い渡し，法を宣言することによって終了し，執行権力のみが判決の執行を監視する義務を負う」[528]としており，ダガンと共通の理解に立っている。

1997年10月の欧州評議会主催の判決執行の実効性の向上をテーマとするシンポジウムで，ペロォは「長い間，弁護士や裁判官や法律家は一般に判決をもって司法の任務は終了したものと考え」，「判決の現実の執行は別世界のことであり，訴訟法には無縁な，司法にも属さない，公権力の代理人の世界である」と考えて，「判決のその後を心配することがない」が，「*imperium*（執行）は，*iuridic-*

525) 1842年判決は「裁判権のある裁判所が行った判決は，敗訴した被告に裁判所が定めた金額を支払う義務ないし債務（a duty or obligation）を負わせるものであり，当国の裁判所はこれを執行する義務を負う」と述べている。チェシアは，外国判決で敗訴した者も外国判決の承認に当たって債務の不存在を証明すればよいから，債務理論はコミティよりも優れているとしている（Cheshire, Private International Law, 7th ed, Butterworth, 1965, p. 538）。ダイシは債務理論に対して *Vested Right*（既得権）理論を主張した（H. C. Morris, *Dicey and Morris on the Conflict of Laws*, 9th ed, Stevens & Sons, 1973, p. 988）。

526) Daguin, *De l'autorité et de l'exécution des jugements étrangers en matière civile et commerciale en France et dans les divers pays*, F. Pichon, 1887, p. 32. ダガンは，裁判官は法を解釈するという主権の権限を付与されていると述べている（des juges ont reçu du pouvoir souverain mission d'interpréter la loi）。

527) 原審は，19 août 1815 TC Seine。破毀院判決は Cass. civ., 19 avril 1819, Holker c/ Parker。フランス革命前に，アメリカ人パーカーとアメリカ・ボストンに居住するフランス人オルケールは，フランス・ニースでアメリカ政府から武器を購入する共同事業を行う計画を立てたが，パーカーが共有財産を私物化した。1814年にオルケールはボストン巡回裁判所にパーカーに対する56万ドルの債権存在確認請求の訴えを起こし，請求は認容され，オルケールはフランスに戻り，セーヌ県裁判所にアメリカの判決に基づく差押えの許可を求めた。パーカーは，外国判決をフランスで執行するには，実質再審理を要すると反論した。1815年8月19日に，セーヌ県裁判所は，1629年王令121条により，外国判決はフランスでは執行力がないとした。破毀院はフランスの裁判所は審査なくして（*sans examen*）外国判決の執行を認めてはならないとされており，民法によればフランス国民に向けられた外国判決は審査の対象であるとした。

528) Thureau, *De la saisie-arrêt en droit international privé*, Marchal & Billard, 1897, p. 24.

tio(裁判)と不可分」[529]であると述べている。これは執行の実効性に対する再認識を喚起する発言であるが,このようなペロォの発言はフランス手続法の伝統ともいえる判決手続と執行手続を峻別する姿勢を前提としなければ理解し難いであろう。

また,フランス新民事執行法が "Procédures civiles d'exécution" として名称の中に,*procédure*(手続),すなわち裁判所の関与を意味する語が加えられているために,新民事執行法では裁判所の関与が従来よりも増えたのではないかとの疑問も呈された。改正前の旧強制執行法は民事訴訟法の一部であったが,一般に "voie d'exécution"(執行方法)と呼ばれ,「手続」の表現がなかったためである。これに対してドルベックは従来から「執行手続」の表現は民法典1244条4項,1244条の2第1文[530]に存在し,必ずしも新民事執行法に固有の用語ではなく,また「執行手続」と改称したのは,旧強制執行法が保全措置を分散して規定していたところを新民事執行法が一般規定を設けたためであり,保全措置は当然に裁判所の手続を要するが,執行手続は裁判所の関与を予定していないと説明する[531]。旧強制執行法のセジ・アレは,債務名義を持たない債権者も行うことができ,手続の途中で保全措置から執行手続に転換したが,このような保全と執行の混在はとくに金融機関の預金の差押えを時間のかかる複雑な手続にし,配当の際の金融機関の負担が大きかったとされており[532],銀行協会のパンフレットは金銭債権差押えを債務名義を有する債権者に限った改正を歓迎している。

わが国においても,強制執行は必ずしも国家が独占的に担うべき機能ではない

---

[529] Perrot, Les enjeux de l'exécution des décisions judiciaires en matière civile, *L'exécution des décisions de justice en matière civile*, Ed. de Conseil de l'Europe, 1998, p. 9.

[530] *procédure* は裁判所の行う手続を意味する。1991年7月9日改正前の民法典1244条4項は,"S'il est sursis à l'exécution des poursuites, les délais fixés par le Code de procédure civile pour la validité des procédures d'exécution seront suspendu jusqu'à l'expiration du délai accordé par le juge"(執行が猶予された場合,執行手続の有効性について民事訴訟法が定めた期間は裁判所の認めた期間の満了まで停止される),1244条の2第1文は,"La décision de juge, prise en application de l'article 1244-1, suspend les procédures d'exécution qui auraient été engagées par le créancier"(1244条の1を適用した裁判所の決定―債務者の支払延期―は,債権者が行う執行手続を停止する)と定め,いずれも *procédure civile*(民事執行手続)の表現を使う。

[531] Delebecque, Les nouvelles procédures civiles d'exécution, *La réforme des procédures civiles d'exécution*, Sirey, 1993, p. 17.

[532] *La banque et les nouvelles procédures de saisie, comptes bancaires, valeurs mobiliéres, coffres-forts*, AFB Diffusion, 1993, p. 7.

として，国家は事後的なチェックにとどめることが可能であるとの有力な意見がある。谷口教授は「債務者が任意に履行しない場合には，訴訟と民事執行に訴えなければならず自力救済は許されないというのが原則」であるが，「判決手続は国家にとって本質的・非代替的な作用であるのに対し，強制執行の国家独占の方はこれに較べると多分に非本質的であり政策的かつ手段的な性格をも」ち，「強制執行は現に一定の手続を経て認定・確定せられた義務の内容を間違いなく実現することを目的とするから，必ずしも国家自らがこれを担当する必要はな」く[533]，「金銭執行手続のうち，私人たる債権者に任せて事後審査によって是正するという方式を採用した場合に大いに弊害があると思われるのは，動産の差押え，買受人に対する不動産の引渡し，配当手続等であって，その他の部分については債権者自身に任せて事後審査の体制をとるとしても十分やっていける」[534]としている。判決手続は当事者間で存否が争われる権利関係を確定することであり，執行は確定された請求権の事実的な実現を図ることであり，目的が異なるのである[535]。現行の民事執行法の規定を前提としているが，東判事は活力ある民事執行の運用実現のために，民事執行手続においては運営は職権主義的であるべきであるが，実体権の実現またはその処分，重大な変更に関する事項については処分権主義的であるべきで，いずれの場合にも民事執行に協力し意見を述べることは当事者の権能と責任であるとし[536]，過度の裁判所の干渉主義的な傾向に批判的な意見を述べている。

[533) 谷口安平「担保権の実行と自力救済」米倉＝清水他編『金融担保法講座Ⅲ巻非典型担保』（筑摩書房，1986）216，217頁。

[534) 谷口安平，同上，219頁。谷口教授は，担保権の実行を執行請求権に類した執行機関に対する公権としての競売申立権を担保権者に認めたものとする意見があるが，担保権の実行は債務名義を要しない一種の簡易執行であるとし，「担保権の実行において実質的正当性の保障を債務名義を要求する程度ほどには事前に要求せず，事後のチェックにまわすパターン」であるとする。強制執行が不特定の共通担保のうちから目的物を特定して行う担保権の実行であるならば，強制執行においても裁判所の関与は「事後のチェックにまわす」ことが可能となるのではないだろうか。

[535) 中野貞一郎『民事執行法［新訂4版］』（青林書院，2000）72頁。

[536) 東孝行「民事執行手続における裁判所の役割」曹時33巻（1981）12号3096頁。

第3章　国際金銭債権執行における国際裁判管轄

第1節　国際金銭債権に対する執行の問題

　次に債権者が債務者の有する国際金銭債権に対して執行を行う場合の問題に入りたい。保全と執行の性格の違いは当該手続が国内にとどまる限りでは明らかであるが、国際的な保全と執行の場合にはその違いは国内の場合ほど鮮明ではない。執行が当事者のイニシアティブで行われるといっても、債務者の異議申立てがあれば裁判所は関与せざるを得ず、当事者主義的な執行も最終的には国家の強制力が担保となっており、国境を越えては国家の強制力による担保は効かないからである。強制執行は債務者と第三債務者に対する強制であるが、現代では強制力は国家が集中してこれを持っているから、外国に所在する第三債務者に対する債権について執行するためには、その所在国の国家機関から執行判決または執行名義という裏づけを得る必要がある。しかし、この方法をとると迅速な執行が損なわれることも確かである。国際的な金銭債権執行においては原則として、手続の一層構造をとることはできず、判決手続と執行手続という手続の二層構造とならざるをえない。第4編では国際金銭債権執行において「債務名義の価値回復」、「当事者主義的執行」の観点から手続を一層構造にすることが可能か検討するが、その前提として本章では国際裁判管轄の問題を検討しておこう。

　国内での金銭債権執行においても、債務者の有する金銭債権の内容を承知することは困難であるが、国際金銭債権では、第三債務者名やその住所、債権の詳細を承知することは一層困難である。前述の1998年1月31日の「判決取得実効的執行報告」Ⅱ.3は「財産の透明性」と題し、債権者の権利の実効的な保護には執行判決手続による判決の迅速な執行が不可欠であるが、これは債務者の支払不能と財産の隠匿によって単なる幻想に終わりかねないと懸念を示し、債権者は執行を進めることが妥当か判断するために、債権者の共通担保である債務者の財産の実況を評価できるようにしなければならないとして、1つには債権者または裁判所の要求に基づき債務者自身に財産の内容を開示させること、2つ目には債務者に対する情報照会があるとし、加盟国の間の情報交換が必要であるとしてい

る。このような債務者情報の入手と情報交換は長年の努力が続けられている欧州連合において初めて可能なものといえよう。外国判決承認・執行ネットワークのないわが国の債権者にはこのような手段がないと言わざるを得ない。

仮に債権者が債務者の保有する国際金銭債権の内容を承知することができたとしても、その先には国際裁判管轄の問題が待ち受けている。判決手続は債務者の住所地で行われるが、金銭債権の執行は基本的に第三債務者の住所地で行われるから、判決手続と執行手続の管轄国が異なるからである。本章ではまず国際金銭債権執行の前提として、本案審理に関わる国際裁判管轄、執行・保全に関わる国際裁判管轄の異同について検討する。

第2節　わが国における国際管轄論

一　国際本案管轄

前述のとおり債権執行・保全は、差押債権者、執行債務者、第三債務者の三者構造となるので、判決手続と執行手続の手続の二重構造をとると、これら三者の住所の所在によって、多様なヴァリエーションの国際裁判管轄の抵触が生じることになる。債権者と債務者の間の原因債権の存在とその金額をめぐる本案の争いは民事訴訟法の規定に基づいて国際裁判管轄が決定されるが、執行と保全に関する管轄はそれぞれ民事執行法と民事保全法に基づいて決定される。国際的な事件の場合には、本案の裁判を行った裁判所の管轄地に、執行または保全の目的物となる債務者の責任財産がないこともあり、この場合には責任財産の所在地を管轄する裁判所に執行判決を求めることになるので、本案管轄と保全管轄・執行管轄は二元的にならざるを得ない。これを「管轄の二元性」と呼ぶことにする[537]。管轄の二元性によって本案の国際裁判管轄と執行・保全の国際裁判管轄が一致せず、国際裁判管轄の食い違いが解決されないという事態が生じる。国際管轄は、一般に関係法令を制定して適用する立法管轄権、紛争を審理する司法・裁判管轄権、国内法令に基づく強制的な措置をとる執行管轄権の3つに分けられるが[538]、

---

[537]　ドラポルトは、*dualité de compétence* と表現している（Delaporte, Les mesures provisoire et conservatoires en droit international privé, *Tra. Com. Fr. DIP*, 87-88, p. 148）。

[538]　Malanczuk, *Akehurst's Modern Introduction to International Law*, 7th revised ed. Routledge,1997, p. 109.

差押命令や仮差押命令の発令・執行と本案の裁判は異なるので，ここでは国際裁判管轄を，当事者の紛争の解決を図る本案の審理の管轄として「国際本案管轄」，仮差押えを命ずる「国際保全管轄」，差押えを執行する「国際執行管轄」と呼ぶことにする[539]。

　国際本案管轄は民事訴訟法に規定があり，複数の管轄が認められる余地がある。本来，国の裁判権はその主権の一作用として行われるものであるから，裁判権の及ぶ範囲は原則として主権の及ぶ範囲と同一であって，被告が外国法人などである場合，原則としてわが国の裁判権は及ばないのであるが，被告がわが国と何らかの関係を有する場合には，例外的に被告の国籍・所在にかかわらず，わが国の裁判権に服させるのが相当であるとされる。わが国民事訴訟法4条は，被告の所在地を管轄する裁判所に普通裁判籍を認めているが，同5条が認める特別裁判籍はこの例外的な場合に該当する。わが国においても国際裁判管轄（直接裁判管轄）の基準については議論があったところである。当初の立法者の意図は，いわゆる二重機能説であった。その後，わが国民事訴訟法の定める裁判籍のいずれかがわが国にあるときは，わが国に国際的裁判管轄があるとする逆推知説が主張され，最高裁昭和56年10月16日第二小法廷判決（マレーシア航空事件）[540]は「国際裁判管轄を直接規定する法規もなく，また，よるべき条約も一般に承認された明確な国際法上の原則もいまだ確立していない現状のもとにおいては，当事者の公平，裁判の適正・迅速を期するという理念により条理にしたがって決定」されると判示し，「当事者の公平，裁判の適正迅速」の理念を重視する条理説が主張された。条理説としては，個々の要素の有無によって個別に判断するとする利益衡量説，普遍的な国際主義の配慮を加えるという管轄配分説（ないし国際的裁判管轄権規則独自説）が主張され，一部下級審裁判例では利益衡量説[541]が見られた。このような議論を経て，わが国の国際裁判管轄の基準については，最高裁平成9

---

539)　わが国民事執行法144条，民事保全法12条1項により，執行管轄と保全管轄は原則として一致する。野村教授は，国際裁判管轄を仮差押・差押命令を発令する「命令管轄」と命令の執行のための「執行管轄」に区分する（野村秀敏「債権仮差押えに関する国際管轄」民訴47巻（2001）60頁）。本書では，保全と執行は性格が異なることを前提に，本案管轄，執行管轄，保全管轄に分けている。

540)　最高裁昭和56年10月16日第二小法廷判決民集35巻7号1224頁（マレーシア航空事件）。

541)　東京地裁昭和54年3月20日判決（判時925号（1979）78頁）など。同判決は日本人が外国で日本人に対して起こした交通事故にかかわる損害賠償請求事件について，わが国に国際裁判管轄を認めた。

年11月11日第三小法廷判決（ファミリー事件）542)が原則としてわが国の土地管轄を基準とし、「特段の事情」がある場合にはわが国の国際裁判管轄を否定するという基準（新逆推知説）を確立した。本判決は被告がわが国に住所を有しない場合であっても、わが国と法的関連を有する事件についてはわが国の国際裁判管轄を肯定すべき場合があり、わが国民事訴訟法の規定する裁判籍のいずれかがわが国にある場合には、原則としてわが国の国際裁判管轄を認めるが、「わが国で裁判を行うことが当事者間の公平、裁判の適正・迅速を期するという理念に反する特段の事情があると認められる場合には、わが国の国際裁判管轄を否定」するというアプローチである。前述のマレーシア航空事件判決は、「特段の事情」という表現を使っていないが、被告の遺族の住所、日本のおける営業所の存在という2つの理由があったため、わが国の裁判管轄を否定する事情がなく、敢えて「特段の事情」をいう必要がなかったものと推測され、ファミリー事件判決はマレーシア航空事件判決の考え方を踏まえて、従前の下級審判決543)が採用した「特段の

---

542) 最高裁平成9年11月11日第三小法廷判決民集51巻10号4055頁（判タ960号（1998）102頁、判時1626号（1998）74頁）。ドイツに永年居住する日本人と自動車及びその部品の輸入を行う日本の会社が委託契約を結び、欧州車を買付けるために、会社が個人に預託金を払った。その後、両者の関係が悪化し、会社は千葉地方裁判所に当該個人を相手として預託金残金と遅延損害金の支払を求める訴えを起し、ドイツに居住する当該個人は、わが国の国際裁判管轄を争った。第一審（千葉地裁平成4年3月23日判決）は本案前の抗弁を採用して訴えを却下した。原審（東京高裁平成5年5月31日判決）は国際裁判管轄が競合する場合、「この関係を調整する関係法例・条約等も目下のところ存在しないから、その振り分けは、当事者間の公平、裁判の適正、迅速等の理念に基づき所謂『条理』にしたがって決定するしかない」として、第一審を支持した。

　最高裁は、「我が国の民訴法の規定する裁判籍のいずれかが我が国内にあるときは、原則として、我が国の裁判所に提起された訴訟事件につき、被告を我が国の裁判権に服させるのが相当であるが、我が国で裁判を行なうことが当事者間の公平、裁判の適正・迅速を期するという理念に反する特段の事情があると認められる場合には、我が国の国際裁判管轄を否定すべきである」とし、ドイツに永年居住する日本人（被上告人）にとって「本件契約上の債務の履行を求める訴えがわが国裁判所に提起されることは、被上告人の予測を越える」が、「上告会社はドイツから自動車等を輸入する業者であるから、ドイツの裁判所に訴訟を提起させることは上告会社に過大な負担を課すことになるとは言え」ず、わが国の裁判所において本件訴訟に応訴することを被上告人に強いることは、当事者の公平、裁判の適正・迅速を期するという理念に反し、本件契約の効力についての準拠法が日本法であるか否かにかかわらず、本件についてはわが国の国際裁判管轄を否定すべき特段の事情があるとした。

543) 東京地裁昭和57年9月27日判決（判タ487号（1983）167頁、判時1075号（1983）137頁）、東京地裁昭和59年3月27日中間判決（判時1113号（1984）26頁）、東京地裁

事情」による調整の論理を採用したものである544)。

二 国際保全管轄・執行管轄

1 保全・執行管轄と本案管轄

民事執行法は原則として「債権執行については，債務者の普通裁判籍の所在地を管轄する地方裁判所」を執行裁判所とし，補充的に「この普通裁判籍がないときは差し押さえるべき債権の所在地を管轄する地方裁判所」(同144条1項) と定め，「差し押さえるべき債権は，その債権の債務者 (以下「第三債務者」という。) の普通裁判籍の所在地にあるものとする」(同2項) と定めている。ただし，わが国では民事執行法144条2項の債権の所在を理由とする第二次的土地管轄による申立ては，債務者が個人の場合，法人の場合を問わず殆ど例がないとされている545)。民事保全法は「保全命令事件は，本案の管轄裁判所又は仮に差し押さえるべき物若しくは係争物の所在地を管轄する地方裁判所が管轄」し (同12条1項)，「仮に差し押さえるべき物又は係争物が債権であるときは，その債権は，その債権の債務者 (以下「第三債務者」という。) の普通裁判籍の所在地にあるものとする」(同3項) と定めている。また，「仮に差し押さえるべき物」というときの「物」は特別に民事執行法38条1項の「目的物」と同じく，債権その他の財産権

昭和61年6月20日判決 (台湾遠東航空事件，判時1196号 (1986) 87頁，判タ604号 (1986) 138頁)，東京地裁昭和62年7月28日判決 (アッティカ号事件，判時1275号 (1988) 77頁)，東京地裁平成元年3月27日中間判決 (日本リーダーズダイジェスト事件，判時1318号 (1989) 82頁)，東京高裁平成9年9月18日判決 (判時1630号 (1998) 62頁)，東京地裁平成10年3月19日判決 (判タ997 (1999) 号286頁) などがある。

544) 本判決を評価する意見として，竹下守夫＝村上正子「国際裁判管轄と特段の事情」判タ979号 (1998) 19頁のほかに，孝橋教授は，「特段の事情」を「国際裁判管轄を否定すべき事情として考慮した要素を具体的に掲げた」ものとして評価し (孝橋宏「判批」ジュリ1133号 (1998) 182頁)，小林教授は，「『特段の事情』法理により国内土地管轄の類推適用の不都合を調整するという判例理論は，最高裁による明示の追認を待っているもののほぼ確立された」とする (小林秀之「民事紛争の国際化と日本の法意識」(自由と正義41巻4号32頁)。一方，道垣内教授は，「すべてを総合的な考慮に委ね」るのは「比較法的にも極めて異例」であるとする (道垣内正人「国際裁判管轄の決定における『特段の事情』」(ジュリ1133号 (1998) 213頁))。一方，安達教授は，「裁判管轄の規制において条理のような不確定概念を頻用し，利益衡量的判断を優先させる方法は，法的安定性を侵害し，究極的には当事者の裁判を受ける権利の侵害を惹起する」と批判する (安達栄司「国際裁判管轄と特段の事情の考慮」NBL662号 (1999) 67頁)。

545) 小山田治郎「債権及びその他の財産権に対する管轄の問題」東京地裁債権執行等手続研究会編『債権執行の諸問題』(判例タイムズ社，1993) 1頁。

を含むと解されている[546]。また同50条により，第三債務者がどの債権について仮差押えの効力が及んでいるのかについて認識できるように，また裁判所としても無益執行や超過執行を排除し，差押え禁止の有無を確認する必要があるので，仮差押えに当たっては差押債権を基礎づける法律関係の概括的な特定が最低限必要であるとされている[547]。この場合，目的となる債権の具体的な発生原因まで特定することが望ましいが，債権は観念的な存在であり公示の制度もないから，仮差押債権者においてその内容を正確に把握することは困難なので，申立ての段階では過大な要求をすべきではないものの，結果的に特定性に欠けるときは，仮差押えの効力が生じないとされている[548]。

　国際保全管轄・執行管轄についても国際本案管轄と同様に規定がないので，基本的には国際本案管轄と同様に国内土地管轄規定を基準に国際執行管轄を判断せざるを得ないが，国際執行・保全管轄については，国際本案管轄と基本的に管轄は同じとする説（管轄一元説）がある。後掲の【38】の平成10年の大阪高裁決定は，この点に関する初めての裁判所の判断であり，差押命令の国際裁判管轄の有無についても，最高裁平成9年判決の採用した新逆推知説の立場に立って判断すべきとして，国際本案管轄と国際保全管轄・執行管轄を原則的に同一としている。本決定は「債務者が日本に住所を有する日本人であり，第三債務者が外国に住所を有する外国人の場合にも，債務者の普通裁判籍の所在地を管轄する地方裁判所が，原則として，国際裁判管轄を有する」とした。本決定について，日比野教授は訴訟事件における管轄と執行事件における管轄とでは，考慮されるべきファクターやその軽重が異なりうるが，解釈の方向としては，民事訴訟法の国内土地管轄規定から出発し，修正を加える方向で債権執行の国際管轄を考えることが妥当であるとしている[549]。

　一方，すでに大正13年に松岡博士は「外国裁判所ノ判決ハ其ノ裁判所所属国ノ領土内ニ於テ執行力ヲ有スルニ止マリ他国ニ其ノ執行力ヲ及ホスコトヲ得ス然ラサレハ國際関係ノ基礎トシテ尊重スヘキ國家ノ獨立ヲ害ス」[550]とし，判決の執行には限度があり，判決の言渡しは認められても，強制執行を外国に及ぼすこと

---

546) 竹下＝藤田編『注解民事保全法（上巻）』（青林書院，1996）123頁［高野伸］。
547) 竹下＝藤田編，同上81頁［相澤哲］。
548) 最高裁昭和46年11月30日第三小法廷判決（判時653号（1972）90頁）。
549) 日比野泰久「債権差押えの国際管轄と差押命令の送達」名城47巻（1997）1号100頁。
550) 松岡義正『強制執行要論（上巻）』（清水書店，1924）468頁。

は国家主権の行使にあたるとして，国際裁判管轄と国際保全管轄・執行管轄を分ける意見を述べている。

　中野教授は，国家主権という観点には立っていないが，わが国の裁判権に服する執行債務者に属する債権その他の財産権であればわが国の国際命令管轄を肯定するべきであるとして，国際本案管轄と国際保全管轄・執行管轄は異なるとしている[551]。

　三井教授は後掲の【38】の平成10年大阪高裁決定は「債権差押命令についても，国際裁判管轄の一般基準が妥当する旨を判示して」いるが，「本決定の引用する最高裁判決は受訴裁判所に関するものであって，執行裁判所に関するものではな」く，「執行裁判所の管轄は専属管轄であり」，「これは単に国内管轄についてそうであるばかりでなく，国際管轄についてもそうである」が，これは「強制執行が『国家高権の行使』であり，自国領土でのみ許されることの当然の結果である」としている[552]。

　この点で後掲の【24】，【25】，【26】の3件は興味深い。外国に住所を有する執行債務者の所有船舶がたまたまわが国の港に寄港した際に，わが国の債権者が当該船舶に仮差押えを行った事例である。国際金銭債権に対して差押え・仮差押えを行った事例はないようである。本案の裁判は既判力という形で裁判所による紛争の公権的解決を与えるものであり，一方執行は債権者のイニシアティブで行うことにすることも可能であり，本案の管轄と執行管轄は必ずしも一致しないので，執行管轄を理由として本案管轄を導くことも合理的な場合があろう。

【24】　関東庁高等法院昭和元年12月27日上告部決定[553]

　中国在住の英国人ジョーヂ・ルイス・ショーが，中国法人人和航業に対する消費貸借契約に基づく債権の執行を保全するために，中国の安東県に船籍を有する人和航業所有の汽船永和号が関東州大連港に入港した際に，これに対して仮差押えを申し立て，関東庁大連地方法院は，英国人ショーに保証金の供託を命じて仮差押えの決定をした。人和航業はこれを不服として，本件は外国の領土において外国人の間に行はれた法律行為の成立とその効力もしくはその履行に関する係争事件であり，「関東庁法院は該事件に対し本案の裁判管轄権を有せざるは勿論其

---

551)　中野貞一郎『民事執行法［新訂4版］』（青林書院，2000）566頁。
552)　三井哲夫「判批」判リマ24号（2000）161頁。
553)　関東庁高等法院昭和元年12月27日上告部決定（法律新聞2687号（1927）4頁）。

の他の我帝国裁判所の孰れに於ても之を有せざる」とし、「裁判管轄権無き以上本案判決の執行保全を目的とする仮差押えを許すべき理由を缺く」として裁判管轄権を争い、さらに送達が不適法であること、同船舶は船籍港において発港準備を完了していたこと、債権は弁済期にないことを理由に覆審部に抗告し、一方、英国人ショーは旧民事訴訟法17条により財産所在地として関東庁法院に本訴訟の管轄があるなどとして争った。

関東庁法院覆審部[554]は、抗告人人和航業の第3の主張、すなわち旧商法543条（筆者注：現商法689条）が発港の準備を終えた船舶に対する差押え、仮差押えを禁じる規定について、最初の港（安東）より出帆する準備を終わったことをもって、発港の準備を終わりたる船舶と解釈して、仮差押えは「許可すべからざるもの」として、仮差押命令申請を却下した。これに対して、英国人ショーがさらに上告部に旧商法543条の解釈を不当、審理不尽として抗告した。

関東庁法院上告部は、旧商法543条は、発港の準備とはその目的とする航海をなす準備、客観的な支度の整頓であるとし、大連港においては発港準備ができていなかったとし、さらに、財産たる船舶の所在地として関東庁地方法院の管轄権を認めて、覆審部決定を破棄した。

【25】　横浜地裁昭和41年9月29日判決[555]

日本領海内（浦賀水道久里浜沖）で、日本人安東氏の乗船したヨットがオランダ法人ユナイテッド・ネザーランド・ナビゲイシオン社（ユナイテッド社）の所有する船舶シノウツカーク号に追突され、安東氏が死亡した。安東氏の遺族は、横浜地裁にユナイテッド社を相手に損害賠償請求の訴えを提起した。同社は日本国内に支店や差押えの対象となる財産を有していなかったが、同社の所有する別の船舶セルファースカーク号が横浜に寄港したので、遺族は横浜地裁にユナイテッド社に対する損害賠償請求権を被保全債権として、セルファースカーク号に対する仮差押えを申し立て、横浜地裁は仮差押命令を発した。これに対して、ユナイテッド社は、日本とオランダが批准する1910年9月23日「船舶衝突ニ付テノ規

---

554)　関東庁高等法院大正15年11月2日覆審部決定は法律新聞2686号（1927）5頁に掲載。

555)　横浜地裁昭和41年9月29日判決下民集17巻9・10号874頁（判タ199号（1967）181頁）。土井輝生「判批」ジュリ367号（1967）134頁、林順碧「判批」ジュリ460号（1970）132頁、渡辺惺之「判批」渉外百選第3版（1995）208頁。

定ノ統一ニ関スル条約」7条は衝突を起こした船舶以外の船舶を差し押さえることを禁じていること，セルファースカーク号の船長には仮差押え書類の送達を受ける権限がないとして，異議を申し立てた。

横浜地裁は「一般に船舶が衝突した場合その衝突より生ずる損害賠償の訴訟事件を扱う裁判所は加害者たる被告国の裁判所か，被害者たる原告国の裁判所か，衝突地の国の裁判所か，加害又は被害船舶の所在地の国の裁判所か，船籍国の裁判所かに関しては古くから争われ」ており，裁判管轄については「広く一般の国際的私法事件と同様他によるべき条約もなく一般に承認された明確な国際法上の原則も確立していないから現在のところ一般の民事裁判権の範囲の問題として理論的に考え」ざるをえず，「民訴法8条（筆者注：旧民事訴訟法）は，差押うることを得べき被告の財産があれば被告が外国人で日本に住所がなくともその財産所在地の日本の裁判所に土地管轄を認めて」おり，「その財産が土地と結びつきのうすい動産であろうと偶然存在したものであろうと問わ」ず，債務者の「支店なくとも，同社に対する損害賠償の訴を提起し裁判を求めることができ，当裁判所はその裁判権を有するものと解すべき」であり，債務者が「賠償責任を否定していることが認められ」るので「仮差押する必要があったこというまでもな」く，「船舶衝突ニ付テノ規定ノ統一ニ関スル条約」第7条は損害賠償債権の時効に関する規定であり，被差押船の船長には仮差押決定の送達を受ける権限は当然あるから，仮差押決定は正当であるとした。

旧民事訴訟法は財産の所在を理由に仮差押えの国際的裁判管轄を認め（同739条），民事保全法はこれを継承しているが（同12条），以上の2件の裁判例は仮差押えの目的物の所在を理由とするのではなく，財産の所在を理由とする本案管轄があるとし，本案管轄から仮差押えの管轄を導いている[556]。一方，下記の【26】の旭川地裁の決定は仮差押えの目的財産の所在を理由にストレートに保全管轄を肯定しており，前掲の2事件と異なる。本来仮差押えの目的物は債務者の責任財産の現状維持という比較的単純なものなので，被保全権利の存否の判断などつい

---

[556] 道垣内正人「渉外仮差押・仮処分」澤木＝青山編『国際民事訴訟法の基礎理論』（有斐閣，1987）467頁。野村秀敏「債権仮差押えに関する国際管轄」民訴47巻（2001）63頁。なお，三木教授は横浜地裁判決が目的財産の所在と本案の国際裁判管轄の存在の双方を理由として仮差押えの国際裁判管轄を認めたものとする（三木浩一「渉外保全処分」石川＝小島編『国際民事訴訟法』（青林書院，1994）163頁）。

て適正な裁判の期待できる本案の管轄裁判所の管轄を優先するまでもないと考えられる。

【26】　旭川地裁平成8年2月9日決定[557]
　造船・修理業を営む韓国法人南成造船（ナムスン社）と漁業を営むロシア共和国法人バラクーダ・カンパニー・リミテッド（バラクーダ社）は，バラクーダ社所有の漁船の修理・再艤装の請負契約を結んだ。本件契約は合意管轄として韓国プサン高等裁判所を専属管轄裁判所とすることとした。
　当該船舶の修理代金の過半が払われず，その間にディーゼル発電機などが損傷したので，ナムスン社とバラクーダ社は請負代金の残金の分割弁済を合意し，当事者の過失による問題が生じたときは，ロシアの仲裁裁判所で解決することを合意した。その後，バラクーダ社は分割弁済を実行せず，両者は協議したが，ナムスン社は当該船舶がわが国の稚内港に入港した際に，旭川地裁に本船の仮差押命令を申し立て，仮差押命令が告知され，同地裁稚内支部の執行官が，船籍国籍証書等を取り上げ，仮差押命令を行った。この仮差押命令に対して，バラクーダ社が異議を申し立て「本案訴訟についての国際管轄が認められない場合」，「日本の裁判所に，保全事件のみの管轄権を認めるべきではな」く，仮に仮差押え目的物の所在地を管轄する裁判所に保全事件の国際管轄が認められるとしても，当事者間の合意管轄があり，日本の裁判所の管轄権は否定されると主張した。
　旭川地裁は，国際裁判管轄について「仮差押命令事件の国際裁判管轄を直接規定した法律等は存在しないので，一般の民事訴訟同様，当事者間の公平，裁判の適正，迅速という理念により，条理にしたがって決するほかないが，仮差押命令は，本案判決後の強制執行に備えて債務者の責任財産を保全する緊急的，暫定的手続であるから，請求権の存否，内容や本案判決の執行の問題を考慮しなければならないという点で，本案判決に対する付随性が認められる一方，その執行の迅速性等，仮差押え自体の実効性の確保も看過することはできない」とし，「民事保全法12条1項は，仮差押命令事件の国内土地管轄について，本案の管轄裁判所と並んで，仮差押えの目的物の所在地を管轄する裁判所にも管轄権を認めているが，前者の管轄原因は，前述した本案事件に対する付随性によるものと解されるのに対し，後者については，仮差押えの実効性確保の観点から，本案管轄の所

---

[557]　旭川地裁平成8年2月9日決定（判時1610号（1997）106頁）。越山和広「判批」判評469号［判時1625号（1998）］195頁。

在とは無関係に，目的物の所在地に管轄権を認めることが合理的と認められることによるものと解され」，「仮差押命令事件の国際裁判管轄も，本案事件に対する付随性および仮差押えの実効性の観点から検討を加えるべき点では国内土地管轄と同様であるから，民事保全法12条1項の準用により決すべきものと考えられ，日本の裁判所に本案事件の管轄権が認められなくとも，仮差押えの目的物が日本に存在し，外国裁判所の本案判決により，将来これに対する執行がなされる可能性のある場合には，日本の裁判所に仮差押命令事件についての裁判権が認められると解するのが相当」であるが，これは「外国裁判所の仮差押命令を日本において直ちに執行する手続は現在のところ存在せず，目的物の所在地を管轄する日本の裁判所で仮差押命令を得てこれを執行することが，仮差押えの実効性の観点からは最も妥当である上，外国裁判所において請求権の存否内容が確定され，その判決によって目的物に対する執行がなされる可能性があれば，本案事件に対する付随性の要請も充たされると考えられるからである」として，本事件について同地裁の国際裁判管轄を認めた。また，「外国の裁判所において将来下される判決の執行可能性の有無を判断するにあたっては，保全命令の段階では，民事訴訟法200条（筆者注：現民事訴訟法118条）各号の要件を全て具備することまでは要求されないというべきであり，同条の1号及び4号の要件を一応充たす可能性があれば，執行の可能性についてはこれを肯定することができる」とした。

2　外国判決の承認可能性

【26】の旭川地裁決定でも触れられているとおり，従来仮差押えの国際管轄の判断に当たって，将来の外国裁判所の本案判決または外国仲裁判断がわが国で承認・執行手続を求めることを見越して，あらかじめ本案判決の承認可能性を検討することを要するかという点が問題とされていた。大正年間にすでに井上教授は「本案が外国の裁判所に繋属する場合は，是に本案の繋属ある場合として見るを得ない。外国裁判所に於ける訴訟の繋属は内国裁判所に於ける訴訟に対しては，権利拘束の抗弁を生じないのだから，内国の管轄裁判所は其本案審理に入るを妨げられざるを得る。したがって本案が外国裁判所に繋属あることは，内国の本案管轄裁判所が仮差押命令の管轄に適する事情に，何等の変動をも齎すものではない。加之，外国裁判所の仮差押命令は，内国に於て執行せられ得る効力を有せず，又其効力を与へらるる方法もないのだから，外国裁判所は之に本案が繋属する場合にでも，仮差押命令の管轄を有するものとは見るを得ない。故に本案が外

国裁判所に繋属する場合は，全然本案の繋属なき場合と同様に見て，仮差押命令の管轄は決せられるべきである」[558]として，外国裁判所の判決を斟酌しないものとしたが，保全の段階で外国裁判所に係属中の本案判決の内容を予想していたのでは緊急の手当てである仮差押えの本来の目的にそぐわない。わが国は外国判決の承認・執行条約を全く結んでいないから，個々に事案を検討しなければならず，迅速性を要する保全に適合しないとして，保全命令を発するにあたって，将来外国裁判所で行われる本案判決がわが国で承認されるかということを考慮する必要はないとする承認可能性予測不要説が有力であった[559]。旭川地裁判決はこの点について保全管轄を認める時点では，外国判決承認の可能性について可否を検討するまでもないとした点で評価することができる。わが国民事訴訟法上，財産所在地の管轄は「債権者保護の迅速を得せしめ」るために認められたのであるから，迅速を要する仮差押えにおいて，外国判決の承認可能性を判断しなければ国際保全管轄の存否が決まらないとすることは，仮差押えを遅延させるおそれがある。したがって，わが国での外国判決の承認の可能性を保全命令の判断の要件とすることは，保全訴訟の基本構造と両立せず，外国本案判決の承認可能性を予測すること管轄判断の要素からは除外すべきであろう。

第3節　フランスにおける国際管轄論

一　国際本案管轄

フランスでは長い間，国際裁判管轄は民法典 14 条[560]と 15 条[561]を基準として解釈されてきた。外国人の間の紛争は両者がフランスに居住している場合もフラ

---

558)　井上直三郎「仮差押命令の管轄」『破産・訴訟の基本問題』（有斐閣，1971）167 頁（初出は論叢，1921）。

559)　小林秀之「国際民事保全法序説」上法 38 巻 1 号（1994）51 頁。

560)　フランス民法典 14 条 1 文は「外国人は，たとえフランスに居住しておらずとも，フランス人とフランス国内で締結した債務の履行についてフランスの裁判所に召喚される」と定める。ブラッセル条約 3 条とブラッセル I の 3 条 2 項の annexe は，締約国の過剰管轄を排除する規定であるが，ドイツ民事訴訟法 23 条などとともにフランス民法典 14 条を過剰管轄の 1 つに挙げている。

561)　フランス民法典 15 条は「フランス人は外国人と契約であれ，外国で契約した債務について，フランスの裁判所に召喚され得る」と定める。ブラッセル条約 3 条はこれも過剰管轄の 1 つに挙げている。

ンスには国際裁判管轄がないとされたが，19世紀前半から外国人同士のフランス国内の不動産に関わる争い，フランス国内での不法行為の外国人被害者の救済，外国判決に対する執行判決の裁判についてフランスの裁判所の管轄を認めるようになった。1948年のパティーニョ判決[562]で破毀院は外国人同士の争いにつ

---

[562] パティーニョ事件で知られる判決には，フランスでは1948年判決（Cass. civ., sect. civ., 21 juin 1948, Dame Patino c/ Patino; *Rev. crit.* 1949. 557, note Francescakis, *S.* 1949. 1. 121, note Niboyet, *J. C. P.* 1948. II. 4422, note P. L.-P.）と1963年判決（Cass. civ., 1er sect., 15 mai 1963, Patino c/ Dame Patino; *Rev. crit.* 1964. 532, note Lagarde, *Clunet* 1963. 1017, note Malaurie, *JCP* 1963. II. 13365, note Motulsky, *Rev. crit.* 1964. 506, note Lagarde, *Clunet* 1963. 996, note Malaurie, *JCP* 1963. II. 13366, note Motulsky）がある。本事件は20年余にわたりフランス内外の裁判所で約20件の訴訟が行われた「大河ロマン的事件」（ラガルドの表現）である。スペイン国籍のマリア・クリスティナ・ド・ブールボンはスペイン・マドリッドでボリビア国籍のアンテノール・パティーニョ・イ・ロドリゲスと婚姻契約を結んだ上で結婚し，ボリビア法に則って財産を分割した。マリアは未成年であったため，財産分割については父親の同意を得た。結婚によりマリアはボリビア国籍を取得し，両人はパリに居住したが，第二次大戦中にマリアは子どもともどもニューヨークに移り，アンテノールはロンドンに移った。その後，両人間に争いが生じ，1944年マリアはアメリカの裁判所に離婚訴訟を提起したものの，アンテノールが相応の金銭をマリアに支払うことを条件に一旦同居に合意した。1946年に今度はアンテノールがフランス・セーヌ県裁判所に離婚訴訟を提起した。セーヌ県裁判所は外国人間の離婚については管轄がないとして却下し，控訴院も同様であった。1948年6月21日判決で破毀院は外国人間の争いについてフランス裁判所は管轄がないとする従来の原則を放棄した（三井哲夫『国際民事訴訟法の基礎理論』（信山社，1995）283頁，矢澤昇治『フランス国際民事訴訟法の研究』（創文社，1995）82頁を参照）。管轄の問題は解決され，本案の審理に入り，セーヌ県裁判所はボリビア法による反致に基づいてスペイン法に準拠し，スペイン法は離婚を禁じているとして訴えを棄却したので，アンテノールは別居に訴えを変更し，パリ控訴院はこれを認容したが，破毀院で原審は破棄された。次にアンテノールはメキシコに移り住み，メキシコの裁判所から離婚認容判決を得たが，一方，マリアは，婚姻契約の時点ではスペイン国籍であったことから，スペインの裁判所に婚姻契約の取消しと財産の共有を確認する訴えを起こした。マドリッド控訴院と最高裁でマリアの請求は認容されたので，マリアはスペインの裁判所の判決の執行判決を求めるのではなく，フランスの裁判所に同様の内容の訴えを提起し，婚姻契約に対しては親権者の許可ではなく，保佐が必要であると主張し，また離婚を認めたメキシコ判決については管轄がないとしてその無効を主張した。第一審（セーヌ県裁判所）と原審（パリ控訴院）はマリアの請求を認容した。また，マリアは別居の訴えを提起し，今度はセーヌ県裁判所，控訴院ともに国際公序の観点からスペイン法，ボリビア法ではなくフランス法を適用して，別居の請求を認容した。一方，アンテノールはマリアが執行手続としてアメリカでアンテノールを拘禁させたことは権利の濫用であるとして損害賠償を求める訴えと1944年の同居合意の際に支払った金銭の返還を求める訴えをフランスの裁判所に提起し，第一審（セーヌ県裁判所）は認容したが，パリ控訴院は請求を棄却した。1963年判決は2件であり，いずれもマリアの請求に関する破毀

217

いてフランスの裁判所の管轄権を認めるところとなり，民法典14条，15条は国際裁判管轄の基準の役割を失った[563]。

1959年10月19日破毀院民事部判決[564]は，原則として国内土地管轄の基準から国際裁判管轄を導き出すと判示している。裁判管轄は事物管轄 (*compétence d'attribution, ratione materiae*) と土地管轄 (*compétence territorial, ratione loci*) に分けられ，基本的に国際裁判管轄も土地管轄の一形態であるとされている[565]。国内土地管轄基準は国際管轄に対応するという姿勢は，後掲【27】のシェフェル判決においても踏襲され，【28】のスタントン判決でも国内土地管轄を基準とすることが明らかにされている。シェフェル判決の批評でアンセルらは「国際管轄の決定は同じ権限管轄を有する裁判所間の紛争の配分の問題ではなく，より正確には，いかなる主権の名において裁判が行われるのかに関わるものであり，換言すれば，フランスの司法秩序と外国の司法秩序の間の先決問題である」としている[566]。

【27】 Cass. civ., 30 oct. 1962, Dame Scheffel c/ Scheffel[567]

シェフェル夫妻はともにドイツ国籍を有し，ドイツで生活をともにしていたが，別居することになった。夫はフランスに移り住み，妻はドイツに残った。夫が協議離婚を申し立てたため，妻はフランス・スダンの裁判所に召喚され，妻は

院判決であるが，フランスの判決と矛盾する外国判決をフランスで承認することはできないこと，フランス抵触法が指定する外国法が離婚・別居を認めない場合，国際公序の観点からフランス法を適用することを認め，また婚姻契約の成立は当該契約の準拠法による旨を判示した。

563) Batiffol & Lagarde, *Droit international privé*, 7e éd., L. G. D. J., 1983, p. 453.
564) Cass. civ., 1er sect., 19 oct. 1959, Pelassa c/ Charriére et autres; *Rev. crit.* 1960. 215, note Y. L., *D.* 1969. 37, note Holleaux. イタリア国内でフランスのバス会社シャリエール社のバスとイタリア人でトリノに居住するペラサ氏の車が衝突し，バスに乗っていたラジェ嬢が負傷した。ラジェ嬢はシャリエール社を相手にフランスの裁判所に損害賠償請求の訴えを提起し，シャリエール社はペラサ氏に対する保証の訴えを同じ裁判所に提起した。破毀院は，「フランスの国内土地管轄を国際事件に拡大する」と判示した。Mayer, *Droit international privé*, 6e éd., Montchrestien, 1998, p. 186, Loussouarn et Bourel, *Droit international privé*, 5e éd., Dalloz, 1996, p. 507.
565) Mayer, Ibid., p. 181.
566) *Grands arréts dr. int. pr*, no. 37, p. 283.
567) Cass. civ., 30 novembre 1962; *Rev. crit.* 1963. 387, note Francescakis, *D.* 1963. 109, note Holleaux, *G. A.* no. 37.

同裁判所においてフランスの裁判所の無管轄の抗弁を述べたが，斥けられた。その後，夫は離婚の訴えをフランス・メジエールの裁判所に提起したので，妻はあらためてフランスの裁判所の無管轄の抗弁を述べたが，退けたため，妻は夫妻がともにドイツ国籍で，最後に同居していたのはドイツであったことを理由にフランスの裁判所に管轄がないとして上告した。

破毀院は「当事者が外国人の身分を有することは，フランスの裁判所の無管轄の原因ではなく，国際管轄は国内土地管轄規則の延長によって決定される」として，上告を棄却した。

【28】 Cass. 1er Ch. civ., 11 octobre 1967, Dame Stanton et autre c/ de Crousnillon[568]

1963年11月2日，南フランスのオートザルプ県でイギリス国籍を有し，ロンドンに居住するスタントン夫人の自動車とフランス銀行のオランジュ支店長であるド・クルニヨン氏の自動車が衝突事故を起こした。ド・クルニヨン氏はスタントン夫人とその保険代理店であるパーソンズ事務所を相手として損害賠償請求の訴えを南フランスのヴォークリューズ県のオランジュ大審裁判所に起こした。スタントン夫人らはオランジュの裁判所には管轄がなく，管轄は事故の発生地であるオートザルプ県のギャプ裁判所にあると主張した。オランジュの裁判所は事故の証人がオランジュに居住していることを理由にその管轄権を肯定した。ニーム控訴院も第1審判決を支持したので，スタントン夫人らは上告した。

破毀院は，フランス人と外国人との間の紛争に関するフランスの裁判所の一般的な裁判管轄を認め，「特別裁判籍は国内土地管轄の基準に基づいて決定される」と判示し，本事件で証人のいるオランジュではなく，事故の発生したギャプの裁判所に管轄があると判断した。

フランス新民事訴訟法42条1項は，わが国民事訴訟法4条と同様「被告の住所地を管轄する裁判所」に普通裁判籍を認めている (*actor sequitur forum rei*)。この原則はアンシアン・レジーム期にすでに成立し，19世紀以来基本的な原則として維持されてきたが，ここにいう「住所地」については，新民事訴訟法43条

---

[568] Cass. 1er civ., 11 octobre 1967, Dame Stanton et autre c/ de Crousnillon; *Recueil Dalloz Sirey* 1968. 302, note Ch-E. Clayes. 同判決は，「申立てを受けるべき裁判所の特別管轄は……土地管轄の国内規則によって決定される」とした。

1号が自然人の住所地を住所のある地であるとし，2号で法人の場合には設立地であると規定している。

さらにフランス新民事訴訟法46条は複数の特別裁判籍を定めている。同1号は契約上の引渡しまたは義務の履行地，2号は不法行為があった地，3号は不動産の所在地に特別裁判籍を認めている。外国人がフランス国内に住所のみを有する場合には問題となるが，当該外国人が他に居所を有していない場合にはフランスの裁判管轄が認められる。このようにフランスでは，国内土地管轄規定を基礎としながら，その例外として，裁判管轄の競合がある場合には，裁判の拒絶を生じない限りにおいて，いわゆる「司法の良き管理」の観点から，より適した裁判所の管轄を認めている569)。フランスでも一部にフォーラム・ノン・コンヴェニエンスの法理570)を導入すべしとする意見はあるが，1970年判決で破毀院判決571)

---

569) Mayer, *Droit international privé*, 6e éd., Montchrestien, 1998, p. 189.

570) フォーラム・ノン・コンヴェニエンスの法理の起源として，1866年スコットランドの判例 Clements v. Macaulay, 4 Macpherson (Sess. Cas., 3rd ser.) (1866) が挙げられる。アメリカでは1929年に初めてブレア (Blair) が論文 The Doctrine of Forum non convenience in Anglo-American Law, 29 Colum. L. Rev 1 で，このことばを使った。1941年，Baltimore & Ohio R. Co v. Kepner 事件 (314 U. S. 44 (1941)) で，フランクファーター判事は反対意見の中でこの法理を「アメリカ法の中に深く根づいた近代司法制度」の1つとした。1789年アメリカ司法法 (Judiciary Act of 1789) は「当事者について管轄権を持つ連邦裁判所はその管轄権を絶対的に行使する義務を負う」としていたが，従来から連邦下級裁判所ではこれを否定する判決が出され，Rogers v. Guaranty Trust 事件 (288 U. S. 123 (1933)) で連邦最高裁判所は，外国法人のインターナル・アフェアーズを含む訴訟について，連邦裁判所は管轄権を否定する裁量をもつとした。

　Gulf Oil Corporation v. Gilbert, (330 U. S. 501 (1947)) で，最高裁は，一般裁判権 (*general venue statute*) として原告がニューヨーク州南部地区連邦地方裁判所に訴えを提起することは認められるが，一般裁判権は一般原則に留まり，当該裁判所は司法の利益の観点から (*in the interest of justice*)，裁判管轄権を否認することができるとし，本訴の原告の私的利害 (*private interest*) と公共の利害 (*public interest*) を比較して，本訴被告 (*defendant-petitioner*) の申立てを容認した。司法の利益とは，証拠へのアクセスの容易さ，証人等の出頭の容易さ，住所地，その他審理の容易，迅速且つ低廉な進行のための問題 (*all other practical problems that make trial of a case easy, expeditious and inexpensive*) で，公共の利害とは近隣の裁判所での審理，陪審の都合などをいい，これらを総合判断するべきであって，被告を煩わせ，苦しめあるいは圧迫する (*vex, harrass or oppress*) ことを目的に，原告が不便な裁判所 (*an inconvenient forum*) に訴えを提起することは認められないとした。リード判事とバートン判事は反対意見を述べ，ブラック判事は司法法により，一旦管轄が認められれば，裁判所は裁判管轄権を否定することはできず，フォーラム・ノン・コンヴェニエンスの法理のような広範かつ際限のない裁量 (*Broad and indefinite discretion*) は認められないと反対意見を述べた。Gulf Oil 判決は

はフランス民法典 14 条が「外国に所在する不動産物権および分割の訴え，フランス国外で行われる執行処分を除いて一般的な射程を有し，契約外の責任に関わる争いに適用される」と判示して，自国民に対するフランスの裁判所の管轄を「一般射程」(portée générale) として，判例・学説はフォーラム・ノン・コンヴェニエンスの法理を認めていない。ドイツ民事訴訟法 606 条は当該紛争とより密接な関係を有する国において判決が承認されないような事件については自国の管轄を否定するとするが，マイエルはフランスではこのドイツ民事訴訟法の姿勢をとっているわけではなく，新民事訴訟法 92 条 1 項[572]に基づいてフランスの裁判所の知るところではない事件については，裁判所は職権で管轄を否定することができるとして，裁判所に広範な権限を与えているとしている[573]。このようにフランスでは条理による調整が国際裁判管轄の調整の基準として機能しているようである。フォーラム・ノン・コンヴェニエンスは対人管轄に基づく管轄基準を調整する法理であり，一方，フランス，わが国ともに特別裁判籍を広く認めているから，フランスの法理がわが国の「特段の事情」の法理に類似しているようである[574]。

　　　ロング・アーム法に対する抑制として，フォーラム・ノン・コンヴェニエンスを積極的に妨訴抗弁に適用した最初の判例である。フォーラム・ノン・コンヴェニエンスについては，山本敬三「アメリカ法におけるフォーラム・ノン・コンヴェニエンスの法理」民商 74 巻 (1986) 5 号 720 頁，新堂・小島編『注釈民事訴訟法(1)』(有斐閣，1991) 107 頁[道垣内正人]，道垣内正人「訴訟」高桑・江頭編『国際取引法（第二版）』(青林書院，1993) 83 頁を参照。
571) Cass. 1er civ., 27 mai 1970, Weiss c/ Soc. Atlantic Electric et autres; Rev. Crit., 1971. 113, note Batiffol. ウェス氏はフランス法人アマコ社の経営者であったが，不当に解雇されたとして，同社およびその親会社であるイタリア法人アトランティック・エレクトリック社，パナマ法人カンパナ・インターナショナル社を相手に損害賠償を請求する訴えをフランスの裁判所に提起した。アトランティック・エレクトリック社とカンパナ・インターナショナル社の 2 社はフランスの裁判所には裁判管轄がないと主張していた。また，民法典 15 条についても破毀院民事 1 部は 1955 年 2 月 15 日判決で一般射程を判示している。
572) 新民事訴訟法 92 条 1 項は，「事物管轄規則が公序に関わるとき，または被告が欠席のとき，事物管轄規則違反がある場合には職権で無管轄を宣告することができる」と定める。
573) Mayer, Droit international privé, 6e éd., Montchrestien, 1998 p. 201.
574) 道垣内教授は「特段の事情」の法理が他の裁判所が裁判管轄を有すること，条件付の却下・訴訟の停止の措置がない点にフォーラム・ノン・コンヴェニエンスとの相違があるとする（新堂・小島編『注釈民事訴訟法(1)』(有斐閣，1991)，109 頁[道垣内正人]）。そのほかに道垣内正人「訴訟」高桑＝江頭編『国際取引法』（青林書院，1993) 83 頁，小林秀之『国際取引紛争（補正版）』(弘文堂，1991) 111 頁，小林秀之「国際民事訴訟規定の

二 国際保全・執行管轄

執行管轄についてフランス新民事執行規則は、「本規則に他の規定がない限り、土地管轄を有する執行裁判所は、申立人の選択により、債務者の住所地を管轄する裁判所または執行地を管轄する裁判所とする」（同9条）と定めており、本案管轄がない場合にもフランス国内に所在する財産に対する差押えまたは仮差押えについてその所在地の裁判所に管轄が求められている。国際的な執行・保全の管轄について、ドラポルトは、国内では保全措置の管轄裁判所は普通本案を審理している裁判所か、少なくとも本案について管轄を認められる裁判所であって、そうでない場合は、本案と保全の裁判所の間で調整することになるが、国際的には事情が異なり、保全措置の実効性は裁判所と保全を行う地の緊密性を要求しており、保全はその地の裁判所が行わなければならないとし、これは保全が将来の執行の準備であるという考えに基づくものであり、保全を管轄すべき裁判所は必ずしも本案の裁判所には限られず、執行地の法によるとしている[575]。債務者の不動産または動産に対する裁判については、一般に *lex rei sitae* の原則が適用されるので、その所在地を管轄する裁判所が執行裁判所となることについては異論がない[576]。フランス民法典は「外国人が所有する場合といえども、不動産はフランス法による」（同3条2項）と定めて、この趣旨はさらに動産にも拡大されている[577]。したがって、フランス法では執行・保全を行う地の裁判所に執行・保全管轄が認められ、債権に対する執行の場合には第三債務者の所在地の裁判所に執行管轄が認められる[578]。国家主権は財産が所在する空間に及ぶものと解され、国際本案管轄のある裁判所であっても必ずしも執行命令管轄・執行管轄が認められることはなく、不動産や有体動産の所在国の裁判所に管轄があると理解されている。債務者の責任財産が特許権など登記または登録を第三者対抗要件とする財産である場合には、国家機関がその登記を行っているから、その登記または登録が行われている国の裁判所に国際執行管轄が認められる[579]。マイエルは「当該

整備（上）」判タ816号（1993）40頁）を参照。
575) Delaporte, Les mesures provisoires et conservatoires en droit international privé, *Tra. Com. Fr. DIP*, 87-88, p. 148. ここでは、執行の管轄について触れていないが、執行については裁判所が関与しないからである。
576) Thureau, *De la saisie-arrêt en droit international privé*, Marchal & Billard, 1897, p. 41.
577) Mayer, *Droit international privé*, 6e éd., Montchrestien, 1998, p. 414.
578) Ibid., p. 188.

措置がとられる土地の上に国家の名において機能する組織によって，当該国家の司法当局の管理のもとにおいてのみ行われるものである」がゆえに，管轄の規則は領域に影響されるとしている[580]。

下記の【29】バロナス判決は，仮差押えと本案の審理を区別し，仮差押えを行う裁判所に管轄を認めた事件である。本事件はライン川という国際河川上の船舶に対して旧民事訴訟法48条に基づいて仮差押えを行ったものである。外国に所在する第三債務者に対する債権の仮差押えでは，外国における執行を予定して，仮差押えを認めることは当該国で執行判決を得ることを条件とするとするのが通説である[581]。

【29】 Cass. 2e Ch. civ., 29 fevrier 1984, Soc. Varonas Investment Corporation c/ EDF[582]

パナマ船籍の船舶がライン川を遡航中にフランス電気公社（EDF）の設備を毀損した。EDFは，フランス・オ・ラン県の裁判所に当該船舶の仮差押えを申し立てたところ，相手方はこの事件がライン川の河川上の紛争であり，これは1868年10月17日マンハイム協定34条により，ライン川運行審判所に専属管轄があるとし，オ・ラン県裁判所には裁判管轄がないと主張した。

破毀院は「他の裁判所に本案に関する国際裁判管轄が認められる場合であっても，保全および執行手続は当該手続が行われる地の裁判所の管轄が認められる」とした。

1931年5月12日破毀院民事部判決[583]における「強制執行は，各国における

---

579) わが国の判例も同様である。東京高裁昭和56年1月30日決定下民集32巻1～4号10頁（判時994号（1981）53頁，判タ438号（1981）147頁）。仮差押執行取消決定に対する抗告事件である。ジュネーブ地方裁判所から破産宣告を受けたスイス法人フィンカメラ社が，わが国に商標権を登録していた事件で，フィンカメラ社に売掛債権を有していた日本法人インタナショナル・マネジメント社が債権の執行保全のために東京地方裁判所に本件商標権の仮差押命令を申し立てた事件である。フィンカメラ社の破産管財人は売掛債権額を供託し，東京地裁に仮差押え決定執行の取消を申し立て，その旨の決定を得た。

580) Mayer, *Droit international privé*, 6e éd., Montchrestien, 1998, p. 188.

581) Mayer, Ibid., p. 191, Cuniberti, *Les mesures conservatoires portant sur des biens situés à l'étranger*, L. G. D. J., 2000, p. 28. ペロォらは，保全措置は国家主権の発動であり，目的物の所在する裁判所のみが行うことができるとして，反対する（Perrot et Théry, *Procédures civiles d'exécution*, Dalloz, 2000, p. 40）。

582) Cass. 2e. civ., 29 février 1984, Soc. Varonas Investment Corporation c/ Electricité de France; *Rev. crit. DIP* 1985, p. 545, note A. Sinay-Cytermann.

223

国内法の問題」という立場を踏襲したものであり，本事件においても破毀院は，本案と執行を区別し，マンハイム協定の適用を排除した。

また【30】のド・ダンピエール判決は，債務者の財産の所在する国（イギリス）の裁判所が命じた保全措置を他国（フランス）の裁判所が取り消すことができるかが争われ，パリ大審裁判所はその可能性を否定した事件である。

【30】　TGI Paris, 29 juin 1988, de Dampierre c/ Mme Grenier[584]）

　エリー・ド・ダンピエールはパリで1977年にフロランス・グルニエと結婚したが，数年後，フランス民法典 242 条[585]）に基づいて，パリの裁判所に裁判上の離婚を申し立てた。フロランスはこの事件の裁判管轄はフランスの裁判所でなく，両人が居住するロンドンの高等法院家族部にあると主張した。パリの裁判所は無管轄の抗弁を容れず，ド・ダンピエールが慰謝料として 400 万フランを支払うことを条件に離婚を認めた。その一方，フロランスはロンドンの高等法院家族部に裁判上の離婚を申し立てた。ド・ダンピエールの主張にかかわらず，同法院は両人が同地に居住していることからその管轄を認めて，請求を認容し，控訴院もこの判断を支持したが，その後貴族院はこの判決を破毀した。並行してフロランスはロンドン高等法院から夫ド・ダンピエールの亡父が設定した信託資金で購入したロンドン市内の住居に対する保全措置の決定を得て，さらに，アメリカ・ニューヨーク州裁判所からは夫ド・ダンピエールの亡父の遺産であるロング・アイランド州にある不動産の売却代金をエスクロウ口座として弁護士に預託することを命ずる保全措置の決定を得た。

　これらのロンドン，ニューヨークの 2 件の保全措置の目的の金額はド・ダンピエールがフロランスに支払うべき慰謝料 400 万フランを超えるもので，ド・ダンピエールにとってはフランス国内での付加価値税の支払いやその事業運営にも支障をきたし，損害を被る可能性が大きいとして，ド・ダンピエールはパリ大審裁

---

583)　Civ., 12 mai 1931; *D. P.* 1933. 1. 60, note Silz, *S.* 1932. 1. 137, rapport Casteil, note Niboyet, *J.* 1932. 387, note Perroud.

584)　TGI Paris, 29 juin 1988, de Dampierre c/ Mme Grenier; *Rev. crit. DIP*, 1990, p. 339, note B. Ancel.

585)　フランス民法典 242 条は「他方の責めに帰すべき事由により，その事由が婚姻の義務責任の重大または繰り返しの違反で同居の維持を耐えがたくさせる場合，配偶者の他方は離婚を申立てることができる」と定める。

判所にロンドンの不動産に対する保全措置，ニューヨークのエスクロウ口座の凍結はいずれも認められないこと，訴訟費用はフロランスの負担とすることを求める訴えを起こした。

パリ大審裁判所は，外国の判決を無効とすることはできず，保全措置の効力は当該措置の行われた国でしか生じず，また保全措置の取り消しは時期尚早であるとして，ド・ダンピエールの訴えを棄却した。

わが国民事保全法は「本案の管轄裁判所又は仮に差し押さえるべき物若しくは係争物の所在地を管轄する地方裁判所が管轄する」（同12条1項）として，債務者の財産の所在地の裁判所の管轄を認めている。フランス旧民事訴訟法48条はわが国民事保全法と同様に本案の管轄裁判所と仮差押えの目的物の所在地の裁判所に保全措置の管轄を認めていたが，フランス新民事執行規則は「保全措置を許可する権限のある裁判所は債務者の所在地を管轄する裁判所である」（同211条1項）と定め，「差し押さえるべき財産の所在地の裁判所」の管轄を削除した。このため，新民事執行規則の下では，保全措置を命ずる権限は本案管轄裁判所に限られるのかという点が問題になった。【30】のダンピエール判決はバロナス判決と異なり，外国の裁判所がその管轄地内に所在する財産に対して行った保全措置に関わる判決であるが，判決の趣旨はバロナス判決と同様に保全措置の目的物である財産の所在地の管轄を認めるものである。新民事執行規則は保全措置の管轄裁判所を個別に規定していないが，新民事執行規則9条2項は，管轄に関する一般規定として「債務者が外国に居住する場合，または居住する場所が分からない場合，管轄裁判所は執行地の裁判所である」[586]と定めているので，この規定に基づいて管轄が決定されることになる[587]。したがって，現在では本案の裁判管轄がある裁判所が，保全措置をとることができるとされ[588]，また本案の争いについ

---

586) 新民事執行規則9条1項は「他に規定がなければ，土地管轄のある執行裁判所は申立人の選択により，債務者の居住地の裁判所または執行地の裁判所である。申立てがこのいずれかの裁判所に行われた場合，他の裁判所に申立てを行ってはならない」と定める。
587) 仮差押えでは債務者の防御の機会を保障するため，債務者の住所（*domicile*）または居所（*résidence*）を管轄する裁判所に管轄を認めるべきで，ペロォらは，債権者が債務者の住居処置が不明あるいはフランス国内に住所・居所をまったく有しないことを証明した場合に限定され，いかなる場合も債権者の住所・居所の裁判所に管轄が認められることはないとしている（Perrot et Théry, *Procédures civiles d'exécution*, Dalloz, 2000, p. 687）。

225

て権限がない場合は債務者の財産の所在地を管轄する裁判所はその財産を目的とする差押えまたは仮差押えを命ずることができるとされている。このように，新民事執行規則211条1項の文言にかかわらず，フランスでは国際保全管轄・執行管轄についてはわが国と基本的には同じ基準に基づくことになる。

次に，国際本案管轄と国際命令・執行管轄の区別の要否について，フランスの議論を見てみよう。クニベルチは国際本案管轄については原則として紛争の当事者または紛争の原因である財産が自国の領土内に存在することは必要条件ではなく，被告が普通裁判籍に常時所在することも必要ではないが，不動産に関わる争いと民事執行については例外的に，財産が当該領土内に存在することが必要条件であるとし[589]，国際本案管轄と国際保全・執行管轄を区別している。マイエルも民事執行を国際本案管轄の例外と位置づけており，通説は，国際本案管轄と国際保全管轄・執行管轄を区別する意見である。

さらに前述のとおり，国内における執行と保全は国家主権の関与という面で峻別されており，この峻別は国際的な管轄についても同様である。テュローは，国際執行管轄と国際保全管轄を区別し，前者は執行の実行される国の裁判所の命令によるが，後者は紛争の性格を欠く単なる措置であるとして，保全についてはある程度国際管轄の拡張を認めて[590]，債権の存在を証する外国裁判所の判決はフランスの裁判所における再審理（*révision au fond*）や執行判決の手続を経ることなく，そのまま保全措置の根拠となるべきで，フランスにおいて執行を認めるべきであるとした[591]。

外国に管轄のある事件についてもフランスで仮差押えを行うのに，フランスの執行判決が必要かという問題があった。旧強制執行法のセジ・アレは保全の性格と執行の性格を併せ持ち，債務名義を持たない債務者も仮差押えを行うことができ，有効判決を取得することで本執行に移行する手続であったため，フランスの裁判所の執行判決を得ていない外国判決を債務名義としてセジ・アレを行うことが可能かという点が問題となったものである。1885年6月4日リール控訴院は「外国人に対して外国の裁判所において言い渡され，フランスにおいてセジの時

---

588) Delaporte, Les mesures provisoires et conservatoires en droit international privé, *Tra. Com. Fr. DIP, 87-88*, p. 148.
589) Cuniberti, *Les mesures conservatoires portant sur des biens situés à l'étrangers*, L. G. D. J., 2000, p. 35, Mayer, *Droit international privé*, 6e éd., Montchrestien, 1998, p. 187.
590) Thureau, *De la saisie-arrêt en droit international privé*, Marchal & Billard, 1897, p. 10.
591) Ibid., p. 48.

点では執行力を認められていない判決に基づいてセジ・アレを行う場合，差押えの申立てを受けた裁判所は，セジ・アレの有効判決を言い渡すと同時に判決の執行を命ずるので，有効である」[592]と判示した。この判決の趣旨は，保全の段階では外国判決に執行判決を要しないが，セジ・アレの執行段階では保全段階と異なり，有効判決は必要であって，有効判決が執行判決を兼ねるということを意味する。ただし，テュローはフランスの裁判所が執行判決を与えた後に，外国の上級裁判所が原審判決を破棄した場合には，フランスの執行判決が根拠を失うという問題があるとし[593]，フランスの裁判所は当該国において既判力を与えられた判決についてのみ執行判決を与えることができるとして，このリール裁判所の判決には異論を呈している。また，前掲のダガンは，セジ・アレについて旧強制執行法557条は「すべての債権者が」セジ・アレを行うことができると規定していることから，執行判決のない外国判決も保全措置としてのセジ・アレに十分であるとした[594]。いずれにしても，外国判決に基づいて保全措置をとる段階では執行判決は不要であり，旧強制執行法558条に基づくフランスの裁判所の許可を得ればよいとされていたのである[595]。さらに，【31】のセーヌ県裁判所判決がこの点について判示している。

【31】 Tribunal Civil de la Seine（5e Ch.），1 fév. 1956, Dame Buchel c/ veuve Garabedian[596]

1948年5月24日のエジプト・カイロの裁判所はガラベディアン氏の遺族に対

---

592) Lille, 4 juin 1885; *Dal. sup. rep.* No. 116.
593) Thureau, *De la saisie-arrêt en droit international privé*, Marchal & Billard, 1897, p. 50.
594) Daguin, *De l'autorité et de l'exécution des jugements étrangers en matiére civile et commerciale en France et dans les divers pays*, F. Pichon, 1887, p. 134. ダガンは，フェリックスの「外国判決に基づきセジ・アレに有効判決を行うことは禁じられていない」という記述を引用し，セジ・アレは当初保全措置であるから，外国判決には執行判決は不要であるとする。これは1868年3月23日破毀院判決（Cass. 23 mars 1868; *S*. 68. 1. 328）の立場でもある。
595) 外国判決の執行力を認めるかどうかは国によって区々であり，19世紀末のテュロー論文は，外国判決の効力を認めず改めて本案審理を行う国（イギリス，アメリカ），再審理せずに執行判決を認める国（イタリア，アルゼンチン），再審理しないが相互の保証を求める国（ドイツ，オーストリア），判決の再審理後に執行判決を認める国（ベルギー，オランダ）の4類型を挙げた（Thureau, *De la saisie-arrêt en droit international privé*, Marchal & Billard, 1897, p. 260)。
596) Tribunal civil de la Seine（5e Ch.）, 1 février 1956, Dame Buchel c/ veuve Garabedian;

してブシェル夫人に 1,000 エジプト・リーブルの支払いを命ずる判決を言い渡し，この判決には仮執行宣言が付されていた。ブシェル夫人はこの判決を債務名義にガラベディアン夫人を債務者とし，パリのオットマン銀行を第三債務者として，1952 年 5 月にセジ・アレを行った。さらにブシェル夫人はセーヌ裁判所にセジ・アレの有効判決を求める訴えを提起した。ガラベディアン夫人は当該判決が 1951 年 6 月にカイロの大審裁判所で，1952 年 6 月にカイロの控訴裁判所で破毀されたので，無効である旨を主張した。1953 年 10 月エジプト破毀院は上告判決まで執行を猶予する旨を命じていた。セーヌ裁判所はエジプト破毀院が判決を発するまで判断を猶予する旨を判示した。

これは外国の裁判所の判決に基づいてフランスの裁判所にセジ・アレの有効判決を求める訴えを提起した事件であり，当該外国判決が上告中であることを理由に裁判所は判断を猶予するとしたが，保全段階のセジ・アレについて執行判決は不要とした。バティフォルは同判決の批評で，セジ・アレは迅速に行わない限り実効性がないので，執行判決がなくてもセジ・アレを可能としたことは有益であるとこの判決を評価し，ただ執行判決を得ずに行うことができるのは保全の段階までであると念を押している。ドラポルトは，仮差押え・仮処分についての外国の判決が当該国で執行可能であれば，フランスで執行判決を受けることができるとしている。通説はフランスでは外国判決はその判決国で執行可能であれば，原則として条約に反対の規定がない限り，仮に判決国において上訴の可能性が存在していても，フランスでは執行判決の対象となりうるとしている[597]。金銭債権執行に当たってセジ・アレが廃止された後も，保全措置は執行判決の対象ではないとされている[598]。執行判決を付与された外国判決はその判決国における以上の効力をフランスでは与えられないのであり，判決国で上訴された場合に，その影響を受けるのみである。

Rev. Crit. 1956. 536, note Batiffol.

[597] Cuniberti, Les mesures conservatoires portant sur des biens situés à l'étrangers, L.G. D. J., 2000, p. 197, Batiffol et Lagarde, Droit international privé, 7e éd., tome 2, L. G. D. J., 1983, p. 576, Delaporte, Les mesures provisoires et conservatoires en droit international privé, Tra. Com. Fr. DIP, 87-88, p. 155.

[598] Cuniberti, ibid., p. 176.

第4節　ブラッセル条約とブラッセルⅠ

一　国際本案管轄

ブラッセル条約は国際裁判管轄の普通裁判籍について同2条で *actor sequitur forum rei* の原則を定め，被告の住所（ドミサイル）を管轄する裁判所に本案に関する管轄権を認めている[599]。これはブラッセルⅠも同様である（同2条1項）。普通裁判籍については，フランス新民事訴訟法42条1項，わが国民事訴訟法4条と同じである。ただし，「ドミサイル」の定義は必ずしも同条約締約国間で統一されているわけではなく[600]，管轄の競合あるいは欠缺が生じる可能性があるが，訴えを受けた裁判所の国の法律によれば他の締約国にドミサイルがあるが，当該国が訴えの提起された国に委ねる場合には，ドミサイルの移送があったものと看做すべきであるとされている。

ブラッセル条約3条は裁判管轄のブラックリストを挙げ，1章の2部から6部で特別裁判籍を設けている。同2部5条1号は契約についてはその義務の履行地，同2号は扶養手当に関しては扶養手当債権者の住所地，同3号は不法行為に基づく請求権については不法行為地，同4号は損害賠償に関しては刑事訴訟の係属している地において民事訴訟を提起すること，同5号は支店・代理店の所在地，同6号は信託の所在地，同7号は船舶海難の際の救援等の費用支払いの訴えについて定めている。同6条は複数の共同被告の訴訟について，3部（同7条から12条の2）は保険に関する訴訟について，4部（13条から15条）は消費者契約，5部（16条）は不動産・会社の設立登記，特許権等に関する専属管轄を定め，6部（17条）は合意管轄を定め，ブラッセルⅠも原則としてこれを踏襲している。必ずしもわが国民事訴訟法の規定に対応はしないが，これらの特別裁判籍は民事訴訟法5条の各号に相当する。普通裁判籍のほかに特別裁判籍を認める結果，裁判管轄が競合し，原告によるフォーラム・ショッピングが懸念されるが，訴えの

---

[599]　ブラッセル条約2条第1項は「本条約の規定を条件として，締約国の領土内にドミサイルを有する者は，国籍にかかわらず，当該国の管轄の下にある」，同第2項は「ドミサイルを有する国の国籍を持たない者は，当該国籍の者に適用される管轄規則に服す」と定める。

[600]　Marmisse, *La libre circulation des décisions de justice en Europe*, Pulim, 2000, p. 90.

類型としてもっとも多いと予想される契約の履行に関する争いについては，ブラッセル条約5条1号は契約の履行地を管轄する裁判所に国際裁判管轄を認めることによって，フォーラム・ショッピングの可能性を少なくしている。

二　国際保全・執行管轄

ブラッセル条約16条は専属管轄として，同1号は不動産物権と不動産賃借権，同2号で会社・法人の有効・無効・解散，同3号で登記，同4号で知的財産権について定める。さらに，同5号[601]は裁判の執行については執行地の締約国の裁判所に専属的な権限を認め，また，同条約24条[602]は保全措置を認める国の裁判所は，本案管轄にかかわらず，保全措置について判断することができると定めており，これはブラッセルⅠに踏襲されている（同22条5号，31条）。具体的には，㉜のド・カヴェル判決がこの点を明らかにしている。

【32】　CJCE（3e）6 mars 1980, Louise de Cavel c/ Jacques de Cavel[603]

ルイーズ・ド・カヴェルは，パリ大審裁判所から夫ジャックとの離婚とフランス民法270条[604]に基づく夫から妻への毎月一定金額の扶養手当の支払いと不履行の場合の夫の財産に対する仮差押えの許可を得た。なお，夫妻はドイツ・フランクフルトに居住していた。ルイーズがドイツの連邦裁判所に仮差押えを申し立てたところ，ドイツの裁判所はブラッセル条約1条1項が適用範囲を「民事および商事」とし，婚姻については適用除外としていることから，離婚判決は民事及び商事に関する外国判決の執行を定めるブラッセル条約の適用を受けるか，同24条の保全措置をドイツの裁判所に申し立てることができるかが問題であるとして，ルクセンブルグ議定書に基づいて，欧州司法裁判所に意見を求めた。

欧州司法裁判所は離婚事件であっても，その判決中の扶養手当の支払と仮差押

601）　ブラッセル条約16条5項は「判決の執行については執行地の締約国の裁判所のみがドミサイルにかかわらず専属管轄を有す」と定める。

602）　ブラッセル条約24条は「締約国の一国の法が予定する仮のまたは保全的な措置は，本条約により本案について他の締約国に管轄があっても，当該国の司法当局に申し立てることができる」と定める。

603）　CJCE（troisiéme chambre）6 mars 1980, de Cavel c/ dame de Cavel, affaire 120/79, Rec. CJCE, p. 731; Rev. crit. DIP 1980, p. 614, note G. A. L. Droz.

604）　フランス民法270条2文は「ただし配偶者の一方は，婚姻の解消が各人の生活状況において生じる不均衡を可能な限り償うべく他方への給付を命じられることがある」と定める。

えの許可はブラッセル条約の適用を受けるとした。

　この判決では，フランスの裁判所が行った判決について，ドイツの裁判所の管轄が問題となった。欧州司法裁判所は，執行に関わる専属的な裁判管轄を執行地であるドイツの裁判所に認めており，欧州司法裁判所は執行に関しては最終的には執行地を管轄する国の裁判所の管轄であることになる。この点についてゴドゥメ＝タロンは執行命令，執行許可は債務者が所有する財産の所在する国の主権を損なうものではないと説明している[605]。

---

605) Gaudemet-Tallon, *Les conventions de Bruxelles et de Lugano*, 2e éd., L. G. D. J., 1996, p. 71.

第4章 小　括

　第3編では国際金銭債権に対する執行について，債務名義の価値回復と当事者主義的な執行という観点から検討した。フランス旧新民事執行法は国内の金銭債権執行の場合，判決手続と執行手続の二層構造ではなく，判決手続によって債務名義を得た債権者に執行にイニシアティブを委ねるという一層構造をとっている。国内の執行の場合には債権者，債務者，第三債務者は同じ国家主権の下にあるから，手続の一層構造が可能であるが，国際金銭債権執行の場合には事情が異なる。国際金銭債権執行では執行地の裁判所から執行判決を得なければならず，フランスの場合も判決手続と執行手続の二層構造をとらざるを得ない。これに対して，欧州債務名義構想の「争訟の転換」構想は，国際金銭債権執行についても手続の一層構造を採用するプロジェクトであるということができる。フランス新民事執行法のスローガンであった「債務名義の価値回復」がここで欧州連合に拡張的に継承されているのである。

　判決の執行を実効性のあるものとするためには，手続を一層構造として迅速化することが望ましいことはいうまでもないが，欧州債務名義構想は共同体として過去50年余の実績を有する欧州連合で初めて可能なプロジェクトであって[606]，外国判決承認・執行のネットワークのないわが国がこのような方向を目指すのは尚早というべきであり，代替の方法を模索する必要がある。その場合，金銭債権執行の実を挙げるためには裁判手続の重複を可能な限り抑えることが有効であろう。また手続の一層構造は債務者に対する防御の機会の保障が前提となっている。この面ではフランス新民事執行法，欧州債務名義構想にある債務者の請求異議の訴えの手続が評価される。

---

606) マルミスは，ブラッセル条約の30余年の経験は，その射程，知識，不十分な点が明らかになったのであり，新たな前進は，手続の迅速化・簡素化のために行われなければならないとしている（Marmisse, *La libre circulation des décisions de justice en Europe*, Pulim, 2000, p. 34）。

第4編　わが国で可能なアプローチ

第1章　実効性の低いアプローチ

　では，ブラッセル条約，ブラッセルⅠのような外国判決の執行の迅速・簡素なネットワークを構築しておらず，また欧州債務名義構想とも無縁なわが国では判決の執行の迅速化のためにどのような方法が求められるのであろうか。仮に将来，国際裁判管轄および外国判決承認執行に関わる国際的な条約が締結されたとしても，欧州債務名義の「争訟の転換」のような構想が欧州連合以外の国に拡大されることは期待し難く，依然として外国判決の承認・執行に当たって各国は執行判決制度を維持するであろう。

　こうした事情を前提として，本編ではわが国で国際金銭債権から回収を行う場合に可能なアプローチを検討してみよう。

　本書は，国際本案管轄と国際保全管轄・国際執行管轄が異なる「管轄の二元性」を前提としているが，執行債務者の国際金銭債権からの回収には理論的に下記のアプローチが考えられる。

　(a)　わが国の裁判所から債務者に対して給付を命ずる判決を得て，この判決を請求原因として，第三債務者の所在する国の裁判所に第三債務者に対して債権者への支払いを求める訴えを提起し，勝訴判決を得て第三債務者に対して執行する方法（この方法を「第三債務者訴訟アプローチ」という）

　イギリス，香港などのコモンウェルス諸国に第三債務者が所在する場合には，このアプローチがとられる。イギリスの外国判決相互承認法（Foreign Judgements (Reciprocal Enforcement) Act）[607]は，同法に明記された外国の裁判所の判決を単な

---

[607]　同法1条は「イギリスの同等の裁判所が行ったと同等の判決の執行に関して当該国で相互主義的扱い（*substantial reciprocity of treatment*）が保障されている場合」に同法を適用するとしている。

る登録によって執行することを認めている。わが国は同法に挙げられていないので簡易な登録方式による執行を行うことはできず，わが国裁判所の判決を請求原因として通常の手続により新たに訴えを提起しなければならない。この場合，承認・執行国の裁判所に当該訴えの管轄があること，当該請求原因となった日本の裁判所の判決について日本の裁判所に管轄があったこと，被告に対する適正な手続の保障があったこと，当該日本の裁判所の判決は最終の確定判決であること，一定額の金銭の給付を求める判決の訴えであることが要件であるとされている。承認・執行国の裁判所がわが国裁判所の判決の執行を認めた場合には，執行国に所在する債務者の土地，株式に対する質権設定，債務者の金融機関口座に対する差押命令（garnish）の申立てが認められるが，執行裁判所は第三債務者に対する管轄を要するとされている[608]。

　この方法の限界は，わが国の裁判所で得た勝訴判決に続いて，さらに第三債務者が住所を有する国で別途，裁判手続をとらなければならず，二重の手間と費用がかかることであり，手続の二層構造が維持されることである。しかも外国の裁判所でその手続を行わなければならない。この方法をとることができるのは，相当に知識と能力に恵まれた債権者に限られるであろう。

(b)　わが国の裁判所から債務者に対する給付判決を得て，これを債務名義としてわが国の裁判所から差押命令を得て，外国に住所を有する第三債務者に送達し，執行債務者への送達後に生じる取立権を請求原因として，第三債務者が住所を有する国の裁判所に当該第三債務者に対する取立訴訟を起こす方法（この方法を「取立訴訟アプローチ」という）

　このアプローチは，わが国民事執行法155条に基づく差押債権者の取立権に基づいて，同157条の第三債務者に対する取立訴訟を第三債務者の居住する地の裁判所に提起するアプローチである。このアプローチの限界は，第三債務者の所在する国の裁判所が取立訴訟の形式を認めるとは限らないことである。さらに，仮に第三債務者所在国の裁判所がこの訴えを受理しても，当該裁判所で行われる訴

---

[608]　差押え（garnish）を申し立てる場合，債権者は，債務者の金銭支払を命ずる判決を得ていること，債務者は第三債務者（garnishee）に対して期限の到来済みまたは期限の到来予定の債権を有し，差押命令の申立ての時点で，債務者が第三債務者に対する債権を有していることを疎明しなければならない。第三債務者の債務者に対する債務は約定または法令によって条件付きであってはならず，また譲渡可能であることを要する。

訟は本案訴訟となるので，一旦，わが国で債務名義として確定判決を取得していた執行債権者にとっては，二重の訴訟の負担となり，前記の「第三債務者訴訟アプローチ」と同様に，手続の二層構造が維持されており，時間がかかり，相当のコストを負担しなければならないという問題がある。

(c) 債権者がわが国の裁判所に債務者の破産を申し立て，債務者の財産の回収を破産管財人に委ね，破産の配当を期待する方法（この方法を「破産アプローチ」という）

「破産アプローチ」は，国際破産手続によって債権の回収を図る方法である。このアプローチには2つの利点がある。第一に，破産債務者の財産の調査や財産の回収作業を破産管財人の手に委ねることができることである。第二に，強制執行を行う場合わが国では判決手続と執行手続の二層構造をとるが，「破産アプローチ」は債務名義を必要とせず，国家の後見的監督の下で行われる一層構造の手続であり，債権者にとってより簡易なアプローチとなることである。

強制執行が一層構造をとるフランス法の下でも「破産アプローチ」には利点がある。保全・執行は執行地の裁判所に管轄が認められるので，債務者の有する在外財産に対して差押え・仮差押えを行う場合，債権者は外国に出向かなければならないが，フランスは普遍的破産主義を取るから[609]，債権回収を急ぐ債権者にとって破産の申立ては外国に出て行く手間を省略することができ，簡易・有効な手段となり得るからである[610]。また，フランスの裁判所の破産宣告についても外国の裁判所に執行判決を求めることができる。クニベルチは，破産宣告は債務者の財産を凍結させることから保全的機能が期待でき，また，破産宣告に反して行われた偏頗的な返済に制裁が加えられ，破産には刑事制裁も予定されているから，債権回収には有効な手段であると評価している[611]。

---

[609] フランスに本社を有する企業の場合には，普遍主義をとるが，破産債務者がフランスに本社を持たない場合には，属地主義をとる（Mayer, *Droit international privé*, 6e éd., Montchrestien, 1998, p.428）。

[610] 1985年12月27日倒産規則（Décret no. 85-1388 du 27 décembre 1985 relatif au redressement judiciaire et à la liquidation judiciaires des entreprises）1条1項は「会社更生・清算手続の土地管轄を有する裁判所は，債務者が企業の本社を有する地の裁判所であり，フランス領土内に本社がない場合には，フランスにおける利益の中心（*centre principal des ses intérêts*）である」と定める。クニベルチは破産の普遍主義の根拠を同条に求めている（Cuniberti, *Les mesures conservatoires portant sur des biens situés à l'étrangers*, L.G.D.J., 2000, p.218）。

ただし,「破産アプローチ」には問題が3つある。第一に,強制執行は債務者の給付判決の不履行を原因とするが,破産は支払不能を要件とするので,本来支払不能の状態にはない債務不履行の債務者に対しては強制執行を行うべきであるのに,「破産アプローチ」を選択すると,支払不能の状態になく,存続が可能な債務者までも破産に追いやるおそれがあることである。第二に,このアプローチではヴィジラントな債権者が優遇されない。仮に債権者が独自に債務者の財産の所在を調査し,債務者の金銭債権を発見した場合,他の債権者等の申立てによって破産手続が開始されてしまうと,債務者の財産は平等に配当されるので,債権者はせっかく見つけた債務者の特定財産に対する優先的な地位を失うことになる。債権者が債務者の財産情報を破産管財人に提供しても,他の債権者以上に配当が増額されることはない。また破産管財人の費用は財団債権として破産債権に優先する。大口の債権を有する債権者にとっては,他の債権者数が少なく,あるいは他に大口の債権者がいない場合はこのアプローチは有効な手段となるが,そうでなければ,配当が強制執行による回収の額を下回る可能性が高い。第三に,外国の破産手続を承認・援助する制度をすべての国が備えているわけではないことである。この制度がなければ,債務者の財産所在国ごとに破産手続をとらなければならないことになる。

(d) 債権者が強制執行によらず,わが国民法上の債権者代位権による第三債務者に対する訴えを第三債務者が住所を有する国の裁判所に提起する方法(この方法を「代位訴訟アプローチ」という)

「代位訴訟アプローチ」は,わが国民法上の債権者代位権に基づいて訴えを起こす方法である。債権者代位権はフランス民法のアクシオン・オブリクに倣った制度であるから,フランス法系の国には存在するが,必ずしも普遍的な制度ではなく,たとえばドイツには存在しない。この方法を採用する場合には,第三債務者の所在国の裁判所に,わが国民法上の債権者代位権制度の詳細な説明を要するが,必ずしもこの訴えが受け容れられる保障はなく,仮に受け容れられても,この訴訟は本案訴訟となるから,わが国で債務名義として確定判決を取得していた執行債権者にとっては,手続の二重構造が維持され,二重の訴訟の負担となり,上記の「第三債務者訴訟アプローチ」と同様の問題がある。

---

611) Cuniberti, Ibid., p.215.

上記の4つのアプローチは理論的には可能であっても，いずれも限界がある。「第三債務者訴訟アプローチ」，「取立訴訟アプローチ」，「代位訴訟アプローチ」はいずれも判決の執行に進むために，あらためて第三債務者に対する本案の訴えを提起する方法である。本案の判決手続自体が重複するアプローチであり，執行手続を含めると手続が三層構造化することになり，手続としていかにも重く，しかもそのような訴えが認められるか否か定かではない。「破産アプローチ」は，判決という債務名義を省略して行う執行手段であり，前掲の3アプローチとは異なり，判決手続と執行・保全手続の二層構造化を回避し，一層構造をとる方法であるが，すべての国が外国破産手続を承認するとは限らない。この方法が可能な場合は限定されるであろう。

第 2 章　実効性の期待できるアプローチ

第 1 節　管轄の拡張と 4 種類のアプローチ

前述の 1996 年の国際法協会第 67 回ヘルシンキ大会「国際民商事紛争分科会」は，メルツェデス事件で生じた管轄の間隙を回避するための原則を下記のとおり提案している[612]。

(a)　被告債務者の自国内の財産に対する執行という限定的な目的のために，被告に対する対人管轄を拡大する対応（メルツェデス事件では，香港の裁判所が対人管轄を肯定することがこれに当たる）。

(b)　本案の管轄を有する裁判所の命令を域外に拡張する対応（メルツェデス事件では，モナコの裁判所の命令を域外適用によって拡張するということがこれに当たる）。

(c)　外国の保全措置の執行力を拡大する対応（メルツェデス事件では，上記と同様にモナコの裁判所の命令を香港で執行可能にすることがこれに当たる）。

(d)　外国裁判手続を支援する目的で中間的措置を命ずる追加的管轄を認める対応。

これらの対策のうち，(d)以外は基本的に本案管轄または保全管轄の拡張を提案するものであり，国際的な金銭債権回収に当たっては国際裁判管轄を拡張することによって，本案管轄と執行・保全管轄が分裂する事態を避けることが有効とされていると理解することができる。国際金銭債権執行の場合には，判決手続と執行手続の二層構造を前提とせざるを得ないが，この二層の手続を管轄する裁判所が国を異にするという問題を管轄の拡張によって解決するというアプローチである。このアプローチによると，国際金銭債権に対する保全・執行を実効的に行うためには，①本案の裁判の管轄と保全・執行管轄の両方をそれぞれ充足するか，

---

[612]　*Report of the Sixty-seventh conference held at Helsinki*, The International Law Association, 1996, p.189.

②本案の裁判管轄または保全・執行の管轄の一方を他方にも拡張して，両者の矛盾を回避するか，いずれかの方法を選択せざるを得ない。前者は，国際的判決の執行の場合にとられる伝統的なアプローチである。後者は，本案管轄または保全・執行管轄を自国外の外国に広げ，他国の領土に所在する債務者の財産に対して差押え・仮差押えを行うという拡張的 (*extra-territorial*) なアプローチである。これらのアプローチとして具体的には，以下の4つのアプローチを想定することができる。

(e) 伝統的アプローチ

わが国の給付判決について，第三債務者の所在国の裁判所に執行判決を求め，当該外国の裁判所から執行判決を得て，第三債務者に対する金銭債権を目的とする執行を行う方法（この方法を「執行判決アプローチ」という）

「執行判決アプローチ」は，国際本案管轄と国際保全・執行管轄の「ずれ」を認識し，両方を充足する伝統的なアプローチである。しかし，この方法が必ずしも十分に機能しない場合がある。

(f) 伝統的アプローチの変形

給付判決の執行の実効性を確保するために債務者の財産を保全する必要があるが，わが国の裁判所から仮差押命令を得て，第三債務者の所在国の裁判所に仮差押命令の執行判決を求め，当該外国の裁判所から執行判決を得て，第三債務者に対する金銭債権を目的とする執行を行う方法（この方法を「命令執行判決アプローチ」という）

「命令執行判決アプローチ」については，債務者に対する審尋が行われない命令に対して，外国の裁判所が執行判決を認めるかという問題がある。

(g) 拡張的アプローチ (1)

債権者が執行債務者の所在する国の裁判所から国際金銭債権を目的とする差押命令を得て，これを債務者と外国に所在する第三債務者に送達し，外国に所在する第三債務者からの債権回収を図る方法（この方法を「差押えアプローチ」という）

このアプローチは，執行債務者の国の裁判所の判決に基づいて，その裁判所の差押命令を得るものであり，国際本案管轄を国際執行管轄に拡張するアプローチである。債権者にとっては簡便な手続ではあるが，自国の裁判所の発した差押命

令を管轄外の国に居住する第三債務者が遵守するのか，という基本的な問題がある。また，第三債務者が管轄外の国の裁判所が発した差押命令のとおりに外国の差押債権者に差押債権を支払った場合に，第三債務者所在国の裁判所がこの支払いを斟酌するか，という問題がある。仮に執行債務者が第三債務者の居住する国の裁判所に第三債務者を相手に債務返済の訴えを提起した場合，裁判所が差押命令を斟酌せずに，第三債務者に対して執行債務者への弁済を命ずる判決を出す可能性がある。この場合，第三債務者は二重払いの危険にさらされる。

(h) 拡張的アプローチ (2)

差押え・仮差押えの目的財産が所在する国の裁判所が本案事件の管轄を肯定し，本案の裁判と差押え・仮差押えの裁判を管轄する方法（この方法を「フォーラム・アレスティ・アプローチ」という）。

債務者の財産が所在することのみに基づいて，差押手続や仮差押手続を経ることなく，国際本案管轄を認めることをフォーラム・パトリモニイ (*forum patrimonii*)，差押手続・仮差押手続を条件に，国際保全・執行管轄を本案の国際裁判管轄に拡張することをフォーラム・アレスティ (*forum arresti*) というが，国際管轄を主張するのは，もっぱら債務者の財産を差し押さえることを目的としているので，フォーラム・アレスティと呼ぶのが一般的である[613]。

ドイツ民事訴訟法23条は，財産が多少なりとも自国内にあれば，その財産と無関係の事件についても国際裁判管轄権があると規定し，同種の規定が1987年スイス国際私法4条[614]などに見られる。フランスでは法律上財産の所在を理由

---

613) Collins, *Essays in International Litigation and the Conflict of Laws*, Clarendon Press, 1994, p.17.

614) 同条の英訳は，"Unless this Statute provides for another jurisdiction in Switzerland, a lawsuit in validation of attachment may be brought t the Swiss place of attachment" (Karrer, Arnold & Patocchi, *Switzerland's Private International Law Statute of December 18, 1987*, Kluwer Law and Taxation, 1994, p.31) である。"*lawsuit in validation of attachment*" は，"*action en validation de séquestre*" または "*Klage auf Arrestprosequierung*" をいうので，フランス法のセジ・アレに伴う有効判決の裁判に相当する。従来，カントンの法では管轄の欠缺を回避するために差押え財産の所在地管轄を認めていたが，これを1987年国際私法が統合した。ヴォルケンはこの規定を法外な管轄 (*fors exorbitants*) であり，フォーラム・アレスティであるとしている (Volken, *Conflits de juridictions, entraide judiciaire, reconnaissance et exécution des jugements étrangers, Le Nouveau droit international privé suisse*, Univ. de Lausanne, 1989, p.244)。

として本案管轄を認める旨の規定はないが，1979年のフランス破毀院判決は差押えの目的となる財産が自国内にあることを理由に裁判管轄を認めている。ただし一般に財産が所在することだけをもって管轄を認めることには批判が多い。たとえばベルリンのホテルにズボンを忘れたロシア人に対してベルリンの裁判所が国際裁判管轄を認めて10万マルクの給付判決を出した例，フランス人プロスキーヤーがオーストリア遠征中にホテルに残した忘れ物を理由に管轄を認めたオーストリアの裁判所の例が逸話として残っているほどである[615]。わが国においては，船舶，不動産を目的とする場合を除いて，民事訴訟法5条4項に基づいて被告の財産の所在を理由にわが国の裁判管轄を肯定することは法外な管轄である (for exorbitant) との批判がある。また債権に対する仮差押えを理由とする本案管轄の認定の例はなく，この点が論じられたこともない。わが国では債権は債権者と債務者の法鎖であるという人的な関係として構成されているから，債権の所在，すなわち第三債務者が所在することを理由として国際裁判管轄を認めるとするフォーラム・アレスティは認められない可能性が強い。

しかし現代のように個人・企業が国境を越えて行き来し，資産，とくに金銭債権が著しく流動化・国際化している時代には，債務者の財産を捕捉することは至難の業となっている。このような状況では，本案裁判の管轄と執行・保全の裁判の管轄を一致させること，すなわちフォーラム・アレスティという管轄の拡張アプローチは，執行を実効的にするための妥当な方策であると考える。次にこの点を検証してみよう。

第2節 「執行判決アプローチ」による解決と問題点

一 わが国の外国判決承認・執行制度と裁判例

わが国の裁判所の行った給付判決について，第三債務者の居住する国の裁判所の執行判決を求め，この執行判決に基づいて第三債務者に対する金銭債権を目的とする執行を行うという「執行判決アプローチ」は，外国判決を他の国で執行する場合にとられる伝統的な方法である。また，このアプローチは本案に関する管轄と執行に関する管轄をそれぞれ尊重し，遵守するものであるということがで

---

[615] Wood, *Law and Practice of International Finance*, Sweet & Maxwell, 1980, p.65.

き，国際的な事件にも手続の二層構造を維持するアプローチである。

外国の裁判所の判決を他の国において執行することは，国際私法における最大の争点の1つである。本来，裁判は裁判所という国家主権の行う行為であるから，外国判決を自動承認する条約[616]がある場合を除いて，原則として，国の領域を越えてその効力が認められることはなく，また，国際社会にはその全域にわたって権威を有する司法機関は存在しないから，私的な民商事の紛争の解決は各国の民事裁判制度に委ねられる。外国判決に対しては，国家の主権原則に基づいて，外国の裁判所の判決に一切の執行力，既判力を認めないとする否定的な考え方と外国の裁判所の判決にも当然に国際的な効力を認めるとする積極的な考え方の2つの両極の間で，国家主権と私人間の紛争の解決の調整が図られてきたところである[617]。執行の目的物が判決を行った裁判所の国以外の国に所在する場合，通常その執行は外国判決の承認・執行の手続によって行われ，多くの国が外国判決承認・執行制度を設けている[618]。

---

[616] 外国判決の承認・執行を定めている条約として，わが国は唯一，『油による汚染損害についての民事責任に関する国際条約』（昭和51年条約第9号）と『油による汚染損害の補償のための国際基金の設立に関する国際条約』（昭和53年条約第18号）に加入又は受諾している。前者の10条は，「管轄権を有する裁判所が下した判決で，その判決のあった国において執行することが可能であり，かつ，再び通常の方式で審理されることがないものは，次の場合（注：判決の詐欺的取得，公平な機会を与えられなかった場合）を除くほか，いずれの締約国においても承認される」と規定している。油濁損害賠償保障法12条も同様の趣旨を規定する。

[617] Daguin, *De l'autorité et de l'exécution des jugements étrangers en matière civile et commerciale en France et dans les divers pays*, F. Pichon, 1887, p.19.

[618] 外国判決の承認・執行制度については，江川英文「外国判決の承認」法協50巻（1932）11号2054頁，岩野＝西村他編『注解強制執行法(1)』（第一法規出版，1974）91頁［三井哲夫・尾崎行信］，高桑昭「外国判決の承認と執行」鈴木＝三ケ月編『新・実務民事訴訟講座(7)』（日本評論社，1982）125頁，鈴木＝三ケ月編『注解民事執行法(1)』（第一法規出版，1984）362頁［青山善充］，高田裕成「財産関係事件に関する外国判決の承認」澤木＝青山編『国際民事訴訟法の基礎理論』（有斐閣，1987）365頁，上村明広「外国判決承認理論に関する一覚書」曹時44巻5号（1992）1頁，松岡博「国際取引における外国判決の承認・執行」『国際取引と国際私法』（晃洋書房，1993）91頁，竹下守夫「判例から見た外国判決の承認」新堂他編『判例民事訴訟法の理論（下）』（有斐閣，1995）515頁，矢ケ崎武勝「外国判決の承認並にその条件に関する一考察」国際60巻（1961）1号40頁2号193頁，同「英国法における外国判決の承認の条件としての相互主義に関する考察」法政28巻（1961）4号65頁，同「外国判決の執行に関するドイツ法体系の原則成立過程についての若干の史的考察」国際61巻（1962）3号178頁，同「外国判決の承認執行に関する大陸法とくにフランス法を中心とした歴史的一考察」法政30巻（1963）2号19

第4編　わが国で可能なアプローチ

　外国判決を承認する制度を設ける理由については，以下のとおり説明されている。すなわち，裁判は国家主権の一作用ではあるが，本来国家の利益とは関係がない私的な紛争に関わる外国の裁判所の判決の効力を認めても必ずしもわが国が外国の主権に服したことにはならない，外国の裁判所の判決であっても，この効力を認めなければ，私的な民商事取引の法的な安定を欠くことになり，国際取引の円滑な発展を損なうことになる，外国の裁判所の判決があるにもかかわらず，あらためて自国の裁判所に判決を求めなければならないとすると，当事者の負担は大きくなり，裁判所全体から見れば不経済でもある，外国と自国の二つの裁判所が矛盾する判決を出すかもしれない，判決を行った裁判所の方が一般に判決を承認する裁判所よりも事案を詳しく審理しているから，外国の裁判所の判決であっても，これを尊重した方が正しい解決を得ることができる，などである。また自国民保護の観点から外国判決の承認・執行に当たって相手国との相互の保障を求める法制度を採用する国もあり，また，国際礼譲（コミティ）を理由として外国判決を承認する制度を採用する国もある。外国判決を自動的には承認せず，自国の裁判所で本案を実質的に再審理する国もある[619]。ちなみに，わが国の明治23年（1890年）民事訴訟法514条，515条は，1877年ドイツ民事訴訟法660条，661条を継承して，外国判決の執行制度を設け[620]，その後，ドイツ民事訴訟法

　　頁を参照。

[619]　わが国民事執行法第24条2号は外国判決の再審理を禁ずる。外国では実質再審理を行う例がある。たとえば，オランダ民事訴訟法431条は，外国判決はオランダでは効力がなく，オランダの裁判所が再審理しなければならないとする（van Rooij & Polak, *Private International Law in the Netherlands*, Kluwer Law and Taxation Publishers, 1987, p.71）。ベルギー裁判法（Code judiciaire）570条第1項も「第一審は，訴訟の価額を問わず民事に関する外国裁判官の判断についての執行判決の訴えに対して判決する」とし，2項は「ベルギーと当該裁判を行った国との間に条約がある場合を除き，裁判官は訴訟の実体とともに，①当該判決が公序やベルギー公法規則に反しないこと，②防禦権が尊重されたこと，③外国裁判官が単に原告の国籍をもって管轄があるとされたものではないこと，④当該判決が行われた国で既判力を有すること，⑤送達が正当に行われたものであることを審査する」と規定している。

[620]　1877年ドイツ民事訴訟法660条1項は「外国裁判所ノ判決ニ依テナス権制執行ハ執行判決ヲ以テ之ヲ許スノ言渡ヲナシタルトキニアラサレハナスコトヲ得ス」と定めて，外国判決の執行にあたってはドイツの裁判所の執行判決を要することとし，同661条1項は「執行判決ハ判決ノ法律ニ適スルヤヲ審査スルコトナクシテ之ヲ言渡スベキモノトス」，同2項は「其判決ハ左ノ場合ニ於テハ之ヲ言渡スベカラザルモノトス」として，1号で判決が未確定の場合，2号で強制執行になじまない行為の場合，3号で外国裁判所の管轄が認められない場合，4号で適正な手続がとられなかった場合，5号で相互の保証がない場合

が外国判決の執行にかかわる規定に加えて，外国判決の承認について328条を設けたので[621]，わが国も大正15（1926）年改正民事訴訟法の200条に同様の規定を設けた。現行民事訴訟法118条も基本的に旧民事訴訟法の200条を引き継ぎ，外国の判決を承認することを原則としている[622]。同条は外国裁判所による確定判決の承認要件を規定している。すなわち，判決を行った裁判所が法令または条約により国際裁判管轄（間接管轄）を有していたこと，敗訴した被告が訴訟の開始に必要な呼び出しまたは命令を送達を受けたこと，または受けなかったが応訴したこと，判決の内容とその手続がわが国の公序に反しないこと，判決を行った国との間で相互の保障があることの4つの要件である。外国判決の承認に当たっての間接管轄の要件は，フランス，ドイツでも共通である。

さらに，民事執行法は，外国裁判所の判決の執行判決を求める訴えは「外国裁判所の判決が，確定したことが証明されないとき，または民事訴訟法118条各号に掲げる要件を具備しないときは，却下しなければならない」（同24条）と規定し，民事訴訟法118条の要件を充足する外国裁判所の判決は，本案の再審理を経ずに，執行判決を言渡すことになっている。

外国判決の執行にあたっては，自国の執行判決が必要とされるが，これは「強

の5件の要件を定めた（訳は法務大臣官房司法法制調査部監修『日本近代立法資料叢書24』（商事法務研究会，1987）236頁による）。

621) ドイツ民事訴訟法328条1項は1号で外国裁判所の所属する国の裁判所がドイツ法によれば管轄を有しないとき，2号で敗訴被告がドイツ人であり且つ応訴しなかったときで，訴訟を開始する呼出状または命令がこの受訴裁判所の国において本人に送達されず，またはドイツの法律上の共助（*Rechtshilfe*）の実施により本人に送達されないとき，3号で判決が民法施行法13条1項，3項または17条，18条，22条の規定又は同法13条1項に関する27条の部分の規定に違反し，または失踪，死亡宣告及び死亡時の確定に関する1939年7月4日の法律12条3項の場合に，ドイツ人たる当事者の不利益になされたとき，または同法13条2項の規定に反して，死亡を宣告された外国人妻の不利益になされたとき，4号で判決の承認が善良の風俗又はドイツの法律の目的に反するとき，5号で相互主義（*Gegenseitigkeit*）の保証のないときは，当該外国判決を承認しないと定めている。

622) 大正時代に松岡博士は，「外国裁判所ハ本邦ノ裁判所ニ對シ判決ノ當否ヲ調査スル權限ヲ阻却スルノ権力ヲ有セサルコト國家主權ノ観念ニ徴シ明白」であるが，「國際取引上ノ必要ニ基キ國際條約又ハ法律ニ於テ外國裁判所ノ判決ノ既判力ヲ承認スルヲ立法政策上適當トス」と述べている（松岡義正『強制執行要論（上巻）』465頁（清水書店，再版，1924））。江川教授は，国際的私法生活の安全を保障するために各国は相互にその法律の絶対的属地主義を排して，法律関係の性質に従い一定の場合には外国法の適用を認めることが必要であるとする（江川英文「外国判決の承認」法協50巻（1932）11号2054頁）。

制執行は債務者に対して重大な影響を与えるものであり，しかも，本来的に単なる権利実現機関に過ぎない執行機関に当該外国裁判所の判決の執行力の存否の実体的判断をゆだねるのは無理である」から，「外国判決の執行力の承認の場合にはその債務名義としての適格性についての実体的判断を執行機関以外の機関にゆだね，それが肯定されてはじめて現実に執行が可能とさるべきである」[623]からであると説明されている。この理解によると，外国判決の執行と承認は区別されることになる（区分説）が，外国判決の承認と執行の機能を区別しない説（非区分説）もある。非区分説は，外国判決の承認とは判決の執行力を認めることであるから，承認判決効の付与であるとする[624]。区別説は，外国判決の「承認」は，外国判決が当該国で持っている効力をわが国においても尊重することをいい，また，外国判決の執行とは，外国裁判所の給付判決にわが国における執行力を付与することであり，当該外国判決が当該国で有している執行力を尊重し，わが国の執行機関に対してわが国での強制力を行使する権限を授権することをいうのであり[625]，外国判決の承認は内国への判決効の拡張（*Wirkungserstreckung*）であり，外国判決の執行は内国における判決効の付与（*Wirkungsverleihung*）であるとする[626]。外国判決には執行を要しない形成判決があることから，承認と執行を区別することが妥当と思われる。

　外国の裁判所の行った給付判決について，わが国の裁判所が執行判決を言い渡した例は比較的多い。民事執行法24条2項は執行の対象となる外国裁判所の「裁判の当否を調査しないで」執行判決の裁判を行うことと定めているので，民事訴訟法118条の要件を充足する限り，外国裁判所の判決に対しては執行判決が与えられる。最近の最高裁判決として，アメリカ・カリフォルニア州の裁判所が行った補償的賠償に加えて懲罰的賠償を命じた判決について執行判決を求めた下記の【33】の萬世工業事件がある。

【33】　最高裁平成9年7月11日第二小法廷判決民集51巻6号2530頁[627]

623)　鈴木＝三ケ月編『注解民事執行法(1)』（第一法規出版，1984）325頁［石川明］。
624)　兼子一他『条解民事訴訟法』（弘文堂，1986）643頁。
625)　鈴木＝三ケ月編『注解民事執行法(1)』（第一法規出版，1984）365頁［青山善充］，高桑昭「外国判決の承認と執行」鈴木＝三ケ月編『新・実務民事訴訟講座(7)』（日本評論社，1982）127頁。
626)　中野貞一郎『民事執行法［新訂4版］』（青林書院，2000）174頁。なお，中野教授によれば，この区別はドイツにおける通説である。

第2章 実効性の期待できるアプローチ

　日本法人萬世工業の子会社であるアメリカ・カリフォルニア州法人マルマン・インテグレーテッド・サーキット社（マルマン社）は，同国オレゴン州の不動産開発業者であるコンソーシアム・カンパニー（コンソーシアム社）と独占開発者契約書（an exclusive developer agreement）を結んだ。オレゴン州の工業団地区画の取得を目的として結成されたパートナーシップであるノースコンⅠとの間で賃貸借契約を結んだが，マルマン社はカリフォルニア州サンタクララ郡上位裁判所にノースコンⅠ，コンソーシアム社その他を相手として上記賃貸借契約には強制力がないことの確認とノースコンⅠとコンソーシアム社の構成員が欺罔的行為を行ったとして損害賠償を求める訴えを提起した。一方，ノースコンⅠ，コンソーシアム社はマルマン社に対して主位的に賃貸借契約の履行，予備的に萬世工業らに対して欺罔的行為を理由とする損害賠償を求める反訴を提起した。
　カリフォルニア州の第1審は，賃貸借契約には法的拘束力がないことを確認したが，萬世工業と代表者に対して補償的損害賠償を，萬世工業には補償的損害賠償の約3倍に相当する懲罰的損害賠償を命ずる判決を言い渡した。第1審判決に対して双方が控訴し，カリフォルニア州控訴裁判所は控訴を棄却し，判決が確定した。第1審判決の後コンソーシアム社は破産申立てを行った。
　ノースコンⅠは，カリフォルニア州裁判所の判決の執行判決を求める訴えをわが国の裁判所に提起した。第1審は補償的損害賠償と訴訟費用について請求を認容した。ノースコンⅠは懲罰的損害賠償の部分が認められなかったこと，被告は第1審判決を不服として控訴し，原審は控訴をいずれも棄却した。萬世工業と代表者が上告した。
　最高裁は執行判決の趣旨について「外国裁判所の判決による強制執行を許す旨の宣言がされ（民訴法24条4項），確定した執行判決のある外国裁判所によって強制執行が行われることになる（同22条6号）」として上告を棄却した。

　一方，わが国の裁判所の判決について外国の裁判所に執行判決を求めた例として，【34】前川製作所事件がある。ただし，本事件は承認執行の対象とされたのはわが国の手形訴訟判決であり，確定判決ではないとして執行が認められなかったものである。

627）　最高裁平成9年7月11日第二小法廷判決民集51巻6号2530頁（判時1624号（1998）90頁）。横溝大「判批」判評475号〔判時1643号（1998）〕231頁。

249

【34】　Mayekawa Manufacturing Cc., Ltd., Appellant, v. Satoshi Sasaki, Respondent[628]

わが国の会社前川製作所は、アメリカ・ワシントン州に居住する日本国籍のササキ氏とその経営するアメリカ法人に対して融資する契約を結び、ササキ氏はこの借入れについて保証人として約束手形6件合計2億6100万円（250万ドル）を振り出し、前川製作所に渡した。貸付契約は日本法に準拠し、裁判管轄も日本とされていた。

借入れ主体であるアメリカ法人は1989年に倒産し、前川製作所はこの融資債権を届けたが、債権者の会議において債権額は25万ドルに減額された。そこで前川製作所は保証人であるササキ氏に対してわが国において手形訴訟を提起し、わが国の裁判所から仮執行宣言付の勝訴判決を得た。この裁判において、ササキ氏は日本の裁判所において適正に応訴していた。

次に、前川製作所はアメリカ・ワシントン州キング・カウンティの第1審裁判所に同州の金銭判決承認法に基づいて、わが国の判決の執行を求めた。ササキ氏は、日本の裁判所の判決は確定した終局判決ではないとして争った。第1審裁判所は、ササキ氏の主張を容れ、日本の手形訴訟判決は確定した終局判決ではないとして、前川製作所の訴えを棄却し、前川製作所が控訴した。

ワシントン州控訴裁判所は、日本の裁判所の判決の執行が同州法と国際礼譲に合致するか否かという観点から検討し、わが国の手形訴訟判決は確定した終局判決ではないとした第1審判決を支持し、前川製作所の控訴を棄却した。

二　フランスの外国判決承認・執行制度

フランスは1629年6月15日王令121条[629]、民法典2128条[630]に見られたとおり、伝統的に外国判決に対しては基本的に懐疑的な姿勢をとり[631]、外国の司法秩序が国内に紛れ込むことを恐れ、外国判決の承認・執行の問題を法の抵触の問

---

628)　NO. 33692-4-I Court of Appeals of Washington, Division one, 76 Wn. App. 791; 888 P.2d 183; 1995.

629)　1629年6月15日王令121条は「外国で行われた判決、契約、債務は当王国ではなんら効力を持たず、執行されない」としていた。

630)　フランス民法2128条は「外国において締結される契約は、フランスに（所在する）財産に対して、抵当権を生じさせることができない。ただし、法律（loi politique）又は条約（traité）にこの原則と異なる規定がある場合には、その限りではない」と定める。

631)　Mayer, *Droit international privé*, 6e éd., Montchrestien, 1998, p.235.

題としてはとらえず，フランスの裁判所の立場で，受諾するか拒絶するかの二者択一の方法をとってきた[632]。革命以前はフランス国内も司法制度は統一されておらず，事情は同じであった。国内に複数のパルルマンがそれぞれ裁判権を持って並存した。あるパルルマンが行った判決をその管轄外で執行するためには大法官の令状または執行地のパルルマンの法官の令状を要した[633]。国内の裁判所制度が統一されるのは革命後であり，1806年の旧強制執行法547条が「公正証書と判決はビザ (*visa*) またはパレアチス (*pareatis*) なしにフランス全土で執行することができる」旨を定め，裁判所の判決の執行力が全土に認められるようになった。外国判決に対するフランスの裁判所の懐疑的な姿勢は，ようやく1819年のフランス破毀院オルケール判決で改められ，実質再審理 (*révision au fond*) を条件として，外国判決を承認・執行することを認め，外国判決の承認・執行制度が近代化された。その後，1860年ブルクレ判決，1900年ド・ウレード判決によって，実質再審理を要する事案の類型が限定されてきた[634]。とくに第二次大戦後，フランスはドイツとの経済関係が緊密になっていた。ドイツは前述のとおり相互の保障を要件としているので，再審理を求めるフランスの外国判決承認・執行制度ではフランスの裁判所の判決がドイツで承認・執行されないという問題が生じていたのであるが，【35】のミュンゼール判決は外国判決の承認に当たって実質再審理を廃止し，代わって5つの要件調査事項を設けることによってドイツとの間の懸案を解決した。さらに1967年の破毀院判決[635]は外国裁判所の判決手続を公序の要件に包含させ，要件調査事項を4点に改めている。

---

632) B. Ancel, Les règles de droit international privé et la reconnaissance des décisions étrangères, *Riv. di dir. int. priv. e proc.* 1992, p.203.

633) Glasson, Morel et Tissier, *Traité théorique et pratique d'organisation judiciaire, de compétence et de procédure civile*, 3e tome IV, Sirey, 1932, p.23.

634) Civ., 28 février 1860, Bulkley c/Defresne は，離婚の効力は本国法によるとした事件である。また，Civ., 9 mai 1900, Prince de Wrède c. dame Maldaner は，外国における離婚の効力は当該国法に準拠するとした。

635) Civil.. 1re sect. 4 octobre 1967, Bachir c/dame Bachir; *D.* 1968. 95, note Mezger, *Rev. crit. DIP* 1968.98, note Lagarde, *J.C.P.* 1968.II.15364, note Sialelli, *J.D.I.* 1969.102, note Goldman, *Grands arrêts dr. int. pr*, no. 45, p.351. バシール夫人はセネガルの裁判所で得た離婚判決について，フランスの裁判所にその執行を求め，子の養育権と扶養手当の受領を求めたが，バシール氏はこの執行判決は民法15条に反し，またセネガル裁判所の召喚手続は適正に行われなかったと争った。破毀院は，バシール氏がセネガル裁判所の管轄を認めた点で民法15条の適用を排除し，上告を棄却した。

【35】 Cass. 1er Ch. civ., 7 janvier 1964, Munzer c/dame Munzer[636]

1926年にニューヨーク州裁判所がミュンゼール夫妻の離婚を認め，夫に妻に対する扶養手当の支払いを命ずる判決を出した。夫側が扶養手当の支払いに応じなかったため，夫人が1958年にニューヨーク州裁判所で過去に溯って扶養手当の支払いを求める訴訟を起こし，同裁判所が7万6987ドルの支払いを命じた。ミュンゼール氏はフランスに居住していたため，夫人はニース地方裁判所にニューヨーク州裁判所の2件の判決の執行判決を求めた。

ニース地方裁判所は1926年の判決について執行を認めたが，1958年の判決についてはフランス民法上2277条の5年の消滅時効を援用し，棄却した。エクス控訴裁判所は，5年の消滅時効の援用を認めず，アメリカの裁判所の判決の執行を認めた。

破毀院は，消滅時効の援用を認めず，一方，外国判決の承認執行に当たっては，承認・執行を求められた外国判決について，判決を行った裁判所に裁判管轄（間接管轄）があること，適正手続がとられたこと，フランス国際私法が指定する準拠法が適用されたこと，公序違反がないこと，判決の詐取がないことの5要件を充足するならば，フランスの裁判所は本案を再審理することなく，承認することとし，判決の実質再審理を行う必要はないとした。

フランスの執行判決 (*exequatur*)[637]制度は，フランス民法典2123条2項[638]と

---

636) Civ. 1re, 7 janvier 1964, Munzer c/dame Munzer; *J.D.I.* 1964.302, note Goldman, *Rev. crit. DIP* 1964.344, note Batifol, *J.C.P.* 1964.II.13590, note Ancel, *Rép comm.* 1964.425, obs. Droz, *Grands arrêts dr. int. pr*, no. 41, p.312.

637) *exequatur* の訳として，「執行認可状」(道垣内正人「国際的訴訟競合(1)」法協99巻 (1982) 8号1195頁)，「執行認許」(三井哲夫『国際民事訴訟法の基礎理論』(信山社，1995) 121頁，同『裁判私法の構造』(信山社，1999) 297頁)，「執行判決」(矢澤昇治『フランス国際民事訴訟法の研究』(創文社，1995) 67頁，矢ケ崎武勝「外国判決の承認執行に関する大陸法特にフランス法を中心とした歴史的一考察」法政30巻 (1963) 2号60頁)，「執行命令」(山口編『フランス法辞典』(東京大学出版会，2002) 218頁) が当てられている。フランス新民事訴訟法509条は「外国の裁判所が行った判決および外国公的証書は，法の定めにより，その予定する場合にフランス国内において執行される」と定める。1966年11月10日パリ控訴院判決は，「*exequatur* の裁判の目的は，*exequatur* の *décision* であって，紛争そのものではない」としたが，マイエルは「フランスのシステムは，当初の訴えの再開に過ぎないアングロ・サクソンの *on the judgement* の訴えとは対極にある」(Mayer, *Droit international privé*, 6e éd., Montchrestien, 1998, p.269) としており，ここでいう *décision* は裁判上の「決定」ではない。*exequatur* の対象は，外国

旧民事訴訟法546条を継承する新民事訴訟法509条[639]に基づいている。一般に外国判決には証明力（*force probante*）が認められ，執行判決を得ることでフランスにおいてフランス法に基くフランス執行手続に則った執行力（*force exécutoire*）が認められる[640]。国内にある財産について，外国判決はフランスの裁判所からの執行判決を取得しない限り，効果を生じることはなく，わが国と同様に，外国判決の執行には執行判決を必要とされた。フランスにおける執行判決の当事者は外国判決の対立する当事者である。また，フランスは前述のとおり1964年判決まで実質再審理を要求していたが，外国判決の承認・執行についてコミティ，レシプロシティを要求したことはなく[641]，1964年判決が実質再審理制度を廃止してから後もコミティ，レシプロシティを求めたことはない。

　執行判決手続は，承認・執行の対象となる外国判決の当事者を召喚することを要し，上訴が認められる。第1審は大審裁判所の事物管轄である[642]。大審裁判所は本案の実質再審理を行うことなく，外国判決の承認要件が充足されているかを調査し，当該外国判決の執行を言い渡すこととされている[643]。執行判決は外国判決に既判力と執行力を与えるものということができる[644]。

　　　裁判所の判決と公的証書であり，対審の手続により，上訴が認められるから，「命令」ではなく「判決」であり，わが国「執行判決」に類似する。なお，外国仲裁法廷による仲裁判断についてはフランス民事訴訟法509条には含まれておらず，民事訴訟法1476条で判断がなされた時点でその既判力が認められるが，1477条でその執行力を得るには *exequatur* を要するとされており，わが国民事執行法22条6号と同じである。

638)　民法典2123条は法定抵当権（*hypothèque judiciaire*）を定め，その2項は「法定抵当権は，外国において行われ，フランスの裁判所によって執行を命じられた執行命令のある仲裁判断および判決による」と定める。

639)　新民事訴訟法509条は「外国裁判所の行った判決，外国公的機関の命令は，法の定める手続，場合によりフランスにおいて執行される」と定める。

640)　Mayer, *Droit international privé*, 6e éd., Montchrestien, 1998, p.277, Loussouarn et Bourel, *Droit international privé*, 5e éd., Dalloz, 1996, p.562. 裁判所が必要と判断する場合には，審理中に保全措置，身体拘束を行うことが認められる。

641)　Niboyet, *Traité de droit international privé français*, VI, Sirey, 1949-1950, p.31, Ancel, Loi appliquée et effets en France des décisions étrangères, *Trav. Com. fr. dr. int. pr.* 1986-1988, p.26, Audit, *Droit international privé*, Economica, 1991, p.371, Mayer, Ibid., p.236, Loussouarn et Bourel, Ibid., p.561.

642)　Mayer, Ibid., p.273, Loussouarn et Bourel, Ibid., p.562.

643)　執行判決の審理の対象は紛争ではなく，外国判決であって，外国判決にフランスの既判力と執行力を認めるものである（Mayer, Ibid., p.269, Loussouarn et Bourel, Ibid., p.562)。

三 「執行判決アプローチ」の問題点

執行判決アプローチは，外国判決を自国で執行する場合の伝統的な通常の方法であるが，実効性の観点からは，3つの問題がある。

第一に，執行判決の裁判は実質再審理をしないとされているが，それにもかかわらず，現実には相当の時間を要することである。本案の給付判決を得るまでにすでに相当の時間を要するが，さらに執行判決を得るまでに時間がかかり，合計すると執行まで全体としてきわめて長い期間を要するので，長期の裁判の間には債務者が財産を意図的に移動させたり，第三債務者が執行債務者に弁済したりすることもあり得る。債務者の財産状態が以前よりも悪化し，将来の実効ある執行が危ぶまれることもある。前掲の萬世工業事件ではカリフォルニア州裁判所の判決が確定した昭和62年（1987年）からわが国の執行判決が確定するまでにちょうどまる10年を要した。執行判決の裁判では，本案の裁判の当否は調査せず，実質再審理を行わず，わが国民事訴訟法118条の各号の要件の充足を形式的に検討するにとどまるのであるが，執行判決の対象の外国裁判所判決がこれらの各号の要件を充足しているかどうか，簡単には判断できない。たとえば，同条1号は当該外国判決を行った裁判所に国際裁判管轄（間接管轄）があることを要件とするが，この判断に当たっても難しい問題がある。国際裁判管轄の存否は，職権調査事項である。たとえば，外国判決の事件が不法行為に基づく損害賠償請求訴訟であり，被告が判決国に住所等を有していない場合，わが国民事訴訟法5条9号の規定の趣旨に照らして，判決国の裁判所が国際裁判管轄を有するというためには，原則として被告が判決国においてした行為により原告の法益について損害が生じたとの客観的事実関係が証明されることを要するものとされているが，このような証明を単に執行判決の裁判の当事者の主張から行うには相当の検討を要しよう。また同3号は外国判決の内容および訴訟手続がわが国の公序良俗に反しないことを定めているが，外国判決がわが国の採用していない制度に基づく内容を含むものであっても，3号要件を充足しないということはできず，それがわが国の「法秩序の基本原則ないし基本理念と相いれないものと認められる場合」に判決は公の秩序に反すると解釈されている[645]。この要件の充足を判断するに当

---

644) 日本法については，道垣内正人「国際的訴訟競合（5・完）」法協100巻（1983）4号74頁，82頁を参照。
645) 最高裁平成9年7月11日第二小法廷判決民集51巻6号2530頁。

たっては，当該外国判決の主文のみならず，それが導かれる基礎となった事実も考慮することができるが，本件外国判決に事実の認定が詳細に記載されていればよいが，仮に十分な記載がない場合には，本案の裁判の審理において提出された証拠資料をも参酌して，判決主文を導き出した基礎となる事実を推認して考慮せざるをえない[646]。執行判決の裁判は民事訴訟法118条各号の要件の充足の形式的な審理であるとされているが，現実には本案事件の詳細に立ち入らざるを得ないのが実状である。さらに，被告債務者が本訴の裁判ですでに提出した抗弁をあらためて執行判決の裁判において持ち出したり，あるいは本訴の裁判で提出すべきであった抗弁を執行判決の裁判の場で初めて出すこともあり，また反訴を提起することもあり，裁判手続が複雑になりやすい。執行判決の裁判があたかも本案の裁判の再演となることもある。執行判決は本来，既判力のある判決などに基づいて執行するのであるから，できるだけ早急に行うべきであるが，執行判決の裁判にきわめて長い時間を要するのが実態である。

　第二に，執行判決の裁判は通常訴訟であるから，被告に対する審尋が行われるので，債務者に財産隠匿の時間的余裕を与える可能性があり，債権者が執行を準備していることが債務者に筒抜けになる。たとえば，債務者が外国の金融機関に設けている預金に対して執行する場合，債権者はわが国の判決の翻訳文を添えて，当該金融機関所在国の裁判所に執行判決を求める訴えを提起することになり，訴状を受理した裁判所は債務者に訴状を送達することになる。この送達にも相当の時間を要するし，さらに訴状を受領した債務者は預金を他の口座に移すのに十分な時間的余裕を手にすることができる。債務者の預金ではなく，取引先に対する売掛債権や前渡金債権に対して執行する場合でも，前述の手続を行っている間に，債権の支払期日が到来するかもしれず，執行判決を得るまでに，債務者が債権を回収し終えているおそれがある。このような問題を回避するために，フランス旧強制執行法のセジ・アレは，このリスクを回避するために，執行債務者に対する審尋を行わず，かつ執行債務者に先んじて，第三債務者に対して差押命令を送達するという手続を構築していた。わが国の民事執行法上の執行においては，この配慮はない。したがって，執行判決を求める訴えを提起するとともに，あるいはそれ以前に債務者の財産に対する仮差押えの申立てを行う必要が生じる。また，執行判決の裁判は通常の裁判であるから，敗訴した被告には上訴の機

---

646) 東京高裁平成5年11月15日判決高民46巻3号98頁（判タ835号（1994）132頁）。

会が与えられている。

　第三に，わが国の裁判所の判決について外国の裁判所の執行判決を得ようとする場合，各国の外国判決に対する執行判決の制度が区々であることである。外国判決の自動承認制度を採用せず，紛争内容を再審理する国もあり，この場合には外国判決の自動承認制度を採用している国における以上に，執行判決を得るのに時間を要するおそれがある[647]。このような必要な時間を考慮すると，まず執行の目的である金銭債権に対して仮差押えを行う必要が生じるが，債権者にとっては手間とコストの問題がある。

第3節　「命令執行判決アプローチ」による解決と問題点

一　わが国の裁判例と問題点

　「命令執行判決アプローチ」は，わが国の裁判所から仮差押命令を得て，第三債務者の所在国の裁判所に仮差押命令の執行判決を求め，当該外国の裁判所から執行判決を得て，第三債務者に対する金銭債権を目的とする執行を行う方法であるが，このアプローチについては，命令が承認・執行の適格性を有するかという問題がある。

　わが国民事訴訟法118条は，「外国裁判所の確定判決」を承認の対象と規定している。対審手続を経ないで発令される命令は判決ではないので，外国裁判所の行った命令には執行判決が与えられない可能性がある。たとえば，前掲【26】の旭川地裁決定は仮に差し押さえるべき債務者の財産の所在を理由にストレートにわが国の保全管轄を認めたが，「外国裁判所の仮差押命令を日本において直ちに執行する手続は現在のところ存在せず」，「目的物の所在地を管轄する日本の裁判所で仮差押命令を得てこれを執行することが，仮差押えの実効性の観点からは最も妥当である」とした。最近，外国の裁判所が行った命令についてわが国の裁判所に訴えが提起された例として，後掲の【36】のサドワニ事件がある。これは香港高等法院が判決を行った後に発した訴訟費用支払いの命令についてわが国の執行判決が争われた事件である。被告に対する原告への支払命令が判決とは別に行

---

[647]　執行判決に要する時間が長いことは，わが国のような自動承認を定める国でも同様であり，フランスにおいても執行判決を求める訴えは上訴が可能とされており，自動承認が迅速な判決の言渡しを意味するものではない。

われた場合，同命令が旧民事訴訟法200条（現民事訴訟法118条）にいう外国裁判所の確定判決に当たるかという点が争われた。

【36】　最高裁平成10年4月28日第三小法廷判決[648]

インド国籍で香港に居住するゴビンドラム・ナラインダス・サドワニ夫妻（以下，「原告」という）と原告の夫の兄弟で同じくインド国籍を有し日本に居住するキシンチャンド・ナラインダス・サドワニ（以下，「被告」という）らは，1978年に被告が取締役を務める日本法人サドワニス・ジャパン（以下，「被告会社」という）がインド銀行から資金を借入れるに当たって，共同保証を行った。原告，被告らサドワニ兄弟は各国でそれぞれ会社を経営していたが，その後兄弟間で争いが生じ，各社の債務は会社の所在国に居住する者が保証することで合意して，1981年に被告らは追加の保証を行った。その際に，原告とインド銀行との間の既存の保証契約が解除されたか否かについては争いがある。

その後，被告会社が振り出した手形が不渡りとなり，インド銀行が手形金の請求をしたので，被告らはインド銀行は原告に対して保証債務履行請求の訴えを起こすこと，被告会社は前記の訴訟費用全額を負担すること，前記の訴訟と執行が完了するまでインド銀行は被告に対する訴訟を差し控えることの3点についてインド銀行との間で起訴契約を結んだ。インド銀行は起訴契約に基づき，1982年に原告を相手とする保証債務履行請求の訴え（第1訴訟）を香港高等法院に提起した。1986年，原告はインド銀行と被告らを相手とする反訴（第2訴訟）を提起し，また原告は被告らの第1訴訟へ当事者参加を求める訴え（第3訴訟）を提起し，被告らは原告のみが保証債務を負担する旨の確認を求める訴え（第4訴訟）を起こし，香港高等法院には4件の訴訟が係属した。

1988年4月27日，香港高等法院は，第1訴訟の原告に対する保証債務履行請求を棄却するなどの判決を言い渡し，さらに，第1，第2訴訟の原告の費用はインド銀行が負担する旨の仮命令，原告は第3，第4訴訟の訴訟費用を被告らから回収する権利がある旨の命令を発した。同年5月11日，原告は高等法院に被告

---

648) 最高裁平成10年4月28日第三小法廷判決民集52巻3号853頁（判時1639号（1998）19頁）。渡辺惺之「判批」判評484号［判時1670号（1999）］201頁。第一審は，神戸地裁平成5年9月22日判決（判タ826号（1993）206頁，判時1515号（1995）139頁。福山達夫「判批」判評438号［判時1531号（1995）］201頁），原審は大阪高裁平成6年7月5日6年7月5日判決。小林秀之＝小田敬美「外国判決承認要件再検討の方向性―香港サドワニ事件の検討を兼ねて」判タ840号（1994）24頁。

らが訴訟費用全額を負担することなどの命令を申し立て，同年8月31日高等法院がこの旨の命令（以下，「本件命令」という）を発した。1989年9月に香港高等法院の費用算定係りはインド銀行が原告に支払うべき費用の金額を同年10月被告らが支払うべき金額を算出し，いずれも再査定の申立てがなく確定した。

1991年，原告は神戸地裁に執行判決を求める訴えを提起し，平成5年（1993年）9月22日，同地裁は本件命令について「訴訟費用に関して，原告ら及び被告らの手続保障のもと」，「終局的になされた裁判（命令）であり」，「外国裁判所の『確定判決』にあたる」とし，その他の旧民事訴訟法200条各号の要件が充足されていることを認め，強制執行を許す旨の判決を言い渡した。被告らの控訴に対して，第二審の大阪高裁は「被控訴人らの請求は認容すべき」として，控訴を棄却した。最高裁は「決定，命令等と称するものであっても」，「私法上の法律関係について当事者双方の手続的保障の下に終局的にした裁判」の性質を有するものは「『外国裁判所の判決』に当たる」として上告を棄却した。

【36】のサドワニ事件は香港高等法院の「命令」について旧民事訴訟法200条および民事執行法24条に基づいてわが国の執行判決が求められた事件である。最高裁は「『外国裁判所の判決』とは，外国の裁判所が，その裁判の名称，手続，形式のいかんを問わず，私法上の法律関係について当事者双方の手続的保障の下に終局的にした裁判をいう」と判断したが，これは従前の東京地裁昭和42年11月13日判決[649]の趣旨を認めたものとされている[650]。

外国判決の承認の要件を定める民事訴訟法118条を適用するためには判決が確定していること，当該判決手続において当事者双方について防御の機会が保障されたことが必要とされている。学説は判決の「確定」とは，判決を行った裁判所

---

649) 東京地裁昭和42年11月13日判決下民集18巻11・12号1093頁。事件は，スイスの会社ロジ・ウント・ウイネンベルゲル社（ロジ社）がわが国の会社マルマンが有する腕バンドに関するスイス特許の特許無効確認の訴訟をチューリッヒ州商事裁判所に提起し，マルマンはこれに応訴し，ロジ社の有するスイス特許の無効確認の反訴を提起した。裁判所は反訴を管轄違いとして却下，本訴事件についてロジ社勝訴の判決を言い渡し，反訴事件について応訴を余儀なくされたロジ社に対して損害賠償の支払を命ずる「決定」を下したので，ロジ社が同裁判所の判決のわが国での執行判決を求めた。東京高裁は，反訴事件の損害賠償について「決定であってもそれが外国裁判所の裁判というに妨げないのであるから，わが国においては，民事訴訟法第200条を準用するのが相当であり，したがって，外国裁判所の判決と同一の条件でその効力を承認しうる」とした。

650) 渡辺惺之「判批」判評484号［判時1670号（1999）］204頁。

の国法上，もはや通常の不服申立ての方法によっては判決を覆しえない状態，または判決国法により当事者に認められた通常の不服申立て方法が尽きた状態[651]をいい，当事者双方の手続的保障が施された裁判をいうとする意見が通説である[652]。当事者双方の手続的保障とは「実体私法上の請求権につき当事者双方の審尋を保障する」[653]ことと解されているので，外国における未確定の仮執行判決や仮差押え・仮処分の命令はわが国においては執行判決の適格要件を充足しないことになる[654]。仮処分に関する裁判例であるが，判例（大審院大正6年5月22日判決[655]，最高裁昭和60年2月26日判決[656]）もこの立場である。逆に，わが国の差押命令や仮差押命令について外国の裁判所に対し，その執行を求めたとしても，わが国の差押命令や仮差押命令は「口頭弁論を経ないでする」ことができ（民事執行法4条，民事保全法3条），決定の形式でなされるから，わが国民事訴訟法の基準に鑑みれば，承認適格を欠くことになる。

---

651) 鈴木＝三ケ月編『注解民事執行法⑴』（第一法規出版，1984）395頁［青山善充］。
652) 中野貞一郎『民事執行法［新訂4版］』（青林書院，2000）176頁，鈴木＝三ケ月編，同上388頁［青山善充］，鈴木＝青山編『注釈民事訴訟法⑷』（有斐閣，1997）357頁［高田裕成］，兼子一編『条解民事訴訟法』（弘文堂，1986）645頁，竹下守夫「判例から見た外国判決の承認」新堂他編『判例民事訴訟法の理論（下）』（有斐閣，1995）523頁。一方，大橋判事は「一応，判決についてのみ執行判決をなしうると解すべき」であるが，「決定，命令についても類推適用する見解もありうる」とする（香川監修『注釈民事執行法⑵』（金融財政事情研究会，1985）108頁［大橋寛明］）。
653) 中野貞一郎『民事執行法［新訂4版］』（青林書院，2000）176頁，鈴木＝三ケ月編，同上388頁［青山善充］。
654) 中野俊一郎「外国未確定裁判の執行（上）」際商13巻（1985）9号624頁。
655) 大審院大正6年5月22日判決民録23輯793頁（法律新聞1278号30頁）。アメリカ国籍のハリエット・エー・イ・ルスとジョン・イ・ルス夫妻は別居し，二人は子のオルガ，ナタリーの看護権を争った。アメリカ・マサチューセッツ州の裁判所は裁判で妻ハリエットに看護権を認め，夫ジョンが子を連れて，わが国に移った。そこで妻が東京地裁に子の引渡しを求めて訴えた事件である。大審院は，当該裁判所の裁判は「仮処分タルノ性質ヲ有スルニ止マリ確定力ヲ有スル終局判決ノ性質ヲ有セサルヲ以テ外国タル日本ニ於テ効力ヲ是認スヘキ筋合ニ非サルコト固ヨリ当然ナリ」，「本訴ノ請求ハ到底失当タルヲ免カレス」として，上告を棄却した。
656) 最高裁昭和60年2月26日第三小法廷判決（家月37巻6号25頁）。これは，イタリアの裁判所が同国の離婚法上の要件とされる5年間の裁判上の別居の期間中の子の監護権者を指定した命令について，「所論の命令は民訴法200条に言う確定判決に当たらない」とした（南敏文「判批」渉外百選第3版（1995）156頁，中野俊一郎「判批」ジュリ857号（1986）126頁）。

二 フランスにおける外国裁判所の命令の執行

フランスでは外国の裁判所の仮差押命令を承認する。この点はわが国の扱いとは異なっている。一般に保全措置は，"mesures provisoires ou conservatoires" と呼ばれ，前者は仮執行を意味し，後者は保全措置を意味し，一括りにされているが，仮執行と保全措置が画然と区別されている。仮執行は「仮」とはいえ公権力の発動であり，外国の裁判所の仮執行を命ずる命令をフランス国内で執行することについては消極的であるが，保全措置については単に債務者の財産を凍結するのみであるから，積極的にその効力を認めている。フランス新民事訴訟法509条には，外国判決承認の要件として外国判決の確定が要件とされているか明らかではない。従来，強制執行は財産に対する物理的な執行または人に対する強制と解釈され，保全措置は執行の一種であると理解されていたので，外国の保全措置をフランス国内で執行する場合，執行判決は必要であるとの意見があったが，前掲のリール裁判所判決，【30】のブシェル判決は保全措置を執行判決なしに行うことを認めているのである。

わが国では前述のとおり，原則として未確定判決や決定については執行判決の対象ではなく，イギリス[657]，ドイツ[658]も確定した外国判決のみを承認・執行の対象としている。これに対し，【37】のバーニーズ事件に見られるとおり，フランスは保全措置に対して著しくオープンな対応をしている。

【37】　Cass. 1er Ch. civ., 17 octobre 2000, Barney's Inc., c/CMC[659]

アメリカの会社バーニーズ社はアメリカ・ニューヨーク南部破産裁判所から1996年1月11日にアメリカ倒産法11章の命令を受け，フランス国内における執行判決を求めて訴えを提起した。パリ控訴院は同命令が判決ではないので，執行判決の対象ではないと判示し，バーニーズ社が上告した。

破毀院は「バーニーズ社の支払停止宣告にかかわる裁判所の介入は債権者の追及をすべて停止させるものである」から，原審判決は執行判決を規定する新民事訴訟法509条に反するとして原審を破棄，差し戻した。

---

[657]　Nouvion v Freeman（1889）15 App Cas 1; PM North and JJ Fawcett, *Cheshire and North's Private International Law*, 12th ed., Butterworth 1992, p.365.

[658]　中野俊一郎「外国未確定裁判の執行（上）」際商13巻（1985）9号626頁。

[659]　Cass. 1er Ch. civ., 17 octobre 2000, Barney's Inc., c/CMC; *D* 2001, Jur. p.688, note Vallens.

新民事訴訟法509条は外国裁判所の行った判決を執行判決の対象とするとしており，ここで判決とは対審の手続を経て行った判決・決定を指すものと解され，パリ控訴院は破産債務者の申立てに関わる審理が行われなかったことを理由に執行判決を認めなかったのであるが，破毀院は「人，財産，権利義務に対して効果を生じる裁判所の介入すべては執行判決を受けることができる」として，対審を要件とはしなかった。しかし，わが国では承認される外国判決はあくまでも確定した判決であることを要する。

第4節 「差押えアプローチ」による解決と問題点

一 わが国の裁判例と無益執行論

　最近，わが国の裁判所がわが国の債権者の申立てに応じて，わが国の債務者が外国に所在する第三債務者に対して有する国際金銭債権を目的として差押命令を発した例がある。これが外国に居住する第三債務者に直接わが国の裁判所の差押命令を送達する「差押えアプローチ」である。事件の概要と判旨は以下のとおりである。

【38】　大阪高裁平成10年6月10日決定[660]
　歯磨き剤などを製造販売する日本法人ライオン（ライオン本社）は，日本法人協光を経由して，インドネシア法人ライオンインドジャヤに原材料を輸出し，現地生産させていた。協光とライオンインドジャヤとの決済は船荷証券発行日の90日後までに，協光がわが国の銀行に有している銀行口座に振り込む方法によることとなっていた。ライオン本社は，その関連会社と合算でライオンインドジャヤの資本金の48％を出資し，さらに取締役副社長など幹部を出向させ，実質的に子会社化していた。
　ライオン本社が協光に原材料を販売し，協光がこれをライオンインドジャヤに転売したところ，ライオンインドジャヤが協光に決済する前に協光が破産宣告を受けた。ライオン本社は協光に対する売掛代金を回収するため，協光のライオン

---

[660]　大阪高裁平成10年6月10日決定（金法1539号（1999）64頁）。三井哲夫「判批」判リマ24号（2000）161頁，森田博志「判批」平成10年度重判解296頁。

インドジャヤに対する債権に対して動産売買代金先取特権の物上代位として差押えを申し立て，大阪地裁は，差押命令を発し，外務省を通じる管轄裁判所送達の方式により，ライオンインドジャヤに対する差押命令の送達手続をとった。

協光の破産管財人は，本件差押えは日本に住所を有しないインドネシア法人を第三債務者とし，債権差押えは，債務者だけでなく第三債務者に対しても弁済禁止とその後の弁済を無効とする効力があり，第三債務者は二重払いのリスクを負うのであるから，わが国の国際裁判管轄権を認めるのは公平を欠き，不当であり，担保権に基づいていない限り，わが国に住所もなく財産もない外国人に対しては強制執行の余地がなく，無益執行として許されないとして，執行抗告を行った。

大阪高裁はまず国際裁判管轄について最高裁平成 9 年 11 月 11 日判決を挙げ，「本件差押命令の国際裁判管轄の有無についても，基本的には，上記認定基準にしたがって判断すべき」とし，債権差押命令事件の国際裁判管轄については「民事執行法 193 条が準用する同法 143 条に基づく」として，民事執行法 144 条 1 項，同 2 項により「債務者が日本に住所を有する日本人であり，第三債務者が外国に住所を有する外国人の場合にも，債務者の普通裁判籍の所在地を管轄する地方裁判所が，原則として，債権差押命令事件について，国際裁判管轄権を有する」とした。次に，債権差押命令が第三債務者に送達されると，第三債務者には弁済禁止効が発生し，第三債務者は二重払いの危険に曝され，陳述書提出義務，差押え債権の供託の権利と義務，執行裁判所への事情届の提出義務が生じること，第三債務者が外国に居住している外国人であり，わが国との接点がほとんどない場合には，第三債務者の被る不利益は甚大であるという問題があるとして，「(イ) 債務者が日本に住所を有する日本人であり，第三債務者が外国に住所を有する外国人の場合にも，債務者の普通裁判籍の所在地を管轄する地方裁判所が，原則として，国際裁判管轄を有することになる。(ロ) しかし，前示最高裁判例が指摘している『特段の事情』を柔軟に解釈し，外国に居住する外国人たる第三債務者が置かれている立場に，充分配慮する必要がある。(ハ) 例えば，第三債務者が外国に居住している外国人であり，日本との接点が，第三債務者にとっての債権者（差押命令の債務者）が日本に居住している日本人という一事である場合には，当然，上記『特段の事情』があるものと解する」とし，さらに「動産売買の先取特権に基づく物上代位権を行使するには，代位物（債務者が第三債務者に対して有する売掛債権等）が弁済によって債務者の一般財産に混入することを防ぎ，債権

の特定性を保持するために，目的債権を差し押さえる必要がある（民法304条1項）」が，「本件差押命令を求めたのは，上記物上代位権の行使要件を充足する必要があるからにすぎ」ず，第三債務者は債権者の関連会社であり，「本件差押命令に基づき，相手方に対し差押債権を弁済することについては，異存はないものと推測される」ので，本件差押命令事件の国際裁判管轄権を大阪地裁に認めても「『当事者間の公平，裁判の適正・迅速を期するという理念に反する特段の事情がある』とは到底解せられない」とした。

また，無益執行原則違反という論点について，大阪高裁は本件差押命令が「およそ送達できないのであれば，無益執行禁止の原則に反する」が，「現在，外務省を通じての管轄裁判所送達の方式により，ライオンインドジャヤに対し，本件差押命令の送達手続中」であり，送達に長期間を要するとしても，送達は可能であり，無益執行禁止の原則に違反するものではないとした。

「差押えアプローチ」は，国際金銭債権執行の事件についても判決手続の裁判所が執行手続の裁判所を兼ねることによって迅速な執行を可能にすることができる。外国に居住する第三債務者がわが国の裁判所の発した差押命令を無視しない限り，執行は簡単かつ迅速に行われるが，問題はわが国の主権に服さない当該第三債務者が差押命令を無視しない保障がないことである。【38】のライオンインドジャヤ事件で抗告人の破産会社協光の破産管財人は，わが国に所在する債務者が外国に所在する第三債務者に対して有する金銭債権に対して差押えを行うことは無益執行にあたると主張した。たしかに当該第三債務者が差押命令を無視すれば，この差押えは無益な執行に当たることになる。

債権執行では第三債務者の弁済意思及び弁済能力という不確定な事実を基礎として手続が構築されているため，無剰余換価禁止の原則を採用することはできないので（民事執行法63条，129条参照），わが国民事執行法には「無益執行禁止」の明文はないが，無益執行禁止の原則は民事執行手続の原則であるともされている[661]。学説としては「差押えアプローチ」を無益執行として認めない説（国際金銭債権差押え否認説）と「差押えアプローチ」も認める説（国際金銭債権差押え容認説）が対立している。

---

661) 香川監修『注釈民事執行法(6)』（金融財政事情研究会，1995）89頁［田中康久］。

第4編　わが国で可能なアプローチ

(a)　国際金銭債権差押え否認説

兼子博士は「外国にある動産不動産が日本の執行権に服しないのと同様」にわが国で執行の対象となる権利は「日本にある権利に限る」とし，「権利は日本において強制的に実現し行使できる場合でなければ，これに対し日本において執行することは無意義である」[662]とする。

中田博士は，執行債務者が国内に住み，第三債務者が外国に住む場合，内国執行裁判所がこの債権に対して差し押さえることができるかドイツで議論があり，消極説，積極説，折衷説（差押命令を発することは妨げられないが，普通は送達不能のため効力を生じないとする説）があることを紹介し，民事裁判権の場所的限界は土地管轄規定から間接的に推論することになるが，旧民訴法595条の規定からは執行裁判所の管轄は第一次的に執行債務者の普通裁判籍，第二次的に第三債務者の普通裁判籍であるので，外国に居住する第三債務者に対する債権の差押えも許されるように読めるが，「差押命令は，第三債務者に対する支払禁止を本質的内容とし，そしてこの支払禁止はもちろん，その送達も一国裁判権の作用であるから，第三債務者が日本の裁判管轄外にある場合には，これに対する債権を目的として差押命令を発することは，理論上許されない」[663]とする。

宮脇教授は「被差押債権の第三債務者の住所が外国にあること又はその義務履行地が外国であることだけでは，その債権を対象とする金銭執行の妨げとはならない」が，「差押命令が第三債務者に現実に到達しなければ差押の効力は生じないし，また，執行行為が国家の強制権の発動の一場合であるため，公序の観点に基づき差押命令の第三債務者への送達についての司法共助が外国により拒絶されることもありうるが，その送達の困難さを理由として差押命令の申請を却下することはできない」ものの，「被差押債権につき内国において第三債務者を被告とする裁判上の請求が可能であることを要する」とし，これは「もし差押債権者が外国裁判所で第三債務者に対し被差押債権の履行を請求する給付訴訟を提起しても，日本での執行行為の効力は原則として承認されないからである」[664]としている。

山本(草)教授は，域外管轄権を立法管轄権，司法的管轄権および他国の領域内で国内法令に基づく強制措置を行う執行的管轄権に分け，国内資産の差押えを執

---

662)　兼子一『増補強制執行法』（酒井書店，1951）191頁。
663)　中田淳一「執行行為の瑕疵」『民事訴訟法講座4巻』（有斐閣，1955）1035頁。
664)　宮脇幸彦『強制執行法（各論）』（有斐閣，1978）11頁。

行的管轄権に分類して、「国家の管轄権に基づく強制措置は、原則として自国領域内に限られ、したがって外国での執行的管轄権の行使は、その明示・黙示の同意または国際法上の根拠がある場合に限られる」としている665)。

田中判事は「執行債務者は国内にいるが、第三債務者は外国に所在する場合には、①第三債務者に対する差押命令の送達ができること、②その債権の履行地が日本国内であること、および③その第三債務者が日本国内に財産を有していることの条件を満たしている場合に限って、日本においてその債権についての差押えをすることができると解するべき」666)であるとし、また別の個所では「原則的には、第三債務者の普通裁判籍が国内に存在しない場合には、無益な執行として債権執行を開始するのは相当でな」く、「申立てを却下すべき」であり、「第三債務者の住所等が外国にあり、当該外国との間に、個別的取決めや条約との関係で、差押命令を第三債務者に送達できる場合でも同様」であり、「第三債務者が国外に住所等を有するときには、その者に対する執行は、当該国へ赴いて行なうべきであるのが原則」であって、「第三債務者が外国に住所等を有するときには、債権執行の実益があること（たとえば、第三債務者が国内に財産を有していること、その債権が国内にある担保物によって担保されていること）を立証しなければ、債権執行の申立てを却下すべき」667)であるとする。

富越判事は、第三債務者がわが国の裁判権に服することを要件としている668)。

(b) 国際金銭債権差押え容認説

松岡博士は、わが国の「主権ノ下ニ在ラサル有体物ハ勿論無体物（権利）ト雖モ有効ニ之ヲ差押フルコトヲ得ルノ理ナケハナリ（差押ハ国家ノ権力ノ発動ナリ）」とし、「債権ノ差押ヲ為スニハ其ノ債権カ国際法ノ原則ニ従ヒ」、わが国の「主権ノ下ニ在ルコトヲ要ス」との意見、または「債権ノ差押ハ第三債務者カ」わが国

---

665) 山本草二「国家管轄権の域外適用」ジュリ781号（1983）199頁。
666) 香川監修『注釈民事執行法(1)』（金融財政事情研究会、1983）81頁［田中康久］。第三債務者が国内に所在している場合について、田中判事は、「債権執行は第三債務者に弁済の禁止を命じた上、差押債権者による取立て、第三債務者の供託等によって換価手続を終えようとする制度であるから、債務者が国内に居住していないときでも、第三債務者が国内にいるときは、その債権については、国内にあるものとして差押をすることが許される」としている。
667) 香川監修『注釈民事執行法(6)』（金融財政事情研究会、1995）89頁［田中康久］。田中判事は、「債権執行の実益があること」の立証責任は差押債権者にあるとしている。
668) 香川監修・同上13頁［富越和厚］。

「内ニ於テ住所ヲ有スルトキニ限リ之ヲ許スヘキモノ」とする意見があることを認めた上で，「金銭債権其ノ他ノ財産権ノ差押ハ債務者ニ対スル執行行為」であるから，「債権ノ差押ニハ債務者カ」わが国の「執行力ノ下ニ立ツヲ以テ足」り，「債務履行ノ場所カ外国ニ在ルト第三債務者カ其ノ住所若ハ居所ヲ外国ニ有スルト否トヲ問ハサルモノトス」とし，「第三債務者ニ対スル差押命令ノ送達ハ差押ヲ完成サセルモノナイト雖モ這ハ送達行為ニシテ執行行為ニ非サル」[669]とし，執行債務者を基準にして差押命令の発令の可否を判断するとしている。このことは第三債務者が外国に所在していても金銭債権差押えを行う障害にはならないことを意味する。

中野教授は「わが国の強制執行の対象となるのは，内国の権利でなければならないが，そのためには，日本の裁判権（民事執行権）に服する執行債務者に属するとされる権利であれば足りる」とし，「第三債務者の普通裁判籍の所在や送達の可否に立ち入るまでもな」く，「実際上，送達ができない場合，あるいは執行が効を奏しない場合が，現在のところまだ多いだけのことであり，送達できなければ差押命令の効力が生じないにとどまる」とする[670]。また「債権が第三債務者の普通裁判籍の所在地にあるとされるのは，擬制」に過ぎないとしている。

日比野教授は，ドイツの状況（民事訴訟法828条2項）[671]について「第三債務者が外国にいる場合，執行債務者がドイツに住所を有する場合には，債権差押えについてのドイツ裁判所の国際管轄は肯定されている」とし，第三債務者の裁判籍を基準とすると「執行債務者も第三債務者もわが国に所在しない場合にも，第三債務者の財産がわが国にあるか，もしくは被差押債権の履行地がわが国であれば，わが国の国際管轄が肯定されることになる」が，「このようなことは民執法144

---

669) 松岡義正『強制執行要論［中巻］（訂正第二版）』（清水書院，1925）1041頁。松岡博士は，この意見は(1)債権は債務者の履行地に存在するとされていること，(2)差押命令は審訊をしないので，執行裁判所は債務履行地がわが国国内か否かを調査しないこと，(3)在外の第三債務者は異議を提出する機会がないことに依拠するとしている。

670) 中野貞一郎『民事執行法［新訂4版］』（青林書院，2000）566頁。

671) ドイツ民事訴訟法828条2項は，「債務者がドイツ国において普通裁判籍を有する他の地の区裁判所，普通裁判籍なきときは第23条に従い債務者に対して訴えを提起しうべき区裁判所が執行裁判所としてこれを管轄す」と定める（翻訳は，神戸大学外国法研究会編『独逸民事訴訟法［Ⅲ］強制執行乃至仲裁手続』復刻版（有斐閣，1955）196頁［小野木常］による）。ただし，小野木教授は，「執行債務者に対して訴えを提起し得べき区裁判所即ち財産所在地の区裁判所」とし，「茲にいわゆる財産所在地は債権に関しては第三債務者の所在地又は債権を担保する物の所在地である」とし，23条後段を引用する。

条からは導き出すことはでき」ず、「強制執行が執行債権者と執行債務者との関係を基本とするものである以上、執行債務者を基本として国際管轄を考える」ことが妥当であるとしている[672]。

　藤井助教授は、第三債務者が協力的であれば、主権侵害の問題を生じることはなく、「第三債務者の協力も当該外国の協力も得られなければ、差押えが内国においても失敗に終わるという結果に至るだけである」としている[673]。

　稲葉判事は「差押えの対象となる債権は、その第三債務者に対する送達が可能であり、かつ、第三債務者が日本の裁判所による差押命令に服するものでなければならない」とし、「差押命令は、日本の裁判権の行使の現れであり、第三債務者に対する債務履行の禁止をその本質とするものであるから、第三債務者に対する差押命令の送達ができず、又はこれによって支払の差止めの効果が生じないものについては、差押えることはでき」ないのであるが、「単に送達が事実上困難であることは差押え申立てを拒否する理由にはなら」ず、「日本で裁判上の請求が可能である必要はない（第三債務者が任意に協力してくれることを期待して差押命令を発することを拒否する理由はない）」としている[674]。

　条約やわが国の法規は、わが国の裁判所が外国に住所を有する第三債務者に対する金銭債権を目的とする差押命令を発して、当該第三債務者に送達することを禁じてはいない。わが国は民訴条約[675]と送達条約[676]を批准して、両条約の実施

672）　日比野泰久「債権差押えの国際管轄と差押命令の送達」名城47巻（1997）1号131頁。

673）　藤井助教授は、ドイツにおける債権執行の国際管轄に関する学説を紹介する中で、第三債務者が外国に所在する場合、権限を失うとする説（執行権限否定説）と失わないとする説（執行権限肯定説）が対立し、執行は国家主権の行使であるから、外国に存在するものや財産に主権を行使することは外国主権の侵害に当たるとする執行権限否定説は古い判例に見られるとする。一方、執行権限肯定説は、外国にある第三債務者に対する債権の差押えがあったとしても、第三債務者は執行債務者に対して弁済することができるが、その弁済は差押命令を出した裁判所のある国において債務免責の衡量を受けられず、二重弁済を強いられる惧れがあるとされたり、差押命令を出すこと自体はとくに国際法に違反するものではないとする（藤井まなみ「日本国内において債権差押えがなされた場合における外国の第三債務者への送達の適法性」法学政治学論究20号（1994）246頁）。

674）　鈴木＝三ケ月編『注解民事執行法(4)』（第一法規出版、1985）369頁［稲葉威雄］。

675）　「民事訴訟手続に関する条約」（昭和45年6月5日条約第6号）。

676）　「民事又は商事に関する裁判上及び裁判外の文書の外国における送達及び告知に関する条約」（昭和45年6月5日条約第7号）。

に伴う民事訴訟法特例法[677]を整備しているから，差押命令を民訴条約または送達条約にしたがって第三債務者の居住する国に送達を委嘱することは可能である。ただし，送達が可能であっても，外国に住所を有する第三債務者に支払を強制する手段はないので，無益となる懸念があることはたしかである。第三債務者がわが国に住所を有する場合には，差押命令の執行債務者への送達をしてから1週間経過すれば取立権が生じ（民事執行法155条1項），第三債務者に対しては取立訴訟を提起することができるが（同157条），取立権はわが国民事執行法上の権利であるから，外国に住所を有する第三債務者に対して取立訴訟を提起することには疑問がある。わが国に所在する第三債務者が陳述に応じなかった場合には，差押債権者は損害賠償を請求することができるが（民事執行法147条2項），外国に所在する第三債務者が陳述を行わず，この第三債務者に対してわが国民事執行法の規定にしたがって損害賠償を請求しても，第三債務者が住所を有する国の裁判所が認めることは期待し難い。さらに，わが国に住所を有する第三債務者は差押えに係る金銭債権を供託することができるが（民事執行法156条），外国に住所を有する第三債務者がわが国の法務局に供託することは現実には考えがたく，仮に第三債務者が住所を有する国に供託機関が存在し，第三債務者が当該供託機関にわが国の裁判所の差押命令の目的である金銭債権を供託したとしても，この外国供託機関への供託はわが国民事執行法が予定する供託と同じ効果があるわけではない。

　前掲【38】の大阪高裁決定の意義は，まず債権差押命令事件についても国際裁判管轄の一般基準が妥当するとして，国際本案管轄と国際執行管轄を同一とする意見を示したこと，次に第三債務者が外国に所在する場合であっても，わが国から当該第三債務者に対する送達が可能であれば，わが国の差押命令を無益とする理由はないことを明らかにしたことである。しかし，本決定は国際金銭債権差押え容認説を採用したとはいえない。それは下記の理由による。

　第一に，本件では第三債務者と債権者は実質的に親子関係にあり，第三債務者が差押債権者の意図に反した行動をとることはないと推測したと考えられる。

　第二に，この事件は動産売買の先取特権に基づく物上代位権行使のための差押えの事件である。わが国では前述のとおり，民法304条1項但書にいう「差押」

---

[677] 民訴条約，送達条約の批准にともない，民事訴訟手続に関する条約等の実施に伴う民事訴訟手続の特例等に関する法律（昭和45年6月5日法律第115号）と同規則（昭和45年7月7日最高裁規則第6号）を制定した。

は民事執行法にいう「差押え」とは同じとは理解されていない。

　第三に，第三債務者の債務者に対する債務は第三債務者が日本の債務者の銀行口座に売買代金を振込むという持参債務の性格を有していたことも考慮されている。

　これらの特別な事情があったので，本件差押命令を無益執行禁止の原則に反するものではないとしたのであり，無益執行論が払拭され，「差押えアプローチ」が一般的に認められたとすることはできない。しかし，差押命令の効力を国家主権の命令の観点からではなく，第三債務者の支払意思の観点から判断したことは，執行について当事者主義的な考え方がうかがわれるところである。

　現在まで，債務者の国際金銭債権に対する差押命令に関して公表された事例は，前掲【38】の大阪高裁決定のみである。ただし，新聞報道によれば破綻したわが国の不動産開発会社が海外子会社の所有する不動産を第三者に信託し，当該不動産からの収益に関わる信託受益権を有していた事案で，わが国の債権者の申立てに基づいて，わが国の裁判所が信託受益権に対する差押えを認めた例がある[678]。本事例の差押えの対象は信託受益権であったが，受益証券は発行されなかったので，権利執行として行われ（民事執行法122条1項），わが国の裁判所が国際金銭債権に対して差押命令を発したと報道されている。今後，【38】の大阪高裁決定の事件と同様の事例が増えることが予想される。仄聞するところ，裁判所は原則として第三債務者がわが国に営業所を有していない外国法人の場合には，当該第三債務者に対する金銭債権の差押えを認めないが，たとえば，第三債務者が債務者の代表取締役である場合，債務者と第三債務者の間に密接な関係がある場合，債務者が明白に財産隠しや債権者を詐害する行為を行っている場合には，個別に事情を勘案して，債権差押命令を発令するようである。債権者は「債権差押命令申立書」に加えて，債務者と第三債務者の関係に関する資料によって，債務者側の事情，債務者と第三債務者との極めて親密な関係を説明する必要があり，必ずしもこの作業は容易ではない。

---

678) 整理回収機構が債務者カブトデコムに対して行った事件。整理回収機構は，わが国裁判所に係属した貸金返還請求事件の判決を得て，これをカブトデコムの子会社が所在するアメリカの裁判所で判決を得て執行することとした（2000年8月23日付け北海道新聞朝刊，同年8月24日付け日経新聞（道内版）を参照）。

二　「差押えアプローチ」の問題点

1　第三債務者の二重払いの危険

　無益執行論は国家権力である裁判所が発した差押命令が無視される場合には、執行が無益になるとするが、これは強制執行国家管理論に立っている。この考え方では国家の公権力が発した差押命令が守られないという事態は由々しいものであろう。しかし執行を債権者のイニシアティブに委ねるとする当事者主義的執行論に立つと、差押命令が守られないことは単なる私人間の権利の侵害に過ぎないことになる。民商事の紛争は基本的には私人当事者間の争いであり、国家権力が軽んじられたことは問題にはならないのではないか。【38】の大阪高裁決定は、外国に居住する第三債務者の陳述書・事情届の提出、法務局への供託等の負担を挙げているが、このような第三債務者の負担の問題や無益執行の懸念よりも、私人間の権利が守られないこと、とくに外国の裁判所の差押命令にしたがって金銭債務を支払うことになる第三債務者の保護が十分でないことが「差押えアプローチ」の問題点である。

　たとえば、ライオンインドジャヤ事件では、わが国の裁判所の差押命令がライオンインドジャヤに送達された後、執行債務者である協光（その機関としての同社の破産管財人）がわが国の裁判所の判決とは無関係にインドネシアの裁判所にライオンインドジャヤに対して転売代金の支払を求める訴えを提起する可能性があった。また、わが国以外の国に居住する債権者が協光に対して債権を有していたならば、これらの債権者がインドネシアの裁判所から協光のライオンインドジャヤに対する債権の差押命令、仮差押命令またはインドネシア法上これらに相当する命令を得る可能性もあった。これらの場合にインドネシアの裁判所がわが国の裁判所の判決を斟酌するとは限らない。わが国の裁判所の差押命令とインドネシアの裁判所の差押命令が競合する事態も想定されるのである。仮にインドネシアの裁判所が当該債権を目的とする差押命令を発すると、インドネシアの裁判管轄に服するライオンインドジャヤはライオン本社と協光それぞれに対する二重払いを強いられたであろう。

2　差押命令の送達の効果

　外国に住所を有する第三債務者についても、差押命令や仮差押命令は送達されなければその効力は生じない[679]。この場合、外国に住所を有する第三債務者に

直接送達しても，当該国の定める様式に即した送達でなければ，わが国の民事執行法が予定している効果は生じないので，民訴条約または送達条約にしたがって第三債務者が住所を有する国にこれらの命令を送達するよう嘱託することを要する[680]。相手国がこれらの条約に加わっていない場合も当該国との間で送達に関する条約がある場合は，この条約にしたがって送達を嘱託する。外国に居住する第三債務者に対する送達については2つの問題がある。1つは，この送達を国内で認められる他の方法で代替することができるかという問題であり，もう1つは，受託国での差押命令の送達の効果はわが国国内での送達の効果と全く同じかという問題である。

(1) 送達の代替方法

まず外国に所在する第三債務者に対して，国内で送達に相当する手続である公示送達の手続をとることができるかという問題がある。

わが国では外国においてすべき送達は，裁判長がその国の管轄官庁またはその国に駐在する日本の大使，公使若しくは領事に嘱託してすることとし（民事訴訟法108条），公示送達によることができる場合として「外国においてすべき送達について，第108条の規定によることができず，又はこれによっても送達することができないと認めるべき場合」申立てによる公示送達の方法をとることが認められているが（同110条1項），外国判決を承認するに当たっては当該外国裁判所における裁判において被告は訴訟の呼出し若しくは命令の送達を受けなければならず，この送達には公示送達その他これに類する送達は含まれない（同118条2号）とされている。公示送達の方法によっては，書面の内容を現実に了知する可能性が極めて少なく[681]，被告に対して必ずしも応訴や防御の機会を保障したことに

---

679) わが国については，野村秀敏「国際的債権執行と仮差押えに関する二つの問題点」青山＝小島他編『現代社会における民事手続法の展開上巻』（商事法務，2002）335頁を参照。フランスにおいては旧強制執行法560条，新民事訴訟法683条1項を参照。

680) 嘱託による送達の意味については，日比野泰久「債権差押えの国際管轄と差押命令の送達」名城47巻（1997）1号99頁，藤井まなみ「国際的債権執行の諸問題」法学政治学論究19号（1993）223頁，藤井まなみ「外国においてなされた債権執行の効力の内国における承認」法学政治学論究21号（1994）131頁，藤井まなみ「日本国内において債権差押えがなされた場合における外国の第三債務者への送達の適法性」法学政治学論究20号（1994）241頁を参照。

681) 鈴木＝青山編『注釈民事訴訟法(4)』（有斐閣，1997）380頁［高田裕成］，青山善充「外国判決の承認および執行の要件」手形研究495号（1994）6頁，渡辺惺之「外国判決承認に関する新民訴法118条2号について」阪法47巻（1997）4・5号886頁。なお，少

はならないからである。

フランスにはわが国の公示送達に類似の制度として，知れたる住所，就業場所を持たない者に対する文書の送達方法として，検察局送達（signification au parquet）の方法があり，外国に居住する者に対する送達はこの方法によるとされている[682]。この場合執行士は送達の書類の写しを直接名宛人に送付する[683]。また，ドイツにはわが国のような公示送達の制度があるが，学説・判例ともに第三債務者は当事者には当たらず，本来債権者と債務者の間の紛争に無関係な第三債務者に外国における公示送達を予期することはできないので，外国にいる第三債務者への公示送達（ドイツ民事訴訟法203条2項）は認められず[684]，またドイツ民事訴訟法829条2項4文は外国にいる債務者に対する取立禁止命令の送達は付郵便送達によってなされることとするが，第三債務者に対する支払禁止命令の送達にはこの規定を類推適用することは否定されている。付郵便送達の方法によっては，差押命令の内容を了知させることは保証されないからである[685]。

裁判上および裁判外の文書の送付について，民訴条約は「民事又は商事に関し，外国にいる者にあてた文書の送達は，嘱託国の領事館から受託国の指定する

数説は第三債務者は当事者に準ずる立場にあり，その所在が不明である場合には実益はないが，保証人がいるとか担保権が付帯しておりこれを実行することで満足が得られるような場合には，公示送達の方法によって取立権と差し押さえの効果が発生するとする意見がある（鈴木＝三ケ月編『注解民事執行法(4)』（第一法規出版，1985）408頁［稲葉威雄］，香川監修『注釈民事執行法(6)』（金融財政事情研究会，1995）123頁［田中康久］，中野貞一郎『民事執行法［新訂4版］』（青林書院，2000）594頁，山崎監修『注釈民所保全法（下）』116頁［山崎潮］）。野村教授は，相手国が公示催告によって生じた差押命令の効力を承認する可能性があれば，公示送達による第三者への支払禁止命令は有効であるとする（野村秀敏「国際的債権執行と仮差押えに関する二つの問題点」青山＝小島他編『現代社会における民事手続法の展開上巻』（商事法務，2002）343頁）。

682) 新民事訴訟法684条1項は「外国に住所のある者に対する送達は検察に行う」と定める。

683) 新民事訴訟法686条は「執行士は検察局送達の当日または遅くとも翌営業日までに送達された文書の真正コピーを受領確認以来とともに書留便で名宛人に送らなければならない」と定める。

684) 野村秀敏「国際的債権執行と仮差押に関する二つの問題点」青山＝小島他編『現代社会における民事手続法の展開上巻』（商事法務，2002）341頁。

685) 野村秀敏，同上344頁。野村教授は，わが国民事訴訟法107条1項は書留郵便に付する送達に108条によって外国で送達できない場合が含まれていないからこの場合には付郵便送達はできないが，第三債務者の本拠の所在国で承認されないことが明らかな場合を除き，仮差押命令については認めてよいとする。

当局に宛てた要請に基づき，締約国において行われる」(同1条) と定める。送達条約は「この条約は，民事又は商事に関し，外国における送達又は告知のため裁判上又は裁判外の文書を外国に転達すべき場合につき，常に適用する」(同1条) と定め，条約に則った送達であれば，原則として受託国はこれを行わなければならない。わが国の裁判所が外国に所在する第三債務者に対する金銭債権を目的とする差押命令を発したが，第三債務者の所在国が民訴条約，送達条約のいずれも批准しておらず，わが国との間に送達に関する二国間条約もなく[686]，公式の送達ルートがない場合に，わが国の送達手続に則って行っても第三債務者が住所を有する国の送達または送達に相当する手続に則っておらず適式ではない[687]。外国に住所を有する第三債務者は差押命令を受領することを拒む可能性もあり，さらにわが国の債権者への支払いを強いる手段はない。第三債務者が送達された差押命令に異議をはさむことなく受領した上で，わが国の裁判権に積極的に服す旨を明らかにするのでなければ，わが国の執行裁判所が発した差押命令の実効性は生じない[688]。

(2) 受託国における送達の効果

わが国では送達とは「当事者その他の訴訟関係人に対し，法定の方式にしたがって，訴訟上の書類を交付して，その内容を了知させ，現実に交付することができない場合には，交付を受ける機会を与え，かつ，これらの行為を公証する裁判機関の訴訟行為である」[689]とされている。同一の国家主権の下にある場合には，送達は単なる書類の通知という事実行為ではなく，送達を規定する法令の予定した効力の発生のためにとられる行為であるが，主権の下に服していない外国から差押命令の送達の嘱託を受けてこれを送達することは，外国の差押命令の効力を承認する行為なのか，それとも事実として差押命令が発せられたことを通知する行為なのか，二つの解釈が考えられる。

送達は「受託国の法律上権限を有する当局が行」い (民訴条約3条1項)，「受託

---

[686] 森判事は，条約・取決めによらない送達共助がなされた事例があるとしている (森義之「送達・証拠調べ」元木＝細川編『裁判実務体系第10巻渉外訴訟法』(青林書院，1989) 100頁)。

[687] 高桑教授は，わが国に送達の実施を嘱託しないで行う送達を適法とすることは一国の国家権力を他の国の領域内で行使することを認めることになるとする (高桑昭「渉外的民事訴訟事件における送達と証拠調べ」曹時37巻 (1985) 4号870頁)。

[688] 中野貞一郎『民事執行法 [新訂4版]』(青林書院，2000) 576頁。

[689] 三宅＝塩崎＝小林編『注解民事訴訟法(2)』(青林書院，2000) 305頁 [木村元昭]。

国の中央当局」が「文書の送達又は告知を行う」(送達条約5条1項)のであるから，嘱託による送達は命令を発した国の主権行為ではなく，受託国自身の行為である。差押命令や仮差押命令の送達の受託国は，民訴条約4条，送達条約13条1項[690]に基づいてこれを拒否することが認められる[691]。

では，送達の嘱託を受諾し，自国内に住所を有する第三債務者に送達することは外国の差押命令の効力を承認したことになるのだろうか。これは嘱託国の差押命令を嘱託により送達した場合，外国の差押命令と競合する訴訟が受託国の裁判所では却下されるかという問題でもある。

野村教授は，差押命令が送達されただけでは，その効力は嘱託国において生ずるに過ぎず，受託国の領域においても差押命令の送達の効果が生ずるためには別個に当該国による承認が必要であり，受託国で送達がなされても嘱託国の差押命令の効力を承認してくれない場合には，受託国における執行債務者からの請求と嘱託国における執行債権者からの請求によって，第三債務者にとり二重払いの危険が発生することを指摘する[692]。

藤井助教授は，送達には一定の手続上の効力を発生させる機能と事実を通知する機能の2つの機能があるが，差押命令は送達によってはじめて効力を生じるものであり，差押命令を送達した場合には，第三債務者に執行債務者への弁済禁止効力，陳述義務，供託の義務などの効果が生じるが，差押命令を第三債務者に送達した後に第三債務者が執行債務者に弁済した場合，嘱託国における債務免責効果がないということに過ぎないとし，外国裁判所の差押命令の送達には手続上の効力を生じさせる機能はなく，外国差押命令が発せられたという事実を「通知する」にとどまり，「第三債務者が効力を受け入れる意思を有するか否かを問うために，通知の機能しかもたない送達をなすことは許される」としている[693]。

---

690) 民訴条約4条，送達条約13条1項は，送達が行われるべき領域の属する国又は受託国により「その主権又は安全を害する性質のものであると判断される場合を除くほか，拒否することができないと定める。

691) 藤井まなみ「日本国内において債権差押えがなされた場合における外国の第三債務者への送達の適法性」法学政治学論究20号（1994）253頁。

692) 野村秀敏「国際的債権執行と仮差押えに関する二つの問題点」青山＝小島他編『現代社会における民事手続法の展開上巻』（商事法務，2002）338頁。日比野教授も第三債務者の二重払いのリスクを指摘する（日比野泰久「債権差押えの国際管轄と差押命令の送達」名城47巻（1997）1号126頁）。

693) 藤井まなみ「日本国内において債権差押えがなされた場合における外国の第三債務者への送達の適法性」法学政治学論究20号（1994）256頁。

送達は受託国の主権を侵害するものでなく，適式に行われる限りその内容にかかわらず行われ，送達される内容，当事者の紛争の是非については判断されない。当事者の紛争に関する主張の当否を判断する機会としては，送達手続とは別に外国の裁判の承認・執行制度が設けられている。これらを考慮すると，受託国における送達に嘱託国の法令上の送達の効果や受託国における送達の法令上の効果を期待することはできず，命令が発せられた「事実を通知する」機能しかないというべきであろう。ただ，差押命令が嘱託によって送達された後，送達を受けた第三債務者が住所を受託国から嘱託国に移した場合，債権は債務者の住所地に所在する（民事執行法144条2項）から，差押命令の効果が生じることはあるが，例外的な場合にとどまる。

　ゴットヴァルトは，ドイツの判例・通説はドイツ民事訴訟法828条2項により，金銭債権差押えの管轄について債務者の住所を基準とし，外国に所在する第三債務者にも執行裁判所の土地管轄の規定を適用し，債務者が内国に住所を持つことによって差押命令及び転付命令は可能であるが，第三債務者が居住する国の当局はこの差押命令の送達を第三債務者に対する外国の不当な高権的処置と理解し，実施しないおそれがあり，現実的には外国に所在する第三債務者の債権差押えは当該第三債務者が比較的長期に内国に滞在する場合，第三債務者である企業が内国に支店・営業所を持っており，差押えの目的の債権がこの支店と関係をもっている場合，あるいは抵当付債権の差押えの場合のように，第三債務者に対する送達を必要としない場合に限定されるとしている[694]。この点はわが国も同様である。差押命令の送達を嘱託することは外国の主権の侵害には当たらないが，差押命令の送達は，送達後の債務者に対する支払いに債務免責効果が認められない旨の通知に過ぎず，差押命令送達の効力は嘱託国においてのみ生じ，受託国で差押命令送達の効力が認められるには別途，承認手続が必要であろう。

　外国における差押命令の送達は国内での差押令状の送達の効果を生じさせることはなく，単に命令が発せられた事実を通知するのみであるならば，受託国で差押命令を送達され，命令どおりに差押債権者に差押債権を支払った第三債務者を相手として，執行債務者が受託国の裁判所に債権の支払請求の訴えを提起した場合，受託国の裁判所は第三債務者が債務不存在の抗弁を提出しても，この抗弁を認める可能性は少ない。第三債務者としては委託国に居住する差押債権者が得た

694）　ゴットヴァルト（藤井訳）「国際強制執行」石川＝三上編『国際民事訴訟の基本問題』（酒井書店，1994）217, 218頁。

給付判決を持ち出して，差押債権者に対する支払いの正当性を主張するであろうが，差押債権者の得た給付判決の既判力は第三債務者には及ばない。執行債務者と第三債務者との訴訟に差押債権者を参加させることが考えられるが，差押債権者の参加は期待し難い。同裁判所が第三債務者は依然として執行債務者に対して債務を負うとして，第三債務者に執行債務者への支払いを命ずるおそれはある。「差押えアプローチ」の固有の限界と言わざるを得ない。

三　フランスにおける「差押えアプローチ」

1　無益執行の懸念

旧強制執行法のセジ・アレ，新民事執行法のセジ・アトリビュシオンのいずれも債権者から第三被差押人への差押令状の送達によって手続が開始される。執行債務者がフランスに居住しており，第三債務者が外国に居住する場合，差押令状は第三被差押人に宛てられるから，差押令状の送達は送達地（第三被差押人の住所地国）の所定の方式に従わなければならない[695]（旧強制執行法560条[696]，新民事訴訟法683条1項[697]）。わが国やドイツと同様，第三被差押人の住所地の法がこの送達をそのまま認めるとは限らず，国際金銭債権に対する差押令状が遵守されない可能性があることはフランスでも認識されているところである。グラソンらは，送達を行う地の様式を遵守して，第三被差押人本人またはそのドミサイルに送達すればフランス法上の金銭債権差押えの効果（処分禁止の効果）を期待できるとしているが[698]，旧強制執行法のセジ・アレが第三債務者の居住する国の債権差押え制度と異なることを理由に，第三被差押人がセジ・アレの差押令状に従わない可能性があることも認めている。外国に住所を有する第三被差押人がセジ・アレにかかわらず，執行債務者に弁済した場合には，第三被差押人の弁済は差押債権者

---

695) Glasson, Morel et Tissier, *Traité théorique et pratique d'organisation judiciaire, de compétence et de procédure civile*, 3e tome IV, Sirey, 1932, p.262, Thureau, *De la saisie-arrêt en droit international privé*, Marchal & Billard, 1897, pp.116, 118, 120.

696) 旧強制執行法560条は「フランスの本土に居住しない者の手中に対するセジ・アレまたはオポジシオンは検察局送達の方法で行ってはならない。セジ・アレまたはオポジシオンは本人またはそのドミサイルに送達されなければならない」と規定する。

697) Perrot et Théry, *Procédures civiles d'exécution*, Dalloz, 2000, pp.37, 38.

698) Glasson, Morel et Tissier, *Traité théorique pratique d'organisation judiciaire, de compétence et de procédure civile*, 3e éd., Tome IV, Sirey, 1932, pp.234, 262, Garsonnet, *Traité élémentaire des voies d'exécution*, 2e, Larose, 1894, p.77, Cuche, *Précis des voies d'exécution et des procédures de distribution*, 4e éd., Dalloz, 1938, p.107.

に対抗することができないので，フランスの差押債権者はフランスの裁判所に第三被差押人を相手として原因債権の直接の債務者であるとする旨の訴えを提起することができ，第三被差押人がフランス国内に財産を有していれば，それを差し押さえることも可能であるが，フランス国内に第三被差押人の財産がなければ，差押債権者は第三被差押人が住所を有する国の裁判所に執行判決を求めることになる。この場合には，第三被差押人の住所地の裁判所は執行判決を求める訴えを却下・棄却することが予想され，この場合セジ・アレは「無益」となる。それにもかかわらず，フランスでは「無益執行」をめぐる議論は見られない。この背景としては，まず18世紀以来[699]，経済的・社会的に密接な関係にある周辺各国とバイラテラルの条約を整備してきたことが考えられるが[700]，第二に，それ以前の問題として，前述のとおり金銭債権執行における差押令状の送達が差押債権者の執行士によって行われ，この段階では国家権力が関与しないので，国家主権の観点から執行を無益・有益ととらえる意識が少ないことを挙げることができよう。すなわち，フランスでは判決は既判力を生じさせる国家主権の行為であるが，その後の執行は私人の行為であるから，国際的な差押令状が無益執行に当たるかという懸念を裁判所は持つまでもなく，差押債権者の問題と理解されているのである。

2 「差押えアプローチ」の例

ところで旧強制執行法の下では，債務名義を持たない債権者がセジ・アレを行う場合には，まず裁判所にセジ・アレの許可を求めることを要し，差押令状の送達後に有効判決を求める訴えの提起を要したので，セジ・アレを許可する裁判所と有効判決の裁判を管轄する裁判所の二つが存在することになった。セジ・アレを許可する裁判所は債務者の住所地を管轄する裁判所または第三被差押人の住所

---

[699] 1760年3月24日フランス・サルディニア条約（Traité franco-sarde du 24 mars 1760）は，管轄の有無，被告に対する召喚の有無，公序違反の有無の3点を調査するのみで，相手国の判決を執行すると定めた。

[700] ブラッセル条約7章55条は，同条約が既存の裁判管轄と判決の執行に関するバイラテラルな条約に代替することを定め，フランスについては1899年7月8日の白仏条約，1930年6月3日の仏伊条約，1934年1月18日の英仏条約，1969年5月28日西仏条約を挙げる。このほかに，フランスは，1964年8月27日のアルジェリアとの条約，1991年7月2日のアルゼンチンとの条約など，合計37カ国と条約を結んでいる（Mayer, *Droit international privé*, 6e éd., Montchrestien, 1998, p.297）。

地を管轄する裁判所であり（旧強制執行法558条），有効判決の裁判を管轄する裁判所は債務者の住所地を管轄する裁判所とされていた（旧強制執行法567条[701]）。セジ・アレの許可を第三被差押人の住所地を管轄する裁判所に申し立てた場合，有効判決の訴えの管轄は債務者の住所地の裁判所に限られていた。債務者の住所地の裁判所以外に有効判決の訴えが提起された場合も，債務者が無管轄の抗弁を提出しない限り，当該裁判所は判決を行うことができるとされていた[702]。債務者がフランス国内に住所を有していない場合，判例は旧強制執行法567条に基づき，セジ・アレの有効判決を求める訴えをフランスの裁判所に提起することはできないとしていたので，保全管轄・執行管轄の基準は第三債務者ではなく，執行債務者の住所が基準とされている。

後掲の【39】のアウトタイル事件はドイツの裁判所がフランスに居住していた第三債務者に対して差押命令を送達した例である。この事件は，複数の裁判が錯綜しており複雑であるが，当初の債権者で原告であるドイツ在のアウトタイル・サービス社がドイツ・ラインバッハ裁判所にフランスに居住するマレ氏を第三債務者とする債権に対する差押命令を申し立てたところ，ドイツの裁判所がルクセンブルグ議定書に基づいて欧州司法裁判所に国際裁判管轄に関する意見を求めたものである。執行については，執行地の裁判所に管轄があるとされた。

【39】 CJCE（2e），4 juill. 1985, A-S Autoteil Service GmbH c. Malhé[703]

ドイツ・ビュールに本社を置く中古自動車部品売買を業とするアウトタイル・サービス（アウトタイル社）は，ドイツ・メッケンハイムに本社を置くソシエテ・パト（パト社）から商品を購入した。粗悪品であったため，アウトタイル社はパト社に対して損害賠償を求めてドイツ・ボン地裁に提訴し，勝訴判決を得た。アウトタイル社は，判決を債務名義として執行を試みたところ，パト社は支払不能状態に陥っていた。アウトタイル社はパト社が支払不能に陥ったのは，パト社が

---

701) 旧強制執行法567条1項は，「差押当事者による（セジ・アレの）有効判決の申立てまたは取下げの申立ては，差押え当事者の住居の裁判所に対して行う」と規定した。

702) Glasson, Morel et Tissier, *Traité théorique et pratique d'organisation judiciaire, de compétence et de procédure civile*, 3e tome IV, Sirey, 1932, p.243.

703) CJCE（deuxième chambre），4 juillet 1985, A.S. Autoteil Service GMBH c/ Malhé, affaire 220/84, *Rec. CJCE*, p.2267; *Rev. crit. DIP* 1986, p.142, note E. Mezger, *JDI* 1986, p.449, note A. Huet.

フランス・サルーに居住する同社の株主の1人であるマレ氏に対して違法配当を行ったためであるとして、ドイツ・ラインバッハ裁判所にパト社がマレ氏に対して有する不当利得返還請求権を目的とする差押えを申し立て、これを得た。アウトタイル社は、次にバーデン・バーデン裁判所にマレ氏に対する支払請求の訴えを起こした。同裁判所は国際裁判管轄を認め、マレ氏に対して不当利得返還請求権額の中からアウトタイル社が損害賠償額として請求している金額の支払いを命ずる判決を行った。

マレ氏はこれを不服として、カールスルーエ上級裁判所に控訴したところ、同裁判所はブラッセル条約2条[704]を理由にフランスに居住する債務者に対するバーデン・バーデン裁判所の国際裁判管轄を否定し、フランスの裁判所に管轄があるとした。アウトタイル社は連邦最高裁に上告したが、棄却され、国際裁判管轄の問題は決着がついた。

この訴訟が係属中に、バーデン・バーデン裁判所はアウトタイル社に訴訟費用の支払を命ずる決定を行った。アウトタイル社は訴訟費用相当の銀行保証状を差し入れ、さらに、ドイツ民事訴訟法767条に基づき、マレ氏による訴訟費用支払の執行に対して異議を申し立てた。また、アウトタイル社は訴訟費用の支払債務とパト社がマレ氏に対して有する不当利得返還請求権のうち、損害賠償請求債権の相殺を抗弁として提出した。これに対しても、バーデン・バーデン裁判所は国際裁判管轄がないとした。

アウトタイル社はこの決定を不服として、連邦最高裁判所に特別抗告した。アウトタイル社は、ドイツ民事訴訟法767条の訴えはブラッセル条約16条5号に当たるか、執行異議の訴えや相殺の抗弁は執行地の裁判所に提起するべきかという問題を提起し、欧州司法裁判所はこれを肯定した。

---

704) ブラッセル条約2条1項は「本条約の定めるところにより、加盟国の領土内に居住する者はその国籍にかかわらず居住国の管轄の下にある」と定め、同2項は、「居住する国の国籍を有しない者は当該国民に適用される管轄規則を適用される」と定める。この趣旨はブラッセルⅠの2条に継承されている。

第5節 「フォーラム・アレスティ・アプローチ」による解決と問題点

一 わが国の裁判例

　わが国で差押え・仮差押えの目的たる財産が所在する国の裁判所に本案の裁判の管轄を認めるとする「フォーラム・アレスティ・アプローチ」が問題となった事件として，下記の【40】のセールスマン事件がある。ただし，本事件の仮差押えの目的物は金銭債権ではなく，商品見本などの有体動産であった。

【40】　東京地裁昭和34年6月11日判決[705]
　アメリカ国籍を有するクリントン・ジー・ロスタロット（ロスタロット）は，アメリカの会社アドミラル・セールスカンパニー（アドミラル社）にセールスマンとして2年契約で雇用され，極東方面における軍需品販売のセールスマンとしてわが国に駐在した。なお，アドミラル社はわが国に事務所・営業所を有していなかった。その後，アドミラル社はロスタロットの雇用契約を解除した。同人はこの解雇を不当と抗議したが，会社側はこれを容れなかった。ロスタロットは雇用契約に基づいて，同人と家族のアメリカへの帰国のための旅費等の支払いを求めたが，アドミラル社は支払わなかった。このため，ロスタロットは東京地裁にアドミラル社が所有する商品見本等の動産（同人が止宿しているホテルの倉庫と私室に保管されていた物と空港に到着したスーツケース6個）に対する仮差押命令を申し立て，これを得た。さらに，ロスタロットは，雇用契約に基づき旅費等の支払いを求めて東京地裁に訴えを提起した。
　アドミラル社は，わが国旧民事訴訟法8条にいう財産は日本との地的な結びつきが薄弱なものについては適用がなく，わが国裁判所には本案に対する裁判管轄はないと主張した。一方，ロスタロット側は「同条は日本に住所を有しない者又は住所の知れない者に対する権利の保護を確実ならしめ，そのような者に対し権利を実行することを不能ならしめるを避ける趣旨」であり，「結びつきの希薄な物件に対しても日本の裁判所に管轄権を認めて債権者を保護しようとすると

---

[705]　東京地裁昭和34年6月11日判決下民集10巻6号1204頁（判時191号（1959）13頁，判タ92号（1959）83頁）（セールスマン事件）。

ころに同条の真の意義がある」と主張した。

東京地裁は原則として「被告が外国にある外国人である場合にはその者が自ら進んで服する場合の外は当然には自国の裁判権は及ばない」とし、次に「とくにその国となんらか関連ある事件については当事者所在のいかんを問わずこれに裁判権を及ぼし得る」ことを認めたが、「国際的管轄の問題はいずれの国の裁判所が管轄権を有するかにより当事者はそこへの出頭の難易、言語法律の相違等において利害の関するところはきわめて大」であり、「国内法たる民事訴訟法の管轄の規定をすべてそのままわが裁判権の所在を決定するための標準とするのは相当でなく、その間前述の考慮にもとずく一定の限界が考えられ」るとし、本事件については「被告がわが国内にいやしくも差し押さえるべき財産を有する限り、その種類、数量、価額のいかんを問わずわが裁判権が及ぶものとするときは」、「日本に現在しない被告にとっては著しい不利益を免れない」のであり、被告の「財産がわが国の一部である土地で、これを直接の目的とする財産上の請求の如きものならば、その財産とわが国との関連が緊密であるが、その財産が動産の場合はその土地との結びつきはきわめてうす」く、仮差押えの目的物が「本邦内に存在したのはたまたまであったという偶然の結果に近」く、「財産の存するだけでは自国に管轄権なしとする事例も多い」のであるから、わが国裁判所は本件訴えについて裁判権を有しないとした。

【40】のセールスマン事件は、被告であるアメリカの会社の財産がわが国国内に所在したが、財産といっても商品見本という金銭的な価値のないものであり、本案の国際裁判管轄が否定された事例である。次に、下記の【41】の中間判決は仮差押えの事件ではないが、債務者の唯一の重要な財産であるわが国に所在する不動産について持分の所有権移転登記を求めた事件である。判決にしたがって債務者が支払いを行わず、債務者に対する強制執行を行う場合には、債務者の唯一の財産である不動産の所在地であるわが国においてせざるを得ない事件であった。東京地裁は委任契約の報酬の支払地をわが国と認めて、わが国の裁判所に本案の裁判管轄を認めたものである。委任契約の成功報酬の支払いはわが国に所在する土地建物の持分または当該持分の時価相当額と定めているから、報酬の支払いはわが国で行われることが推認されるとし、「義務履行地」(旧民事訴訟法5条)、「差し押さえることのできる財産の所在地」(同8条)の2つからわが国の国際本案管轄を認めた事件であり、フォーラム・アレスティ・アプローチを採用したも

のではないが，本案の訴えの提起の前に債権者が債務者による不動産の処分を禁じる仮処分を申し立てることもできた事件である。また，【42】の事件は，【41】の事件と異なり，債権者がわが国に所在する債務者の財産（不動産）に対して仮差押えを行ったものである。東京地裁八王子支部は，仮差押の目的物である不動産と本案の請求の内容との関係を問題にすることなく，被告債務者がわが国に不動産の共有持分を有することをもってわが国と人的な密接な関係があるとして，わが国の国際本案管轄を認めた事件である。いずれも債務者の財産がわが国に所在する不動産であった事例であるが，旧民事訴訟法8条にいう差し押さえることのできる財産の所在地を理由にわが国の本案管轄を肯定したものである。

【41】 東京地裁昭和62年10月23日中間判決[706)]

日本人の小出弁護士は台湾に渡航中に台湾在住の台湾人陳氏から陳氏が相続によって取得したわが国に所在する土地建物について，不法占有者を排除して，明渡しを求める訴訟その他の事務を委任された。陳氏は委任事務の成功報酬として，本件土地建物の時価または権利の6割を支払うこととし，小出氏がそのいずれかを選ぶことができるものとした。

その後，委任事務が目的を達して終了したので，小出弁護士は所有権持分による報酬を選択し，東京地裁に所有権持分の所有権移転登記を求める訴え（別訴）を起こした。この別訴では小出氏がすでに金銭の給付を選択する旨の意思表示を行ったとして，移転登記請求権を否定し，この控訴審では，委任事務が未処理であり，報酬請求権は発生していないして控訴が棄却された。小出弁護士は残存事務の遂行に必要な委任状を求めたが，陳氏がこれを交付しなかったので，小出弁護士は委任事務の終了を陳氏が故意に妨げているもので，受任者である小出氏は成功報酬を請求する権利があるとして，所有権持分時価相当額と委任事務立替費用の支払いを求める訴えを提起した。

陳氏は本案前の主張として，同人が台湾国籍の台湾に住所を有する者で，委任契約も台湾で締結されたもので，報酬支払の義務履行地は日本であるが，単なる義務履行地は国際的裁判管轄の基礎としては不適格であるとして裁判管轄を争った。

東京地裁は「本件土地建物は，本件主請求の担保となるべき財産」であり，被

---

706) 東京地裁昭和62年10月23日中間判決（判時1261号（1988）48頁）。野村美明「判批」昭和63年度重判解（1989）265頁，岡野祐子「判批」ジュリ926号（1989）116頁。

告の陳氏は「台湾には財産はなく，わが国に所在する本件土地建物が唯一の財産であって，本件土地建物は原告が差押えをすることが可能な唯一の財産」であり，本件委任契約に基づく支払い方法については「わが国でなされることが黙示的に合意されていたものと推認される」として，「本件主請求の履行地はわが国」であり，「わが民訴法5条，8条（注：旧民事訴訟法）の規定する裁判籍が，わが国内にある」とした。

【42】 東京地裁八王子支部平成3年5月22日中間判決[707]
　アメリカ・ハワイ州に住所を有する日系アメリカ人のデイヴィッド・エム・ヤマダ氏（ヤマダ氏）は，訴外のハワイ州法人アロハ・モータース・プロパティ（アロハ社）の代表者から，同州に所在するアロハ社所有の土地の売却を委託され，これを日本の会社に売却するべく，日本法人エンタプライズコンマ社（コンマ社）と赤松氏を買主の選定・交渉契約締結に関する代理人に選任し，コンマ社と赤松氏に成功報酬として売買代金の3％を自ら支払うことを約した。コンマ社と赤松氏の活動の結果，訴外の日本法人住宅流通株式会社（住宅流通）に当該土地は売却されることとなったが，アロハ社と住宅流通との間で直接売買契約が締結された。そこでコンマ社と赤松氏は，ヤマダ氏が共有持分を有する日本国内の土地について仮差押えを行い，主位的に手数料請求，予備的に不法行為による損害賠償を請求の訴えを提起した。
　東京地裁八王子支部は，「被告は原告らの主張するとおり，日本国内に不動産の共有持分を有していると認められる」ことを理由に旧民事訴訟法8条に規定する裁判籍を認め，また，ヤマダ氏がかつて日本国内に住所を有し，コンマ社の仲介で売却したことがあること，ヤマダ氏が日本法人の取締役会長を務め，わが国に年に3，4カ月滞在すること，当該都内の不動産にはヤマダ氏の長男が住所を有し，ヤマダ氏のレターヘッドにはホームアドレスとして当該不動産の住所が記載されていること，本件委任事務はわが国で遂行されたことを理由に，「被告と日本国との法的関連は強く認められる」として，わが国裁判所に本案の裁判管轄を認めた。

　【42】の事件では被告の所有する不動産共有持分が考慮されている。不動産に

---

707)　東京地裁八王子支部平成3年5月22日中間判決（判タ755号（1991）213頁）。徳岡卓樹「判批」ジュリ994号（1992）114頁。

ついては一般に lex rei sitae の原則が適用されるので，金銭債権を目的とする仮差押えと必ずしも同様に考えることは適当でなく，この一事件をもってわが国でフォーラム・アレスティ・アプローチが認められると言うことはできないが，仮差押えの目的物をわが国に所有する被告はわが国と関係があると判示している点は注目される。

二 財産所在地の管轄の当否

わが国民事執行法は，わが国の裁判所の給付判決の被告である債務者がわが国に住所を有しない場合も，第三債務者がわが国に所在する限りわが国の裁判所に裁判管轄権を認めている（同144条2項）。これは，①国家の領土内に財産があるのであれば，当該財産に対しては国家主権が及ぶこと，②財産が所在すること自体がすでに本案との一定の牽連性の存在を意味すること，③原告が債務者の住所地で訴訟追行することが困難な場合には，財産所在地での本案提起を認めることに実際的な必要があること，④財産所在地に管轄を認めることは簡易かつ迅速に債権者を満足させることができること，⑤財産所在地という管轄基準は明確であること，以上による。わが国に住所を有する債務者が外国に保有する財産に対して，債権者が仮差押えを行う場合には，直接，当該財産の所在する地を管轄する外国の裁判所に仮差押え，仮処分を申し立てなければならないが，逆に，わが国に仮差押えの目的となる債務者の財産が所在する場合には，わが国の裁判所に国際保全・執行管轄を認めている[708]。

保全命令事件の管轄を本案の管轄裁判所と仮差押えの目的物の所在地の管轄裁判所の2つに認める趣旨について，すでに大正年間に井上教授は「仮差押に依りて達せんとする所は，債権の窮極の目的ではない，債権者の窮極の目的は債務者から給付を得ることに存する。此大なる目的は仮差押のみに依りて遂げられるも

---

[708] 青山善充「国際的裁判管轄権」民事訴訟法の争点（1979）51頁，兼子＝松浦他編『条解民事訴訟法』（弘文堂，1986）45頁，新堂幸司『民事訴訟法〈第2版〉』（筑摩書房，1982）58頁，小林秀之「国際民事保全法序説」上法38巻（1994）1号38頁，三木浩一「渉外保全処分」石川＝小島編『国際民事訴訟法』（青林書院，1994）162頁，池原季雄＝平塚真「渉外事件における裁判管轄」鈴木＝三ケ月監修『実務民事訴訟講座6』（日本評論社，1971）24頁，池原季雄「国際的裁判管轄権」『新・実務民事訴訟講座(7)』（日本評論社，1982）39頁，道垣内正人「渉外仮差押・仮処分」澤木＝青山編『国際民事訴訟法の理論』（有斐閣，1987）473頁，中野俊一郎「財産所在地の国際裁判管轄権」神戸43巻（1993）2号411頁。

のでなく，而も仮差押に依りて達する所は，此大なる目的に達成を助けるもの」709)であり，「仮差押えに対して本案とは請求権の存否を確定する手続であって，当該の仮差押に対する関係に於ては，其仮差押に依って保全せらる請求権の存否を確定する手続」であって，「本案の管轄裁判所に仮差押命令の管轄を与へたるは，畢竟するに斯る裁判所は仮差押の申請に対し適切なる裁判を為すに適するが為め」710)であるとする。さらに，仮差押えの目的である物の所在地の裁判所が仮差押命令を管轄するのは，「其裁判所が当該の仮差押申請に対し，適切なる裁判を為すに適するが為めだとは言はれない」が，「之によって債権者保護の迅速を得せしめやうとした」711)のであるとして，財産所在地の保全管轄を理論づけている。

池原教授は「仮差押えは，執行財産の保全を目的とするものであり，目的物の所在地でなければその実効性がないから，本案訴訟の管轄と係わりなく，目的物所在地に管轄を認めるべきであり」，「目的物が所在しなければ本案訴訟の管轄があっても管轄を認めるべきでない」712)とする。

道垣内教授は，財産所在地の管轄は迅速な債権者保護を目的としており，仮差押えの目的は債務者の責任財産の現状維持という比較的単純なものなので，緊急性の要請から，執行に便利な財産所在地の管轄裁判所の管轄を本案の管轄裁判所の管轄と同等に規定するものであり，仮差押命令の国際的裁判管轄にもそのまま当てはめて差し支えないとし713)，一方，池原教授が目的物がなければ実効性がないので，本案訴訟の管轄があっても仮差押えの管轄を認めるべきでないとしていることについて，「実効性」とは仮差押命令の管轄ではなく，仮差押えの執行の管轄の判断について考慮すべきものであって，仮差押命令の管轄について実効性を考慮すべきでないとし，本案管轄があればあらかじめ仮差押命令を認めてよいとする714)。

---

709) 井上直三郎「仮差押命令の管轄」『破産・訴訟の基本問題』(有斐閣，1971) 157頁。
710) 井上直三郎・同上158頁。
711) 井上直三郎・同上179頁。
712) 池原季雄「国際的裁判管轄」鈴木＝三ケ月編『新・実務民事訴訟講座(7)』(日本評論社，1982) 39頁
713) 道垣内正人「渉外仮差押・仮処分」澤木＝青山編『国際民事訴訟法の理論』(有斐閣，1987) 467頁。
714) 道垣内正人「渉外仮差押・仮処分」澤木＝青山編『国際民事訴訟法の理論』(有斐閣，1987) 470頁。

野村教授は，本案の管轄裁判所に仮差押命令事件の管轄を認めるのは仮差押命令事件の本案への付随性に基づき，財産所在地の管轄は，緊急性と執行の便宜のためであり，わが国に仮差押えの目的物が所在すれば仮差押命令事件の国際管轄を認めてよいとする715)。

このように本案管轄の裁判所に仮差押えの管轄を認める点について差異はあるが，財産所在地の裁判所は本案の管轄がなくても保全を命ずる管轄があることについては異論がない。

三 フォーラム・アレスティの是非

一方，財産が所在することから仮差押えの管轄を認め，さらに仮差押管轄を理由に本案管轄を認めるとするフォーラム・アレスティの是非については議論がある。わが国旧民事訴訟法738条は「仮差押ハ之ヲ為ササレハ判決ノ執行ヲ為スニ著シキ困難ヲ生スル恐アルトキ殊ニ外国ニ於テ判決ノ執行ヲ為スニ至ル可キトキハ之ヲ為スコトヲ得」として，いわゆる絶対的仮差押事由として「外国ニ於テ判決ノ執行ヲ為スニ至ル可キトキ」として，仮差押えをしないと外国において判決の執行をしなければならなくなる事態を仮差押命令を発する具体的な例として挙げていた716)。この規定については「外国に発送されようとする財産や日本に寄港した外国船舶も，これを理由として仮差押することが可能であり，外国で訴訟を起こせるため又はわが国の判決を承認して貰えるために外国での強制執行が可能であることは，この場合の仮差押の妨げとはならない」717)と解されていた718)。一方，民事保全法では仮差押命令は「強制執行をすることができなくなるおそれがあるとき，又は強制執行をするのに著しい困難を生ずるおそれがあるとき」

---

715) 野村秀敏「債権仮差押えに関する国際管轄」民訴47巻（2001）62頁。

716) 菊井教授らは「債権者と債務者の双方，ことに後者が外国に在住し，しかも国内にある債務者の財産が不充分である場合，または財産の大部分を外国に持ち出しかつ債務者が外国移住の準備をしている場合は，いずれも外国で執行しなくてはならないことになる蓋然性があるといえる。その際，外国における訴えの提起または強制執行の能否，共助が得られるかどうかに関係なく，当然に仮差押命令を発しなければならない」としている（菊井＝村松＝西山『三訂版仮差押・仮処分』（青林書院新社，1982）100頁）。

717) 宮脇幸彦「訴訟」貿易実務講座刊行会編『貿易実務講座第8巻貿易と法律』（有斐閣，1962）533頁。

718) 野村教授は，わが国旧民事訴訟法738条はドイツ民訴法917条1項と2項の「外人仮差押え」を併せた規定であったとする（野村秀敏「外国における執行と仮差押えの必要性」成城大学法学会編『21世紀を展望する法学と政治学』（信山社，1999）307頁）。

(同20条1項)に発するとしており,旧法の「外国ニ於テ判決ノ執行ヲ為スニ至ル可キトキ」の具体例が削除された。この削除の理由について,立法担当者は「執行債権の大部分を満足させるだけの財産が日本国内にあり,ごく一部の財産が外国にある場合にも,常に仮差押えの必要性があるものとするのは相当ではなく,逆に大部分の財産が外国にあって,元々外国における執行が予定されている場合に,わずかに日本国内にある財産につき常に仮差押えの必要性があると認めるのも相当ではな」く,「事案に応じて必要性を判断すれば足り,とくに規定をする必要はないという理由による」[719]と説明している。したがって,わが国の裁判所が仮差押命令を発することは,「外国ニ於テ判決ノ執行ヲ為ス」ことを回避したもので,わが国で債権者が判決と執行を行うことを予定した規定ではないことになる。ところで,わが国民事保全法では債権者がわが国の裁判所から仮差押命令を得て執行した場合には,債務者の申立てにより裁判所は債権者に対して本案訴訟の提起命令を発することになり(同37条1項),債権者が本案訴訟を提起しない場合仮差押えは取消されることになる(同3項)。宮脇教授は,この本案の訴えはわが国の裁判所に提起すべきものであり,すでに外国裁判所の確定判決があればこれについて執行判決請求の訴えを提起すればよいが,外国裁判所に本案訴訟を提起しても仮差押命令の取消しを免れないとしている[720]。このことは債務者の財産がわが国に所在することを理由として,わが国の裁判所から仮差押命令を得た場合には,原則として本案の訴えもわが国の裁判所に提起しなければならないことを意味する。旧民事訴訟法738条の絶対的仮差押事由を削除したことは,このような仮差押命令と本案裁判との関係を考慮したものであろう。債務者が財産を国外に持ち出した場合,債権者としては本案で勝訴してもわが国の判決を外国で執行することが必要であるし,わが国の判決を外国で執行することは必ずしも容易でない現実を考慮したものとされているが,現行の民事保全法が仮差押えの保全の必要性について実質的変更をしなかったにもかかわらず,同後段を削除したことについて「通常の国内事件に比較して,海外への財産の移動が執行を一般に困難にさせる面は否定できず,外国企業がわが国にある営業所や在日事業を閉鎖し,在日資産をすべて海外に引き揚げようとし始めたときは(近時バブルの崩壊に伴いこのような事例も増えてきている),保全の必要性が肯定できる場合が外国での

---

719) 山崎潮『新民事保全法の解説(増補改訂版)』(金融財政事情研究会,1991)161頁。
720) 宮脇幸彦「訴訟」貿易実務講座刊行会編『貿易実務講座第8巻貿易と法律』(有斐閣,1962)549頁。

資産保有にかかわらずほとんどであろう」[721]という批判があり，債務者の財産の大半が外国にある場合であっても，わが国の裁判所が仮差押命令を発する必要が生じる可能性はあり，またわが国が外国判決の相互執行の国際的なネットワークを形成しているのであれば，容易な執行ができようが，現実にはこのようなネットワークがないから，旧民事訴訟法738条の後段の趣旨は現在も妥当するので，削除すべきではなかったのではなかろうか。立法担当者の説明は財産所在に基づく管轄には一定の制限が課せられることを前提としているようである。

　学説ではフォーラム・アレスティに対する肯定的意見と否定的意見が対立し，財産所在地管轄を解釈や立法によって制限を図る意見が多い[722]。最近は無制限に財産所在地の管轄を肯定する意見（肯定説）は少なく，財産の継続的所在，財産の価額と請求額の均衡，仮差押を要件として裁判管轄を制限的に肯定する説（条件付肯定説）が有力であり，さらに条件付肯定説の掲げる諸要件に加えて，事件と当該財産との牽連性を要するとする説（近接性説）がある。旧民事訴訟法8条の母法国であるドイツやオーストリアにおいてフォーラム・アレスティを制限的に解釈する判例が出ていることが考慮されたものと思われる。一方，フォーラム・アレスティを否定する説（否定説），フォーラム・アレスティに基づく判決の効力をわが国に所在する財産に限定する説（国内所在財産限定説）がある。

(a) 肯定説

　林教授は，わが国旧民事訴訟法8条（注：現行民事訴訟法5条4号）は担保の目的または差し押さえるべき被告の財産の所在地を管轄する裁判所の裁判管轄を認め，仮差押えの保全訴訟は本案訴訟に付随するとし，この場合には本案訴訟についての裁判籍が認められるとしている。さらに，わが国民事訴訟法8条は仮差押えを行う地に本案訴訟の裁判管轄を認める英米法の考え方を実質的に取り入れているものであるとし，仮差押えがなくても債務者の財産所在地に本案訴訟の管轄

---

[721]　小林秀之「国際民事保全法の構築に向けて」ジュリ1052号（1994）55頁。小林教授は，民事保全法が旧民事訴訟法738条後段の仮差押えの絶対的仮差押事由を削除した結果，国際民事保全に関する規定を全くなくしたが，これは「債務者が国内にある財産を持ち出し，その結果国内に執行可能財産がなくなるか債権額に比して不足するために，債権者が本案で勝訴判決を得ても外国で執行しなければならなくなることを慮ったもの」としている（同55頁）。

[722]　中野俊一郎「財産所在地の国際裁判管轄権」神戸43巻2号（1993）411頁。新堂＝小島編『注釈民事訴訟法(1)』（有斐閣，1991）172頁［高地茂世］も同旨。

を認めているのであると解釈し，管轄の合意や仲裁の合意がある場合には，わが国には本案訴訟の管轄権がなく，わが国に仮差押えの目的である財産が所在していても，通常日本において仮差押えをする実益がないと考えてよく，この場合にその仮差押えの裁判管轄を否定してもよいとしている[723]。

(b) 条件付肯定説

兼子博士らは，旧民事訴訟法8条はそのまま国際裁判管轄の基準としてよいが，わずかな価値しかない財産があるだけでは適当でないとする[724]。

池原教授は「財産が所在する以外に何ら日本国と牽連性を有しない被告に対する請求につき，日本に国際的管轄を認めることに対しては，原則として消極的たらざるをえない」が，「渉外事件において被告の執行可能財産を追及することは純国内事件に比して困難であり，かかる管轄を全く否定するときは悪意の債務者を保護する結果ともなりかね」ず，「財産を日本国内に継続的に保有する被告に対し，その保有財産を防御するために日本における応訴を強制しても，さほど酷とはいえない」ので，「原告の請求額に見合う以上の財産が日本にある程度継続的に所在するときは，日本に国際的管轄を認める考え方」[725]もあるとする。

青山教授は，渉外事件において裁判の効率を考えると裁判の迅速，当事者のコストという考慮のほかに，その国で直ちに強制執行をなしうるか，またはその国で判決を貰えば他国において承認・執行されうるか，または他国における承認・執行の問題を生ずることなくそれによって直ちに紛争は解決されるのか，といった考慮が必要になり，担保の目的物の所在地，担保たる船舶の所在地，登記・登録地に国際裁判管轄を認めることはできるが，「請求の金額に比し僅少の価値しかない財産があるというだけで被告の財産所在地の国際的管轄権を認めることは疑問である」[726]とする。

野村教授は，一般に請求の内容とは直接に関連しない被告の一般責任財産の所在を国際裁判管轄の基礎とするのは，過剰な管轄として批判されるが，仮差押えが先行する，所在財産と請求が釣り合う，仮差押えの対象が不動産である，当該

---

723) 林順碧「判批」ジュリ460号（1970）132頁。
724) 兼子一他『条解民事訴訟法』（弘文堂，1986）30頁。
725) 池原季雄「国際裁判管轄権」鈴木＝三ケ月編『新・実務民事訴訟講座(7)』（1982）29頁。
726) 青山善充「国際的裁判管轄権」民事訴訟法の争点（1979）52頁。

財産以外の債務者の財産から満足を得る可能性がない場合には，財産所在地の管轄を認めてよいとする[727]。

山本教授は，財産所在地の管轄は国際的にも過剰管轄であるとの批判が強く，慎重な解釈が必要であり，請求の目的がその財産自体であるときは問題がなく，財産と訴訟における請求の間に直接の関係がない場合には，その財産価額が原告の請求額に見合ったものであり，財産がわが国に継続的に所在する場合に限って管轄原因を認めるべきでとする[728]。

渡辺教授は，訴えによる請求と内国所在財産自体との間に関連がある場合，一般に国際裁判管轄の管轄原因としての合理的関連を認め，内国所在財産が請求の内容とは直接に関連しない被告の一般責任財産をなすにすぎない場合，財産所在地の管轄は，国際的に過剰管轄の批判を受けているとするが，国際的な権利保護の体制が必ずしも十全でない現在の法的環境下では，債務者の相応の責任財産が内国に所在する場合に，債権者が容易に権利の満足を得られる利益を一概には否定できないので，「債権者の提起する給付の訴えに限り，また，内国所在財産から直接に満足を得ることができる場合に限り認められるべき」であるとする[729]。また，将来，外国判決の承認・執行が相互に容易になされうる法的環境が整備された場合には，この管轄を認める合理性は大きく後退するとしている[730]。

中野教授は，請求額に見合わない些少な被告の財産が内国に存在する場合に，事件との関連性の乏しい法廷地での応訴を強いることはきわめて不当であるとし，本案における請求額と財産の価格との均衡を要するもとのし，内国において執行の引き当てとすることができるような経済的な価値があるか，個別事案ごとに判断すべきであるとしている[731]。

本林弁護士は，旧民事訴訟法8条の沿革が外国人債務者に対する自国債権者保護にあることを考慮し，原則として裁判管轄を認めるが，「特段の事情」の存在

---

727) 野村美明「判批」昭和63年度重判解（1989）267頁。
728) 斉藤他編『注解民事訴訟法(5)』（第二版）（第一法規出版，1991）443頁［山本和彦］。
729) 谷口＝井上編『新・判例コンメンタール民事訴訟法1』（三省堂，1993）73頁［渡辺惺之］。
730) 渡辺惺之「国際裁判管轄権」木棚＝松岡＝渡辺『国際私法概論［第3版］』（有斐閣，1998）256頁。
731) 中野俊一郎「財産所在地の国際裁判管轄権」神戸43巻2号（1993）436頁。中野教授は財産所在地管轄が効力を持つのは，事案と資産の内国牽連性が低い場合であり，また牽連性の要件も不明確であるとして，ドイツ1991年判決に見られる牽連性要件に批判的である。

により具体的な調整を行うべきであるとする[732]。

(c) 近接性説

フォーラム・アレスティに対しては，これを過剰管轄であるとし，仮差押えの目的たる債務者の財産の所在は本案事件の国際裁判管轄を認めるには十分でなく，さらに当該事件と管轄裁判所の所在地との牽連性が必要とする意見がある。近接性説は，条件付肯定説の一種に分類することができるが，単に仮差押えの目的物の価値と請求額の金額上の均衡ではなく，仮差押えの目的の財産と請求との関連性を必要とする点において異なる。

松岡教授は，「財産所在地の管轄は，原告の請求とは直接関係のない少額の財産が存在するにすぎないときには肯定すべきではな」く，「相当額の財産があっても，原告の請求とは直接関連のない単なる財産所在地は，問題となっている争点の審理にとって適切な法廷地とはいえ」ず，「被告に対する公正さという観点からもやはり問題」であるとする[733]。

岡野教授は，【40】の東京地裁中間判決の批評で「財産の継続性，財産の価額と原告の請求額との釣り合い」，「財産と訴えとの関連性」の強さからこの中間判決を妥当としている[734]。

石黒教授は，旧民事訴訟法 8 条に基づきわが国の国際管轄を肯定するには，財産が訴額と均衡していることとともに，単なる財産の所在以外に一定限度以上の内国牽連性のあることが必要であるとしつつ，弱者の保護の観点が必要であるとする[735]。

(d) 否定説

德岡弁護士は，旧民事訴訟法 8 条（現行民事訴訟法 5 条 4 号）が「日本ニ住所ナキ者又ハ住所ノ知レサル者」としている点をとらえ，本条は住所が不明である被告に対してのみ管轄を認めるものであるとし，「財産所在地の管轄を原則として認めず」，「請求額に見合う以上の財産が日本にあること，財産がわが国にある程

---

732) 本林徹「国際裁判管轄規定のあり方（下）」NBL517 号（1993）44 頁。
733) 松岡博「国際取引における国際裁判管轄」『国際取引と国際私法』（晃洋書房，1993）18 頁。
734) 岡野祐子「判批」ジュリ 926 号（1989）118 頁。
735) 石黒一憲「渉外訴訟における訴え提起」『講座民事訴訟②』（弘文堂，1984）49 頁。

度継続的に所在すること，給付の訴えについてのみ限定されること等」を「やむをえない事情」として，例外的に管轄を認めるべきであるとする736)。

道垣内教授は，執行財産の確保は保全命令によればよいのであって，訴訟に関係のない財産の所在地に国際的な本案管轄を認めるべきではないとする737)。

(e) 所在財産限定説

高橋教授は，請求と関連のない財産所在地管轄には批判が強く，わが国に所在する財産に対してのみ判決の効力を限定し，他国での承認・執行を予定しないとする調整案を提唱する738)。

わが国民事訴訟法，民事執行法，民事保全法はいずれも差押えまたは仮差押えの目的物の所在地を管轄する裁判所に特別裁判籍を認めているから，文言どおりに解釈すれば，被告の普通裁判籍がわが国にない場合であっても，差押えが可能な被告に財産がわが国にある場合には，仮差押えを行い，さらに被告をわが国の裁判所に訴えることは可能である。しかしホテルに残した忘れ物や商品見本があることのみを理由に財産の所在地に本案管轄が認められては，被告債務者にとって不意打ちとなるであろう。一方，債務者が債権者からの追求を逃れるために，第三国に金銭債権などの財産を移動させるような債務者側に詐害性が認められる場合には，仮に債権者が本案の裁判で勝訴判決を得たとしても，債務者からの自発的な弁済を期待することができないことは自明であるから，被告債務者の財産が所在する国に仮差押えと本案の裁判管轄を認めることが債権者の保護に資するものと考えられる。また一方で，債務者に詐害性がないにもかかわらず，債権者がハラスメントとして債務者の予想していないフォーラムに訴えを提起するおそれもある。債務者側に詐害性がない場合に，債務者の財産があるという事情のみをもって，当該第三国に国際裁判管轄を広げるならば，経済的・時間的な理由などから債務者が当該国で応訴することができず，欠席判決とその後の判決の執行を受けることになろう。衡年の観点から，債権者・債務者の利害の比較衡量が必

---

736) 徳岡卓樹「判批」ジュリ994号（1992）114頁。
737) 新堂＝小島編『注釈民事訴訟法(1)』（有斐閣，1991）120頁［道垣内正人］。道垣内教授は，船舶，海難救助事件については差押地の本案管轄を肯定する。
738) 高橋宏志「国際裁判管轄」澤木＝青山編『国際民事訴訟法の基礎理論』（有斐閣，1987）61頁。

要となる。

　フォーラム・アレスティによる国際裁判管轄の拡張は，債権者の権利保護と債務者の防御の機会保護の両者がもっとも先鋭的に対立する局面である。フォーラム・アレスティ自体は原告債権者が本案の裁判から執行までの手続の煩雑さを回避するものであり，これをすべて過剰管轄として排除することは，原告の裁判を受ける権利を損なうおそれがある。憲法上の裁判を受ける権利は，原告が自国民である場合のみならず，外国人である場合を含むのである。したがって個々の事件についてフォーラム・アレスティ・アプローチの是非を考慮する上では，債権者の権利保護と債務者の防御の機会保護の間の衡平を念頭に置く必要があろう。具体的には，債務者の詐害性の有無，仮差押えの目的である財産と本案事件との牽連性・近接性の有無が基準となるであろう。また牽連性・近接性というだけではその概念は不明確である。本案の事件を管轄すべき適当な裁判所を決定できない場合，実効性のある執行が困難になるおそれもある[739]。

　近接性・牽連性の具体的基準として，請求額と財産との比較均衡，差押え目的物の継続的な存在，差押え目的物と土地との牽連性などが主張されているが，基準として確立してはいない。

　まず，仮差押えの目的物と裁判所の所在地との牽連性のみを基準とすることには問題があろう。たとえば，わが国の金融機関がわが国に住所を有する相手に融資を行った場合，この債務者（借入人）が借入金の返済を行わず，さらに万一の執行を逃れるために，即座にこの資金を外国の金融機関に送金し，預金を設定したという場合，貸金と差し押さえるべき預金債権との間に密接な関係があるといってよい。しかし，この場合に債務者（借入人）が借入れ資金で商品を購入し，これを外国のバイヤーに転売した場合に，当該バイヤーに対する売掛金債権と貸金が密接な関係があると主張することは困難である。後者の場合には，バイヤーの住所を有する国の裁判所に差押えの目的の財産の所在を理由に訴えを提起することも考えられないではないが，現実的ではない。

　次に，請求金額と仮差押えの目的物との金額の均衡を必要とする意見も有効な基準であるが，財産金額のみを基準とすることには問題がある。仮に，前掲の例で債務者（借入人）が複数の外国の金融機関に借入金を分散して送金し，預金し

---

[739] たとえば，国際法協会67回大会の国際民商事紛争分科会は，後掲【44】のフランス破毀院のメリディアン判決が保全措置と本案との近接性がある場合にフォーラム・アレスティ・アプローチを認めるとしたことを批判している。

ていた場合，そのうちの一国を選んで差押え目的の債権の所在を理由に訴えを提起しても，請求額との均衡はとれないので，訴えを受けた裁判所に裁判管轄が認められないことになる。

　国際的な意味で判決の執行を容易にし，促進するものとしてフォーラム・アレスティを積極的に評価しつつ，仮差押えの目的物と請求額との均衡と仮差押の目的物と本案の事件との近接性・牽連性，債務者の詐害性の程度などのファクターを総合的に勘案して判断する以外にないであろう。基準を具体化する作業の上では，フランス，ドイツなどの裁判例はこの参考となるものといえよう。

四　フランスとドイツの裁判例

　フランスのフォーラム・アレスティに関する裁判例は，民事執行法の改正によって対照的となっている。後掲の【43】のナシビアン判決は旧強制執行法が適用された事件である。従来，本案について管轄を有する外国の裁判所が判決を行うまで差押えの有効判決を審理する裁判所は判断を猶予する実務を採用していた[740]。破毀院は保全措置がフランスで行われている限り，被告の所在地である外国の裁判所に本案の管轄がある場合も，フランスの裁判所は本案で争われている債権の存在やその金額に関する本案について管轄があるとした。被告がフランスに仮差押えの目的となる財産を有している場合および保全抵当権 (sûreté judiciaire) を登記している場合，本案管轄をフランスの裁判所が有し[741]，仮差押え目的物の所在を理由とするフォーラム・アレスティが認められたのである。

【43】　Cass. 1er Ch. civ., 6 novembre 1979, Dame Nassibian c/Nassibian[742]

　レバノン国籍で外国暮らしの長いナシビアン夫妻は，数年前から別居し，それぞれスイスに独立した住居を持っていた。夫人はそれまで夫に夫人名義の銀行口座の代理権を与えていたが，これを取り消した。その後，夫婦の間で争いが生じ，夫人はフランス・ニース大審裁判所に，同地にある夫の不動産に対する抵当権の仮登記の許可と同地の銀行にある夫の口座に対する差押えの許可を申し立て，その後差押令状が送達された。夫人はさらに手続に要した費用の支払を求

---

740)　Batiffol & Lagarde, *Droit international privé*, 7e éd., L.G.D.J., 1983, p.461.

741)　Mayer, *Droit international privé*, 6e éd., Montchrestien, 1998, p.188.

742)　Cass. 1er Ch. civ., 6 novembre 1979, Dame Nassibian c/Nassibian; *Rev. crit. DIP* 1980, p.588, note G. Couchez, *Grands arrêts dr. int. pr*, no.59-60, p.477.

第2章　実効性の期待できるアプローチ

め，夫に訴状が送達された。スイス・ローザンヌに住んでいた夫は，ニースの裁判所の裁判管轄を否認し，第1審では夫の抗弁が認められ，原審は訴状の日付当時，被告はローザンヌに住んでいたので，ニース大審裁判所の裁判管轄を否定し，ローザンヌ裁判所に裁判管轄があるとした。

破毀院は，ローザンヌ地区民事裁判所の管轄に関するフランスの裁判所の管轄についての判断をローザンヌ裁判所に強制することはできず，ローザンヌに居住していることは上告を妨げるものではないとして上告を認め，国内土地管轄基準を国際管轄に適用する原則の例外として，「被告の住居が外国にあってもフランスで執行される債権差押えについてはフランスの裁判所が専属の権限を有し，フランスにある不動産上の抵当権の登記を認めることができる」とし，場合によっては，差押債権者の主張する債権の存在について判断することができるとし，原審を破毀した。

次の【44】のメリディアン判決は金銭債権差押えではなく，船舶に対する仮差押えの事件であるが，新民事執行法の下でフォーラム・アレスティを認めなかったものである。新民事執行法では，フランスにおける仮差押えの実行は債権の存在，金額に関する本案の管轄をフランスの裁判所に与えるには充分ではないとされた。

【44】　Cass 1er Ch. civ., 17 janvier 1995, Méridien Breckwoldt c/Soc. Cobenam et autres[743)]

トーゴの会社メリディアン・ブレックヴォルト社（メリディアン社）は，ベニンの訴外会社にコンテナ5台分の電池を販売し，メリディアン社は電池をハンブルグ港で積み込み，ベニンのコトヌ港まで運送するという契約をベニンの海運会社コベナム社と結んだ。訴外会社は電池の売買代金を支払わなかったので，船荷証券が引き渡されず，コベナム社は訴外会社が船荷証券を提示しなかったにもかかわらず，貨物を引き渡した。メリディアン社はベニンのコトヌ裁判所にコベナム社に対する損害賠償請求の訴えを提起したが，訴えは却下された。その後，コベナム社とメリディアン社は一定額を支払う条件で裁判外の和解をするに至った

---

743)　Cass. 1er Ch. civ., 17 janvier 1995, Méridien Breckwoldt c/Soc. Cobenam et autres; *Bull. civ.* I, No.34, *Rev. crit. DIP*, 1996, p.133, note Y. Lequette, *J.C.P.* 1995.II.22430, note Muir-Watt.

295

が，コベナム社はこれも履行しなかった。

そこでメリディアン社はフランス・ダンケルクの裁判所にコベナム社所有の船舶に対する仮差押え（セジ・コンセルヴァトワール）を申し立て，これを得た。コベナム社が保証を差入れたため，同仮差押えは翌月解除された。

次に，メリディアン社は，ダンケルク商事裁判所にコベナム社を相手に和解金の支払を求める訴えを提起した。被告コベナム社はフランスの裁判所の無管轄の抗弁を主張し，メリディアン社はナシビアン判決で採用されたフォーラム・アレスティの法理，すなわちダンケルクで行ったコベナム社所有の船舶に対する仮差押えを理由とする同裁判所の管轄を主張した。

第1審のダンケルク商事裁判所はフランスの裁判所の管轄を否定した。原審のドゥエイ控訴院も同じく，「旧強制執行法上，債権差押え（セジ・アレ）は保全の性格も有し，差押えの適法性と差押債権者の申し立てる債権の存在について裁判所に判断権限を与え，裁判所は事件の審理を行う権限があったが，改正によって当該条文は削除され，この審理の権限は廃止された」と判示した。これを不服としてメリディアン社は原審の判断は旧強制執行法567条とフォーラム・アレスティの管轄原則に違反するとして上告した。

破毀院は「フランスの裁判所がフランスで行われた差押えの有効判決を行い，債権の評価をする管轄を有していたとしても，その管轄が別の規則（*autre règle*）に基づくものでない限り，債権の本案について判断することはできない。執行地であることはフランスになんら牽連性のない（*aucun rattachement*）紛争の本案に関する国際裁判管轄を根拠づけるものではないとした原審は妥当であり，上告を棄却する」とした。

メリディアン判決にいう「別の規則（*autre règle*）」の意味について破毀院はとくに述べていないが，これは特別裁判籍を定める規定を意味するものと考えられる。この判決はナシビアン判決が開いたフォーラム・アレスティの法理を閉じたものである。さらに，【45】のストロジェクスポール判決は金銭債権保全に関する事件であり，セジ・コンセルヴァトワールを理由とするフォーラム・アレスティが問題となった。アンセル＝ルケットは，すべての国の司法が等しく正義を行うとする司法普遍主義は夢想にすぎず，世界の国の中には外国の原告を「常に有責」とする裁判所もあるとし，フォーラム・アレスティを随時認めなければ，司法の否定につながる恐れがあり，自国が「『世界中の債権者の守護者』にも

『悪質な外国人債務者の天国』にも陥らないためにフォーラム・アレスティは裁判官にとって理想的な道具である」[744]とフォーラム・アレスティを積極的に評価している。

【45】 Cass. 1er Ch. civ., 11 février 1997 Société Strojexport et autre c. Banque Centrale de Syrie[745]

1983年12月10日，シリア共和国電力公団はチェコスロバキアの会社ストロジエクスポール社との間で，シリアのバグニアス市とハマ市の間の高圧電力ケーブル敷設に関わる設計・建設契約を締結した。1984年9月23日，シリア中央銀行は契約額の一部について保証状を発行した。

工事代金が支払われなかったので，ストロジエクスポール社はシリア中央銀行に保証の履行を求めたが，同行はこれを拒否した。このため，ストロジエクスポール社は同行がフランス国内の複数の銀行に有する資産に対する保全（仮差押え）手続の許可を申し立て，パリ大審裁判所は1993年5月7日，ナンテール大審裁判所は同13日に保全を認めた。

ストロジエクスポール社は，次にシリア中央銀行を相手にパリ商事裁判所に保証債務の履行を求める訴えを起こした。被告シリア中央銀行は，ダマスカス第1審裁判所に裁判管轄があるとしてパリ商事裁判所に管轄がないと主張したが，パリ商事裁判所は管轄を認めたので，シリア中央銀行が控訴した。

債務名義を持たない債権者が保全措置をとった場合，その後1ヶ月以内に債務名義の取得に必要な手続を取らなければ保全措置は遡って無効とされる（新民事執行法70条および新民事執行規則215条[746]）。パリ控訴裁判所は，ストロジエクスポール社がパリ大審裁判所とナンテール大審裁判所からシリア中央銀行を相手とする仮差押えを許可され，パリ大審裁判所に本案の審理を求めて提訴したことを認め，国内土地管轄基準を国際管轄に適用する原則に基づき，被告が居住する地

---

744) *Grands arrêts dr. int. pr*, p.486.
745) Cass. 1er Ch. civ. 11 février 1997 Société Strojexport et autre c. Banque Centrale de Syrie; *Grands arrêts dr. int. pr*, no.59-60, p.479.
746) 新民事執行法70条は「債権者が債務名義を持たない場合，国務院が定める令の条件と期間に基づき，債権者は債務名義の取得のための手続を取らなければ，保全措置は無効となる」と定め，新民事執行規則215条1項は「保全措置が債務名義なしに行われた場合，債権者は保全執行後1ヶ月以内に，債務名義を取得するのに必要な訴訟の提起または手続の充足をしなければ，無効となる」と定める。

を管轄するダマスカス第1審裁判所に普通裁判籍はあるが，ストロジエクスポール社と同社から債権譲渡を受けたニューヨーク・ファクタリング社は，被告の普通裁判籍を避けて，財産の所在地の裁判所の管轄を主張するものであると認め，旧強制執行法の債権差押えには保全の性格があり，差押えの適法性と差押債権者の申し立てる債権の存在について裁判所に判断権限を与え，裁判所は事件の審理を行う権限があったが，改正によって当該条文は削除され，有効判決制度は廃止されたので，債権者が保全措置を債権差押えないし換価差押え（セジ・ヴァント）に転換するための債務名義に関わる訴えの管轄は債務者の普通裁判籍の裁判所にあり，保全措置がフランスでとられたからといって，シリアの裁判所の裁判権が否定されるものではなく，本案についてはフランスの裁判所には裁判管轄権がないと判示した。原審に不服として，ストロジエクスポール社とニューヨーク・ファクタリング社は上告した。

　破毀院は「フランスで執行される差押えにかかわる債権の実体審理については，フランスの裁判所に国際管轄権はなく，執行裁判所の権限は制限されている。この新民事執行法は国際的な事件にも適用されており，この原則に従うものである。フランスの裁判管轄がフランスで実行される保全措置の有効性を判断し，差押債権を評価する唯一の裁判所であるとしても，その権限は他の基準に基づいていなければならない。原審は紛争がなんらフランスとは関係がなく，ダマスカス裁判所に管轄があるとしたが，保全措置の地がフランスであることは事件の審理を行う国際裁判管轄がフランスにあることを意味しない」として，上告を棄却した。

　一方，【46】のムデュログル判決はフォーラム・アレスティに関わるドイツの裁判例であるが，ドイツ民事訴訟法23条は典型的なフォーラム・パトリモニイの一種であり，最高裁は同条の管轄について「牽連性」を要件とした点で注目に値する。

【46】　BGH 2 juli 1991 Mudurolgu c/TC Ziraat Bankasi[747]
　本事件は当初，イギリスの裁判所に提訴されたが，イギリスの裁判所はフォー

---

747)　BGH 2 juli 1991 NJW（Neue Juristische Wochenshirist）1991. 3092. 中野俊一郎「財産所在地の国際裁判管轄権」神戸43巻2号（1993）422頁，シュロッサー（栗田訳）「国際民事訴訟法上の新しい人権問題」石川＝三上編『国際民事訴訟の基本問題』（酒井書店，1994）

ラム・ノン・コンヴェニアンスを理由に棄却したため、ドイツの裁判所に改めて提訴されたものである。

キプロスの建設会社ムデュログル社はリビヤの軍施設局から港湾施設の建設を受注し、総額2億2,000万ドルの工事代金の75％の米ドル建て金額のうち25％相当の代金の前払いを受けた。その見返りにムデュログル社はリビヤのワアダ銀行が発行した建設工事代金の10％相当の履行保証状と前受け金返還保証状を軍施設局に提供した。前受け金返還保証状については当初、スイス・ユニオン銀行がカウンター保証（ワアダ銀行に対する裏保証）を差し入れていたが、ムデュログル社がトルコに進出したことを契機にトルコの国有銀行であるジラアト銀行が請求即時払いのカウンター保証状を発行し、スイス・ユニオン銀行のカウンター保証と差し替えて、ワアダ銀行は前受け金返還保証状を再発行した。保証状の発行の担保として、ムデュログル社は、ジラアト銀行に2,000万ドルの預金担保を設定した。

建設工事は途中で解除され、ムデュログル社は前受け金以上に工事を行ったとして、リビヤ軍施設局に返還を求める訴えを提起し、一方、軍施設局は前受け金の返還を請求した。ワアダ銀行はジラアト銀行にカウンター保証の履行を求めたが、ムデュログル社はジラアト銀行にこれに応じないように求めた。

ジラアト銀行はムデュログル社の要請にかかわらずワアダ銀行の請求から1年半後に請求金額を支払い、ジラアト銀行は求償のため預金の上に設定された担保権を実行した。ムデュログル社は預金の返還を求めて、ジラアト銀行の支店があるイギリスの裁判所にジラアト銀行を訴えた。ここで前述のとおり、イギリスの裁判所は本件争いはイギリスになんらの関係がなく、トルコの裁判所に訴えるべきであるとして訴えを却下した。

次に、ジラアト銀行はドイツ・シュツットガルトに支店が存在したため、ムデュログル社はドイツの裁判所に訴えを提起した。ムデュログル社はドイツの裁判所の国際裁判管轄の根拠として、ジラアト銀行がドイツ国内に財産を保有している事実のみを主張した。この事情はドイツ民事訴訟法23条の文言およびその古典的解釈によれば、ドイツの裁判所の管轄権を十分に基礎づけるものであった。ドイツ連邦裁判所は、ドイツ民事訴訟法23条が判例上広く解釈されたために過剰管轄と批判されてきたことを認め、財産所在地の管轄は一般的に制限され

182頁。なお、先行するイギリスの事件は、Muduroglu Ltd., v. T C Ziraat Bankasi [1986] 1 QB 1225, [1986] 3 AII ER 682, [1986] 3 WLR 606 である。

る方向にあるとし，従来の最高裁判所の判例を覆して，当該の法的紛争に内国との牽連性が欠落する場合には，もはや右の規定を適用することができない旨を判示した。

五　ブラッセル条約とブラッセルⅠ

ブラッセル条約，ブラッセルⅠは原則として締約国内での国際裁判管轄の配分と外国判決の承認・執行に関する条約であり，フォーラム・アレスティについては明文では規定していない。同3条2項は個別具体的にベルギー民法15条（フランス民法典15条と同旨），ドイツ民事訴訟法23条，フランス民法典14条・15条に基づく裁判管轄，イギリスの一時滞在者に対する送達または通知に基づく管轄，イギリス国内の被告財産の所在，イギリス国内に所在する財産に対する差押えを理由とする管轄などを過剰管轄としてその適用を禁じている[748]。また，同条約24条は条約の管轄一般原則に対する例外として，本案について管轄がない裁判所も目的物が所在するのであれば仮のまたは保全措置の申立てについて管轄があると規定し，これは仮のまたは保全措置に限定される。債権者は本案を管轄する裁判所に仮差押えを申し立てることも財産所在地の裁判所にこれを申し立てることも任意 (*facultatif*) であって「申立人が望む場合には，仮のまたは保全の措置を本案の管轄のある裁判所に求めることを禁じていない」とされている[749]。

次に，同条約16条5号は，債務者のドミサイルにかかわらず判決の執行については執行地の締約国の裁判所が専属管轄を有すと定め，ブラッセルⅠも同様なので（同22条5号），これはフォーラム・アレスティを認めているのかという点が問題となるが，この規定は執行に当たって執行判決を要する場合，当該国の裁判所には保全措置を命じ，許可する権限を認めないという趣旨であり，フォーラム・アレスティを否定する規定であるとされている[750]。【22】のドニラウラー事件で欧州司法裁判所は，執行の目的物の所在地の裁判所が保全の要否を判断すべきで，仮のまたは保全の措置を認める司法的判断はブラッセル条約の適用を受けないと判示しており，欧州司法裁判所はフォーラム・アレスティによる管轄の拡

---

748) ゴドゥメ・タロンはすでに個々の国家間の条約で過剰管轄は排除されていたとする（Gaudemet-Tallon, *Les conventions de Bruxelles et de Lugano*, 2e éd., L.G.D.J., 1996, p.56）。
749) Ibid., p.193.
750) Ibid., p.195.

張には否定的ということができる。したがってブラッセル条約の下では締約国の裁判所の判決を他の締約国で執行する場合には，同条約31条1項による執行判決の手続によって行うことになる。

　ブラッセル条約は同条約締約国内での判決の迅速な執行を目的としているが，締約国の裁判所における訴訟競合についてはこれを認めず，同条約31条による執行判決手続しか認めていない。後掲の【47】のド・ヴォルフ判決は他の締約国における執行判決手続では費用が高いとしてすでに勝訴判決を得た原告が他の締約国で改めて本案の訴えを提起した事件である。

【47】　CJCE 30 novembre 1976 Jozef de Wolf c/Harry Cox BV[751]

　ベルギーに居住するド・ヴォルフは，ベルギー・トゥルヌーの裁判所においてオランダ法人コックス社に請求金額の支払いを命ずる判決を得たが，さらにオランダ・ボックスメヤー地方裁判所に同様の訴えを提起した。オランダの裁判所はコックス社を審尋した上で，ベルギーの裁判所と同じ判決を言い渡した。オランダの地方裁判所はブラッセル条約26条[752]に基づいてベルギー裁判所の判決を承認すべきであるが，オランダ法によれば申立人ド・ヴォルフの選択した手続（ベルギーの裁判所の判決とオランダの裁判所の判決の二重取得）は同条31条[753]によってオランダの管轄裁判所の執行判決を得る手続よりも当事者にとって費用のかからない手続であることを考慮したものである。これに対してオランダの検察局は外国判決の執行には，同条約31条の被告の住所地を管轄する裁判所の執行判決を取得する方法が唯一の方法であるとして，同裁判所の判決の破毀を申し立てた。オランダの控訴裁判所は，ベルギーで勝訴判決を得て同条約31条によってオランダで執行判決を得ることが可能な原告がオランダでベルギーの裁判所に対する訴えと同趣旨の訴えをあらたに提起することは禁じられているかいないか，欧州司法裁判所に意見を求めた。

　欧州司法裁判所は，同条約26条1項が締約国の判決は他の締約国においてなんらの手続を経ることなく承認されると規定していること，同29条は外国判決

---

751)　CJCE 30 novembre 1976, de Wolf c/Harry Cox BV, affaire 42/76.
752)　ブラッセル条約26条1項は「締約国で行われた判決はなんらの手続を経ることなく他の締約国で承認される」と定める。
753)　ブラッセル条約31条1項は「締約国の一国が行い，執行可能な裁判は，当事者の申立て（ルケート）により執行可能と宣言された場合に，他の締約国において執行に付される」と定める。

に当たって実質再審理を禁じているが，本案の訴えを受理した裁判所は請求の理由の有無について判断せざるを得ず，先行する外国判決と矛盾する結果を生じる可能性もあり，同一の請求の訴えを受理するおそれもあり，外国判決を承認する義務の否認を招く，したがってすでに他の締約国で判決が言渡されている訴えと同じ当事者，同じ請求の訴えを認めることは同条約の規定と整合せず，また訴訟競合について定める同条約 21 条[754]とも整合せず，ベルギーとオランダの二つの裁判所の判決という 2 件の債務名義を債権者に与える結果になるとした。

次に同条約 24 条にいう「保全措置」の範囲については，締約国間で制度が統合されていないので，問題が生じる。次の【48】のライヘルト判決ではフランスの債権者取消権の行使が同 24 条にいう保全措置に当たるか問題となり，【49】ヴァン・ウデン判決は仮処分の性格を有するオランダの簡易訴訟に関する事例である。欧州司法裁判所はライヘルト判決で，ブラッセル条約 24 条を「本案の裁判所に承認を求められるところの権利を保護するために事実上のまたは法律上の状況を維持することを目的とする措置」を対象とする規定であるとし，債権者取消権（アクシオン・ポーリエヌ）は「債権者との関係で債務者がその権利を詐害して行った処分行為の取消しを命じて，債務者と受益者の財団の法的状況を変更する」ことであるが，「本案の裁判の判決まで事実上のまたは法律上の状況を維持することを目的としていない」として，この行使はこれに当たらないと判示し，フランス国外での同条約 24 条に基づく実行を認めなかった。一方，オランダの簡易訴訟は「保全措置」に当たるとした。

【48】　CJCE（5e）26 mars 1992, Consorts Reichert c/Dresdner Bank[755]
　西ドイツ（当時）に居住するライヘルト夫妻はフランス国内で南フランス・アンチーブに所有する不動産の虚有権[756]を息子のマリオに譲る契約を結んだ。ラ

---

754)　ブラッセル条約 21 条は「同じ目的，同じ請求原因の請求が同じ当事者間で複数の締約国の裁判所に提起された場合，第二の受訴裁判所は職権で第一の受訴裁判所の管轄が確認されるまで判断を猶予する」と定める。

755)　CJCE（cinquième chambre）26 mars 1992, Reichert et al. c/Dresdner Bank, affaire C-261/90; *Rev. crit DIP* 1992. p.714, note B. Ancel.

756)　"nue-propriéte"（虚有権）とは，所有権のうち用益・使用・居住などの権利が第三者の利益のために設定されている場合に，所有権者に留保されている名目的権利をいう（山口俊夫編『フランス法辞典』（東京大学出版会，2002）391 頁）。

イヘルト夫妻に対して貸金債権のある西ドイツのドレスナー銀行は，この譲渡契約はフランス民法1167条にいう債権者詐害行為に当たるとして，南フランス・グラスの大審裁判所に譲渡の無効の確認を求めて訴えを提起した。

グラス大審裁判所は，被告のライヘルト夫妻の住所は西ドイツであるが，ブラッセル条約16条1項[757]の「不動産上の権利については，不動産の所在する国の裁判所に」管轄があるとする規定に基づいて管轄を認めた。ライヘルト夫妻が控訴したので，エクサン・プロバンス控訴院はルクセンブルグ議定書に基づいて，欧州司法裁判所に管轄について意見を求めた。

ドレスナー銀行は，ブラッセル条約5条3号（不法行為地の裁判所の特別管轄），16条1号，16条5号（支店所在地の特別管轄），24条を理由にフランスの裁判所の管轄を主張し，債務者ライヘルトの不動産の処分行為の取消しを求めたが，同条約5条3号によれば，「締約国の領土内に居住する被告は他の締約国の不法行為が行われた地の裁判所に召還される」が，欧州司法裁判所は詐害行為取消権が過失，過怠のない善意の第三者に対しても効果が及ぶから，詐欺的行為と看做すことはできず，同条約5条3号には当たらないとし，フランスの大審裁判所の判断にかかわらず，同条約16条1号の対象ではないとした。

原告ドレスナー銀行は詐害行為取消権は判決の強制執行を用意する手段であり，同条約16条5号は「判決の執行については執行地の締約国裁判所が」管轄を有すると主張したが，欧州司法裁判所は判決の執行とは債務者の財産の法的な状況を変更する判決を言渡すことであり，詐害行為取消権はこの条項の適用外であるとした。また，ドレスナー銀行は，同条約24条により詐害行為取消権を債権者に仮の保障を与えられると主張したが，欧州司法裁判所は，その承認を本案の判事に請求する権利の保全の目的ではなく，財産の法的状況を変更するものと評価するので，同条約24条の意味での保全手段ではないとして，ドレスナー銀行の請求を退けた。

同条約24条にいう「仮のまたは保全の措置」制度は各国で区々であり，その解釈も錯綜し，同条約24条は，すべての締約国裁判所に保全措置を命ずる権限を認める趣旨であるとする意見がある一方，同条は各国の国内管轄規則の適用を認めるものであるとする意見があり，同条の権限は本案管轄の裁判所と国内管轄

---

757) ブラッセル条約16条は特別裁判籍を定め，1号で不動産に関わる争いは不動産所在地を管轄する裁判所に裁判管轄があるとする。

基準に基づいて執行を管轄する裁判所の両方をいうとする意見が多数説であって，欧州司法裁判所の判断が待たれていたところ[758]，仮のまたは保全の措置の管轄裁判所について下記の【49】のヴァン・ウデン判決で初めて欧州司法裁判所は判断を示し，従来の多数説を採用した。

【49】　CJCE 17 nov. 1998, Van Uden Maritime c/Deco-Line[759]

　オランダ・ロッテルダムに本社を有する海運会社ヴァン・ウデン・マリタイム社（ヴァン・ウデン社）は，ドイツ・ハンブルグに本社を有するデコ・ライン社（デコ社）と欧州アフリカ間の運送貨物の積み下ろし業務を請け負う契約を結んだ。デコ社が契約代金を支払わなかったため，契約の仲裁条項に基づいてヴァン・ウデン社はオランダで仲裁を申し立てた。また，同時にヴァン・ウデン社はロッテルダム地方裁判所に仮の権利の保護の手続（*kort geding*，簡易訴訟）により，契約上の債務の支払を求める訴えを起こした。これに対し，デコ社はオランダの裁判所の国際裁判管轄を争った。

　ロッテルダム裁判所は，ヴァン・ウデン社の申立ては仮処分であり，オランダ民事訴訟法126条によれば，オランダに所在する申立人がオランダに住所（*domicile*），居所（*résidence*）を持たない被申立人を相手に仮処分を申し立てる場合，オランダの裁判所に管轄があるとしていること，事件はオランダと牽連性があることを挙げて，デコ社の抗弁を斥け，オランダ民事訴訟法1022条2項に基づき，仲裁条項にかかわらず当事者は仮処分を求めることができるとし，デコ社に支払いを命ずる判決を行った。

　デコ社は控訴し，オランダ・フラーベンハーヘ控訴院は，十分な牽連性がないとして，ロッテルダム裁判所の決定を取り消した。事件は上告され，オランダ最高裁判所はルクセンブルグ議定書に基づき，欧州司法裁判所の意見を求めた。

　欧州司法裁判所は，本案について管轄を有する裁判所は仮のまたは保全の措置についても管轄を有し，仮のまたは保全の措置の実行地の裁判所にもその管轄があるとし，本事件では仲裁の合意があり，本案の管轄裁判所は存在しないが，仲

---

758)　クニベルチの判例批評の表現である（CJCE 17 novembre 1998, *D* 2000, Jur. p.378, note Cuniberti）。

759)　CJCE 17 nov. 1998, Van Uden Maritime c/Deco-Line, affaire C-391/95, *D* 2000, Jur. p.378, note Cuniberti. 野村秀敏「EC管轄執行条約24条による仮の処分の命令管轄とその執行可能領域」際商29巻（2001）3号332頁を参照。

裁条項の存在は仮処分の申立ての可能性を排除するものではなく，また締約国の裁判所で本案を判断することは，ブラッセル条約24条の権限を他の締約国の裁判所から奪うものではないとした。さらに，同条約24条にいう仮のまたは保全の措置の趣旨について，ライハルト判決に基づき「この種の措置を認めるには，執行裁判所に慎重さが求められ，また申し立てられている措置が及ぼす効果について具体的な事情に関する十分な知識を要する」とし，また前掲の【22】のドニラウラー判決に基づき，仮のまたは保全の措置の地または国の裁判所が適当であり，また保全措置の目的物と執行裁判所との牽連性を要するとした。本事件では請求金額の支払いを求める仮処分が本案判決に代替されるおそれがあり，将来の仲裁判断がヴァン・ウデン社の請求を否認することもあり，ヴァン・ウデン社は返還を保証することが必要であるとした。

ブラッセル条約は債務者と第三債務者が異なる国に住所を有するような国際金銭債権に対する差押えについてとくに規定していない。債務者の住所地の裁判所が国際金銭債権差押えについて管轄を有しているとして，当該国際金銭債権に対する差押命令・仮差押命令を発した場合，第三債務者の住所地の裁判所はこの差押命令・仮差押命令を自国に対する主権侵害とみなして，その執行を拒否することがあり得る。したがって，ブラッセル条約31条に基づいて，第三債務者の住所地の国において執行判決を得て，差押えを行うことになる。しかし，このような手続の二層構造は執行を遅延させるものであり，欧州連合の2001年プログラムは執行地の国での執行判決手続を扶養とするもので債務名義の価値を回復させるものである。

また，承認・執行の対象となる外国裁判所の「判決」について，ブラッセル条約25条は「判決，決定，執行命令または書記官による訴訟費用の決定などその名目にかかわりなく締約国の裁判所によりなされるすべての裁判」を対象としている。わが国民事訴訟法118条が承認対象を「外国裁判所の確定判決」として「確定」を要することと対照的である。同条約は裁判の終局性・確定性（*final and conclusive*）を要件としておらず，既判力を必要としていない[760]。したがって，同条約が適用される場合には，仮執行判決や仮処分も条約の適用範囲に入る[761]。同条約27条[762]，28条[763]は，外国判決を承認しない事由を規定している

---

760) Gaudemet-Tallon, Les conventions de Bruxelles et de Lugano, 2e éd., L.G.D.J., 1996, p.232.

が，これらに当たらない場合，他の同条約の締約国の判決は同条約26条に基づいて，締約国において自動承認され，同31条に基づいて，判決国において執行力を有することを条件に，締約国において執行判決を受けて，執行されることになる。

---

761) Ibid., p.233.
762) ブラッセル条約27条は，1号で自国の公序違反，2号で被告に対して防御の機会が十分に与えられなかったこと，3号で自国における同一の当事者の裁判との齟齬があること，4号で判決国が人の身分等について国際法上の原則に従わなかったことを挙げている。これはブラッセルⅠの34条に継承されている。
763) ブラッセル条約28条は，外国判決を承認しない理由として同条約3，4，5条の裁判管轄規定違反を挙げる。これはブラッセルⅠの35条に継承されている。

第3章　各アプローチの妥当性評価

　国際金銭債権からの回収方法として以上に挙げた8つのアプローチのうち，前4者のアプローチは困難であり，後者の4つのアプローチが検討対象となるが，後者の4アプローチは紛争の事情に応じて適否があり，事案ごとに妥当性を検討すべきである。たとえば，わが国，フランス，ドイツでは差押えの目的物の所在地の国際保全管轄・執行管轄が認められるので，わが国の債権者がこれらの国に所在する第三債務者に対して仮差押え・差押えを行うことは可能であるが，イギリス法系の国の場合には，債務者の財産の移動を禁じるインジャンクションが認められるのみで，インジャンクションは対人管轄事件であり，争いの目的物の所在ではなく，債務者に対する管轄の有無によって裁判管轄が決定されるので，債務者の財産の保全が行われるとは限らない。わが国は香港，シンガポール，カナダなどイギリス法系の国と密接な経済的な関係を築いているが，これらの国に所在する第三債務者，債務者との取引に当たっては，債権回収に当たって保全と執行の問題があることを認識する必要があろう。

　「執行判決アプローチ」は伝統的な方法，原則的方法と言うことができるが，2つの問題がある。まず，コモンロー法系の国に第三債務者が所在する場合，このアプローチは取り得ない。シスキナ判決，メルツェデス判決が示したとおり，財産が所在すること，すなわち債権の場合には第三債務者が当該国に所在することのみをもっては，コモンロー法系の国において国際裁判管轄を基礎づけるには不足であり，債務者が第三債務者の所在国に出向くときを調べ，そのときを見計らって，現地で訴状を手渡しするといった変則的な方法をとるか，事務所を有するとか，現地の会社の役員であるなど，執行債務者が第三債務者の所在国に当該債権以外になんらかの接点を持たなければならないからである。次に，執行判決の取得までに要する時間である。債務名義を得てから執行判決を得るまで数年を要するが，その間に債務者の業態が悪化するかもしれず，債権者自体も業態が悪化する可能性がある。現時点では，執行判決の手間は超国家的な強制執行機関の存在しない国際取引を行うことの必然的なリスクであると諦めざるを得ない。

　「命令執行判決アプローチ」については，差押命令の場合と仮差押命令の場合を分けて考える必要がある。前者の差押命令について第三債務者所在国で執行判

第4編　わが国で可能なアプローチ

決を得るという方法は，債務者の所在国で判決と執行の両方の手続をとった上で，さらに第三債務者の所在国で執行の手続をとることになり，「差押えアプローチ」の方が効率的である。後者の仮差押命令の執行判決アプローチについては現在議論が多い。問題は2つある。まず，わが国を含めて多くの国が外国判決の承認の対象を「確定した判決」としており，外国の裁判所が債務者を審尋することなく発した仮差押命令は承認されることがない。第二に，ブラッセル条約は承認対象の外国判決について確定していることを要しないとしているが，ドニラウラー判決は被告債務者に防御の機会を与えないで発せられた命令については承認することができないとした。ブラッセル条約の下では，実質再審理をすることがないので，判決国における被告への防御の機会の保障が外国の裁判所の判決の承認の要件である。この法理は外国判決承認・執行ネットワークを構築していないわが国にとっても基本的な法理として考慮に価する。「命令執行判決アプローチ」は，前掲のサドワニ事件のようにきわめて限定された場合にのみ有効な方法といえよう。

　国際金銭債権執行は，執行債務者の住所地と財産の所在地，すなわち第三債務者の住所地が異なるので，執行債務者を相手とする本案事件の国際裁判管轄と執行事件の国際裁判管轄が異ならざるを得ない。この場合に執行を迅速・簡素に行うためには国際裁判管轄を拡張することによって，本案管轄と執行管轄の分裂を回避することが有効な対応と考えられる。この観点からは，「差押えアプローチ」と「フォーラム・アレスティ・アプローチ」が有効な手段となる。

　「差押えアプローチ」は，裁判手続を一国で完結させることができ，債権者にとっても効率的で，第三債務者が差押えに対して協力的な姿勢を示す限り，有効なアプローチであるが，このアプローチにも問題がある。第三債務者の協力が期待できない場合には執行が空振りになる懸念がある。また，わが国裁判所はこのアプローチを執行債務者と第三債務者との間に相当に密接な関係が存在する場合に限っている。しかし，債権者にとって債務者の財産の情報を取得することは困難であり，財産が金銭債権である場合，当該第三債務者と執行債務者との間の関係を知ることはさらに困難である。これらを調査するためには，執行債務者に債権者の動きが知られるという危険を冒しつつ，相当の時間と費用をかける必要がある。次に，第三債務者の二重払いのリスクの問題がある。大阪高裁決定の場合には，差押債権者と第三債務者は実質親子関係にあり，第三債務者の弁済を期待できる事情があった。しかし，この場合仮に執行債務者（の破産管財人）が第三債

務者の所在国において売掛債権の支払請求の訴えを起こす可能性もあった。この訴訟が提起された場合には，第三債務者は弁済の事実を抗弁として主張したであろうが，第三債務者の所在国の裁判所がこの抗弁を容れるとは限らない。「差押えアプローチ」は第三債務者の協力を期待することができ，かつ第三債務者の住所のある国の裁判制度がある程度安定したものであることを必要としよう。

　「フォーラム・アレスティ・アプローチ」は債権を回収することを目的としている債権者にとって実効性が高く，優先的に検討すべき方法である。高橋教授が「外国判決の承認という不安定な過程を通さずに直ちに権利の実現ができるメリットがある」と評価するとおりである[764]。債権者は債務者の財産の所在を確認し，所在国の国際裁判管轄規定を調査する必要がある。国際裁判管轄規定に，財産所在地の裁判管轄を認める規定が存在するのであれば，このアプローチを採用することが妥当であろう。問題はフォーラム・アレスティを過剰管轄とする意見が多いことである。フランス破毀院はナシビアン判決でフォーラム・アレスティを認めたが，同判決には批判がある。同判決は旧強制執行法のセジ・アレの事件であり，セジ・アレはまず仮差押えを行い，その後差押えについて有効判決を得て執行に移行する一連の手続である。ナシビアン事件で破毀院は仮差押えを命ずる裁判所に有効判決の管轄を認めたが，この点については反対意見があり，本来債権者に本案の事件を管轄する外国の裁判所に訴えを提起させ，債務名義を得るまで有効判決の手続を猶予し，その後フランスにおいて執行すべきであるという意見があった[765]。セジ・アレでは仮差押えを行ってから1ヶ月以内に有効判決の訴えを提起しなければならなかったが，ナシビアン事件ではあらためて外国の裁判所に本案の訴えを提起し，その後にフランスの裁判所に執行を求めるという手順では，1ヶ月の有効判決の提起期間を徒過する可能性があり，保全措置が無効になってしまうということも考慮されたのであろう[766]。1985年のメリディアン事件はアフリカのベニンとトーゴに居住する当事者の間の紛争であり，

---

764) 高橋宏志「国際裁判管轄」澤木＝青山編『国際民事訴訟法の基礎理論』(有斐閣，1987) 61頁。

765) 三井教授も，スイス国際私法4条，イタリア民事訴訟法4条3号にはフォーラム・アレスティについて明文規定があるが，従来，フランスでは学説・判例ともに差押裁判所は管轄権のある外国裁判所が差押債権の存在について判断を下すまでは差押手続を中止すべきであるとしていたが，ナシビアン判決はフォーラム・アレスティを肯定したとする（三井哲夫『国際民事訴訟法の基礎理論』(信山社，1995) 148頁）。

766) *Grands arrêts dr. int. pr.*, 3e, No.59-60, p.482.

第4編　わが国で可能なアプローチ

　フランスにはなんら関係がない事件であり，たまたま債務者の船舶がフランスに寄港していた事件である。破毀院は執行地であることは牽連性のない紛争の本案に関する国際裁判管轄を根拠づけるものではないとして，管轄を否定し，フォーラム・アレスティを認めなかったことも妥当といえよう。1997年のストロジェクスポール事件でも，破毀院は執行地であることだけでは国際裁判管轄を認めることはできず，他の管轄規則が必要であり，紛争がなんら関係がない場合には管轄は認められないと判示した。また，ドイツ民事訴訟法23条はフォーラム・アレスティを認める規定であるが，ドイツ連邦裁判所は同条が判例上広く解釈されたために過剰管轄と批判されてきたことを認めた上で，紛争と内国との牽連性を要件とすることを判示した。破毀院の姿勢の変化は新民事執行法の制定によって保全手続と執行手続が明確に分離されたことが原因であるが，フランス破毀院，ドイツ連邦裁判所ともにフォーラム・アレスティを一切否定するのではなく，牽連性を要件として制限的に運用するものと考えられる。牽連性・近接性は抽象的な概念であり，絶対的な基準が存在するわけではないから，フォーラム・アレスティ・アプローチに不安定な面があることは否めないが，このアプローチを積極的に評価しつつ，近接性・牽連性などを総合的に勘案して判断するべきであろう。

　ところで，フォーラム・アレスティの運用原理として，事件と自国との牽連性・近接性を要件とするという考え方はアメリカの準対物管轄の事件におけるミニマム・コンタクト理論に類似している。イギリスで現在，債務者の財産をブロックするためにはマリーバ・インジャンクションに頼らざるを得ないが，アメリカでは，差止命令のほかに対物管轄事件であるアタッチメントが認められる[767]。ビールは1913年の論文で「債務者がその財産をそのドミサイルの裁判所の管轄の及ばないところに置くことで，債務を負担させようとする裁判所の強制

---

[767]　アメリカの国際的な差止事件としてシティバンク事件がある。United States v. First National City Bank 379 US 378; 85 S. Ct. 528（1965）．アメリカ歳入庁はウルグアイの会社（オマール社）にアメリカ国内で生じた所得税の支払いを求め，当該会社がファースト・ナショナル・シティ銀行（FNCB）のモンテビデオ支店に預金口座を有したので，歳入庁はアメリカ・ニューヨークの裁判所にオマール社，FNCB などを相手にオマール社の資産に対するリーアンの実行（foreclosure）の訴えを提起した。さらに FNCB に対する差止命令を申し立て，FNCB に命令が送達された。預金口座は FNCB の海外支店に保有されていたが，銀行の本支店は同一主体であるとされた。本判決には，ハーラン，ゴールドバーグ両裁判官による「管轄の拡張である」とする反対意見があった。

を逃れることができるなら，明らかに不公正であり，その財産がこうして債務者によってその管轄の下に置かれた裁判所が債権者に正義を与えるために，財産の上に強権を発動するべきである」768) として，国家主権による強権的な対応を主張し，国際金銭債権執行を「現実には，物に対する管轄であって，人に対して債務を負担させる判決は実効性がないのであるから，裁判はある意味では物に対して」行うべきであり，「管轄を得るためには手続は物に対して向けられなければならず，原告は物に対して請求するべきであって，債務を払わない債務者に対して請求すべきではない」としたが，アメリカでは財産を対人管轄外に移動させることによって，債務の支払を免れることを防止するために，伝統的に財産の存在に基づいた管轄権を認めてきた。すなわち財産の存在から管轄を認めることは存在とフォーラム・アレスティのアプローチに接近するのである。財産の所在に基づく管轄について，1945年のインターナショナル・シュー事件769) は対人管轄がない場合に「フェア・プレイと客観的な裁判という伝統的な概念」に反せずに裁判を継続するためには，被告がフォーラムとミニマム・コンタクトを有することを要すると判示した。さらに，このアプローチは1977年のシェーファー判決770)

---

768) Beale, Jurisdiction in rem to compel payment of debt, 27 Harv.L.Rev. 107, 109（1913）.
769) International Shoe Co. v. State of Washington et al., 326 US 310（1945）. アメリカ・デラウェア州の法人で，ミズーリ州に営業の本拠のあるインターナショナル・シュー社（ISC）はワシントン州内には営業所・事務所を持たずに，ワシントン州に居住する十数人のセールスマンによって同州内の営業活動を行っていた。セールスマンの営業は商品見本を見せ，注文の本社への取次に限られていた。ワシントン州はISCに同州の失業補償金の支払いを求めた。判決は，デュー・プロセス上，裁判所の管轄の域内に居住しない被告に対して対人管轄を認めるためには，裁判の係属が「フェア・プレイと客観的司法の伝統的観念」を損なわず，被告が当該の地とミニマム・コンタクトを持つことを要する（certain minimum contacts with it-the territory of the forum-that the maintenance of the suit does not offend "traditional notions of fair play and substantial justice."）とし，本事件では継続的な営業がこれに当たるとして，ISCの上告を棄却した。
770) Shaffer v. Heitner, 433 US 186（1977）. デラウェア州法人のグレイハウンド社はアリゾナ州で主として営業していたところ，オレゴン州で独占禁止法に違反する行為を行い，会社に損害を及ぼし，刑事罰を受け罰金を支払ったため，同社株主であるハイトナーは同社と子会社および28人の新旧経営者に対して，デラウェア州で株主代表訴訟を提起し，同時にグレイハウンド社の株式，株式引受権などデラウェア州に所在する被告の財産（実際にはグレイハウンド社株式）の仮差押え（sequestration）を申し立て，デラウェア州裁判所は仮差押えを認めた。デラウェア州法は同州に所在する被告の財産を仮差押え（sequester）することにより，同州裁判所の管轄を認めていた。被告は適正手続が取られなかったこと，デラウェア州との十分な牽連性がないことを理由に無管轄の抗弁を出した。

において準対物管轄事件の被告に適用されることとされた。この事件は租税と会社法制において有利な規定を設けているアメリカ・デラウェア州における株主代表訴訟事件である。被告らの会社は同州で設立されたが，実際の主たる営業はアリゾナ州で営んでいた。株主は被告経営者の財産がデラウェア州に所在していたことから，同州で株主代表訴訟を提起した事件であり，州際事件である。最高裁は準対物管轄事件（quasi in rem）であっても，管轄を肯定するにはミニマム・コンタクトが必要であるとして，デラウェア州とのコンタクトがない被告に対する同州の裁判所の管轄を否定した。

　このようにアメリカのミニマム・コンタクトの法理は，フォーラム・アレスティにおける近接性・牽連性を要件とする法理に類似している。ただし，その基礎は異なる法理である。近接性・牽連性説は差押えの目的の債務者の特定の財産と裁判所の管轄地との「物的」な近接性を求めているが，一方，ミニマム・コンタクト論は被告本人とフォーラムの「人的」なコンタクトを求めているのである。実際には被告とフォーラムとのミニマム・コンタクトが財産の所在のみの場合に管轄が認められないことがある。前掲のシェーファー事件では，デラウェア州と被告との関係は同州会社の出資金という財産を保有しているばかりでなく，同州設立会社の役員でもあったので，人的な関係も存在したといえるが，同判決では管轄が否定された。ただし，1980年のパペンディック判決[771]は準対物管轄事件であったが，ドイツの会社がアメリカ・デラウェア州に設けた子会社の存在が管轄原因とされ，人的関係を要しなかった。また，トルコ航空事件[772]では同

　　　　本判決で，最高裁判所は対物管轄事件（in rem）についても対人管轄事件（in personam）と同様に，先行するInternational Shoe Co v. Washington事件が定立したミニマム・コンタクトの存在を要するとし，「州の裁判所の管轄権の基礎である財産が原告の訴えになんら関係がないときは，被告との関係がなく，財産の所在だけでは州の管轄を支えるものではない」としたが，また，「財産の存在はその所在する州の当該財産に対して固有の手続により，裁判所に求められている判決の担保として仮差押える管轄を意味する」と判示した。バーマンは，「シェーファー判決は，準対物管轄事件でミニマム・コンタクトの例外として，インターナショナル・シュー判決に則って紛争が他のフォーラムで係属中である場合に担保（security）として所在する財産を保全することができること判示した。この解釈によれば，管轄内に財産が所在することを理由に判決前の仮差押え（pre-judgmemt attachment）が可能である」とする（Bermann, Provisional Relied in Transnational Litigation, 35 Colum. J. Transnat'l L. 553, 561（1997））。

771）Papendick v Bosch GmbH 410 A. 2d 148（Del. 1979）cert. den. 446 US 909（1980）.
772）Feder. v Turkish Airlines 441 F. Supp. 1273（SDNY 1977）.

社がアメリカ・ニューヨークの銀行に設けた預金口座を理由に管轄を認めた。フォーラム・アレスティの本来の目的は執行の目的物である財産の所在地で本案と執行の両方の手続を迅速に解決することであることに鑑みると，人的関係に重きをおきかねないミニマム・コンタクト論をフォーラム・アレスティ論に導入することはかえって障害となるおそれがある。

第4章　銀行預金と本支店の管轄の問題

第1節　わが国の裁判例と扱い

　金銭債権のうちでも金融機関の預金は換価処分が不要であるから，強制執行の対象として最も簡便であり，また，第三債務者である金融機関は一般的には金銭債務を弁済しない債務者本人よりも支払能力があることが多いから，債権者が債権を回収しそこなうおそれも小さい。一方，債務者にとっては，預金口座は事業の運営や生活に常に必須であり，預金口座を差し押さえられて，決済が不可能になると大きな打撃となる。とくに，フランスでは一定金額以上の商取引の決済は小切手または金融機関の口座振込みで行うことが義務づけられ[773]，最近では小切手，手形の決済は金融機関の間での電磁的データ（*image cheque, LCR, BOR*）の交換によって行われているので，預金口座に対する差押えは強力な手段となっている。ところで当事者間に経常的な取引があれば，取引相手の取引金融機関や預金種類，口座番号を知ることができる。国際的な取引の場合にも，取引の代金決済は金融機関の間の外国送金によって行われるので，銀行預金への執行は重要な手段である。しかしここで銀行については本支店の人格の同一性という問題がある。金融機関が外国に進出する場合には，現地法人ではなく支店の形態を採ることが多いので，管轄の問題が生じるのである。支店は本店と同一の法人格と理解されるので，銀行預金に対する執行・保全については本支店の国際裁判管轄の範囲が問題となるからである。たとえば，わが国の金融機関の外国に所在する支店に執行債務者の預金口座が存在する場合，わが国の裁判所は当該在外支店に対して裁判管轄を有するか，あるいはわが国の裁判所が管轄内に所在する当該金融機関の本店または支店に対して差押命令を発した場合，その効果は在外支店に及ぶ

---

[773]　たとえば，一般税法（Code générale des impôts）の1649条 quarter B は，3000ユーロ超の取引の決済にあたって，非商人の個人は小切手，振込みまたはデビットカードによって決済しなければならないとされ，違反は1万5000ユーロの科料が科せられる。従来，この科料は個人の負担であったが，2002年予算法はこの科料を非商人の個人と事業者が分担することとした。

かという問題である。たとえば，下記の【50】のバンコック銀行事件は，直接には差押命令が問題となった事件ではなく，金融機関の在外支店に設けられた預金に対してこの別の支店が取得した質権の事例であるが，質権者と第三債務者が同一金融機関の支店であり，この場合の質権設定の効力が争いとなった。この事件では預金は支店所在地ごとに行われているとして，同一銀行の支店間であれ質権の設定を第三者に対抗する場合には，わが国民法467条2項の手続を要するとした。

【50】 東京地裁昭和47年4月15日判決[774]
　桜井氏は，訴外の香港市民である高春木氏に金銭を貸付けていたが，両者間に紛争が生じ，大阪簡裁において分割弁済の旨の和解調書を作成するに至った。しかし，高春木氏は和解内容に従った支払いをしなかった。高春木氏はバンコック銀行東京支店に定期預金を有していたため，桜井氏は和解調書を債務名義として，大阪地裁にこの預金を目的とする差押命令と転付命令を申し立て，これを得て，両命令は送達された。桜井氏は，転付命令を受けた定期預金の一部を宇佐美氏に譲渡し，書面で債権譲渡の旨を高春木氏に通知した。桜井氏と宇佐美氏は共同して東京地裁にバンコック銀行東京支店に対して預金債務の支払いを命ずる本案の訴えを提起した。
　一方，本件定期預金については，バンコック銀行香港支店が質権を設定していた。バンコック銀行香港支店は訴外のインターナショナル・コンストラクション社に対して当座貸越を許容し，高春木氏は本件定期預金を債権の担保として提供したものである。高春木氏とバンコック銀行香港支店との間で本件定期預金に関わる質権設定契約が結ばれ，バンコック銀行香港支店は，同東京支店に質権設定の旨を通知していた。インターナショナル・コンストラクション社が弁済期を過ぎても債務を返済しないため，バンコック銀行香港支店は質権を実行し，定期預金総額を弁済充当するために，同東京支店に送金を指示していた。
　東京地裁は「外国銀行の外国支店との取引について業務の中心は，その支店所在地居住者を対象とするものであると解される」として，本件定期預金は当該取引銀行営業所である東京支店の所在地法によると推認するのが相当であるとし，

---

774) 　東京地裁昭和47年4月15日判決下民集23巻180頁。土井輝生『国際取引判例集4』（国際商事法研究所，1988）376頁。

質権設定を第三者に対抗するためには，わが国民法 467 条 2 項の確定日付のある証書の存在を要するとした。

第 2 節 フランスの裁判例と扱い

下記の【51】のアルーシュ判決は，金融機関の在外支店の所在地を管轄する外国の裁判所が発した差押命令の取消しの可否が問題となったものである。本事件は差押命令の在外支店における効力ではなく執行・保全管轄の問題である。

【51】 Cass. 1er Ch. civ., 4 mai 1976, Allouche c/Société union commerciale africaine et Société Général[775]

アルジェリアの裁判所から同国のソシエテ・ユニオン銀行（SUCA）は同国の会社であるアルーシュ社に 5 万 1726 フラン 76 サンチームの支払いを命ずる判決を得て，SUCA はフランスの銀行であるソシエテ・ジェネラル（SG）がアルジェリア国内に有するフィリップビル支店に設けられたアルーシュ社の口座に対してセジ・アレを行った。アルーシュ社は SUCA と SG を相手にフランスの裁判所にフランス法に基づく差押えの取下げを求める訴えを起こした。

アルーシュ社は，フランスの銀行の在外支店には法人格がなく，当座預金者に対する債務はフランス法人の債務であり，預金を受け入れた銀行は債務者として無条件にいつでも返還する義務を負い，債務者である銀行は資金が失われた場合その賠償義務を負うとし，銀行の支店は国内の支店，外国の支店のいずれも法人格を持たず，本店の所在地を管轄するフランスの裁判所に管轄があると主張して差押えの取消しを求めた。

破毀院は，外国にある財産についてフランスの裁判所は当該国の権限のある裁判所の許可がない限りなんらの管轄を持たないとしてアルーシュ社の上告を棄却した。

金融機関がその所在地を管轄する裁判所から当該機関の在外支店にある預金に関する情報提供を求められた例として，下記の【52】のチュニジエンヌ・ナヴィ

---

775) Cass. 1er Ch. civ., 4 mai 1976, Allouche c/Société union commerciale africaine et Société général; *Rev. crit DIP* 1977, p.352, note D. Mayer.

ガシオン判決がある。破毀院はフランスの裁判所がフランスにある金融機関本店に対して送達した差押命令には当該金融機関の外国支店にある執行債務者の預金についても陳述の義務が及ぶと判示している。

【52】 Cass. Ch. com., 30 mai 1985, Cie Tunisienne de Navigation c/Cie d'armement maritime et al[776]

コンパニ・ダルマン・マリティム社（CAM）はロンドンにおける仲裁においてコンパニ・チュニジエンヌ・ド・ナヴィガシオン（COTUNAV）への所定金額支払いの仲裁判断を受けた。当該仲裁判断に対しては，パリ大審裁判所が執行判決を発し，COTUNAVはフランスのスエズ銀行と同じくフランスのオイル・シッピング社（OSCOSA）にあるCAMの預金に対してセジ・アレを行った。さらに，COTUNAVはフランスの裁判所にCAMに対するセジ・アレの有効判決を求める訴えを提起し，第三被差押人スエズ銀行とOSCOSAの陳述を求めた。

スエズ銀行は陳述を行ったが，同行のスイス・ローザンヌ支店にあるCAMの預金を含んでいなかった。原告COTUNAVは不十分な陳述であるとして旧強制執行法577条に基づき，スエズ銀行を原因債権の債務者と宣言することを求めた。

控訴院は，1869年6月15日仏瑞条約（1935年10月4日改定）11条 bis に基づき，スイス国内での保全処分の実行に当たってはスイスの裁判所の許可を要し，COTUNAVのセジ・アレはローザンヌ支店の預金には及ばないとしたが，破毀院は原審には仏瑞条約の解釈の誤りがあるとして原審を取り消し，移送した。

フランスの債権執行は第三債務者（第三被差押人）を中心に行われている。金融機関本店に対して差押令状が送達され，陳述を求められた場合，金融機関としてはどこまでの預金債務を陳述の対象とすべきだろうか。支店には法人格がないとして，当該機関の本店にある預金情報のみではなく，全支店の預金情報を陳述しなければならないとするのが通説であったが，その一方で強制執行は執行地の裁判所に管轄があるとして反対意見があった。【52】のチュニジエンヌ・ナヴィガシオン判決は旧強制執行法の下での判決であるが，通説を採用したものである。

---

776) Cass. Ch. com., 30 mai 1985, Compagnie Tunisienne de Navigation c/Compagnie d'armement maritime et autres; *Rev. crit DIP* 1986, p.329, note H. Batiffol.

セジ・アレに対して差押債権の存在を確認する陳述は、単なる差押債権の存在の事実の通知ではなく、当該債権のブロックを招来する強制執行手段であるので、正確な陳述を行わなかった金融機関の本店は外国の支店の預金債務があると差押債権者の債務者となることになった。

一方、新民事執行法の下では以下のとおり理解されている。まず金融機関の営業店舗の形態としては、本店と同一の法人格である支店の形態と出資関係はあるが別法人である子会社の形態がある。別法人の子銀行の場合は、差押債権者が執行債務者の親銀行や姉妹銀行に有する預金に対してセジ・アトリビュシオンを行っても、法人格が異なるから、差押えの効果は子銀行には及ばない。一方、支店や出張所を設けた場合には、本店に対して行われた預金に対する差押えの効果が支店・出張所に及ぶ。次に、差押債権者が金融機関の支店に対して差押令状を送達した場合は、金融機関の支店は金融機関全体の集中管理機構ではないから、差押えの効果は金融機関の本店や他の支店には及ばず、陳述の対象は他の本支店の口座を含まず、当該支店の口座に限定される。本店が外国に所在する金融機関のフランス国内に有する支店に対して差押令状を送達した場合は、陳述対象は当該フランスの支店にある執行債務者の口座に関する情報のみである。一方、フランスに本店のある金融機関に対して差押令状を送達した場合は、執行債務者が外国にある支店に有する預金口座を含めて、金融機関はその本支店全体の預金をすべて陳述しなければならない[777]。破毀院判決、学説ともに外国支店の預金情報陳述義務の根拠を支店には法人格がないことに求めている。

【51】のアルーシュ判決はフランスに本店のある金融機関であるSGの外国（アルジェリア）に所在する支店に対する差押えであり、フランスの裁判所には管轄がないとし、一方、【52】のチュニジエンヌ・ナヴィガシオン判決はフランスに本店のある金融機関であるスエズ銀行の外国（スイス）にある支店の預金についても本店は陳述を必要としており、一見すると両判決の間には齟齬があるようであるが、前者は外国に所在する金融機関の支店の国際裁判管轄の問題であり、後者は金融機関による執行債務者情報の陳述の問題であり、フランスの判例・学説は分けて判断しているようである。いずれも金融機関の支店の地位という問題の裏表のように解されるが、金融機関の支店には法人格がないとはいえ、差押命令を命ずる管轄については、支店の所在地を基準としながら、一方、金融機関本店

---

777) Perrot et Théry, *Procédures civiles d'exécution*, Dalloz, 2000, p.378.

はデータの集中管理機能があるとして，差押命令を受けた本店の義務を拡大している。

第3節　銀行の外国支店の問題

わが国では金融機関の外国支店の預金に対する差押命令を当該機関の本店に送達した場合の効果に関する公表された裁判例がなく，このような事件の扱いに関する学説もない。前掲の【2】の東京高裁平成5年4月16日決定（32頁）は国内の事件であるが，債権者が同一銀行の複数の支店に有する債務者の預金口座について順序を特定せずに申し立てた債権差押命令について，「金融機関は，法人格としては単一であるとしても，実際の取引は本支店ごとにある程度独立して行っているという実態（したがって，預金債権は口座を開設した店舗ごとに別個のものとなる）」があるとして，「預金債権が存する可能性のある本支店を幾つか列挙することも許されないわけではない」が，「金融機関の負担を考慮するとおのずから限度がある」とした。一方，【3】の東京高裁平成8年9月25日決定（33頁）も国内事件で，前掲の【2】の決定と同様に同一銀行の複数の支店の預金に差押命令を申し立て，今度は債権者が支店の順序を特定した事例で，「調査嘱託の結果によれば，第三債務者である銀行の顧客管理は，各取引店舗ごとに行われており，差押債権の有無は各取引店舗ごとに確認する必要がある」とする点は【2】の決定と同様であるが，【3】の決定はさらに「仮に第三債務者である銀行の本店に差押命令が送達された場合（複数の取扱店舗にまたがる債権の差押命令を送達する場合には，送達による混乱を避けるためにも，原則として，本来的な送達場所である本支店所在地にされることが望ましいといえよう。）には，該当する取扱店舗全部に速やかに連絡を取り，並行して該当預金を探索すれば，差押えに伴う処理に要する時間は相当程度減縮され，取扱店舗数に比例して増加するものとまではいえない」とし，債務者が銀行の支店に預金口座を有する場合にも銀行の本店に対して送達することは望ましくはないとしながらも，これを認めたものである。ただし，仮差押命令については，保全命令の管轄裁判所に関するわが国民事保全法12条の解釈から，預金債権を対象とするときは，支店取扱いのものも本店所在地が債権の所在地となると解釈されているが[778]，差押命令の場合にも同様であると解される。

---

778)　竹下＝藤田編『注解民事保全法（上巻）』（青林書院，1996）125頁［高野伸］，山崎潮

筆者の承知するところ，わが国に住所を有する債権者がわが国に住所を有する債務者のわが国の金融機関の在外支店に有していた預金を目的とする差押命令をわが国の裁判所に申し立て，これを得て，差押命令が差押預金を有する在外支店ではなく，わが国の当該金融機関の本店に送達された例がある。この事件で執行裁判所は当該預金が金融機関の海外支店にあることを承知してはいたが，金融機関の支店には法人格はないので，当該金融機関全体の債務であるとして，差押命令を当該海外支店ではなく，金融機関の本店に送達したようである。裁判所の差押命令はその管轄内に所在する金融機関の本店に送達されたから，この差押命令は国際金銭債権を目的とする差押えではなく，国内債権に対する差押えとして発せられたものであろうが，【3】の決定の判旨や民事保全法21条に関する学説がわが国金融機関の外国にある支店の債務者の預金についても同様に扱われているようである。

金融機関の預金に対する差押命令では本支店が一体として取り扱われている。銀行の本店に対する差押命令の効果を外国の支店に拡張することは，債権者にとっては効率的な債権回収が期待できるが，差押命令の送達を受ける第三債務者である銀行にとって問題があることはいうまでもない。

まず，銀行預金は特定の営業所に預金者名義の口座が設けられて，その営業所において預金の受入れ，払戻し等のための金銭の授受及びその記帳がなされるのであるから，預金債権は預金を受け入れた金融機関の営業所の所在地にあると言うことができ，その預金の記帳された国の専属管轄に服している。金融機関はほとんどの国で許可・認可を得て行なう業種であり，各国の金融監督機関の監督や法令上の規制を受けており，規制の中には守秘義務が設けられている場合があり，金融機関の本支店が顧客の預金などの情報を監督当局以外に開示すれば，本店所在国の裁判所の命令と支店の所在国における守秘義務との板ばさみに陥る可能性がある。顧客の預金情報を本店であれ，外国の機関に報告するにはあらかじめ，支店を監督する当局の意見を求めなければならないことがあり，本店の要求または本店所在国の裁判所の差押命令であるとしても，当該監督当局が当該支店に情報の提供を禁じる場合には，その指図に従わざるを得ないが，この場合には，差押命令の送達を受けた本店は預金者の財産情報について不十分な陳述をせざるを得ない。陳述義務違反を回避しようと監督当局の指示にかかわらず，支店

編『注釈民事保全法（上）』（民事法情報センター，1999）198頁［瀬木＝江原］。

が本店に執行債務者の預金情報を提供した場合，支店は守秘義務違反であるとして刑事制裁を受けるおそれもある。金融機関の本支店は所在する二つ国の相対立する命令・規制の狭間におかれ，両方を同時に満足することができない状況に陥る。外国の支店としては，本店の所在国の司法当局の命令であることを説明した上で，個別事情に基づいて守秘義務の免除を求める以外にはないと思われる。この手続は陳述の猶予期間の間に完了するとは限らないが，本店は命令を発した司法当局に対して事情を説明し，猶予期間の延長を求めることになろう。次に，支店の預金がその所在国の監督当局の管轄の下にあることは当該国の為替管理を受けることを意味する。当該国がわが国の差押命令に従った外国向け送金を常に許可する，あるいは許可申請不要取引とみなすか確実ではない。

フランスの裁判例では，本店は支店の業務全体を統括する機能を有するとして本店を基準に国際保全・執行管轄が判断されている。【52】のチュニジエンヌ・ナヴィガシオン判決は第三債務者はフランスの銀行であるスエズ銀行であり，同行に対して差押債権の支払いを命ずることとなったので，国際的な事件とはなっておらず，情報開示の義務をフランスに本店のある銀行に限っていることは実務的な可能性を検討したものであろう。現在まで具体的には問題となっていないが，たとえば外国に本店を有する銀行のフランス現地法人が欧州内に支店を設けているような場合には，現地法人であるからフランスの銀行の範疇に入ることになってしまう。わが国の場合にはこれまでは具体例がないようであるが，問題が生じるおそれがある。

第4節　ブラッセル条約とブラッセルⅠ

ブラッセル条約5条は特別裁判籍を定め，締約国内に本店を有する法人が他の締約国に有する支店・代理店またはその他の施設による業務によって紛争が生じた場合には，支店等の所在地を管轄する裁判所に法人に対する管轄を認めている[779]。たとえば，フランスに本店を有する会社は，そのベルギーの支店が業務上行った契約違反に伴う損害賠償請求の訴えについてベルギーの裁判所に召喚される可能性がある。同条約5条にいう「支店・代理店またはその他の施設」の意

---

779)　ブラッセル条約5条5号は「支店，代理店その他の施設の業務にかかわる紛争は，それらの所在地の裁判所に」と定める。ブラッセルⅠの5条5号も同趣旨である。

義については，銀行に関わる例ではないが，下記の裁判例がある。

【53】　CJCE 6 octobre 1976, de Bloos SPRL c/Société en commandite par action Bouyer[780]

　ベルギーのデ・ブロース社は，北フランスに本社のあるブーイエ社から商品の独占販売権を与えられていた。ところがこの独占販売契約が一方的に解除されたとして，デ・ブロース社がベルギーの裁判所に損害賠償請求の訴えを提起した。第1審は管轄がないとして却下し，デ・ブロース社がベルギーのモンス控訴院に控訴し，ブラッセル条約5条5号にいう支店，代理店，その他の施設は独占販売契約者を含むと主張した。同控訴院はルクセンブルグ議定書に基づき欧州司法裁判所にブラッセル条約5条1項と5号について意見を求めた。
　欧州司法裁判所は「ブラッセル条約は判決の承認を容易にし，その執行を保証する迅速な手続を設ける」ことを目的としているとし，支店・代理店を本社の指揮管理・コントロールに服すもの[781]とした。

【54】　CJCE 22 novembre 1978, Somafer SA c/Saar-Ferngas AG[782]

　ドイツ・ザールブリュッケンのザール・フェルンガス社はフランス法人ソマフェール社に対して請求金額の支払いを求めザール州の裁判所に提訴した。ソマフェール社はドイツ国内に支店を持たなかったが，ドイツにコンタクト・ポイントを設け，同社のレターヘッドには代理店（Vertretung）と記載していた。上級地方裁判所はブラッセル条約5条5号の意味について欧州司法裁判所に意見を求めた。
　欧州司法裁判所は5条5号について，「外延論」（prolongement d'une société）を採用し，対外的に本社の外延として，本社との間で法的関係が形成されることを承知の上で，第三者との間でビジネスを交渉するための指揮命令を受ける[783]を

780）　CJCE 6 octobre 1976, de Bloos SPRL c/Société en commandite par action Bouyer, affaire 14-76.
781）　判決は「支店・代理店の概念を特徴づける本質的な要素の1つは，本社の指揮管理・コントロールに服することである」としている。
782）　CJCE 22 novembre 1978, Somafer SA c/Saar-Ferngas AG, affaire 33/78.
783）　判決は「対外的に本社の外延として，恒常的に存在する取引センターで，外国にある本社との間で法的関係が形成されることを承知して，第三者との間でビジネスを交渉することのできるような指揮命令を受け，物理的に設備を整えられたもの」としている。

支店・代理店・その他の施設であるとした。

　現地法人は親会社とは基本的に別の法人格ととらえられるが，欧州司法裁判所は「外延論」に基づいて，現地法人もブラッセル条約5条の「支店・代理店またはその他の施設」に相当することがあるとしている。【55】の裁判例はこの例である。

　【55】　CJCE 9 décembre 1987, SAR Schotte GmbH c/Parfums Rothschild Sarl[784)]
　ドイツ・ヘマールに本社のあるショッテ社は，パリ本社のロッチルド香水社の注文に応じて香水吹きを納品したが，欠陥品であったとして代金が支払われなかったため，ショッテ社は代金支払請求の訴えをデュッセルドルフの裁判所に提起した。ショッテ社によれば，注文に関わる交渉はデュッセルドルフのロッチルド有限会社と行い，ロッチルド香水社の文書には同社とロッチルド有限会社の役員を兼務する者とロッチルド香水社の役員の署名があった。当初，ショッテ社はドイツの会社であるロッチルド有限会社を被告として訴えを提起したが，同社が債務者ではないと主張したので，ロッチルド香水社を被告に加えるべく訴えを変更したところ，ロッチルド香水社はドイツの裁判所に管轄はないと主張した。
　第1審は被告の主張を認め，訴えを却下した。控訴を受けたデュッセルドルフ上級地方裁判所はロッチルド有限会社はブラッセル条約5条5号のその他施設に当たるか欧州司法裁判所に意見を求めた。
　欧州司法裁判所は外延論に基づき，本社の外延と認識される場合には法的に独立した会社でも外延としての性質を帯びることがある[785)]として，親会社とは法人格が独立別個の子会社についても「その他の施設」に当たるとした。

　ブラッセル条約5条は裁判管轄の規定であり，保全・執行についてはとくに明示していないが，本店自体が本案訴訟の当事者として召喚されるのであるから，執行・保全の対象も本店自体ということになろう。しかも「外延論」に基づいて現地法人の業務による紛争について同様に扱われる可能性がある。同条約は銀行

---

　784)　CJCE 9 décembre 1987, SAR Schotte GmbH c/ Parfums Rothschild Sarl, affaire 218/86.
　785)　判決は「他の締約国に設立された企業の現実の外延と容易に認識されるような形で第三者と交渉する施設であり，法的に独立した会社である企業も外延としての性質を備えることができる」としている。

預金について特記していないが，支店の預金業務そのものに関する争いであれば，本店に対して執行が行われることになる。

　一方，銀行が第三債務者となる場合は，本案の当事者ではないから同条約5条の適用を受けないものと考えられる。

第5章 小　　括

　本編では，わが国で可能な国際金銭債権からの回収アプローチについて検討した。国際金銭債権執行では，債務者の住所地と第三債務者の住所地は異なり，原則として判決手続の国際裁判管轄は債務者の住所地を管轄する裁判所に認められ，執行手続の国際裁判管轄は第三債務者の住所地を管轄する裁判所に認められるから，判決手続と執行手続の手続の二層構造は避けられない。「執行判決アプローチ」，「命令執行判決アプローチ」はこの手続の二層構造を前提とし，その充足を図るアプローチであるが，管轄が相違することが迅速な執行の障害となる。「差押えアプローチ」は本案管轄の裁判所に執行管轄を認めるアプローチであり，「フォーラム・アレスティ・アプローチ」は執行管轄の裁判所に本案管轄を認めるアプローチであり，いずれも管轄の裁判所を一本化することによって迅速な執行を図るアプローチであり，国際裁判管轄の拡張による手続の簡素化・迅速化と言うことができる。国際金銭債権執行において手続を一層化することは欧州連合のような超国家的な「法域」が形成されない限り不可能であるが，フランス新民事執行法と欧州債務名義の「争訟の転換」は，国際裁判管轄の拡張的なアプローチを正当化する理論を提供しているのである。

第5編 総　　括

第1章　経済のグローバル化と司法制度の統合

　経済のグローバル化に伴って，民商事の紛争が当事者，対象物の両面で国際化している。欧州連合の「欧州債務名義」という先端的な動きを除くと，経済のグローバル化に対して司法の対応のスピードは著しく遅いと言わざるを得ない。1990年代に入って経済，社会学，政治の世界ではグローバリゼーション，グローバリズムといった用語が頻発し，これまで法律との関係ではグローバリゼーションが論じられることは少なかったが[786]，ようやく司法の世界でもグローバリゼーションに対応した動きが見られるようになっている。

　ドイツの法学者バセドウは「増加する一方の渉外事件がもつ微細さ，複雑さであるとか，国際的要因に対する配慮なしに国内的問題を規律する立法が氾濫し」[787]て，世界の一部で起きることが即時に他の国の居住者や社会に影響を与えるようになっており，「ヨーロッパ秩序は主権国民国家が中心的な役割を果たす形で規定され」，「全面的な統治の最高起源としての国民国家に基礎をおく世界秩序モデルは，多くの法概念や法規則に反映されて」[788]きたが，グローバリゼーションにより統治構造も変化しており，グローバリゼーションの結果成立する新しい世界秩序は，世界的規制，地域的規制，伝統的な国家法，国家以下のレベルの法の4種類の法によって規制されるとし，立法権が分散化される時代には当事者自治を広範に認める必要があるとしている。国民国家は領土内の資本，労働，

---

[786]　トワイニングは，1995年にグローバルとグローバリゼーションをキーワードにして，ボストンのインターネットライブラリーを検索したところ，250件が抽出されたが，法律に焦点を当てた文献は見当たらなかったとしている（Twining, *Globalisation and Legal Theory*, Butterworths, Tolley 2000, p.3）。

[787]　バセドウ「グローバリゼーションが国際私法に与える影響について」民商121巻（2000）4・5号500頁。

[788]　バセドウ・同上504頁。

情報などを対外的に保護する障壁の機能を果たしてきたが、経済のグローバリゼーションによって、国家主権という障壁は低くなり、国外からの侵害に対して十分な保護機能を果たせなくなってきたためである[789]。イギリスの国際政治学者クラークは、グローバル化以前の国際社会では、規則の支配する国内社会システムと統一のない無政府状態の国際社会システムが別々に存在し、国際社会システムにおける紛争は、自力救済と権力の衝突・交渉によって解決せざるを得なかったが、グローバル化によって国内社会と国際システムの間の秩序の調和が変化し、その中で主権国家が後退し、主権とグローバリゼーションの関係を新たに構成する必要があるとしている[790]。パリ第9大学のミシャレはグローバリゼーションの主たるプレーヤーはマルチナショナルの産業・金融グループであるが、主権国家の経済的な力を弱めて、国家の経済への介入を後退させているとし[791]、同時に企業が設立国ではなく、より投資に魅力的な地域に進出することを志向するため、企業をめぐる国家間の競争になっているとしている[792]。

経済のグローバリゼーションに対する司法からの対応として、国際的な紛争の解決の基準としてレックス・メルカトリア (lex mercatoria) の再生に期待する意見がある。たとえば、フランスの商法学者のロカンは経済がマルチナショナルの次元からさらにグローバル化の次元に達しており、貿易の自由化と未曾有の商取引の規制緩和が進み、国民国家が能力を喪失しており、法的な基準としてレックス・メルカトリアの役割を認め、国家の制定法との協力関係が構築することが必要であるとしている[793]。また、イギリスの法学者トワイニングは、これまで独立して存在してきた国家、社会や法体系の相互依存が強まる過程としてのグローバリゼーションの中で、国際商事仲裁というレックス・メルカトリアの再生が見られるとしている[794]。しかしながらレックス・メルカトリアは原則的に当事者

---

789) ヒギンズは、グローバリゼーションの時代には人権理念 (the philosophy of human rights) が重要であるとしている (Higgins, D.B.E., Q.C, Ineternational Law in a changing International System, Cambridge Law Journal, 58(1), March 1999, p.83)。

790) Clark, *Globalization and International Relations Theory*, Oxford University Press, 1999, p.170.

791) Michalet, L'evolution de la législation sur les investissement directs étrangers et la dynamique de la mondialisation, *Souveraineté étatique et marchés internatinaux à la fin du 2ème siècle*, Litec, 2000, p.434.

792) Ibid., p.449.

793) Loquin, Où en est la Lex Mercatoria?, *Souveraineté étatique et marché internationaux à la fin du 2ème siècle*, Litec, 2000, p.23.

の信義誠実を前提として機能する基準であり795），債権者・債務者間の信頼関係が損なわれた場合に生じる国際的な金銭債権の回収，国際金銭債権執行という事態への対応基準としてレックス・メルカトリアに期待することは困難であろう。

次に，問題解決の法理として国際的なコミティを唱える意見もある。スローターは，グローバル化した現在，個々の国際条約や慣習法の実行は国家の裁判所を通じて，国家の制定法の枠の中で行わざるを得ないし，欧州連合の司法システムの構築に当たって，司法上のコミティが再生している (emergence of "judicial comity") とする。このコミティが従来と異なる点は，外国裁判所に対する尊敬，外国裁判所も同様にグローバル化の中で一定の役割を果たしていることの承認，そして個人の人権の尊重という点であると述べている796）。コミティは，ローマ時代の国際紛争の解決基準であった Jus gentium に遡るが，現代的な意味では16世紀のオランダ国際法に起源があり797），19世紀にアメリカのストーリ裁判官が外国判決の承認・執行の根拠を国際礼譲 (international comity) に求めたことに由来する798）。ただし，ストーリはコミティを「法規則ではなく，実務，便宜，

---

794) Twining, *Globalization and Legal Theory*, Butterworths Tolley, 2000, p.51.

795) オスマンは，国際商事仲裁などレックス・メルカトリアは当事者の信義誠実原則と契約の拘束力に基づいているとする (Osman, *Les principes généraux de la Lex Mercatoria*, L.G.D.J., 1992, p.29)。オスマンは商事仲裁の基準を衡平（équité）に置く。

796) Slaughter, Judicial Globalization, 40 Va. J. Int'l L. 1103, 1112 (2000).

797) Kessedjian, *La reconnaissance et l'exécution des jugements en droit international privé aux Etats-Unis*, Economica, 1987, p.162. コミティは，1579年のオランダ独立の際に各州が結んだユトレヒト協定17条の内外人の平等待遇の規定に遡り，パウル・ヴォエトは礼譲 (ex comitae) の精神から自国内での隣国法の適用を認め，ジョン・ヴォートはユマニスムと衡平の観念から ex comitae を理論化した。フーバー（ウールリクス・フーベルス）は，第一公理「各国の法律はその政府の領域内でのみ効力を有す」，第二公理「政府の領域内にある者は，その居住が一時的であれ，その制約に服す」，第三公理「各国の君主は礼譲の為互いに他国の法律を尊重し，自国の権利利益を害せざる限りは其の効力を有せしむべきものとす」の3公理を立てた。

798) ストーリはフーバーの第三公理から，外国の法律，判決の自国内での効力承認を理論化し，「国家間の礼譲 (comity of nations) は，他国の領土における自国の法律上の義務の根拠の表現として最適」であるとした (Joseph Story, *Commentaries on the Conflict of Laws*, Hilligard, Gray, and Company, 1834, reprinted in 1972 Arno Press, p.37)。ストーリは，コミティの適用を裁判官の裁量であるとしたが，この点について，ワトソンはフーバーがコミティを義務 (bound by law to so act) であるとするのは誤解であるとしている (Alan Watson, *Joseph Story and the Comity of Errors*, University of Georgia Press 1992, p.18)。ケスジアンもストーリはコミティを恣意的かつ裁量的 (volontaire et arbitraire) な義務と理解し，外国法を適用すること，外国判決を承認することは儀礼 (courtoisie)

迅速のためのルール」であり，「国際的な義務と便宜および当該国の方によって保護された者の権利の両方に対する適正な配慮を示す理解の国家の表現」であるとしたので，ストーリのコミティ論では安定した解決を期待できないとする批判がある[799]。コミティはある意味では便宜的に使われているため，コミティ理論だけでは国家を超えて生じた紛争の解決の基準としては説明に十分でないであろう。レックス・メルカトリア，コミティといった基準ではなく，欧州連合2001年プログラムのような外国判決の承認・執行制度の具体的な構築作業が必要である。

　レックス・メルカトリア，コミティといった超法規的な基準ではなく，外国判決の執行を目指した民事手続法の統一の動きがある。まず，1956年に国際法協会は外国判決承認・執行の問題を検討する委員会を設け，1964年東京総会で「外国金銭判決の承認及び執行に関するモデル・アクト」を採択した[800]。モデル・アクトの第2部4条は原裁判所が裁判管轄を欠く場合，外国判決が欠席判決でなされ，かつ被告債務者に防御のために十分な期間内に訴訟手続の通知を受けなかった場合，適正手続の要請に合致する訴訟手続がとられなかった場合，強度の国際公序に反する請求原因に基づいている場合，異なる判決の対象になったことのある請求原因に基づく場合，詐欺によって判決が得られた場合には，当該外国判決は承認されないとし，同第3部7条は「この法律によって承認されうる外国判決が原裁判所所属国で執行可能なときは，判決債権者は，この法律にしたがって判決の執行の手続をすることができ」，「反対の証明のない限り，原裁判所所属国で執行可能なものと推定する」とした。同8条は「外国判決を執行するためには，判決債権者はその登録をえるものとする」としており，これは外国判決に当たって登録システムを採用しているコモンロー系の外国判決相互承認法の制

　　　　に過ぎず，裁判官が裁量で判断することとした点で問題があったと指摘している（Kessedjian, *La reconnaissance et l'exécution des jugements en droit international privé aux Etats-Unis*, Economica 1987, p.168）。

　799)　Daguin, *De l'autorité et de l'exécution des jugements étrangers en matière civile et commerciale en France et dans les divers pays*, F. Pichon, 1887, p.38. ダガンはフランスにおけるコミティ論者としてフェリックス（Foelix）の「友好的な関係と実用性の考慮，相互の便宜」は，判決はその領域内でしか効力がないことについて「例外を許している」との記述を引用し，コミティに批判的な意見として，「*Comitas*はこの世でもっとも変わりやすく不安定な国家の政策に依存し，科学的な原則の根拠になり得ない」というイタリアのフィオレの記述を引用する。

　800)　沢木敬郎「外国金銭判決の承認と執行」海外商事法務27号（1964）2頁。

度に類似している。アクトの報告者がカナダのガステルであったためと想像される。

次に，ハーグ国際私法会議は，すでに第 5 会期（1925 年），第 6 会期（1928 年）に「外国判決の承認及び執行に関する条約案」を採択したが，これらは遂に発効しなかった。さらに，第 9 会期（1960 年）に改めてこの問題が審議されたが，結論に至らなかった。第 10 会期（1964 年）で「外国判決の承認及び執行に関する条約案」が審議され，1966 年には「民事及び商事に関する外国判決の承認執行に関する条約」が採択され，1971 年 2 月 1 日に署名されたが，この条約は条約自体を批准するとともに，承認執行義務を生じさせるために，二国間で補足的合意をしなければならないとされ，締約国はキプロス，オランダ，ポルトガルの三カ国にとどまった。1992 年の一般問題特別委員会において米国からハーグ条約の見直しと新たな条約の作成が提案され，ワーキング・グループにその作業がゆだねられ[801]，外国判決の承認執行ルールと国際裁判管轄について規定する「ミックス条約」とすることとすることを想定した[802]。ヘーグ国際私法会議の民事及

---

[801] ハーグ国際私法会議における検討状況については，南敏文「ヘーグ国際私法会議における国際司法の統一」ジュリ 781 号（1983）186 頁，始関正光「ヘーグ国際私法会議の『国際裁判管轄及び外国判決承認執行に関する特別委員会』について」際商 23 巻（1995）6 号 598 頁，小出邦夫「ヘーグ国際私法会議の『民事及び商事に関する国際裁判管轄及び外国判決承認執行に関する特別委員会』第 4 回会合の概要」際商 26 巻（1998）10 号 1038 頁，道垣内正人「ミックス条約としての国際裁判管轄及び外国判決承認執行条約案の作成」ジュリ 1162 号（1999）107 頁，1163 号 130 頁，1164 号 118 頁，道垣内正人「国際裁判管轄および外国判決承認執行条約案の検討」NBL675 号（1999）12 頁，676 号 34 頁，小出邦夫「ヘーグ国際私法会議の『民事及び商事に関する国際裁判管轄及び外国判決の効果に関する特別委員会』の概要」際商 27 巻（1999）10 号 1142 頁，11 号 1310 頁，道垣内正人「『民事及び商事に関する裁判管轄権及び外国判決に関する条約準備草案』を採択した 1999 年 10 月のヘーグ国際私法会議特別委員会の概要」際商 28 巻（2000）2 号 170 頁，3 号 307 頁，4 号 466 頁，5 号 604 頁，6 号 735 頁，7 号 860 頁，8 号 988 頁，小川秀樹＝小堀悟「『民事及び商事に関する国際裁判管轄及び外国判決に関する条約準備草案』をめぐる問題」NBL699 号（2000）21 頁，道垣内正人「『民事及び商事に関する裁判管轄権及び外国判決に関する条約準備草案』について」ジュリ 1172 号（2000）82 頁を参照。

[802] 1996 年 10 月 16 日ハーグ国際私法会議は 19 回会議の議題として「民商事に関する裁判管轄と外国判決の承認執行」の問題を取り上げた（von Mehren, Drafting a Convention on International Jurisdiction and the Effects of Foreign Judgments Acceptable World-wide : Can the Hague Conference Project Succeed?, 49 Am. J. Comp. L. 191（2001））。ヴォン・メーレンは，2000 年 2 月 22 日にアメリカ代表団の長であり，法律顧問補コバーが会議の事務局長に宛てた「現時点で 1999 年 10 月の条約準備草案に具体化したようなプロジェクトではアメリカ合衆国では受け容れられるチャンスはない。さらにわれわれは，これまで

び商事に関する国際裁判管轄権及び外国判決の効力に関する特別委員会は，1999年10月30日に「民事及び商事に関する国際裁判管轄権及び外国判決の効力に関する条約準備草案」を採択し[803]，本案管轄を有する裁判所の保全管轄を定め（同13条1項），保全処分の対象となる財産の所在地の裁判所に保全管轄を認め（同2項），保全処分の執行がその領域に限定され，かつ保全処分の目的が係属中または申立人が申し立てる本案の請求権を暫定的に保全するものである場合には当該裁判所に保全管轄が認められるとした（同3項）[804]。これはわが国民事保全法12条1項と同様である。同草案によれば，前掲のシスキナ事件，メルツェデス事件のような場合が回避されることになり，同特別委員会事務局次長のケスジアンは1998年10月「国際司法および比較法における保全処分に関する覚書」を発表したが[805]，2001年6月の外交会議での審議の結果，多くの国が受け容れることができる条文にまとめることの困難が認識され，結局合意管轄に限った条約案が作成されるにとどまった[806]。国際裁判管轄と外国判決承認執行に関する国際的な条約の成立に向けての前途は厳しいものがあると言わざるを得ない。

　欧州連合では欧州債務名義という形で域内での判決の「自由な流通」に向かって努力が続けられているが，このプログラムの努力が奏功しても，その領域は欧州連合の加盟国に限られる。自国の執行判決手続を経ずに，外国の判決の執行を認めるものであり，欧州債務名義構想は参加国相互間の司法制度に対する相当の

の交渉の過程がアプローチ，構成，テキストにおいてわれわれにとって決定的な欠点を是正する可能性が見出せない。われわれの見るところ，かくも異なった法制度の下で，世界的な妥協を表すような条約案の創造に向って進んでいるとはいえない」との手紙を紹介しているが，結果的にはその予想通りとなっている。

803) ナイ＝ポカール（道垣内＝織田訳）「民事及び商事に関する国際裁判管轄権及び外国判決の効力に関する特別委員会報告書」際商29巻（2001）2号164頁，3号350頁，4号474頁，5号618頁，6号751頁，7号873頁，8号995頁，9号1125頁，10号1256頁，11号1391頁，12号1519頁を参照。

804) ナイ＝ポカール（道垣内＝織田訳）・同上6号751頁。

805) Kessedjian, *Note on Provisional and Protective Measures in Private International Law and Comparative Law, Hague Conference on Private International Law*, Prel. Doc. No.10 October 1998. ナイ＝ポカールは，このほかに1997年4月「民事及び商事に関する国際裁判管轄権及び外国判決」，1997年11月「民事及び商事に関する国際裁判管轄権及び外国判決の効力に関する1997年6月の特別委員会の作業のまとめ」，1998年7月「民事及び商事に関する国際裁判管轄権及び外国判決の効力に関する1998年3月の特別委員会の作業のまとめ」を挙げている。

806) 道垣内正人「ハーグ国際私法会議の『裁判所の選択合意に関する条約作業部会草案』（上）」NBL772号（2003）8頁。

信頼を前提とするものであるから，国家主権の観点からはブラッセル条約よりも高次の統合を要する制度である。ルガーノ条約の締約国がそのまま欧州債務名義構想について適格性があるとされることは難しく，欧州債務名義体制の参加国は現在のブラッセル・ルガーノ条約の締約国を上回るとは予想し難い。欧州連合は緊密な関係を有し，社会経済的基礎を共有しており，さらに過去からの相対条約の経験を踏まえた上に 30 余年のブラッセル条約の経験の累積があって，欧州債務名義構想に進化したものである。経済のグローバル化に比べれば司法の対応は遅々としていることは否めないが，民事訴訟，民事執行の手続法の分野は民事実体法との関係が密接であり，民事訴訟・執行ルールの国際的な調和・統合は容易ではないこともたしかである。

第2章　国際金銭債権執行の実効性

1　債務者財産情報と第三債務者

　金銭債権執行の実効性を高める上で，債務者の財産情報へのアクセスの確保が重要であり，とくに第三債務者からの債務者財産情報入手が可能であればその執行の実効性を高めることができる。本書では，第三債務者の執行への協力義務を正当化することを金銭債権執行における第三債務者の責任を重く規定するフランス旧強制執行法と新民事執行法を参考として検討した。フランス旧強制執行法，新民事執行法上の第三債務者は執行債務者の金銭債権という無体動産を保管する者であり，金銭債権は無体動産とするフランス民事法の構成に基礎をおいている。この構成は必ずしもわが国民事法にとって無関係なものではなく，ボアソナード民法典の時点では少なくともこのような債権構成が予定され，かつ当初のわが国の金銭債権執行制度もこの構成を前提としていた。平成15年の担保・執行法制の見直し作業で検討された第三者照会制度は導入されなかったが，判決執行に対する第三債務者の協力義務を検討する上でフランス法の構成は参考にすべきであると考える。

　このほかに検討すべき事項が2つある。

　第一に，金融機関の外国支店にある債務者預金への差押えの問題である。国際的な金銭債権執行では，銀行預金が大半を占めると想像される。銀行預金に対する債権差押えの場合，銀行本店に対する差押命令の送達は1つの法人格たる銀行全体に及ぶと解されるので，少なくとも債務者の取引銀行を探索して当該銀行本店に対して差押命令を発することが考えられるが，仮に債務者が外国に本店を有する銀行に預金口座を設けていた場合には，当該外国銀行のわが国にある支店に対して差押命令を送達しても，その効果は支店にしか及ばず，債務者が外国にある銀行に設けた預金に達することができない。

　第二に，国際金銭債権執行における債務者の財産情報の入手については容易な手段がない。為替管理の原則自由化とテレコミュニケーションの発達に伴い，財産を容易に国境外に移動させることが可能になっているが，執行制度は国家の枠内にとどまらざるを得ない。欧州連合では債務者財産情報入手について相互の支援・協力を規定する方向にあるが，わが国も個別条約の形であれ，マルチの条約

であれ同様の手当てが必要になっている。わが国当局がわが国の金融機関に対して，その外国支店にある預金に関わる情報の提供を求めた場合，現在では当該外国支店は当該国の監督当局に個別のその可否を照会せざるを得ず，仮に提供が認められる場合であっても可否の確認には相当の日数を要している。その間に債務者が預金を移動させることは十分に予想されるところである。当局による照会においてこのような状況であり，私人である個別の債権者の場合には金融機関に照会する手段さえ存在しない。

もとより債務者の防御の機会の保障は重要な配慮であるが，それ以前に債務者の財産情報の入手方法を確保することが優先課題と考える。

2　債務名義の価値回復

グローバリゼーションが本格化する前の1980年に田中教授は「現代社会においては，法的機構を全体として見た場合，高度に組織化された強力な国家的強制装置によって裏打ちされているにもかかわらず，強制的制裁による威嚇とか国家権力による強制保障ということが法の機能発揮において占めるウエイトは，ますます後退してきている」が，これは「法的機構が，公権力機関によるサーヴィスの提供，社会計画，経済活動の規制，財の再配分などの重要な手段として恒常的に用いられるようになった」ためであり，紛争が生じた場合に，裁判によって事後的個別的に解決することは，法による資源配分機能の1つであるが，この強制的制裁機能の比重は大きく低下し，裁判所は権力行使によって法的制裁を強制的に実現する法執行機関というよりも，既存の法的基準に照らして規範的状況を権威的に決定する法適用機関となっており，権力行使だけでなく，「社会的なサーヴィスの提供者」として機能し始めているとした[807]。グローバリゼーションはこのような主権国家の強制装置としての機能を一層縮小している。

強制執行における国家管理論と当事者執行論の対立は，「差押えアプローチ」における無益執行論に象徴的に表現されている。外国に居住する第三債務者に対する差押命令を無益執行とする意見は，強制執行を国家が管理する制度的な保障であるととらえており，国際的な金銭債権執行の場合には，国家の権力機関が発した差押命令を国家の権力構造に包含されていない外国の第三債務者に強制的に従わせるための担保がないので，無益執行の懸念があるとする。国家の強制機能

---

807)　田中成明「法の機能の多様化と強制の後退？」判タ399号（1980）2頁。

が後退しつつあることを前提とするとこの意見は妥当とはいえない。執行債務者の住所地を基準として差押命令発令の可否を判断し，第三債務者が外国に所在する場合もわが国の裁判所は差押命令を発することができるとする意見は，判決の執行を債権者・債務者の間の紛争の最終的解決とする当事者主義的執行論に近い。19世紀末にテュローは金銭債権差押えの国際私法上の問題を個人の権利の尊重と国家の主権の尊重の間の緊張であると分析したが[808]，無益執行論は執行の実効性を判決や差押命令といった裁判を行う国家主権の視点からの議論である。

ドイツの第二次強制執行法の改正，フランス民事執行法の改正は，裁判所の負担の軽減または「債務名義の価値回復」，「非裁判化」が課題とされた。欧州債務名義構想はまさに「債務名義の価値回復」と「非裁判化」を欧州連合に拡大する試みと評価することができよう。

当事者主義的執行論は，執行の妨害，忌避，遅滞，懈怠に対しては公権力による制裁によって執行の実効性を担保することが重要である。この意味では，債務者の財産情報の提供を第三債務者に課する，執行妨害に対しては制裁を加えることが必要である。

わが国では強制執行は国家権力がみずからその公権力を行使する手続であると理解され，債権執行に当たっては原則として債務名義を要し，さらに裁判所書記官による執行文の付与を得た上で，執行裁判所に差押命令の申立てを行う必要がある。このため，仮に債権者が債務者の保有する債権を探査して当該債権に対する執行を求めた場合にも，特定性が不十分な場合には差押命令は発されることはなく，また当該債権が国際金銭債権である場合には，執行裁判所は管轄の問題を考慮する。このような裁判所による配慮が債権者の満足を阻害することがありうる。債権者と債務者との間の執行債権をめぐる争いは一旦判決という形で解決されたのであり，執行の段階では裁判所による関与は最低限必要な範囲に限るべきである。とくに，債務者の財産は債権者全体の一般担保であり，責任財産であるから，債務者の財産に対して執行する限り，債権者のイニシアティブを認めることによって債権執行の実効性を上げることが考えられる。

民事訴訟の目的については権利保護説，私法秩序維持説，紛争解決説などが主張されてきたところであるが，最近では，民事訴訟制度を国家が提供する公的な

---

808) Thureau, *De la saisie-arrêt en droit international privé*, Marchal & Billard, 1897, p.1.

サービスであるとする有力な意見[809]が主張されている。権利保護説や私法秩序維持説に認められる国家利益的な考え方から、私人間の権利義務に関する紛争について、裁判所が妥当性を検証し、その結果について既判力を与えるとする一種の公的なサービスととらえる方向にある。同じ議論が民事執行についても妥当しよう。民事執行手続の当事者主義的な構成を考えることができるのではないだろうか。クニベルチは、領事館・大使館が外国において自国民に外交面でのサービスを提供するのと同様に、裁判所が外国において自国民に司法的なサービスを提供することも考えられるとし、国際裁判管轄の自己抑制は必ずしも望ましいことではなく、当該紛争に自国との近接性があるのであれば、管轄を認めてよいとする[810]。この意見は司法を公的サービスの一種ととらえている点に特徴があるが、国際保全管轄・国際執行管轄の拡張を国家主権による当該国の主権の侵害であるととらえる伝統的な意見からは、執行・保全管轄の拡張に対しては異論があろう。国際保全管轄・国際執行管轄の拡張については、裁判を国家のサービスととらえるか、国家主権の侵害ととらえるかによって、評価が異なるといえよう。

---

[809] 山本教授は、「最終的には、民事訴訟が扱っている権利義務というのは、当事者は自由に処分できる」とする（加藤他「民事司法の機能の現状と課題——第2部」判タ1027号（2000）43頁［山本和彦発言］）。山本和彦『民事訴訟審理構造論』（信山社、1995）7頁、山本和彦「国際倒産法制に関する要綱案の解説」金法 1587号（2000）31頁を参照。

[810] クニベルチは国際公法への配慮から保全措置の域外適用を認めることに躊躇する意見が多いが、国家の規範権限は無限であるとする批判があるとしている（Cuniberti, *Les mesures conservatoires portant sur des biens situés à l'etrangers*, L.G.D.J. 2000, p.22）。

参 考 文 献

[和文図書文献]

明石三郎『自力救済の研究（増補版）』（有斐閣，1978）
石川明『ドイツ強制執行法研究』（成文堂，1977）
石川明『強制執行法研究』（酒井書店，1977）
石川明『ドイツ強制執行法と基本権』（信山社，2003）
石川明＝三上威彦編『国際民事訴訟の基本問題』（酒井商店，1994）
石黒一憲『国際私法』（新世社，1994）
井上治典＝佐上善和他『民事救済手続法』（法律文化社，1999）
岩野徹＝西村宏一他編『注解強制執行法(1)』（第一法規出版，1974）
岩野徹＝岩松三郎他『債権の差押』（有斐閣，1967）
内田貴『民法Ⅲ債権総論・担保物権』（東京大学出版会，1996）
梅謙次郎『初版民法要義巻之一総則編（復刻版）』（信山社，1992）
梅謙次郎『訂正増補民法要義巻之二物権編（復刻版）』（有斐閣，1984）
大久保泰甫＝高橋良彰『ボアソナード民法典の編纂』（雄松堂，1999）
小木貞一訳『強制執行の基本問題』（南郊社，1935）
岡内幸策『証券化入門』（日本経済新聞社，1999）
奥田昌道『債権総論（上）』（筑摩書房，1982）
奥田昌道編『注釈民法(10)』（有斐閣，1987）
於保不二雄『財産管理権序説』（有信堂，1954）
折茂豊『渉外不法行為論』（有斐閣，1976）
香川保一監修『注釈民事執行法(1)』（金融財政事情研究会，1983）
香川保一監修『注釈民事執行法(6)』（金融財政事情研究会，1995）
『基本法コメンタール新版／民事執行法』（日本評論社，1991）
神戸大学外国法研究会編『独逸民法［Ⅰ］』（復刻版）（有斐閣，1988）
神戸大学外国法研究会編『独逸民法［Ⅱ］』（復刻版）（有斐閣，1988）
神戸大学外国法研究会編『独逸民事訴訟法［Ⅰ］』（復刻版）（有斐閣，1955）
神戸大学外国法研究会編『独逸民事訴訟法［Ⅲ］強制執行法乃至仲裁手続』（復刻版）（有斐閣，1955）
小杉丈夫『法律業務の国際化』（商事法務研究会，1995）
斎藤秀夫『競売法』（有斐閣，1960）
佐藤岩昭『詐害行為取消権の理論』（東京大学出版会，2001）
鈴木忠一＝三ケ月章編『注解民事執行法(1)』（第一法規出版，1984）
鈴木忠一＝三ケ月章編『注解民事執行法(4)』（第一法規出版，1985）
鈴木忠一＝三ケ月章編『注解民事執行法(6)』（第一法規出版，1984）
綜合研究開発機構編『経済のグローバル化と法』（三省堂，1994）
竹下守夫＝藤田耕三編『注解民事保全法（上巻）』（青林書院，1996）
田中成明『現代日本法の構図（増補版）』（悠々社，1992）

参考文献

田中成明『現代社会と裁判』(弘文堂, 1996)
谷口安平『口述民事訴訟法』(成文堂, 1987)
坪田潤二郎『国際取引実務講座Ⅲ 債権保全・国際金融』(酒井書店, 1979)
デ・ロングレー(福井勇二郎訳)『仏蘭西法学の諸相』(日本評論社, 1943)
東京地裁債権執行等手続研究会編『債権執行の諸問題』(判例タイムズ社, 1993)
中野貞一郎編『民事執行・保全法概説(第2版)』(有斐閣, 1999)
中野貞一郎『民事執行法[新訂4版]』(青林書院, 2000)
中野貞一郎『民事訴訟法の論点Ⅱ』(判例タイムズ社, 2001)
ハザード=タルフォ(田邊誠訳)『アメリカ民事訴訟法入門』(信山社, 1997)
福島正夫『日本資本主義の発達と私法』(東京大学出版会, 1988)
船橋諄一編『注釈民法(6)』(有斐閣, 1967)
船橋諄一『物権法』(有斐閣, 1960)
平井宜雄『債権総論(第2版)』(弘文堂, 1985)
法務大臣官房司法法制調査部『日本近代立法資料叢書3』(商事法務研究会, 1984)
法務大臣官房司法法制調査部『日本近代立法資料叢書13』(商事法務研究会, 1988)
ボアソナード氏起稿『民法草案修正文自第501条至第1502条』(筑波大学図書館蔵)
松岡博『国際取引と国際私法』(晃洋書房, 1993)
松岡義正『強制執行法要論上巻』(清水書店, 1924)
松岡義正『強制執行法要論中巻』(清水書店, 1925)
松岡義正『強制執行法要論下巻』(清水書店, 1925)
松坂佐一『債権者取消権の研究』(有斐閣, 1962)
松坂佐一『債権者代位権の研究』(有斐閣, 1950)
三ケ月章『民事訴訟法』(有斐閣, 1959)
三井哲夫『国際民事訴訟法の基礎理論』(信山社, 1995)
宮脇幸彦『強制執行法(各論)』(有斐閣, 1978)
矢澤昇治『フランス国際民事訴訟法の研究』(創文社, 1995)
山崎潮編『注釈民事保全法[上]』(民事法情報センター, 1999)
柚木馨『担保物権法』(有斐閣, 1958)
吉岡幹夫『金銭債務の基本構造』(法律文化社, 1997)
我妻栄『近代法における債権の優越的地位』(有斐閣, 1953)
我妻栄『新訂民法総則』(岩波書店, 1965)
我妻栄『物権法』(岩波書店, 1952)
我妻栄『新訂担保物権法』(岩波書店, 1968)
我妻栄『新訂債権総論』(岩波書店, 1964)
我妻栄『債権各論上巻』(岩波書店, 1954)
我妻栄『債権各論中巻一』(岩波書店, 1957)
我妻栄『債権各論中巻二』(岩波書店, 1962)

[仏文図書文献]

Ancel et al., *La réforme des procédures civiles d'exécution*, Sirey, 1993

Ancel et Lequette, *Grands arrêts de la jurisprudence français de droit international privé*, 3e éd., Dalloz, 1998

Aubry et Rau, *Cours de Droit civil français d'après la méthode de Zacharie*, tome II, 6e éd., Marchal & Billard, 1935

Batiffol et Lagarde, *Droit international privé*, Tome II, 7e éd., L. G. D. J., 1983

Cabrillac et Mouly, *Droit des sûreté*, 5e éd., Litec, 1999

Caupain et de Leval, *L'efficacité de la justice en Europe*, Larcier, 2000

Commission d'enquête de l'Assemblée nationale, *Les tribunaux de commerce : une justice en faillite?*, 1998

Conseil de l'Europe, *L'exécution des décisions de justice en matière civile*, Edition du Conseil de l'Europe, 1998

Cuche, *Précis des voies d'exécution et des procédures de distribution*, 4e éd., Dalloz, 1938

Cuche et Vincent, *Précis de procédure civile et commerciale*, 10e éd., Dalloz, 1954

Cuniberti, *Les mesures conservatoires portan sur des biens situés è l'étranger*, L. G. D. J., 2000

Daguin, *De l'autorité et de l'exécution des jugements étrangers en matière civile et commerciale*, F. Pichon, 1887

Desurvire, *Histoire de la banqueroute et faillite contemporaine*, L'Harmattan, 1992

Droit et Banque, *La banque et les nouvelles procédures de saisie*, AFB diffusion, 1993

Droz, *Pratique de la Conventionde Bruxelles*, Dalloz, 1973

Dubos, *Les juridictions nationales, juge communautaire*, Dalloz, 2001

Dupouy, *Le droit des faillites en France avant le code de commerce*, L. G. D. J., 1960

Frison-Roche et al., *Le nouveau droit des défaillances d'entreprises*, Dalloz, 1995

Garsonnet, *Traité élémentaire des voies d'exécution*, 2e éd., Larose, 1894

Gaudemet-Tallon, *Les conventions de Bruxelles et de Lugano*, 2e éd., L. G. D. J., 1996

Glasson, Morel et Tissier, *Traité théorique et pratique d'organisation judiciaire, de compétence et de procédure civile*, 3e éd., Sirey, 1932

Halpérin, *Entre natiobnalisme juridique et communauté de droit*, Puf, 1999

Hilaire, *Introduction historique au droit commercial*, Puf, 1986

Humbert, *Institution politiques et sociales de l'antiquité*, Précis Dalloz, 1999

Jobard-Bachellier, *Droit civil - Sûreté, publicité foncière*, 13e éd., Dalloz, 2000

Kessedjian, *La reconnaissance et l'exécution des jugements en droit international privé aux Etats-Unis*, Economica, 1987

Kessedjian, *Commerce électronique et compétence juridictionnelle internationale*, Rapport de travaux, 2000

Libchaber, *Recherches sur la monnaie en droit privé*, L. G. D. J., 1992

Loussouarn et Bourel, *Droit international privé*, 5e éd., Dalloz, 1996

参考文献

Malaurie et Aynès, *Cours de droit civil - les obligations*, 2e éd., Cujas, 1990
Malaurie et Aynès, *Cour de droit civil - les biens, la publicité foncière*, 4e éd., Cujas, 1998
Marmisse, *La libre circulation des décisions de justice en Europe*, Pulim, 2000
Marty et Raynaud, *Droit civil*, Tome II, 2e Vol., les biens, Sirey, 1965
Mayer, *Droit international privé*, 6e éd., Montchrestien, 1998
Mélanges en l'honneur de P. Kahn, *Souveraineté étatique et marché internationaux à la fin du 20 ème siècle*, Litec, 2000
Niboyet, *Traité de droit international privé français*, Tome IV, La territoriarité, Sirey, 1947
Nicod, *La réforme des procédures civiles d'exécution-un an d'appilication*, Dalloz, 1994
Osman, *Les principes généreaux de la lex mercatoria*, L. G. D. J., 1992
Perrot et Théry, *Procédures civiles d'exécution*, Dalloz, 2000
Rance et de Baynast, *L'Europe judiciaire, enjeux et perspectives*, Dalloz, 2001
Rigaux et Fallon, *Droit international privé*, 2e, II, Larcier, 1993
Robaye, *Une histoire du droit civil*, 2e éd., Academia Bruyant, 2000
Terré, Simler et Lequette, *Droit civil - les obligations*, 7e éd., Dalloz, 1999
Thureau, *De la saisie-arrêt en droit international privé*, Marchal & Billard, 1897
Vincent et al., *La Justice et ses institutions*, 4e éd., Dalloz, 1996
Vincent et Prévault, *Voies d'exécution et procédures de distribution*, 19e éd., Dalloz, 1999
Vincent et Guinchard, *Procédure civile*, 26e éd., Dalloz, 2001

［その他言語図書文献］

Baskin & Miranti, Jr., *A History of Corporate Finance*, Cambridge University Press, 1997
Clark, *Globalization and International Relations Theory*, Oxford University Press, 1999
Collins, *Essays in International Litigation and the Conflict of Laws*, Clarendon Press, 1994
Delaume, *Legal Aspect of International Lending and Economic Development Financing*, Oceana Publications, 1967
Geimer, *Internationales Zivilprozeßrecht*, 4 auflage, Otto Schmidt, 2001
The International Law Assoiciation, *Report of the Sixty-Seventh Conference*, 1996
The International Law Assoiciation, *Report of the Sixty-Ninth Conference*, 2000
Karrer & Arnold, *Switzerland's Private International Law Statute of December 18, 1987*, Kluwer Law and Taxation, 1994
Malanczuk, *Akehurst's modern Introduction to International Law*, 7th ed., Routledge, 1997
Mann, *The Legal Aspect of Money*, 3rd ed., Clarendon Press, 1971

North=JJ Fawcett, *Cheshire and North's Private International Law*, 12th ed., Butterworth, 1992

Story, *Commentaries on the Conflict of Laws* (Hilligard, Gray, and Company, 1834) reprinted, Arno Press, 1972

Tridimas, *The General Principles of EC Law*, Oxford University Press, 1999

von Mehren & Trautman, *The Law of Multistate Problems*, Little Brown and Co., 1965

Watson, *Joseph Story and the Comity of Errors*, University of Georgia Press, 1992

Wood, *Law and Practice of International Finance*, Sweet & Maxwell, 1980

［和文論文］

青山善充「仮執行の効果に関する一考察」『法学協会百周年記念論文集第三巻』』（有斐閣，1983）393頁

青山善充「国際的裁判管轄権」民事訴訟法の争点（1979）50頁

青山善充＝五十部豊久他「民事訴訟法改正の検討事項をめぐって」ジュリ996号（1992）12頁

青山善充＝伊藤眞他「新民事訴訟法をめぐって（第2回）」ジュリ1102号（1996）86頁

天野弘「債権者代位権における無資力理論の再檢討」判タ280号（1972）24頁，282号34頁

天野弘「取立訴訟と代位訴訟の関係」判タ308号（1974）17頁，309号36頁，310号13頁

アメリカ法律協会編（三木浩一訳）「渉外民事訴訟ルール」際商27巻（1999）5号513頁

淡路剛久＝大江忠他座談会「民法の発展と新時代への課題」ジュリ1126号（1998）276頁

井口牧郎＝浦野雄幸他「強制執行法案要綱案第一次試案をめぐって」ジュリ505号（1972）14頁，506号124頁，507号120頁，508号104頁，510号136頁

池田辰夫「国際化の中の司法インフラの構図」ジュリ1170号（2000）104頁

池原季雄「国際的裁判管轄権」鈴木＝三ケ月編『新・実務民事訴訟講座(7)』（日本評論社，1982）3頁

石川明「ZPO改正案758条aおよび765条a再論」法研70巻（1997）5号1頁

石黒一憲「国際金融取引と国際私法」鈴木＝竹内編『金融取引法体系第3巻為替・付随業務』（有斐閣，1983）266頁

市川健太「国際金融取引における現代的展開と取引環境の整備—外国為替管理制度の抜本的な見直しについて」商事法務1430号（1996）18頁

井上直三郎「否認権の性質に関する一考察」『破産・訴訟の基本問題』（有斐閣，1971）273頁（初出は論叢15巻（1926）4号208頁）

井上直三郎「仮差押命令の管轄」『破産・訴訟の基本問題』（有斐閣，1971）156頁（初出は論叢5巻（1921）2号208頁）

井上直三郎「詐害行為に対する救済制度の変遷」論叢20巻（1928）4号835頁，6

参考文献

号 1182 頁
井上治典「民事訴訟の役割」岩波講座『基本法学 8 ―紛争』（岩波書店，1983）153 頁
今中利昭「動産売買先取特権と物上代位」NBL197 号（1979）13 頁，199 号 22 頁
入稲福智「管轄および執行に関する EEC 条約（EuGVÜ）に関する EC 裁判所の近時の判例研究」石川＝三上編『国際民事訴訟の基本問題』（酒井書店，1994）235 頁
上谷清「新しい動産執行の諸様相」竹下＝鈴木編『民事執行法の基本構造』（西神田編集室，1981）407 頁
上村明広「外国判決承認理論に関する一覚書」曹時 44 巻 5 号（1992） 1 頁
宇佐美隆男＝浦野雄幸他「民事執行セミナー第 17 回～第 20 回」ジュリ 735 号（1981）100 頁，736 号 115 頁，737 号 117 頁，738 号 118 頁
内山衞次「強制執行における債務者の財産開示」阪学 25 巻 1 号（1998）85 頁，2 号（1999）33 頁
浦野雄幸「民事執行法序論」『基本法コンメンタール新版・民事執行法』（日本評論社，1991） 7 頁
浦野雄幸「債権執行・倒産事情(1)」NBL557 号（1994）18 頁
浦野雄幸「民事執行法の諸問題(1)～(19)」曹時 33 巻（1981）11 号 1 頁，12 号 31 頁，34 巻（1982） 2 号 37 頁， 8 号 1 頁，10 号 37 頁，35 巻（1983） 2 号 73 頁， 5 号 1 頁，12 号 45 頁，36 巻（1984） 2 号 1 頁， 6 号 21 頁， 9 号 31 頁，37 巻（1985） 3 号 11 頁， 9 号 23 頁，38 巻（1986） 5 号 67 頁，12 号 1 頁，39 巻（1987） 2 号 1 頁，10 号 1 頁，40 巻（1988） 8 号 33 頁，42 巻（1990） 6 号 15 頁
江川英文「外国判決の承認」法協 50 巻（1932）11 号 2054 頁
江藤价泰「フランスにおける仮差押え制度の一端について」中村宗雄古稀記念論文集刊行会編『民事訴訟の法理』（敬文堂，1965）513 頁
海老原明夫「ロエスレル」ジュリ 1155 号（1999）38 頁
小川秀樹＝小堀悟「『民事及び商事に関する国際裁判管轄及び外国判決に関する条約準備草案』をめぐる問題」NBL699 号（2000）21 頁
沖野威「ドイツ民事訴訟法上の開示宣誓，監置及び債務者名簿について」鈴木編『会社と訴訟（下）（復刊版）』（有斐閣，1968）1069 頁
貝瀬幸雄「国際裁判管轄の合意」澤木＝青山編『国際民事訴訟法の理論』（有斐閣，1987）77 頁
加藤雅信「物権・債権峻別論の基本構造」ジュリ 1229 号（2002）65 頁
勝本正晃「債権の所有権的関係」『民法研究第 1 巻』（巌松堂，1932）455 頁
兼子一「請求権と債務名義」『民事法研究Ｉ』（酒井書店，1950）157 頁
兼子一「民事訴訟法の制定」『民事法研究Ⅱ』（酒井書店，1955） 1 頁
関西国際民事訴訟法研究会「民事及び商事に関する裁判管轄並びに判決の執行に関するブリュッセル条約公式報告書(1)～(21)」際商 27 巻（1999） 7 号 752 頁， 8 号 939 頁， 9 号 1055 頁，10 号 1181 頁，11 号 1329 頁，12 号 1440 頁，28 巻（2000） 1 号 42 頁， 2 号 192 頁， 3 号 312 頁， 4 号 472 頁， 5 号 609 頁， 6 号 740 頁， 7 号 865 頁， 8 号 994 頁， 9 号 1134 頁，10 号 1266 頁，11 号 1406 頁，12 号 1523

頁, 29巻 (2001) 1号101頁, 2号231頁, 3号360頁
関西国際民事訴訟法研究会「民事及び商事に関する裁判管轄並びに判決の執行に関するルガノ条約公式報告書(1)～(13)」際商29巻 (2001) 4号484頁, 5号623頁, 6号755頁, 7号877頁, 8号1002頁, 9号1133頁, 10号1261頁, 11号1397頁, 12号1525頁, 30巻 (2002) 1号93頁, 2号236頁, 3号382頁, 4号524頁
菊井維大「強制執行における平等主義」法協62巻 (1944) 2号151頁
雉本朗造「強制執行ノ優先主義及ヒ平等主義」『民事訴訟法の諸問題』(有斐閣, 1955) 413頁 (初出は京法10巻 (1915年) 11号)
雉本朗造「競売法ニ依ル競売ノ性質及ヒ競売開始ノ効力」『民事訴訟法論文集』(内外出版印刷, 1928) (初出は京法8巻 (1913) 8号)
雉本朗造「間接訴権の研究」論叢4号 (1920) 5号539頁
工藤祐巌「フランス法における債権者代位権の機能と構造」民商95巻 (1987) 5号671頁, 96巻1号33頁, 2号208頁
桑田三郎「サヴィニーの国際私法理論に関する一研究」『国際私法研究』(文久書林, 1966) 10頁
桑原康行「EC管轄執行条約における義務履行地の決定方法」際商29巻 (2001) 7号862頁
桑原康行「EC指令の直接的効力の範囲」際商27巻 (1999) 4号388頁
桑原康行「EC法違反と加盟国の責任」際商27巻 (1999) 12号1452頁
小出邦夫「ヘーグ国際私法会議の『民事及び商事に関する国際裁判管轄及び外国判決承認執行に関する特別委員会』第4回会合の概要」際商26巻 (1998) 10号1038頁
小出邦夫「ヘーグ国際私法会議の『民事及び商事に関する国際裁判管轄及び外国判決の効果に関する特別委員会』の概要」際商27巻 (1999) 10号1142頁, 11号1310頁
河野俊行「国際物権法の現状と課題」ジュリ1143号 (1998) 45頁
「国際法協会第69回 (2000年) ロンドン (連合王国) 大会報告」国際法雑誌99巻 (2000) 5号566頁
ゴットヴァルト (藤井まなみ訳)「国際強制執行」石川＝三上編『国際民事訴訟の基本問題』(酒井書店, 1994) 205頁
ゴットヴァルト (三上＝藤井訳)「国外的な効力を伴う民事裁判所の処置の限界」
小林秀之「国際民事保全法の構築に向けて」ジュリ1052号 (1994) 53頁
小林秀之「国際民事保全法序説」上法38巻 (1994) 1号33頁
小町谷操三「発港準備を終わりたる船舶の仮差押え」『海商法研究4巻』(成山堂, 1984) 369頁
今野裕之「ECにおける移動の自由の原則と会社の本拠の移転」際商27巻 (1999) 8号960頁
今野裕之「ECにおける移動の自由の原則とペーパーカンパニーの二次的開業権」際商29巻 (2001) 6号741頁
佐賀徹哉「物権と債権の区別に関する一考察」論叢98巻 (1976) 5号27頁, 99巻2号36頁, 4号62頁

参考文献

櫻田嘉章「黎明期の我が国国際民事訴訟法」論叢142巻5・6号46頁
佐藤彰一「民事執行の実効性論－緒論」判タ1043号（2000）5頁
沢木敬郎「外国金銭判決の承認と執行」海外商事法務27巻（1964）2頁
始関正光「ヘーグ国際私法会議の『国際裁判管轄及び外国判決承認執行に関する特別委員会』について」際商23巻（1995）6号598頁
霜島甲一「先取特権と民事執行」米倉＝清水ほか編『金融担保法講座Ⅳ』（筑摩書房，1986）340頁
シュティルナー（春日偉知郎訳）「『渉外民事訴訟ルール草案』に対するヨーロッパ側の反応」際商28巻（2000）3号281頁，4号407頁
シュロッサー（三上威彦訳）「ヨーロッパ経済共同体の国際民事訴訟法と第三国」石川＝三上編『国際民事訴訟の基本問題』（酒井書店，1994）31頁
シュロッサー（栗田陸雄訳）「国際民事訴訟法上の新しい人権問題」石川＝三上編『国際民事訴訟の基本問題』（酒井書店，1994）181頁
鈴木尚久「ドイツにおける財産開示制度」判タ1057号（2001）4頁
鈴木尚久「ドイツにおける民事強制執行手続」海外司法ジャーナル（1999）45頁
鈴木正裕「民事訴訟法の学説史」ジュリ971号（1991）11頁
鈴木正裕「民事執行の実体的正当性の確保」竹下＝鈴木編『民事執行法の基本構造』（西神田編集室，1981）109頁
鈴木正裕「私権の強制的実現」岩波講座『基本法学8―紛争』（岩波書店，1983）225頁
鈴木禄弥「『債権者平等の原則』論序説」曹時30巻（1978）8号1頁
瀬川信久「物権・債権二分論の意義と射程」ジュリ1229号（2002）104頁
高桑昭「外国判決の承認と執行」鈴木＝三ケ月編『新・実務民事訴訟講座(7)』（日本評論社，1982）125頁
高倉史人「商法典の成立」ジュリ1155号（1999）5頁
高田裕成「財産関係事件に関する外国判決の承認」澤木＝青山編『国際民事訴訟法の理論』（有斐閣，1987）365頁
竹下守夫「外国判決による強制執行と手続権の保障」法教24号（1982）104頁
竹下守夫「民事執行法の成立と将来の課題」竹下＝鈴木編『民事執行法の基本構造』（西神田編集室，1981）1頁
竹下守夫「判例から見た外国判決の承認」新堂ほか編『判例民事訴訟法の理論（下）』（有斐閣，1995）515頁
田中和夫「英米法におけるinjunction」中田編『保全処分の体系［上巻］』（法律文化社，1965）76頁
田中成明「法の機能の多様化と強制の後退？」判タ399号（1980）2頁
田邊誠「『渉外民事訴訟ルール』草案（アメリカ法律協会起草）研究会報告」際商27巻（1999）10号1157頁
谷川久「企業の国際的活動と法」岩波講座『現代法9』（岩波書店，1966）299頁
谷口安平「金銭執行における債権者間の平等と優越」竹下＝鈴木編『民事執行法の基本構造』（西神田編集室，1981）253頁
谷口安平「物上代位と差押」奥田編『民法学3《担保物権の重要問題》』（有斐閣，

1976）104 頁
谷口安平「倒産手続と在外財産の差押え」山木戸編『手続法の理論と実践（下巻）』（法律文化社，1981）578 頁
谷口安平「倒産手続と在外財産の差押え属地主義再考のための一試論」吉川博士追悼論集『手続法の理論と実践（下巻）』（法律文化社，1981）578 頁
谷口安平「手続的正義」岩波講座『基本法学 8―紛争』（岩波書店，1983）35 頁
谷口安平「担保権の実行と自力救済」米倉＝清水ほか編『金融担保法講座Ⅲ巻』（筑摩書房，1986）215 頁
谷口安平「比較民事訴訟法の課題・序説」『京都大学法学部創立百周年記念論文集第三巻』（有斐閣，1999）519 頁
谷口安平「国際倒産の現状と問題（下）」NBL385 号（1987）51 頁
谷口安平「国際倒産の解雇と展望」金法 1188 号（1988）8 頁
多田望「国際民事証拠共助法の最近の展開」阪法 52 巻（2002）3・4 号 1081 頁
道垣内正人「国際的訴訟競合（5・完）」法協 100 巻（1983）4 号 74 頁 771 頁
道垣内正人「渉外仮差押・仮処分」澤木＝青山編『国際民事訴訟法の理論』（有斐閣，1987）403 頁
道垣内正人「ミックス条約としての国際裁判管轄及び外国判決承認執行条約案の作成」ジュリ 1162 号（1999）107 頁，1163 号 130 頁，1164 号 118 頁
道垣内正人「国際裁判管轄および外国判決承認執行条約案の検討」NBL675 号（1999）12 頁，676 号 34 頁，679 号 44 頁
道垣内正人「『民事及び商事に関する裁判管轄権及び外国判決に関する条約準備草案』を採択した 1999 年 10 月のヘーグ国際私法会議特別委員会の概要⑴〜⑺」際商 28 巻（2000）2 号 170 頁，3 号 307 頁，4 号 466 頁，5 号 604 頁，6 号 735 頁，7 号 860 頁，8 号 988 頁
道垣内正人「『民事及び商事に関する裁判管轄権及び外国判決に関する条約準備草案』について」ジュリ 1172 号（2000）82 頁
道垣内正人「ハーグ国際私法会議の『裁判所の選択合意に関する条約作業部会草案』（上）」NBL772 号（2003）8 頁
東京地裁民事執行実務研究会『民事執行の実務⑴〜⒅』曹時 41 巻（1989）1 号 1 頁，3 号 19 頁，4 号 29 頁，5 号 59 頁，7 号 43 頁，8 号 65 頁，11 号 21 頁，12 号 23 頁，42 巻（1990）1 号 23 頁，2 号 31 頁，3 号 37 頁，4 号 57 頁，7 号 101 頁，9 号 19 頁，11 号 45 頁，12 号 39 頁，43 巻（1991）1 号 25 頁，3 号 25 頁
德岡卓樹「身分関係事件に関する外国裁判の承認」澤木＝青山編『国際民事訴訟法の理論』（有斐閣，1987）403 頁
富井政章「法典に対する意見（承前）」法協 10 巻（1892）1 号 37 頁
富越和厚「新民事執行法における債権執行の実務」NBL198 号（1978）6 頁，199 号 12 頁，200 号 55 頁
中西康訳「民事及び商事事件における裁判管轄及び裁判の執行に関する 2000 年 12 月 22 日の理事会規則（EC）44/2001（ブリュッセルⅠ規則）」際商 30 巻（2002）3 号 311 頁，4 号 465 頁
中野俊一郎「法令 7 条をめぐる解釈論の現状と立法論的課題」ジュリ 1143 号

(1998) 36 頁
中野俊一郎「外国未確定裁判の執行」際商 13 巻 (1985) 9 号 623 頁, 10 号 719 頁, 11 号 809 頁, 12 号 885 頁
中野俊一郎「労働関係事件の仮処分」国際私法の争点（新版）(1996) 228 頁
中野俊一郎「財産所在地の国際裁判管轄権」神戸 43 巻 (1993) 2 号 411 頁
中野貞一郎「債権者取消訴訟と強制執行」民訴 6 巻 (1961) 53 頁
中野貞一郎「民事司法制度の立法小史」ジュリ 971 号 (1991) 4 頁
中野貞一郎「強制競売，任意競売，滞納処分の競合」中田＝三ケ月編『民事訴訟法演習Ⅱ』（有斐閣，1964) 215 頁
中野貞一郎「配当手続の性格」小山＝中島編『裁判法の諸問題―下』（有斐閣，1970) 295 頁
中村也寸志「不作為を命ずる仮処分命令と国際裁判管轄」判タ 798 号 (1993) 43 頁
野村秀敏「EC 管轄執行条約加盟国における執行とドイツ民事訴訟法 917 条 2 項」際商 27 巻 (1999) 5 号 565 頁
野村秀敏「EC 管轄執行条約 24 条による仮の処分の命令管轄とその執行可能領域」際商 29 巻 (2001) 3 号 332 頁
野村秀敏「国際的債権執行と仮差押えに関する二つの問題点」青山＝小島ほか編『現代社会における民事手続法の展開上巻』（商事法務，2002) 331 頁
野村秀敏「債権仮差押えに関する国際裁判管轄」民訴 47 巻 (2001) 59 頁
野村秀敏「外国における執行と仮差押えの必要性」成城大学法学会編『21 世紀を展望する法学と政治学』（信山社，1999) 305 頁
バウア（鈴木正裕訳）「金銭執行における優先主義と平等主義」民訴雑誌 15 号 (1969) 1 頁
ハザード・ジュニア（三木浩一訳）「手続法における国際的調和」民訴 44 巻 (1998) 70 頁
ハザード・ジュニア（猪股孝史訳）「ALI/UNIDROIT による渉外民事訴訟プロジェクトに関する経過報告」際商 30 巻 (2002) 4 号, 456 頁
バセドウ「グローバリゼーションが国際私法に与える影響について」民商 121 巻 (2000) 4・5 号 500 頁
イレール（塙浩訳）「フランス破産法通史」『フランス民事訴訟法史』（信山社，1992) 823 頁
スラムキェヴィッチ（塙浩訳）「アンシャン・レジム期のフランス破産法」『フランス民事訴訟法史』（信山社，1992) 868 頁
ペッコレラ＝ガラッツィニ（塙浩訳）「イタリア中世破産法史」『フランス民事訴訟法史』（信山社，1992) 897 頁
ミニ・シンポジウム「債権者代位訴訟・取立訴訟をめぐって」民訴 31 巻 (1985) 57 頁
日比野泰久「債権差押えの国際管轄と差押命令の送達」名城 47 巻 (1997) 1 号 99 頁
福永有利「民事執行の実効性を高めるための方策」銀法 601 号 (2002) 81 頁
藤井まなみ「国際的債権執行の諸問題」法学政治学論究 19 号 (1993) 223 頁

藤井まなみ「外国においてなされた債権執行の効力の内国における承認」法学政治学論究21号（1994）131頁

藤井まなみ「日本国内において債権差押えがなされた場合における外国の第三債務者への送達の適法性」法学政治学論究20号（1994）246頁

プリュッティング（吉野正三郎＝中山幸二訳）「ヨーロッパ民事訴訟法の発展」ジュリ994号（1992）81頁

星野英一「日本民法典及び日本民法学説におけるG.ボアソナードの遺産」星野＝森島編『現代社会と民法学の動向』（有斐閣，1992）57頁

星野英一「日本民法典に与えたフランス民法の影響」『民法論集第1巻』（有斐閣，1970）69頁

牧山市治「国際裁判管轄権について」牧山＝山口編『民事判例実務研究第2巻』（判例タイムズ社，1982）158頁

松浦馨「保全訴訟の沿革」中田編『保全処分の体系［上巻］』（法律文化社，1965）42頁

松田安正「海運構成会社所有船舶の外国における差押え―カナダ連邦裁判所NOV. 10. 1978判決の意義」海事法研究会誌73号（1986）

三ケ月章「フランス民事訴訟法研究の意義」『民事訴訟法研究第2巻』（有斐閣，1962）287頁

三ケ月章「差押の効力の相対性」『民事訴訟法研究第3巻』（有斐閣，1966）313頁

三ケ月章「執行法上の救済の特異性」『民事訴訟法研究第5巻』（有斐閣，1972）295頁

三ケ月章「我が国の代位訴訟・取立訴訟の特異性とその判決の効力の主観的範囲」『民事訴訟法研究第6巻』（有斐閣，1972）1頁

三ケ月章「ボアソナードの財産差押法草案における執行制度の基本構想」『民事訴訟法研究第6巻』（有斐閣，1972）159頁

三ケ月章「取立訴訟と代位訴訟の解釈論的・立法論的調整」法協91巻（1974）1号1頁

三ケ月章「外国法の適用と裁判所」澤木＝青山編『国際民事訴訟法の理論』（有斐閣，1987）239頁

三木浩一「渉外保全処分」石川＝小島編『国際民事訴訟法』（青林書院，1994）158頁

三戸壽「ヨーロッパ法の史的回想」石崎先生古希記念『現代ヨーロッパ法の動向』（勁草書房，1968）289頁

南敏文「ヘーグ国際私法会議における国際司法の統一」ジュリ781号（1983）186頁

宮脇幸彦「不動産執行沿革史」曹時20巻（1968）10号2164頁，21巻（1969）8号1596頁

宮脇幸彦「民事執行法における債権者の競合」山木戸編『手続法の理論と実践［下巻］』（法律文化社，1981）484頁

宮脇幸彦「強制執行における平等主義規定の生成」小山＝中島編『裁判法の諸問題―下』（有斐閣，1970）201頁

参考文献

宮脇幸彦「強制執行における平等主義と優先主義」判タ224号（1968）2頁
宮脇幸彦「強制執行法および競売法の改正」ジュリ388号（1968）84頁
宮脇幸彦「訴訟」貿易実務講座刊行会編『貿易実務講座第8巻貿易と法律』（有斐閣，1962）517頁
向井健「民事訴訟法典編纂の先達たち」ジュリ971号（1991）18頁
矢ケ崎武勝「外国判決の承認並にその条件に関する一考察」国際60巻（1961）1号40頁2号193頁
矢ケ崎武勝「英国法における外国判決の承認の条件としての相互主義に関する考察」法政28巻（1961）4号65頁
矢ケ崎武勝「外国判決の執行に関するドイツ法体系の原則成立過程についての若干の史的考察」国際61巻（1962）3号178頁
矢ケ崎武勝「外国判決の承認執行に関する大陸法とくにフランス法を中心とした歴史的一考察」法政30巻（1963）2号19頁
山口繁「差し押えた債権の取立と転付」竹下＝鈴木編『民事執行法の基本構造』（西神田編集室，1981）427頁
山本和彦「フランス新民事執行手続法について」ジュリ1040号（1994）69頁，1041号61頁
山本和彦「フランス司法見聞録」判時1432号から1471号まで
山本克己「債権執行・破産・会社更生における物上代位権者の地位」金法1455号（1996）34頁，1456号23頁，1457号29頁，1458号105頁
山本草二「国家管轄権の域外適用」ジュリ781号（1983）196頁
若林安雄「フランス債権差押手続」近法19巻（1971）1号29頁，2号97頁
渡辺惺之「仮差押の裁判管轄権」渉外百選（第三版）（1995）208頁
我妻栄「権利の上の所有権という観念について」法協54巻（1936）3号411頁，4号680頁，5号871頁

[仏文論文]

Ancel, Les règles de droit international privé et la reconnaissance des décisions étrangères, *Rivista di diritto internazionale privato e processuale*, 1992, p. 201

Bandrac, Procédures civiles d'exécution et droit de sûretés, *La réforme des procédures civiles d'exécution*, Sirey, 1993

Beignier et Mouton, La constitution et la convention européenne des droit de l'homme, rang et fonction, *D* 2001, Chron., p. 1636

Benoît-Rohmer, La charte des droits fondamentaux de l'Union européenne, *D* 2001, Chron., p. 1483

Bolze, L'applicationde la loi étrangère par le juge francais : le point de vue d'un procesualiste, *D* 2001, Chron., p. 1818

Correa Delcasso, Le titre exécutoire européen et l'inversion du contentieux, Rev. *International de Droit comparé*, 2001, p. 61

Delaporte, Les mesures provisoires et conservatoires en droit international privé, *Travaux du comité français de droit international privé*, 1987-1988, p. 148

de Leval, Georges et Matray, Le passage transfrontalier du titre exécutoire, *L'éfficacité de la justice civile en Europe*, Larcier, 2000, p. 163

de Leval, Les resources de l'inversion du contentieux, *L'Efficacité de la justice civile en Europe*, Larcier, 2000, p. 83

de Leval et Georges, La saisie-arrêt bancaire dans l'union, *L'efficacité de la justice civile en Europe*, Larcier, 2000, p. 2106

Delgado, Les acteurs de l'exécution, *L'exécution des décisions de justice en matière civile*, Edition du Conseil de l'Europe, 1998

Delebecque, Les nouvelles procédures civiles d'exécution, *La réforme des procédures civiles d'exécution*, Sirey, 1993, p. 15

Delmas-Marty, L'espace judiciaire européen, laboratoire de la mondialisation, *D* 2000, Chorn., p. 421

Dollat, Des institutions européennes démocratiques et efficaces pour une Union elargie, *D* 1999, Chron., p. 394

Ducouloux-Favard, Urgence pour une coopération judiciaire en matière pénale, *D* 2001, Chron., p. 2320

Fauvarque-Cosson, Le juge français et le droit étranger, *D* 2000, Chron., p. 125

Gascon, La france du movement : les commerces et les villes, *Histoireéconomique et sociale de la france*, Tome I, PUF, 1977, p. 281

Gromek-Broc, Le barreau européen franchit les frontières, *D* 2001, Chron., p. 641

Haïm, Faut-il supprimer la Cour eruopéenne des droits de l'homme?, *D* 2001, Chron., p. 2988

Hoonakker, La provision allouée par un jugement mixte sur le fond est-elle exécutoire de droit à titre provisoire, *D* 2001, Chron., p. 3299

Jeuland, La saisie européenne de créances bancaires (1), *D* 2001, Chron., p. 2106

Kessedjian, Mesures provisoires et conservatoires - A propos d'une résolution adoptée par l'Association de droit international, J. D. I., i, 1997, p. 110

Loquin, Où en est la Lex Mercatoria?, *Souveraineté étatique et marché internationaux à la fin du 2ème siècle*, Litec, 2000, p. 23

Mouly, Procédures civiles d'exécution et droit bancaire, *La réforme des procédures civiles d'exécution*, Sirey, 1993, p. 66

Perrot, Les enjeux de l'exécution des décisions judiciaires en matière civile, *L'exécution des décisions de justice en matière civile*, Ed. de conseil de l'Europe, 1998, p. 9

Perrot et Théry, Saisie-attribution : la situationdu tiers saisi (Cass. 2e civ., 5 juillet 2000), *D* 2001, Chron., p. 714

Perot-Reboul, l'exécution forcée des instruments financiers, *D* 2000, Chron., p. 353

Renaut, La déconfiture du commerçant : du débiteur sanctionné au créancier victime, *Rev. Trim. de DC et de DE*, No. 3-2000, p. 533

Sauron, Le traité de Nice :《la fin d'une Europe dominée par l'Occident》(1), *D* 2001, Chron., p. 940

Volken, Conflits de juridictions, entraide judiciaire, reconnaissance et exécution des jugements étrangrs, *Le Nouveau droit international privé suisse*, Univ. de Lausanne, 1989

[その他の言語論文]

Beale, The Jurisdiction of Courts over Foreigners, 26 Harvard. 193(1913)

Beale, Jurisdiction in Actions between Foreigners, 18 Harvard. 325(1905)

Bermann, Provisional Relief in Transnational Litigation, 35 Colum. J. Transnat'l L. 553 (1997)

Connerty, Documentary Credits : A Dispute Resolution System from the ICC, J. I. B. L.[1999]p. 65

Coquillette, Legal Ideology and Incorporation IV : The Nature of Civilian Influnce on Modern Anglo-American Commercial Law, 67 B. U. L. Rev. 877(1987)

Delaume, State Contracts and Transnational Arbitration, 75 A. J. I. L. 784(1981)

Fitzpatrick, The Lugano Convention and Western European Integration : A Comparative Analysis of Jurisdiction and Judgments in Europe and the United States, 8 Conn. J. Int'l L. 695(1993)

Gottwald, Civil Procedure Reform in Germay, 45 Am. J. Comp. L. 753(1997)

Grassi and Calvarese, The Duty of Confidentiality of Banks in Switzerland : Where it stands and where it goes. Recent Developments and Experience. The Swiss Assistance to, and Cooperation with the Italian Authorities in the Investigation of Coruption among Civil Servants in Italy(The "Clean Hands" Incestigation): How much is too much?, 7 Pace Int'l Rev. 329(1995)

Hay, From Rule-Orientation to "Approach" in German Conflicts Law The Effect of the 1986 and 1999 Codifications, 47 Am. J. Comp. L. 633(1999)

Hazard, Jr., Preliminary Draft of the ALI Tnasnational Rules of Civil Procedure, 33 Tex. Int'l L. J. 489(1998)

Heß, Aktuelle Perskectiven der europäisvhen Prozessrechtsangleichung, JZ 11/2001

Higgins, International Law in a changing international System, Cambridge Law Journal 58(1) 1999, p. 78

Johansson, The Mareva Injunction : A Remedy in the Pursuit of the Errant Defendant, 31 U. C. Davis L. Rev. 1091(1998)

The ILA Principles on Provisional and Protective Measures, 45 Am. J. Comp. L. 941 (1997)

Kerameus, Political Integration and Procedural Convergence in the European Union, 45 Am. J. Comp. L. 918(1997)

Kessedjian, First Impression of the Transnational Rules of Civil Procedure From Paris and The Hague, 33 Tex. Int'l L. J. 477(1998)

Kessedjian, Note on Provisional and Protective Measures in Private International Law and Comparative Law, Hague Conference on Private International Law, 1998

Lowenfeld, Forum Shopping, Antisuit Injunctions, Negative Declarations, and Related Tools of International Litigation, 91 A. J. I. L. 314(1997)

Michell, The Mareva Injunction in Aid of Foreign Proceedings, Osgoode Hall Law Journal, Vol 34(1997)No. 4, p. 741

Mollers, The Role of Law in European Integration, 48 Am. J. Comp. L. 679(2000)

O'Driscoll, Performance Bonds, Bankers' Guarantees, and the Mareva Injunction, 7 J. INTL. L. Bus. 380(1985)

Palmer, "May God Protect Us from the Equity of Parlements" : Cmparative Reflections on Englich and French Equity Power, 73 Tul. L. Rev. 1287(1999)

Slaughter, Judicial Globalization, 40 Va. J. Int'l L. 1103(2000)

Smedresman and Lowenfeld, Eurodollars, Multinational Banks, and National Laws, 64 N. Y. U. L. Rev. 733(1989)

Sommer, Where is a Bank Account?, 57 Md. L. Rev. 1(1998)

Strauss, Beyond National Law : The Neglected Role of the Interntaional Law of Personal Jurisdiction in Domestic Courts, 36 Harv. Int'l L. J. 373(1995)

Tetley, Mixed Jurisdictions : Common Law v. Civil Law(Codified and Uncodified), 60 La. L. Rev. 677(2000)

von Bogdandy, The European Union as a Supranational Federation : A Conceptual Attempt in the Light of the Amsterdam Treaty, 6 Colum. J. Eur. L. 27(2000)

von Mehren & Trautman, Jurisdiction to adjudicate a suggested Analysis, 79 Harvard 1121(1966)

von Mehren, Adjucicatory Jurisdiction : General Theories compared and evaluated, 63 B. U. L. Rev. 279(1983)

von Mehren, Enforcing Judgments abroad : Reflections of the Design of Recognition Convention, 24 Brooklyn J. Int'l L. 17(1998)

Weisberg, Commercial Morality, the Merchant Character, and the History of the Voidable Preference, 39 Stan. L. Rev. 3(1986)

事項索引

あ行

アムステルダム条約 ……………… 23
アルザス・ロレーヌ法 …………… 16
按　分 ……………………………… 81
異議を申し立てない債権 ………… 27
インスティテュート・システム … 120
欧州基本権憲章 …………………… 26
欧州銀行預金差押え ……………… 11
欧州自由貿易連合 ………………… 21
欧州法域 …………………………… 24
オルレアン慣習法 ………………… 77

か行

外延論 ……………………………… 323
外国為替及び外国貿易法 ………… 3
外国判決相互承認法 ……………… 235
外国本案判決の承認可能性 ……… 216
貸金庫保管物 ……………………… 107
家資分散 …………………………… 78
価値の表象としてのマネー ……… 157
仮差押え説 ………………………… 98
仮のまたは保全の措置 …………… 303
簡易訴訟 …………………………… 302
管轄外への送達 …………………… 54
管轄の間隙 ………………………… 241
管轄の二元性 ……………… 206, 235
管轄配分説 ………………………… 207
慣習法地域 ………………………… 79
間接管轄 …………………………… 247
観念的・事実的形成論 …………… 43
管理委託 …………………………… 81
記帳差押え説 ……………………… 161
逆推知説 …………………………… 207
キャッシュ・マネージメント …… 3
教会法 ……………………………… 187
強制執行国家管理論 ……………… 44
強制退去 …………………………… 15
強制履行 …………………………… 90
競売法 ……………………………… 136
虚有権 ……………………………… 302
金銭額表示の債権 ………………… 153
金銭価値 …………………………… 111
金銭債権の金融投資商品化 ……… 2
金銭債権の国際化 ………………… 2
金銭債権の動産化 ………………… 2
金銭債権の保管 …………………… 109
金銭の引渡し ……………………… 145
金融監督機関 ……………………… 321
区分説 ……………………………… 248
形式的競売 ………………………… 137
検察局送達 ………………………… 272
牽連性・近接性 …………………… 293
更　改 ……………………………… 100
交換価値 …………………………… 156
拘　禁 ……………………………… 10
公示送達 …………………………… 271
公務員性 …………………………… 45
小型破産 …………………………… 74
顧客層 ……………………………… 111
国際執行管轄 ……………………… 207
国際保全管轄 ……………………… 207
国際本案管轄 ……………………… 207
国際礼譲 …………………………… 246
国内土地管轄基準 ………………… 218
国民国家 …………………………… 329
国家の後見的監督 ………………… 237
古　法 ……………………………… 93
固有適格説 ………………………… 141

事項索引

さ行

債権差押え説 …………………… *161*
債権者の専横的執行 …………… *44*
債権者平等原則 ………………… *72*
債権譲渡 ………………………… *100*
債権の証券化 …………………… *1*
債権の所有権 …………………… *162*
債権の占有 ……………………… *112*
債権の流動化 …………………… *1*
財産隠匿 ………………………… *255*
財産開示制度 …………………… *7*
財産譲渡 ………………………… *124*
財産の透明性 …………………… *205*
財産の保管者 …………………… *35*
財産売却 ………………………… *124*
財産分売 ………………………… *124*
裁判外の行為 …………………… *18*
裁判管轄のブラックリスト …… *229*
裁判所の構成 …………………… *189*
裁判所の負担軽減 ……………… *28*
裁判所付属吏 …………………… *45*
裁判を受ける権利 ……………… *189*
債務者財産情報の提供義務 …… *37*
債務免責効果 …………………… *275*
債務理論 ………………………… *2022*
差押質権 ………………………… *134*
差押え説 ………………………… *98*
差押抵当権 ……………………… *88*
差押えの原因債権 ……………… *61*
サン・セバスティアン条約 …… *22*
シェンゲン合意 ………………… *22*
自家用車の差押え ……………… *169*
資源配分機能 …………………… *338*
自己宛債権差押え ……………… *159*
私署証書 ………………………… *97*
執行協力義務 …………………… *61*
執行権と請求権 ………………… *42*
執行債務者情報の探査 ………… *46*

執行士 …………………………… *13, 37*
執行証書の執行力 ……………… *28*
執行文付与 ……………………… *184*
執行妨害 ………………………… *28*
執行力 …………………………… *253*
実質再審理 ……………………… *246*
自動承認・執行制度 …………… *185*
市の厳律 ………………………… *79*
市の逃亡 ………………………… *79*
市の防禦 ………………………… *79*
支払督促手続 …………………… *27*
事物管轄 ………………………… *218*
司法の欧州化 …………………… *186*
司法の良き管理 ………………… *186*
司法普遍主義 …………………… *296*
仕向銀行 ………………………… *31*
自由・安全・司法の空間 ……… *24*
終局性・確定性 ………………… *305*
出頭義務 ………………………… *8*
守秘義務 ………………………… *180*
準対物管轄 ……………………… *310*
商事王令 ………………………… *80*
商人法 …………………………… *187*
証明力 …………………………… *253*
条理説 …………………………… *207*
職権主義 ………………………… *204*
処分禁止の効果 ………………… *276*
処分権主義 ……………………… *204*
新逆推知説 ……………………… *208*
シングル条約 …………………… *20*
新司法補助官法 ………………… *12*
信託受益権 ……………………… *269*
ストックホルム条約 …………… *21*
請求権の強制力 ………………… *42*
成文法地域 ……………………… *79*
セジ・アプレエンシオン ……… *16*
セジ・エギュゼクシオン ……… *16*
セジ・ガジュリー ……………… *15*
セジ・コンセルヴァトワール・アン・

マチエール・コメルシアル ……………… 15
セジ・デ・ビアン・プラセ・ダン・
　ル・コフル・フォール ………………… 107
セジ・デ・レコルト・シュール・ピエ …… 16
セジ・ヴァント ……………………………… 16
セジ・フォレーヌ …………………………… 16
セジ・ブランドン …………………………… 16
セジ・ルヴァンディカシオン ……………… 16
絶対的仮差押事由 ………………………… 286
全口座税務管理台帳 ……………………… 169
宣誓義務 ……………………………………… 8
占有移転 …………………………………… 124
増価競売法 ………………………………… 136
送達条約 …………………………………… 268
即時の移付 ………………………………… 105
訴権と請求権 ……………………………… 91

た行

代位訴訟アプローチ ……………………… 238
第三債務者訴訟アプローチ ……………… 235
第三債務者保護説 ………………………… 145
第三者（債権者）保護説 ………………… 145
第三者照会制度 ……………………………… 7
対人管轄事件 ……………………………… 50
対人権説 …………………………………… 126
第2強制執行法改正法 …………………… 12
対物管轄事件 ……………………………… 53
他の債権者との競合 ……………………… 105
ダブル条約 ………………………………… 20
団体の結成 ………………………………… 81
中間的手続 ………………………………… 28
超過執行 …………………………………… 210
超国家的 …………………………………… 24
懲罰的損害賠償 …………………………… 249
著作権 ……………………………………… 111
陳述義務 ……………………………………… 8
定期市 ……………………………………… 79
締約国 ……………………………………… 20
手続の一層構造 …………………………… 10

手続の衡平 ………………………………… 189
手続の二層構造 …………………………… 10
ドイツ法とフランス法の「混淆」……… 67
当事者主義的執行論 ……………………… 44
当事者のイニシアティブ ………………… 44
督促状 ……………………………………… 94
特定性維持説 ……………………………… 145
特許権 ……………………………………… 111
取立訴訟アプローチ ……………………… 236

な行

ニェルツ法 ………………………………… 78
二重機能説 ………………………………… 207
二重弁済の危険 …………………………… 98
2001年プログラム ………………………… 25
任意競売 …………………………………… 137

は行

破産アプローチ …………………………… 237
ババナフト条件 …………………………… 52
早い者勝ちに ……………………………… 81
パリ慣習法 ………………………………… 77
パレアチス ………………………………… 251
判決効の拡張 ……………………………… 248
判決効の付与 ……………………………… 248
判決執行の遅延 …………………………… 188
判決取得実効的執行報告 ………………… 23
判決手続における債務承認 ……………… 27
判決の執行 ………………………………… 189
判決の自由な流通 ………………………… 11
判決の二重取得 …………………………… 301
判決の翻訳文 ……………………………… 255
パンデクテン・システム ………………… 120
万民法 ……………………………………… 187
非区分説 …………………………………… 248
ビザ ………………………………………… 251
非裁判化 …………………………………… 19
非訟事件説 ………………………………… 139
ヴィジラントな債権者 …………………… 74

事項索引

不運にあった中立の存在 …………… 62
フォーラム・ショッピング ………… 229
フォーラム・ノン・コンヴェニエンス
　の法理 ……………………………… 220
フォーラム・パトリモニイ ………… 243
フォン・ド・コメルス ……………… 111
付属的物的権利 ……………………… 118
復　古 ………………………………… 105
物的権利・人的権利統合論 ………… 127
物的権利への変容の契機 …………… 133
物的権利論 …………………………… 126
不動産執行制度 ……………………… 14
普遍的忍容義務 ……………………… 126
普遍的破産主義 ……………………… 237
付郵便送達 …………………………… 272
プライヴァシー ……………………… 167
ブルジョア階級 ……………………… 181
プロミソリー・ノート ……………… 157
分肢権 ………………………………… 128
防御の機会の保障 …………………… 196
法　鎖 …………………………… 123, 124
法定訴訟担当説 ……………………… 141
補償的損害賠償 ……………………… 249

　　　　ま行

マリーバ・インジャンクション …… 49

ミショー法典 ………………………… 77
ミニマム・コンタクト理論 ………… 310
民訴条約 ……………………………… 268
無益執行禁止 ………………………… 263
無体財産権 …………………………… 111
モネ・スクリプチュラル …………… 157
モネ・フィデュシエル ……………… 157
物としてのマネー …………………… 157

　　　　や行

優先権保全説 ………………………… 145
猶予期間 ……………………………… 95
預金者データ・ベース ……………… 62

　　　　ら行

利益衡量説 …………………………… 207
ルクセンブルグ議定書 ……………… 22
ルクセンブルグ条約 ………………… 22
レシプロシティ ……………………… 253
レックス・メルカトリア …………… 330
レフェレ ……………………………… 95
ローマ条約 …………………………… 20

　　　　わ行

ワールドワイド・マリーバ・イン
　ジャンクション …………………… 52

■著者紹介

小 梁 吉 章（こはり・よしあき）

1974年3月	京都大学法学部卒業
2001年3月	筑波大学大学院経営政策科学研究科企業法学専攻修了（法学修士）
2003年3月	筑波大学大学院ビジネス科学研究科企業科学専攻退学
2004年3月	博士（法学）（筑波大学）

職歴：

1974年4月	東京銀行入行（ルクセンブルグ，パリ，法務部等勤務）
2002年3月	東京三菱銀行退職
2003年4月	広島大学法学部教授
2004年4月	広島大学大学院法務研究科教授

専攻：国際民事訴訟法，国際取引法，倒産法

金銭債権の国際化と民事執行
――フランス法，EU法における債務名義の価値回復――

2004年（平成16年）8月20日　第1版第1刷発行　3222-0101

著者　小　梁　吉　章
発行者　今　井　　貴
発行所　信山社出版株式会社
〒113-0033　東京都文京区本郷6-2-9-102
電　話　03（3818）1019
ＦＡＸ　03（3818）0344

販　売　信山社販売株式会社
製　作　株式会社信山社

©小梁吉章，2004．印刷・製本／松澤印刷
ISBN4-7972-3222-6　C3332

3222-0101-012-100-020
NDC 分類 327.300

Ⓡ本書の全部または一部を無断で複写複製（コピー）することは、著作権法上の例外を除き禁じられています。複写を希望される場合は、日本複写権センター（03-3401-2382）にご連絡ください。

小山昇著作集（全一三巻・）　一三巻セット　二五七二八二円

1　訴訟物の研究　　　　　　　　　　　　　　三七七二八円
2　判決効の研究　　　　　　　　　　　　　　一二〇〇〇円
3　訴訟行為・立証責任・訴訟要件の研究　　　一四〇〇〇円
4　多数当事者訴訟の研究　　　　　　　　　　一二〇〇〇円
5　追加請求の研究　　　　　　　　　　　　　一一〇〇〇円
6　仲裁の研究　　　　　　　　　　　　　　　四四〇〇〇円
7　民事調停・和解の研究　　　　　　　　　　一二〇〇〇円
8　家事事件の研究　　　　　　　　　　　　　三五〇〇〇円
9　保全・執行・破産の研究　　　　　　　　　一四〇〇〇円
10　判決の瑕疵の研究　　　　　　　　　　　 二〇〇〇〇円
11　民事裁判の本質探して　　　　　　　　　 一五五三三円
12　よき司法を求めて　　　　　　　　　　　 一六〇〇〇円
13　余録・随想・書評　　　　　　　　　　　 一四〇〇〇円
別巻1　裁判と法　小山昇著作集　　　　　　 五〇〇〇円
別巻2　法の発生　小山昇著作集　　　　　　 七二〇〇円

———— 信山社 ————

―― 法律学の森 ――

債権総論	潮見佳男 著	五六三二円
債権総論〔第2版〕I	潮見佳男 著	近刊
債権総論〔第2版〕II 債権保全・回収・保証・帰属変更	潮見佳男 著	四八〇〇円
契約各論	潮見佳男 著	四二〇〇円
不法行為法 II 総論・財産移転型契約・信用供与型契約	潮見佳男 著	四七〇〇円
不当利得法	藤原正則 著	四五〇〇円
イギリス労働法	小宮文人 著	三八〇〇円
プラクティス民法 債権総論	潮見佳男 著	三二〇〇円

―― 信山社 ――

―― 既刊・新刊 ――

中国労働契約法の形成	山下　昇著	九三三三円
ドイツ社会保障論Ⅰ　医療保険	松本勝明著	七五〇〇円
ドメスティック・バイオレンスの法	小島妙子著	六〇〇〇円
法政策学の試み　法政策研究第五集	阿部泰隆・根岸哲監修	四八〇〇円
インターネット・情報社会と法	松本博之・西谷敏・守矢健一編	一五〇〇円
民法の世界２　物権法	松井宏興著	二四〇〇円
商法改正〔昭和25・26年GHQ/SCAP文書〕	中東正文編著	三八〇〇〇円

―― 信山社 ――

―――― シリーズ・新刊 ――――

信山社リーガルクリニック叢書
労働の法 水谷英夫 著 二〇〇〇円

インターネットと法 酒匂一郎 著 二〇〇〇円

信山社政策法学ライブラリィ
内部告発〈ホイッスル・ブロウァー〉の法的設計 阿部泰隆 著 一一〇〇円

法曹養成実務入門講座
第一巻 法曹のあり方 法曹倫理 林屋礼二・小堀樹・田耕三・増井清彦・野寺規夫・河野正憲・小藤田中康郎・奥田隆文 編 三一〇〇円

判例総合解説シリーズ
権利金・更新料の判例総合解説 石外克喜 著 二九〇〇円

即時取得の判例総合解説 生熊長幸 著 二二〇〇円

不当利得の判例総合解説 土田哲也 著 二四〇〇円

保証人保護の判例総合解説 平野裕之 著 三二〇〇円

信山社

―― ブリッジブック ――

ブリッジブック憲法　横田耕二・高見勝利 編・二〇〇〇円

ブリッジブック商法　永井和之 編・二〇〇〇円

ブリッジブック裁判法　小島武司 編・二一〇〇円

ブリッジブック国際法　植木俊哉 編・二〇〇〇円

ブリッジブック日本の政策構想　寺岡寛 著・二一〇〇円

ブリッジブック先端法学入門　土田道夫・高橋則夫・後藤巻則 編・二〇〇〇円

ブリッジブック先端民法入門　山野目章夫 編・二〇〇〇円

―― 信山社 ――

谷口安平著　民事手続論集

第1巻　民事手続法の基礎理論　近刊
第2巻　多数当事者訴訟・会社訴訟　近刊
第3巻　民事紛争処理　一二〇〇〇円
第4巻　民事執行・民事保全・倒産処理(上)　一二〇〇〇円
第5巻　民事執行・民事保全・倒産処理(下)　近刊

信山社

日本裁判制度史論考	瀧川叡一著	六三二一円
裁判法の考え方	萩原金美著	二八〇〇円
民事手続法の改革 リュケ教授退官記念	石川明・中野貞一郎編	二〇〇〇〇円
パラリーガル	田中克郎・藤かえで著	二八〇〇円
法律・裁判・弁護	位野木益雄著	八〇〇〇円
近代行政改革と日本の裁判所	前山亮吉著	七一八四円
弁護士カルテル	三宅伸吾著	二八〇〇円
裁判活性論 井上正三ディベート集Ⅰ	井上正三著	九七〇九円
紛争解決学	廣田尚久著	三八六四円

信山社